Röckel
Texte erschließen

Gerhard Röckel

Texte erschließen

Grundlagen – Methoden – Beispiele
für den Deutsch- und Religionsunterricht

Aus dem Nachlass herausgegeben und bearbeitet von
Georg Bubolz

Patmos

Bibliografische Information der Deutschen Bibliothek

Die Deutsche Bibliothek verzeichnet diese Publikation in der deutschen Nationalbibliografie; detaillierte bibliografische Daten sind im Internet über http://dnb.ddb.de abrufbar.

© 2006 Patmos Verlag GmbH & Co. KG, Düsseldorf
Alle Rechte vorbehalten
Zeichnungen von Ferdinand Clemenz Lutz, Viersen
Printed in Germany
3-491-78493-X
www.patmos.de

Inhalt

Zum Geleit 11

Vorwort 12

1 | Grundlagen: Theorie der Texte und ihres Verstehens 13

1.1 Was sind Texte? 14

1.1.1 Ein Blick auf die Geschichte des Lesens und Schreibens 14
1.1.2 Texte als Gegenstandsbereich der Literaturwissenschaft heute 16
1.1.3 Sichtweise 1: Der Text als hermetisch-statisches Strukturgebilde . . . 19
1.1.4 Sichtweise 2: Der Text als dynamisches Gebilde in einem kommunikativen Zusammenhang von Verfasser, Text und Leser 20
1.1.5 Linguistische Sicht: Die Konstitution des Textes auf drei Ebenen . . . 30

1.2 Wodurch sich Texte unterscheiden 33

1.2.1 Zum Begriff und Problem der »Textsorten« 33
1.2.2 Versuch einer Typologie der Texte 34
1.2.3 Zur Eigenart einzelner Textsorten 38
    1 Sach- und Fachtexte (Gebrauchstexte) 39
    2 Literarische (poetische) bzw. fiktionale Texte 40
        a) Zur begrifflichen Unterscheidung 40
        b) Zur ästhetischen Qualität literarischer (poetischer) Texte 42
    3 Texte der Massenmedien 48
    4 Unterhaltungsliteratur 49
    5 Trivialliteratur 51

1.3 Wie Texte entstehen – die Rolle des Autors
Aspekt der »Produktion« 52

1.3.1 Das Ent-stehen und Ver-stehen von Texten – Grundsätzliche Fragen zur Produktion und Rezeption 52
1.3.2 Phasen der Herstellung von Texten 54
1.3.3 Die Bedeutung der Intention für die inhaltliche und formale Gestaltung von Texten 55
1.3.4 Weitere Einflüsse auf die Textherstellung 57
1.3.5 Rolle und Selbstverständnis des Autors im Wandel der Zeiten 59

1.4 Texte verstehen – die Rolle des Lesers
   Aspekte der »Rezeption« und Grundfragen der Hermeneutik 70

   1.4.1 Was das Wort »verstehen« meint 70
   1.4.2 Hermeneutik als Lehre des Verstehens 70
         1 Eine »Kunstlehre« der Textauslegung 70
         2 Die Bedeutung des »hermeneutischen Zirkels« im
            Verstehensprozess 73
         3 Zur Unterscheidung von »Bedeutung« und »Sinn« eines Textes . . . 77
         4 Dekonstruktion von Texten 78
   1.4.3 Einige Grundsätze der Hermeneutik und Interpretation 79
   1.4.4 »Objektivität« und »Subjektivität« des Verstehens von
         Texten – oder: Gibt es die »richtige« Deutung? 84

1.5 Zusammenfassung:
    Grundmodell der Rezeption und des Verstehens von Texten 86

2 | Methoden der Literaturwissenschaft: Eigenart, Anspruch, Grenzen 90

2.1 Methoden als wissenschaftliche Lese- und Verstehenshilfen 90

2.2 Systematisierung der literaturwissenschaftlichen Methoden 92
   2.2.1 Zur Korrespondenz von Textauffassung und Textdeutung 92
   2.2.2 Systematisierung der literaturwissenschaftlichen Ansätze mit Hilfe
         des Kommunikationsmodells 93

2.3 Literaturwissenschaftliche Methoden – ein chronologischer
    Überblick 96
   2.3.1 Positivistische Literaturbetrachtung 97
   2.3.2 Biografische Methode 98
   2.3.3 Psychologische (psychoanalytische) Literaturanalyse 98
   2.3.4 Geistes- und ideengeschichtliche Betrachtungsweise 99
   2.3.5 Werkimmanente Methode 99
   2.3.6 Strukturalismus/strukturale Textanalyse 101
   2.3.7 Literatursoziologie 103
   2.3.8 Rezeptionsästhetische und wirkungsorientierte Analyse 105
   2.3.9 Kritisch-hermeneutische Methode 105
   2.3.10 Anti-hermeneutische Ansätze (»Dekonstruktion«) 106

2.4 Zwischen Theorie-Vergötzung und methodischer Beliebigkeit:
    Anspruch und Grenzen literaturwissenschaftlicher Methoden 107

3 | Idealtypisches Modell: Die sechs Schritte der Texterschließung 109

3.1 Die häufigsten Textsorten im Unterricht 110
3.2 Zum fachspezifischen Charakter der Textarbeit außerhalb des Deutschunterrichts 112
3.3 Zur Eigenart des Modells der Texterschließung 113
3.4 Die sechs Schritte der Texterschließung: Textaufnahme – Textwiedergabe – Textbeschreibung – Textdeutung – Textbewertung – Textanwendung 115
3.5 Zwei grundsätzliche Vorgehensmöglichkeiten bei der Texterschließung: linear oder aspektorientiert 127
3.6 Zusammenfassung: Skizze zu Erschließungsaspekten bei Texten 128

4 | Praxisteil: Texterschließung an Beispielen 129

4.1 Die Erschließung von Sachtexten (Gebrauchstexte) 129
    4.1.1 Einführung in die Textsorte 129
    4.1.2 Praxismodell: Arbeitsschritte und Untersuchungsaspekte zur Erschließung von Sachtexten 131

4.2 Die Erschließung von problemerörternden Texten 137
    4.2.1 Einführung in die Textsorte/Grundbegriffe und sprachliche Mittel der Argumentation 137
    4.2.2 Praxismodell: Arbeitsschritte zur aspektgeleiteten Erschließung von problemerörternden Texten 144

4.3 Die Erschließung von begriffsdefinierenden und -erläuternden Texten 165
    4.3.1 Einführung in die Textsorte 165
    4.3.2 Praxismodell: Arbeitsschritte und Untersuchungsaspekte zur Erschließung von begriffsdefinierenden und -erläuternden Texten .. 168

4.4 Die Analyse von historischen Quellentexten 169
    4.4.1 Einführung in die Textsorte 169
    4.4.2 Praxismodell: Arbeitsschritte und Untersuchungsaspekte zur Erschließung von historischen Quellentexten 170

4.5 Die Erschließung von appellativen/rhetorischen Texten 171
    4.5.1 Einführung in die Textsorte 172
    4.5.2 Praxismodell: Arbeitsschritte zur aspektgeleiteten Erschließung appellativer/rhetorischer Texte 173

4.6	Die Erschließung von erzählenden Texten (Kurzprosa)	176
	4.6.1 Einführung in die Gattung Epik	176
	4.6.2 Praxismodell: Arbeitsschritte und Untersuchungsaspekte zur Erschließung erzählender Texte (Das Verfahren der Strukturanalyse/narrativen Analyse)	178
4.7	Die Erschließung von Gedichten	185
	4.7.1 Einführung in die Gattung Lyrik	185
	4.7.2 Praxismodell: Arbeitsschritte und Untersuchungsaspekte zur Erschließung von Gedichten	187
4.8	Die Erschließung von dramatischen (szenischen) Texten	198
	4.8.1 Einführung in die dramatische Gattung	198
	4.8.2 Praxismodell: Arbeitsschritte und Untersuchungsaspekte zur Erschließung von Dramen-Texten	200
4.9	Die Auslegung biblischer Texte	201
	4.9.1 Zur Eigenart biblischer Texte	201
	4.9.2 Historisch-kritische und andere Methoden der Bibelauslegung . . .	203
	4.9.3 Wundererzählungen des Neuen Testaments (Strukturales Verfahren)	205
	1. Einführung in die Textsorte Wundererzählungen	205
	2. Praxismodell: Arbeitsschritte und Untersuchungsaspekte zur Erschließung von biblischen Erzählungen/Wundererzählungen .	206
	4.9.4 Gleichnisse und Parabeln	213
	1. Einführung in die literarische Form der Gleichnisse	213
	2. Praxismodell: Arbeitsschritte und Untersuchungsaspekte zur Erschließung von Gleichnissen	217
	4.9.5 Die Erschließung von Psalmen	221
	1. Einführung in die Gattung Psalm	221
	2. Praxismodell: Arbeitsschritte und Untersuchungsaspekte zur Erschließung von Psalmen	225
4.10	Textvergleich	237
4.11	Die sprachlich-stilistische Analyse (Rhetorische Mittel, Stiluntersuchung)	239
4.12	Handlungs-, produktions- und rezeptionsorientierter Umgang mit Texten	251
	4.12.1 Eigenart und Grenzen produktiven Umgangs mit Texten	251
	4.12.2 Anregungen für ein gestalterisches Schreiben	253

5 | Lern- und Arbeitstechniken: Informationen suchen – speichern – verarbeiten 266

5.1 Was sind »Lern- und Arbeitstechniken«? 267

5.2 Die Suche nach Informationen (Literaturrecherche) 268
  5.2.1 Informationsquellen aufspüren und speichern 270
  5.2.2 Zur schnellen Einschätzung des Informationswerts von Büchern 276

5.3 Das rationelle Lesen (technische Tipps und Beispiele) 278
  5.3.1 Arten des Lesens 278
  5.3.2 Das intensive textverarbeitende Lesen 279
    1 Auch das Unterstreichen will gelernt sein 280
    2 Farben und Formen des Unterstreichens 281
    3 Beschreibende Randzeichen und -bemerkungen ... 281
    4 Wertende Randzeichen zur Verdeutlichung der eigenen Leseerfahrung 281
    5 Ein Beispiel für das »Lesen mit dem Bleistift« 282
    6 Zum Wert der Vorarbeiten am Text 283
  5.3.3 Zusammenfassung: Gesamtprogramm eines rationellen Lesens und Durcharbeitens von Sachtexten 284

5.4 Exzerpte, Lesenotizen und Karteikarten 287

5.5 Die Verwendung von Zitaten 288
  5.5.1 Arten des Zitats 288
  5.5.2 Funktion von Zitaten in verschiedenen Verwendungssituationen ... 289
  5.5.3 Grundsätze für die Auswahl und Verwendung von Zitaten 290
  5.5.4 Forderungen und technische Hinweise für »direkte« Zitate 291
  5.5.5 Regelungen für »indirekte« Zitate 292
  5.5.6 Beispiel für das Zitieren 292

5.6 Das Anlegen eines Literaturverzeichnisses 293

5.7 Aufbauendes Trainingsprogramm 295

Verzeichnis der verwendeten bzw. weiterführenden Literatur 299

Register 308

Nichts ist so flüchtig
wie die Begegnung.

Wir spielen wie die Kinder,
wir laden uns ein und aus
als hätten wir ewig Zeit.
Wir scherzen mit dem Abschied,
wir sammeln noch Tränen wie Klicker
und versuchen ob die Messer schneiden.
Da wird schon der Name
gerufen.
Da ist schon die Pause
vorbei.

Wir halten
uns bange fest
an dem goldenen Seil
und widerstreben dem Aufbruch.
Aber es reißt.
Wir treiben hinaus:
hinweg aus der gleichen Stadt,
hinweg aus der gleichen Welt,
unter die gleiche,
die alles vermengende
Erde.

Hilde Domin, Das goldene Seil (1962)

Zum Geleit

Bei diesem Buch handelt es sich um die Zusammenstellung von weitestgehend fertiggestellten Teilen eines Buchmanuskripts, das der Verfasser Gerhard Röckel wegen seines plötzlichen Todes im Sommer 2003 nicht mehr selbst bis zur Druckfreigabe vollenden konnte.
Der Charakter der vorgefundenen Texte wurde – in Respekt vor der konzeptionellen Leistung des Verfassers – nur marginal einer Bearbeitung unterzogen. Als Torso lagen die Hauptteile in mehrfach überarbeiteten Fassungen vor. Wer Gerhard Röckel kennen gelernt hat, weiß, wie oft er seine Worte umformulierte, bis sie seinem kritischen Blick standhielten. Was in seiner letzten Fassung fehlte, wurde früheren Versionen entnommen und an den entsprechenden Stellen der Druckfassung eingefügt. Nur einzelne, wenige Abschnitte hatten ihre Form noch nicht gefunden. Diese galt es, aus früheren Aufsätzen, Manuskripten, Vorträgen und Reden sinngemäß einzufügen. Wenn sich auch dort kein weiterführender Hinweis fand, wurden vom Herausgeber Ergänzungen vorgenommen, etwa bei einem Beispiel für das Praxismodell des Umgangs mit Gleichnissen.
Nicht immer gelang die Zusammenstellung so weit, dass die von Gerhard Röckel intendierte Gliederung ohne Akzentverschiebung beibehalten werden konnte. So fehlte beispielsweise in seinen Aufzeichnungen etwas über »Die Auswertung von statistischen Quellentexten«, die er im Rahmen seines fächerverbindenden Buchprojektes mit einer »Erschließungshilfe« angehen wollte; auch empirisch eruiertes Datenmaterial bedarf bekanntlich einer hermeneutischen Auslegung. Schwierigkeiten dieser Art haben zwar gewisse Bedenken gegen den ursprünglich intendierten Titel »Texte erschließen. Grundlagen – Methoden – Beispiele« ausgelöst, eben als für das Buch in statu nascendi möglicherweise zu umfassend im Anspruch. Aus Respekt vor dem Autor und seinen Absichten wurden solche Bedenken zwar einerseits zurückgestellt, andererseits jedoch durch die Ergänzung »für den Deutsch- und Religionsunterricht« berücksichtigt.

Der Band ist der Erinnerung an Gerhard Röckel gewidmet, der es verstand, seine Schülerinnen und Schüler, seine Referendarinnen und Referendare, seine Kolleginnen und Kollegen in Unterricht und Seminar, bei Vorträgen und Fortbildungen in seiner aufmunternden und ermutigenden Art mit »Texten« in Beziehung zu bringen, die ihm bedeutsam waren.

Düsseldorf, Ostern 2005 *Georg Bubolz*

Vorwort

Die Ausführungen wenden sich an Leser, die in Studium und Beruf mit Texten umgehen müssen – sei es als Lehrende oder als Lernende. In der Schule vollzieht sich der Unterricht in allen Fächern (in besonderer Weise im Deutsch- und Religionsunterricht) wesentlich als Arbeit mit Texten der verschiedensten Art. Dabei steht der Lehrer vor der Aufgabe, Schülerinnen und Schüler so in die Theorie und Praxis einzuführen, dass sie selber Texte unterschiedlichster »Sorte« sachgemäß erschließen und bearbeiten können – z. B. in Klassenarbeiten und Klausuren, in der Abiturprüfung und im Studium.

Das Buch will dazu Hilfen anbieten und setzt folgende **inhaltliche Schwerpunkte**:

* Überblicksartig soll zunächst ein notwendiges literatur- und sprachwissenschaftliches **Basiswissen** vermittelt werden darüber, **was Texte eigentlich sind** und wovon ein **Verstehen** von Texten abhängt (Kapitel 1). Sodann werden einige **literaturwissenschaftliche Methoden** skizziert, die zeigen, auf welch vielfältige Weise die Literaturwissenschaft in Vergangenheit und Gegenwart Werke zu interpretieren suchte (Kapitel 2). Aus diesem breiten Spektrum von Zugangsweisen zu Texten ergeben sich viele Anregungen für eigene Schwerpunktsetzungen und Deutungsperspektiven. Eine kritische Bewertung der einzelnen Methoden soll zugleich vor Einseitigkeiten und Verabsolutierungen warnen.

* Auf die praktische **Arbeit mit Texten** sind zwei Kapitel bezogen: zunächst wird ein hermeneutisches **Grundmodell der Texterschließung** vorgestellt, das sechs Schritte umfasst (Kapitel 3) und das der Leser für sich persönlich anwenden oder auch im Unterricht einführen und mit Schülern auf verschiedenartige Textsorten anwenden kann. Die nötigen **Hintergrundinformationen** zur Einführung dieses Modells im Unterricht und **Beispiele** der Anwendung auf verschiedene Textsorten werden vorgeführt (Kapitel 4). Zusammenfassende Übersichten, Tabellen und Skizzen erläutern und veranschaulichen die Hinweise. So kann der Leser leicht nachvollziehen, wie sich Texte unterschiedlichster »Sorte« erschließen lassen und wie er mit Hilfe dieses Materials solche Verfahren und methodischen Möglichkeiten im Unterricht einführen und mit den Schülern einüben könnte.

* Den Abschluss bilden schließlich Hinweise und Materialien für die **Einübung von Lern- und Arbeitstechniken**, die für Schule, Studium und Beruf zunehmend an Bedeutung gewinnen (Kapitel 5).

Wenn im Buch Begriffe wie »Leser«, »Autor«, »Lehrer« usw. in der männlichen Form fast ausschließlich Verwendung finden, ist selbstverständlich immer auch die weibliche Form mitzudenken (vgl. S. 95).

1 Grundlagen: Theorie der Texte und ihres Verstehens

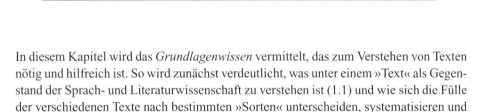

Inhaltsübersicht
1.1 Was sind Texte?
1.2 Wodurch sich Texte unterscheiden
1.3 Wie Texte entstehen – die Rolle des Autors
1.4 Texte verstehen – die Rolle des Lesers
1.5 Grundmodell der Rezeption und des Verstehens von Texten

In diesem Kapitel wird das *Grundlagenwissen* vermittelt, das zum Verstehen von Texten nötig und hilfreich ist. So wird zunächst verdeutlicht, was unter einem »Text« als Gegenstand der Sprach- und Literaturwissenschaft zu verstehen ist (1.1) und wie sich die Fülle der verschiedenen Texte nach bestimmten »Sorten« unterscheiden, systematisieren und ordnen lässt (1.2) – als Hilfe für ihre Erschließung.

Es soll deutlich werden, wie das **Ent**-stehen und das **Ver**-stehen von Texten innerlich zusammenhängen. Dazu werden zunächst grundlegende Bedingungen bei der Entstehung (Produktion) von Texten aufgewiesen und die Rolle hervorgehoben, die der Autor dabei spielt (1.3). Im Gegenzug wird die Seite des Lesers in den Blick genommen (Rezeption) und seine eigenartige, ja einzigartige Rolle als Rezipient betrachtet, der auf seine persönliche Weise lesend an der »Sinnkonstitution« des Textes beteiligt ist (1.4). Dazu werden im Rahmen einer »Lehre vom Verstehen« einige Grundfragen der Hermeneutik skizziert, Eigenart und Auswirkungen des sog. »hermeneutischen Zirkels« erläutert und elementare Bedingungen und Verfahrensweisen genannt, die zum Verstehen von Texten nötig sind.
Zum Schluss fügen sich die gewonnenen Erkenntnisse zu einem »Grundmodell der Rezeption und des Verstehens« zusammen (1.5), das zeigt, in welchen Einzelschritten das Verstehen eines Textes verläuft und planmäßig angebahnt werden kann.
Eine Reihe von *Übersichten* und *Skizzen* veranschaulichen die komplexen Zusammenhänge.

Texte im Alltag

Unser Leben ist geprägt von Texten – von gehörten, von gelesenen oder von uns selber verfassten. Wir produzieren täglich Texte in vielerlei Variationen – sei es für uns selber oder weit häufiger für andere: Wir schreiben Merkzettel für den Einkauf, machen uns Notizen zu Telefonaten, wir füllen Bestellformulare für Waren aus, verfassen Briefe an Freunde, stellen Anträge an Behörden, machen Mitteilungen an Banken. Manche schreiben sogar Gedichte.

Alle diese verschiedenen Arten von Texten wissen wir ganz selbstverständlich zu unterscheiden und situationsgerecht einzusetzen. Sie sind uns von Kindesbeinen an in ihrer Eigenart und Funktion vertraut. Niemand wird ernstlich Kochrezepte und Gedichte, Zeitungsberichte und Romane, Liebesbriefe und Gebrauchsanweisungen, Glückwunschschreiben und Trauerreden miteinander verwechseln. Es scheint im alltäglichen Umgang mit Texten ein Vorverständnis, ja einen intuitiven Konsens darüber zu geben, mit welcher Textsorte wir es jeweils zu tun haben.

Doch das scheinbar Selbstverständliche ist oft besonders schwer in seinem Wesen zu erfassen. So erscheint die Frage durchaus nicht müßig, was Texte eigentlich sind, was ihre besondere Eigenart ausmacht und worin ihre Unterschiedlichkeit begründet liegt. Des Weiteren könnte die Erkenntnis hilfreich sein, nach welcher Art von Systematik die verwirrende Vielfalt der Texte geordnet und überschaubar gemacht werden kann. Frustrierend erscheint hier jedoch die Feststellung, dass es in der Literaturwissenschaft »für keine einzige der existierenden Gattungsbezeichnungen [Textsorten], deren Zahl in die Tausende geht, eine eindeutige Definition gibt« (Grübel/Grüttemeier/Lethen 35).

1.1 Was sind Texte?

1.1.1 Ein Blick auf die Geschichte des Lesens und Schreibens

Bedeutungswechsel

Die Vorstellung von dem, was »Texte« sind und sein sollen, ist einem Wandel unterworfen, der bis heute anhält und der zu vielfältigen Bezeichnungen geführt hat: »Literatur«, »Dichtung«, »Poesie«, »Werk«, »Text«. Der Sprachgebrauch ist verwirrend, die terminologische Unsicherheit groß, wie ein Blick in gängige Nachschlagewerke zeigt. An Beispielen aus der Begriffsgeschichte lässt sich verdeutlichen, wie sich Inhalt und Bedeutungsumfang dieser Bezeichnungen im Laufe der Zeit mehrfach geändert haben (Lamping 26 f.).

Antike

In der Antike meint »**litteratura**« im umfassenden Sinne alles, was in Buchstaben geschrieben ist, und bezieht neben der Dichtung im engeren Sinne auch die Geschichtsschreibung, Philosophie, Rhetorik und andere Wissenschaften mit ein.

Hieronymus (4./5. Jh.)

Zur Zeit des Hieronymus (um 347–419 oder 420) versteht man im christlichen Sprachgebrauch unter »**Literatur**« (lat. *litteratura* = Buchstabenschrift) die heidnisch-weltliche Überlieferung im Gegensatz zur »*scriptura*« als dem geistlich-christlichen Schrifttum, z. B. dem biblischen Wort in den heiligen Texten.

18. Jahrhundert

Von den Humanisten im 16. Jahrhundert als Fremdwort aus dem Lateinischen ins Neuhochdeutsche entlehnt, wird »Literatur« bis ins 18. Jahrhundert hinein im allgemeinen Sinne von »Schriftkunst«, »Wissenschaft«, »Schriftgelehrsamkeit« und »Belesenheit«

verwendet. Zwischen 1760 und 1830 erhält die »Litteratur« eine weite Bedeutung als Gesamtheit der Texte der zeitgenössischen Publizistik (vgl. etwa Lessing: »*Briefe, die neueste Literatur betreffend*, 1759–1765).

In der zweiten Hälfte des 18. Jahrhunderts (seit 1780) wird das Wort »**Dichtung**« für fiktionale Sprachkunstwerke gebräuchlich, wobei »Fiktion« im Sinne des Erdachten und Erfundenen im Unterschied zu Tatsächlichem und zur Sachmitteilung verstanden wird (vgl. Goethe: »Aus meinem Leben. *Dichtung und Wahrheit*«). Bis zu diesem Jahrhundert bestimmt die *Versform* die Grenze zwischen »Dichtung« und »Literatur«. Diese Einschränkung wird erst mit dem Aufkommen der Prosaromane im 19. Jahrhundert gesprengt, sodass es zu einer Erweiterung des Dichtungsbegriffs kommt. Für den Bereich der Versdichtung bürgert sich in dieser Zeit das alte Wort »**Poesie**« (griech. *poiesis* = das Machen, Verfertigen, Dichten) ein, dessen Gebrauch mehr und mehr auf lyrische Werke beschränkt wird.

Dichtung und Poesie

Poesie

Die Forschung ist sich einig, dass Ende des 18. Jahrhunderts mit dem Entstehen der bürgerlichen Gesellschaft eine bis heute nachwirkende Spaltung der vorher als Einheit gedachten »Literatur« eingetreten ist: eine autonome literarische Kunst für eine kleine Elite von Lesern und eine Literatur zur Unterhaltung für die Lektürebedürfnisse der neu alphabetisierten Leser, vor allem in der Form des Romans.

Literarische Kunst und Literatur zur Unterhaltung

Seit Mitte des 19. Jahrhunderts gibt es in Deutschland einen Kanon der nationalen klassischen Literatur, der sich auf wenige Autoren konzentriert: Lessing, Schiller, Goethe (und Shakespeare als Anreger). Deren Kenntnis galt als Ausweis der Zugehörigkeit zur Gruppe der »Gebildeten«, während für die unteren Bildungsschichten die »Volksliteratur« als angemessen galt. Das nach Beruf, Konfession, ökonomischer Situation und Lebenslage sehr heterogene Bürgertum sah die Homogenität seiner Interessen immer stärker auseinanderbrechen. Von der politischen Beteiligung ausgeschlossen bzw. zufrieden mit einer politisch abstinenten Lebenshaltung benötigte und benutzte das Bürgertum die »Bildung« als identitätsstiftendes Mittel, um zu einem gruppenübergreifenden Selbstverständnis zu gelangen. Wie die literaturgeschichtliche Forschung herausgefunden hat, entsprach die Auswahl dieser »klassischen« Autoren weniger dem tatsächlichen Leseverhalten, sondern hatte vielmehr die Funktion der sozialen Unterscheidung »nach unten«. Das heißt: das sog. »Bildungsbürgertum«, bestehend aus Lehrern, Pfarrern, Wissenschaftlern, Publizisten, Schriftstellern, aber auch aus Ärzten, Ingenieuren, Beamten, Offizieren und Anwälten, suchte sich durch eine literarische »Bildung« und ästhetische Kunstvorstellung in einer gesellschaftsenthobenen, individualistischen Kultur der Muße abzugrenzen von der Arbeiterschicht und dem Proletariat.

Hölderlin, Kleist, Jean Paul oder Büchner galten gegenüber den Koryphäen Goethe und Schiller eher als Außenseiter. Die vielgelesene Erzählliteratur des 19. Jahrhunderts ist ohne den Kontext populärer Zeitschriften nicht denkbar. Fontane veröffentlichte die meisten Romane als Fortsetzungen in Familienzeitschriften wie »Gartenlaube«, »Daheim«, »Nord und Süd«, »Über Land und Meer«, in denen sich Texte und Autoren ganz unterschiedlicher literarischer Qualität munter mischten. Für das Publikum wie für die Verfasser war der Unterhaltungswert eines Werkes ein entscheidendes Kriterium.

Weitere Bezeichnungen und Entwicklungen nach 1945

In der Neuzeit gibt es neben »Dichtung« weitere Bezeichnungen, die gleichzeitig verwendet werden: Sprachkunstwerk, Wortkunstwerk, literarisches Kunstwerk, schöngeistige Literatur und weiterhin: Poesie (z. B. »konkrete Poesie«). Zwischen 1945 und den 60er Jahren kommt es zu einer Einschränkung des Begriffs »Literatur« auf die qualitativ hochrangige epische, dramatische und lyrische Poesie (siehe unten 1.1.2). »Literatur« bleibt hier reserviert für »ästhetische Sprachkunstwerke« im Sinne der »Dichtung«, die zu unterscheiden ist von den so genannten »Gebrauchstexten« wie z. B. Zeitungen, Kataloge, Akten usw., aber auch von »wissenschaftlichen Werken« abzugrenzen ist. »Literarische Werke« zeichnet als gemeinsames Kriterium vor allem die herausragende sprachkünstlerisch-stilistische Leistung aus (siehe unten 1.2.3); sie gelten als geistesgeschichtlich bedeutsame, ästhetisch hochstehende Werke fiktionaler Art.

Wertungen solcher Art gelten heute jedoch als problematisch: zum einen, weil es keine gesicherten Kriterien gibt, was zur »hohen« Dichtung gehört, und zum andern, weil solche Zuordnungen zeitgebunden sind, d. h. abhängig von den Auffassungen einer Zeit, von den Konventionen einer Gesellschaft, von den Urteilen anderer und vom eigenen Geschmack. (Zur weiteren Entwicklung: siehe 1.1.2-4 und 1.3.5)

1.1.2 Texte als Gegenstandsbereich der Literaturwissenschaft heute

Begriff der Literaturwissenschaft

Die »Literaturwissenschaft« – die Bezeichnung wurde erstmals 1842 für die Gesamtheit aller Arten und Aspekte der wissenschaftlichen Beschäftigung mit Literatur verwendet – erkennt als ihre wesentlichen Aufgabenbereiche die Darstellung der historischen Entwicklung von Literatur (Literaturgeschichte) sowie die systematische Behandlung von literarischen Begriffen, Methoden, Regeln und Forschungskonzepten zur Beschreibung literarischer Zeugnisse (Literaturtheorie). Siehe dazu Kap. 2.

Angesichts der geschichtlich bedingten verschiedenen Sichtweisen und Wertungen der Texte (siehe 1.1.1) stellt sich die Frage nach dem spezifischen Gegenstandsbereich der Literaturwissenschaft heute. Auf welche besondere Art von »literarischem Gegenstand« soll sich die wissenschaftliche Erschließung beziehen? Auf alles schriftlich Fixierte? Oder auf besonders bevorzugte Teilbereiche daraus? Auf einen bestimmten Kanon von Texten? Gehören Texte in Form von mündlicher Überlieferung auch dazu? Wie steht es um den riesigen Bereich der »Gebrauchsliteratur« (vom Telefonbuch über Zeitungen bis zu hochwissenschaftlichen Werken) einschließlich der Fülle von Werbetexten? Oder soll sich die Literaturwissenschaft nur mit den im engen Sinne als »Belletristik« bezeichneten Texten befassen?

In unserem Jahrhundert wird der Gegenstandsbereich »Text« in zwei Richtungen hin entfaltet und reflektiert.

Literatur im Sinne von zeitenthobener Dichtung

1) Zunächst kommt in den Jahren 1945 bis etwa 1965 in der Literaturwissenschaft der Universitäten wie auch in der Schule die »Literatur« ausschließlich als sog. »hohe«, poetische Literatur in den Blick – mit den Kernbereichen des Dichterischen: Epik, Dramatik, Lyrik. Im Rahmen der sog. »werkimmanenten« Sicht (siehe 2.3: Literaturwissenschaft-

liche Methoden) wird die »Dichtung« zum »eigentlichen« Gegenstand der Interpretation erkoren und erscheint dabei als ein zweckfreies Kunstgebilde von zeitenthobener Gültigkeit und Wahrheit und als »höchste Kunstform der Sprache« (Wilpert 171), der eine Autonomie gegenüber außerdichterischen Einflüssen zukommt.

2) Seit Mitte der 60er Jahre wird die Einschätzung und die Art der Betrachtung von »Dichtung« und »Literatur« deutlich nüchterner; der Begriff »Dichtung« wird gleichsam seiner »pathetischen Nebentöne« beraubt. Der Akzent liegt nun stärker auf den historisch-gesellschaftlichen Bedingungen der Literatur und auf dem Gesichtspunkt des bewusst »Gemachten«. Auch ästhetische Texte gelten als »Produkte«, als bewusste Kunstleistung, die durch bestimmte Arbeits- und Produktionsakte hervorgebracht werden und individueller Ausdruck einer geschichtlich bestimmten Einzelpersönlichkeit sind. Dabei wird betont, dass »das Produzieren immer im Zusammenhang gesellschaftlich vorinterpretierter, bewusster oder unbewusster Bedürfnisse steht« (Arnold/Sinemus, Bd. 1 Literaturwissenschaft 485).

Literarische Werke als menschliche »Produkte«

In den späten 60er Jahren kommt es sowohl in der Sprach- als auch in der Literaturwissenschaft zu einer »kommunikativen Wende«.
1) Die Sprache tritt in der *neuen Linguistik* vorwiegend als Kommunikationsmittel in den Blick. Dabei wird der Sprachgebrauch als soziales Handeln verstanden und das Sprachverhalten sowohl des einzelnen Sprechers als auch und vor allem das der sozialen Schichten und Gruppen untersucht.
2) In der *Literaturwissenschaft* wird die bisherige Verabsolutierung der Literatur als »Dichtung« aufgegeben. Literatur erscheint nun als ein »ästhetisches Sprachphänomen fiktiver Natur mit *gesellschaftlicher* Relevanz« (Bahners 655), als »eine spezifische kommunikative Tätigkeit des Menschen« (Schutte 3). Sie ist »primär als das sprachliche Medium zu bezeichnen, das auf bestimmte Weise *Kommunikation* ermöglicht« (Kügler 21).
In dieser »kommunikativen Funktion« aller Literatur glaubt die linguistische Pragmatik den wichtigsten Wesenszug bestimmt zu haben: Der kommunikative »Gebrauch« und die besondere »Verständigungssituation«, die den jeweiligen Texten zugrunde liegen, dienen zur Kennzeichnung und Beschreibung ihrer vielfältigen Erscheinungsformen. Dabei werden solche bewusst oder unbewusst wertenden Unterscheidungen und Dualismen (1.1.1) hinfällig, wie z. B. Poesie und Literatur, Dichtung und Schrifttum, sprachliches Kunstwerk und Gebrauchsliteratur, literarische und expositorische Texte, »fiction« und »nonfiction«, poetische und außerpoetische Sprache und nicht zuletzt auch der Gegensatz Dichter und Schriftsteller (vgl. dazu 1.3.5). Es setzt sich die Erkenntnis durch, dass »die essentielle Trennung von Literatur und Dichtung eine Fiktion ist« (Rüdiger, in: Conrady 144).

Die »kommunikative Wende«

Auf diesem Hintergrund wird formuliert:

»Eigentlicher Gegenstand der Literaturwissenschaft ist (...) nicht eine Menge von Texten, sondern Literatur als ›gesellschaftliches Verhältnis‹ und als eine spezifisch kommunikative Tätigkeit des Menschen, die sich als ein komplexes Ensemble von Beziehungen

in der Funktionsstellenreihe WIRKLICHKEIT – AUTOR – TEXT – VERMITTLER – LESER – WIRKLICHKEIT modellhaft fassen lässt. Diese Verhältnisse sind als solche noch einmal im literarischen Text widergespiegelt und werden von ihm mitgegründet. Und sofern dieser das die literarische Kommunikation vermittelnde und tragende Produkt ist, muss die literaturwissenschaftliche Arbeit von ihm ausgehen ...« (Schutte 3)

Erweiterter Literaturbegriff

Im Zuge dieser Entwicklung kommt es zu einer noch stärkeren *Erweiterung des Begriffs Literatur:* er meint nun die »Gesamtheit der schriftlichen Geisteserzeugnisse« – das heißt: **alles** Aufgeschriebene oder Gedruckte, der Gesamtbestand jeder Art von schriftlichen Äußerungen eines Volkes oder einer Zeit, zu denen *auch* (unter anderen Arten) Werke von sprach-künstlerischer Qualität im Sinne der »Dichtung« gehören.

Aber auch dies ist noch nicht das Ende der Entwicklung. Der Begriff Literatur kann sogar noch weiter gefasst sein als in der Antike (siehe 1.1.1): In einem allgemeinen Sinn ist dann nicht nur das Geschriebene und Gedruckte, sondern *alles sprachlich Verfasste* gemeint, sodass »Literatur« nun weitgehend identisch ist mit dem umfassenden Begriff des »Textes« (Lamping 27).

Medienprodukte

In den 80er Jahren schließlich wird der Textbegriff auch auf Medienprodukte (Massenmedien, Informations- und Kommunikationstechnologien) bezogen, wodurch das Anwendungsgebiet außerordentlich umfangreich und heterogen wird.

Texte: zwei Sichtweisen

Beim Versuch, den Gegenstand »Text« näher zu erfassen und genauer zu klären, was denn die »Textualität« eines Textes ausmacht, gelangt die Literaturwissenschaft zu zwei Sichtweisen, die in einer fruchtbaren Spannung zueinander stehen:

1. Der hermetische Textbegriff
Texte, die schriftlich vorliegen, können zunächst einmal als autonome, d. h. »objektiv« für sich existierende, in sich abgeschlossene *statische sprachliche Sinneinheiten* gelten, die relativ dauerhaft sind, leicht aufbewahrt, gelesen und zum Gegenstand einer Analyse gemacht werden können. Wegen ihres autonomen Charakters sollen sie aus sich selbst heraus – also kontextenthoben – gedeutet und verstanden werden (Wolfgang Kayser). Siehe 1.1.3.

2. Der dynamische Textbegriff
Demgegenüber gelten nach einer heute bevorzugten Sicht Texte als *dynamische Gebilde*, deren Entstehung, Eigenart und Verwendung von ihrer Einbettung in eine Kommunikationssituation geprägt sind (Verfasser – Text – Leser/Hörer). Vor allem im Rahmen der Rezeptionsästhetik (siehe S. 105) und der besonderen Rolle des Lesers dienen Texte einem lebendigen Verständigungsprozess zwischen Partnern (Autor und Rezipient), der sich im Akt des Lesens realisiert, semantisch aber offen ist und prinzipiell unabgeschlossen bleibt. Siehe 1.1.4.

Jede der beiden Sichtweisen macht auf bestimmte Besonderheiten eines Textes aufmerksam; keine vermag aber für sich allein das Ganze zu treffen.

1.1.3 Sichtweise 1:
Der Text als hermetisch-statisches Strukturgebilde

Nach diesem Verständnis stellen Texte in schriftlich vorliegender Form grafischer Materialisierungen autonome, d. h. »objektiviert« für sich existierende Gebilde dar, die eine statische Struktur aus einer geordneten Menge sprachlicher Elemente aufweisen. Als schriftlich dauerhaft fixierte, mechanisch konservierte oder in schriftlosen Kulturen auch fest im Gedächtnis der Nachwelt »behaltene« Sinneinheiten haben sie sich – nach dieser Sichtweise – von ihrem Urheber und den Entstehungsbedingungen gelöst und transportieren gleichsam einen »Sinn«, der *hermetisch* und zeitlos in sich abgeschlossenen vorliegt.

Hermetischer Textbegriff

In dieser Form als autonome »statische« Gebilde sind Texte für Leser und Hörer empirisch fassbar, können gelesen, gehört und zum Gegenstand einer genauen sprachlich-stilistischen und inhaltlichen Untersuchung gemacht werden. Dichterische Texte als ästhetische Gebilde sind nach dieser Sicht unabhängig von den Entstehungsbedingungen wie auch von der partikularen Perspektive des Betrachters.

Diese statische Sichtweise wird von der sprachlichen Herkunft (Etymologie) des Wortes »Text« unterstützt. Das Wort leitet sich vom lateinischen »*textum*« her und bedeutet »Gewebe«, »Geflecht«, »Zusammenfügung«. Mit dieser Grundbedeutung liegt ein Sinnbezug zum »handwerklichen Herstellen« vor: Bei Texten geht es gleichsam um das »Verfertigen von Gebilden aus sprachlichem Material, d. h. von ›Gewebe‹ aus Rede oder aus Schrift. Die Vorstellung von deren Machart als einem zusammenhängenden, sinnvollen Verbund sprachlicher Elemente (Wörter und Sätze) kann demnach als der prototypische semantische Gehalt des Text-Begriffs gelten, der sich dann geschichtlich in einer Vielfalt von Differenzierungen und Spezifizierungen ausprägt« (Scherner, Hist. WB d. Philos. 10, 1038).

»Text«: sprachliche Herkunft

Im Begriff »Textilien« schwingt heute noch etliches von diesem Sinngehalt anschaulich mit: So wie etwa ein Pullover nach bestimmtem »Muster« aus einzelnen Fäden gestrickt ist und dessen verschiedene Teile (Vorderteil, Rückenteil, Ärmel, Kragen usw.) in einer sinnvollen Anordnung zusammengefügt sind und dadurch erst zu diesem besonderen Pullover werden, der seine Funktion erfüllen kann, so ist auch der Text ein sinnvoll gestaltetes und gefügtes Ganzes, das sich aus kleineren Einheiten aufbaut.

»Text« als gegliederte Sinnganzheit

Das Textganze ist insofern ein *Determinationsgefüge*: Es besteht nicht ohne die Teile; die Einzelteile wiederum sind nur vom Textganzen her in ihrem Stellenwert und ihrer Bedeutung verständlich (philologischer Zirkel: vgl. 1.4.3.2). Diese Wechselwirkung zwischen dem Ganzen und seinen Teilen ist bei jedem Text anders geartet und macht dessen Besonderheit als sinnvolles sprachliches »Gewebe«, als ganzheitliches »Gefüge« aus.

Text als Determinationsgefüge

Zur Eigenart eines Textes, zur »Texthaftigkeit« sprachlicher Gebilde gehört immer der Charakter des *Zusammenhangs, der Kohärenz* als einer sinnvoll gefügten Folge von Sätzen. Um die semantische Kohärenz beim Sinngebilde »Text« zu sichern, sind alle bedeutungstragenden Elemente so eingeführt und verteilt, dass sie semantisch-syntaktisch verbunden sind, sich verketten lassen und durch ihr Wiedervorkommen einen Aufbau und Zusammenhalt komplexer Bedeutungsstrukturen ermöglichen.

Kohärenz als Merkmal des Textes

Mit Text ist daher nicht ein bloßes Konglomerat von wahllos und zufällig aneinandergereihten Wörtern, sondern ein in sich zusammenhängendes Gefüge von Wortfolgen und Sätzen, Abschnitten und Kapiteln schriftlich fixierter oder mündlicher Art gemeint, die durch die Anwendung von Verknüpfungsregeln (Grammatik) so miteinander verbunden sind, dass nach außen hin eine gewisse Abgeschlossenheit und Eigenständigkeit deutlich ist und nach innen eine Strukturiertheit als Kohärenz semantisch sinnvoll erscheinender Teilaspekte entsteht, die sich in ihrem Sinn gegenseitig ergänzen und in einer erkennbaren Ordnung aufeinander beziehen und näher bestimmen und zu einer vielfältig gegliederten sprachlichen Sinneinheit mit einem inneren Zusammenhang inhaltlicher, gedanklicher, bildmäßiger und formaler Art fügen.

Bedeutung der syntaktischen Struktur

Zur Konstituierung eines Textes genügen also nicht bloße Klangpartikel (Phoneme) als die kleinsten bedeutungsdifferenzierenden Einheiten der Sprache und auch nicht kleinste sprachliche Bedeutungseinheiten (Morpheme), sondern gefordert ist eine Entfaltung zur syntaktischen Struktur, zu einem zusammenhängenden Wortgeflecht. Die kleinste sinntragende Einheit ist erst der Satz. Aber auch dieser reicht oft nicht aus, um das in einer sprachlichen Äußerung tatsächlich Gemeinte zu verstehen. Der Leser ist angewiesen auf die vorausgehenden und die folgenden Sätze, um Sinnzusammenhänge erkennen zu können.

Bei dieser sprachwissenschaftlich-strukturalen Sicht der Texte als semantisch kohärente Sprachgebilde wird der Schwerpunkt auf die innere Strukturiertheit und äußere Abgeschlossenheit und Eigenständigkeit des Textes gelegt. Texte nehmen bei einer solchen Auffassung einen eher statischen Charakter an. Dieser wurde nach 1945 bis in die 60er Jahre hinein vor allem »literarischen« Texten (Dichtung) zugesprochen. Als autonome Werke sollten sie ganz aus sich selbst heraus in ihrer besonderen Struktur verstanden werden. Die einzig angemessene Methode ihrer Erschließung war die »werkimmanente«, formorientierte literaturwissenschaftliche Interpretation (siehe Kap. 2.3).

1.1.4 Sichtweise 2:
Der Text als dynamisches Gebilde in einem kommunikativen Zusammenhang von Verfasser, Text und Leser

Dynamischer Textbegriff

Gegen die oben vorgestellte hermetisch-statische Sicht der Texte spricht eine aus dem Alltag vertraute Erfahrung: Jeder Text wird von einem Verfasser mündlich oder schriftlich hergestellt – und zwar für andere, die ihn hören oder lesen sollen. Texte werden mit deutlichen **Absichten (Intentionen)** verfasst und sollen beim jeweiligen Gegenüber (Hörer, Leser) etwas Bestimmtes bewirken, z. B. Zustimmung und Verständnis gewinnen, eine Gefühls-, Sinnes- und/oder Verhaltensänderung erreichen usw.

Jeder Text hat als soziales, interaktives Phänomen eine »kommunikative Funktion« (lateinisch *communicare* = teilen, mitteilen, etwas gemeinsam tun) und wird in unterschiedlichen Kommunikationssituationen zu einer Form des sprachlichen Handelns (Interaktion). Dabei geht der Autor bzw. Sprecher durch seinen Text eine Beziehung zum Leser oder Hörer ein, den er beim Schreiben bzw. Sprechen vor Augen hat. An der Verwirklichung dieses sozialen Gebildes »Text« sind insofern sowohl der Autor/Sprecher als auch der Leser/Hörer beteiligt.

Im Lese-Vorgang treffen die »Appellstruktur« des Textes (Wolfgang Iser) und die abverlangten Verstehensleistungen des Lesers aufeinander. Dabei wird die »Bedeutung« des Textes nicht einfach durch einzelne Sätze vermittelt; sie erwächst vielmehr aus einem vielschichtigen Austausch zwischen Autor und Leser bzw. zwischen Sprecher und Hörer, wobei die Erwartungen und Annahmen der Kommunikationspartner, ihr gemeinsames Wissen übereinander, über die Welt und über die Situation ihrer Interaktion eine entscheidende Rolle spielen. Der literarische Prozess wird als prinzipiell unabgeschlossen begriffen.

Insofern scheint ein Text und seine »Aussage« nicht ein für allemal mit dem Zeitpunkt seiner Abfassung in seinem Sinn exakt fixiert zu sein. Der Leser selber kommt ins Spiel: seine jeweilige Lebenssituation, sein gesellschaftliches Umfeld, sein Bildungsstand, sein Erfahrungshintergrund, seine jetzigen Bedürfnisse usw. lassen ihn diesen Text jeweils mit neuen Augen lesen und wirksam werden. Was für den einzelnen Leser gilt, bestimmt auch die Leseerfahrungen verschiedener Generationen und Jahrhunderte: Es gibt Autoren, deren Bücher bei den Zeitgenossen unbeachtet blieben und erst in späteren Generationen eine große Wirkung entfalteten. Es gibt Werke, die vom Verfasser ernst gemeint waren, vom Publikum aber erheitert gelesen wurden. In dem Willen, einen Text zu verstehen, kann der Leser im Idealfall die ursprüngliche Absicht (»Wirk-Wille«) eines Autors adäquat treffen, sie aber auch verfehlen. Alle diese Beobachtungen belegen den Wert einer dynamischen Sicht der Texte, wie sie heute bevorzugt wird.

In diesem Kommunikationszusammenhang sind mündliche oder schriftliche Texte nicht einfach eine feste, in sich abgeschlossene Sinngröße, sondern verkörpern eine Variable, die sich sowohl durch Merkmale statischer (1.1.3) wie auch dynamischer Art auszeichnen.

Jurij Michailovic Lotmann hat auf diesem Hintergrund eine terminologische Differenzierung zwischen »Text« und »Werk« vorgenommen:

Text und Werk

- Unter »Text« ist die Gesamtheit der textimmanenten Konstruktionen und strukturellen Relationen zu verstehen (siehe oben: Sichtweise 1).
- Das literarische »Werk« ist demgegenüber die weiter gefasste historische und kulturelle Realität, die sich nicht im »Text« erschöpft (siehe oben: Sichtweise 2).

»Der reale Körper des literarischen Werkes besteht aus dem Text (aus dem System der innertextlichen Beziehungen) in seiner Beziehung zur außertextlichen Realität, zur Wirklichkeit, zu den literarischen Normen, zur Tradition und zu den Vorstellungen. Die Wahrnehmung des Textes ist, losgelöst von dessen außertextlichem Hintergrund, nicht möglich.« (Lotmann, Vorlesungen zu einer strukturalen Poetik, 1972, S. 180; hier nach: Die Literatur 411)

Einen »Text« zur Kenntnis nehmen bedeutet immer, ihn zugleich in einen Kommunikationshorizont einzuordnen, der uns zugänglich ist; dadurch macht der Rezipient den Text zum »Werk«.

Begriff der Literatur in der Literaturwissenschaft

In diesem kommunikativen Zusammenhang von Autor, Text und Leser ist Literatur (im weitesten Sinne) »ein gezielter, gerichteter Vorgang mit einer Adresse, gerichtet an ein bestimmtes Publikum, das der Autor zum Teilhaber oder Komplicen seiner literarischen Schöpfung zu machen gedenkt. Kein literarisches Werk ist an und für sich entstanden, sondern stets als Botschaft für einen bestimmten Kreis von Menschen, die als Hörer oder Leser vorgesehen waren, mochte nun der Autor eine ganze Schicht, eine ganze Klasse, die ganze Nation oder ein noch nicht vorhandenes, als zukünftig vorgestelltes Publikum angesprochen haben. Literatur ist nicht eine Sammlung von Sprachpräparaten und ebenso wenig eine Kollektion von Musterproben seelischer Ausdruckserfüllung, sondern ein sinnvoller Zusammenhang der Gestaltungen jeweiliger Daseinsproblematik, Gestaltungen, die einen Aussagecharakter haben, als Botschaft von jemandem vernommen sein wollen« (Krauss 39).

Sicht der Autoren

Diese Auffassung der Literaturwissenschaft wird auch von den Autoren selbst stark betont:

1. Max Frisch (1967)
Er stellt sich die Frage, warum die Schriftsteller – trotz aller negativen Erfahrungen – dennoch immer wieder »veröffentlichen«, und nennt als Grund:
»Bedürfnis nach Kommunikation ... Man möchte gehört werden; man möchte nicht so sehr gefallen als wissen, wer man ist. Bin ich ausgefallen, so wie ich meine Zeit erfahre, oder bin ich unter Geschwistern? Man gibt Zeichen von sich. Man ruft über jene Sprache hinaus, die Konvention ist und die Einsamkeit nicht aufhebt, sondern nur verbirgt, man schreit aus Angst, allein zu sein im Dschungel der Unsagbarkeiten. Man hat Durst nicht nach Ehre, aber nach Menschen ... Man hebt das Schweigen, das öffentliche, auf (...) im Bedürfnis nach Kommunikation. Man gibt sich preis, um einen Anfang zu machen ... Denn jedes Kunstwerk hat es in sich, dass es wahrgenommen werden will. Es will, wie monologisch es auch ausfallen mag, jemand ansprechen.«
(Öffentlichkeit als Partner. Frankfurt ³1970, edition suhrkamp 209, 59)

2. Hans Magnus Enzensberger (1961)
»Die Poesie ist ein Prozess der Verständigung des Menschen mit und über sich selbst, der nie zur Ruhe kommen kann. Es nützt nichts, einen Sachverhalt vorzuzeigen, wenn keiner zugegen ist. Deswegen müssen Gedichte an jemand gerichtet, für jemand geschrieben sein. Mindestens müssen sie damit rechnen, anderen vor Augen oder Ohren zu kommen. Es gibt kein Sprechen, das ein absolutes Sprechen wäre ... Gedichte ohne Gestus gibt es nicht. Gedichte können Vorschläge unterbreiten, sie können aufwiegeln, analysieren, schimpfen, drohen, locken, warnen, schreien, verurteilen, verteidigen, anklagen, schmeicheln, fordern, wimmern, auslachen, verhöhnen, reizen, loben, erörtern, jubeln, fragen, verhören, anordnen, forschen, übertreiben, toben, kichern. Sie können jeden Gestus annehmen außer einem einzigen: dem, nichts und niemanden zu meinen, Sprache an sich und selig in sich selbst zu sein.«
(Scherenschleifer und Poeten. Aus: Mein Gedicht ist mein Messer. Lyriker zu ihren Gedichten, hrsg. von Hans Bender, München 1964, List Bücherei 187, 147).

3. Ingeborg Bachmann (1959)
»Der Schriftsteller – und das ist in seiner Natur, wünscht, sich Gehör zu verschaffen. (…) Der Schriftsteller – und das ist auch in seiner Natur – ist mit seinem ganzen Wesen auf ein Du gerichtet, auf den Menschen, dem er seine Erfahrung vom Menschen zukommen lassen möchte (oder seine Erfahrung der Dinge, der Welt und seiner Zeit, ja von alldem auch!), aber insbesondere vom Menschen, der er selber oder die anderen sein können und wo er selber und die anderen am meisten Mensch sind. Alle Fühler ausgestreckt, tastet er nach der Gestalt der Welt, nach den Zügen des Menschen in dieser Zeit«
(In: Doppelinterpretationen. Das zeitgenössische deutsche Gedicht zwischen Autor und Leser, hrsg. und eingeleitet von Hilde Domin, Frankfurt 1969, Fischer Bücherei 1060, 120).

4. Dieter Wellershoff (1975)
»Ein Gedicht ist ein Anfang, der alles resultathafte Einverständnis verweigert, aber viele sich überblendende Lesearten ermöglicht, die Worte, Wortgruppen stehen zueinander in vielfältigen unerschlossenen Beziehungen, sie haben offene Anschlussmöglichkeiten, also ist ein Gedicht ein Text, der vom Leser Produktivität verlangt. Der Leser ist Mitautor des Gedichtes, sein Neuschöpfer. Herausgefordert von den Mehrdeutigkeiten, dunklen Stellen, der Komplexität des Bedeutungsnetzes muss er alle seine Vorstellungsfähigkeiten anstrengen, er muss mit seinem Assoziationsmaterial, seinen erinnerten Erfahrungen den Text erfüllen. Das Gedicht ist eine Möglichkeit der Selbsterfahrung für seinen Leser.«
(Literatur und Lustprinzip. Essays, München, dtv, 1975)

5. Siegfried Lenz (1962)
»Mein Anspruch an den Schriftsteller besteht nicht darin, dass er, verschont von der Welt, mit einer Schere schöne Dinge aus Silberpapier schneidet; vielmehr hoffe ich, dass er mit dem Mittel der Sprache den Augenblicken unserer Verzweiflung und den Augenblicken eines schwierigen Glücks Widerhall verschafft. In unserer Welt wird auch der Künstler zum Mitwisser – zum Mitwisser von Rechtlosigkeit, von Hunger, von Verfolgung und riskanten Träumen (…) Es scheint mir, dass seine Arbeit ihn erst dann rechtfertigt, wenn er seine Mitwisserschaft zu erkennen gibt, wenn er das Schweigen nicht übergeht, zu dem andere verurteilt sind.«
(Aus einer Rede, die Siegfried Lenz 1962 anlässlich der Verleihung des Bremer Literaturpreises hielt. Veröffentlicht in: Siegfried Lenz, Beziehungen. Ansichten und Bekenntnisse zur Literatur. Hamburg, Hoffmann und Campe 1970)

Aus diesen Zitaten ergibt sich zum Problem »Text und Kommunikation«:

1. In der Literatur wird hier mehr gesehen, als die herkömmliche Definition von »Kommunikation« besagt, die meist in einem allgemeinen Sinne als Prozess der Informationsübertragung zur Verhaltensbeeinflussung anderer verstanden wird. Auch im Sinne eines Vorgang der Verständigung und Bedeutungsvermittlung zwischen Lebewesen ist der Begriff (wie er oft im Bereich der Sozialwissenschaften erscheint) mit dem in den zitierten Texten Gemeinten nicht ohne weiteres identisch.
2. Der Verfasser (und Leser bzw. Hörer) erfährt sich vielmehr als »mit seinem ganzen Wesen auf ein Du gerichtet« (Bachmann) und lebt und antwortet (schreibt und liest) auf

Menschen hin, insofern sie und er »am meisten Mensch sind« oder sein können. Im anderen Menschen erfährt und weiß so jeder, »wer man ist« (Frisch). Im und durch den Text gibt sich der Verfasser und der Leser bzw. Hörer preis und erhofft sich zugleich Befreiung zum volleren Leben des Miteinander und Füreinander.

3. Wie vor allem bei Frisch und Bachmann zum Ausdruck kommt, meint Kommunikation also nicht einfach nur einen äußerlichen Vorgang »zwischen« verschiedenen Menschen, sondern die Erfahrung einer Grundverfasstheit des Menschen selbst, die seine Existentialität und Personalität erst ermöglicht. Diese fundamentale existentielle Kommunikation, in der der Mensch erst um sich weiß, indem er sich als »mit-anderen« erfährt und als Angewiesensein und anteilnehmendes Geöffnetsein für andere, aktualisiert sich beim Schreiben und Lesen bzw. Hören und prägt im Gestaltungsvorgang bzw. im Verstehensprozess den Charakter des literarischen Werkes (Text). Verfasser und Leser bzw. Hörer sind so durch die gleiche Erfahrung (nämlich der seins- und personstiftenden Kommunikation) »verbunden« und zugleich am Werk (Text) beteiligt und in ihm aufeinander bezogen.

4. Der Schriftsteller ist »Mitwisser« am Leiden anderer und Bewahrer des Humanen. Die Sprache ist ihm dabei die entscheidende Waffe.

Texte können als Ausdruck einer bestimmten »Befindlichkeit«, einer existentiellen Grunderfahrung von »Kommunikation« angesehen werden und erfüllen – vom Verfasser wie vom Leser bzw. Hörer aus gesehen – eine kommunikative Funktion; sie stellen Kommunikation her und dar. Zwischen dem Leser und dem Autor entsteht über das Werk ein »Dialog der Ansprüche« (Kienecker II 37), eine »gesprächhafte Begegnung«, in der der Leser bzw. Hörer sich frei und ohne Ablenkung dem Text zuwenden soll. Das Werk stellt einen An-spruch, dem der Leser ent-sprechen soll. Wenn auch nicht immer voll bewusst, befindet sich der Lesende oder Zuhörende in der Situation eines Gesprächs mit einem fiktiven Partner, der ihm eine Mitteilung macht, eine »Botschaft« überbringt, mit der er sich auseinander setzt, die er zur Kenntnis nimmt, genießt, ablehnt, glaubt, bejaht usw., auf die er jedenfalls vielfältig reagieren und »antworten« kann.

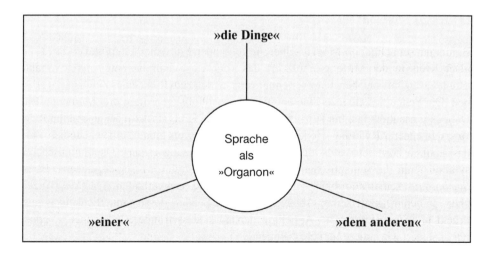

Auf diesen Zusammenhang hat bereits **Platon** (427–347 v. Chr.) im »Kratylos« hingewiesen, in dem er die Sprache als »*organon*« (= Werkzeug) bezeichnet, deren Funktion und Leistung darin besteht: »einer dem anderen etwas mitzuteilen über die Dinge« (siehe Graphik S. 24).

Platon: Sprache als »Organon«

Diese dreifache Beziehung weist auf drei Bereiche hin: auf die Sachwelt als außersprachliche Wirklichkeit, auf das eigene Ich, das sich äußert, und auf den Mitmenschen.

Entsprechend diesen drei »Relationsfundamenten« Platons hat der Psychologe **Karl Bühler** (1879–1963) in seiner »Sprachtheorie« (Jena 1934) der Sprache folgende Leistungen und Sinnfunktionen zugeschrieben: Ausdruck, Appell und Darstellung. Diese drei Funktionen wirken in der Sprache als wichtigstem Merkmal der menschlichen Gemeinschaft zusammen. Wie Platon sieht Bühler dabei die Sprache als »Werkzeug«:

Karl Bühler: Organon-Modell

»*Die Sprache ist dem Werkzeug verwandt; auch sie gehört zu den Geräten des Lebens, ist ein Organon wie das dingliche Gerät*« (Sprachtheorie, Jena 1934, S. XXI f.).

In seinem berühmt gewordenen »**Organon-Modell**« hat Bühler seine Erkenntnisse graphisch folgendermaßen verdeutlicht:

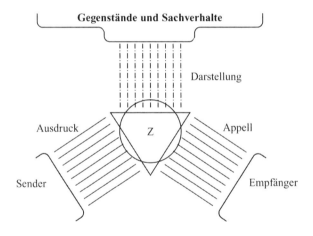

Bühler hat sein Organon-Modell selber mit folgenden Worten erläutert und erklärt:

Bühlers Kommentar

»Der Kreis in der Mitte symbolisiert das konkrete Schallphänomen. Drei variable Momente an ihm sind berufen, es dreimal verschieden zum Rang eines Zeichens zu erheben. Die Seiten des eingezeichneten Dreiecks symbolisieren diese drei Momente. Das Dreieck umschließt in einer Hinsicht weniger als der Kreis (Prinzip der abstrakten Relevanz). In anderer Richtung wieder greift es über den Kreis hinaus, um anzudeuten, dass das sinnlich Gegebene stets eine apperzeptive Ergänzung erfährt. Die Linienscharen symbolisieren die semantischen Funktionen des (komplexen) Sprachzeichens. Es ist *Symbol* kraft seiner Zuordnung zu Gegenständen und Sachverhalten, *Symptom* (Anzeichen, Indicium) kraft seiner Abhängigkeit vom Sender, dessen Innerlichkeit es ausdrückt, und *Signal* kraft seines Appells an den Hörer, dessen äußeres oder inneres Verhalten es steuert wie andere Verkehrszeichen.«

3 Faktoren: Sender, Empfänger, Gegenstände

Nach Bühler sind beim Sprechen immer drei Faktoren wirksam: ein Sender, ein Empfänger und Gegenstände/Sachverhalte. Anlass der Kommunikation zwischen Sender und Empfänger sind meist die Objekte der gegenständlichen Welt als außersprachlicher Wirklichkeit. In jeder sprachlichen Äußerung sind immer alle drei Funktionen der Sprache gleichzeitig wirksam. Ob jedoch in einer konkreten Sprechsituation eine bestimmte Funktion der Sprache dominieren soll – sei es als »Ausdrucksmittel« oder als »Appell« (Mittel der Einflussnahme) oder als »Darstellungsmittel« – hängt von der jeweiligen *Intention* (Absicht) des Sprechers ab, worauf er den Sinnbezug seines Textes am stärksten richten will:

- Ein Sprecher wendet sich an einen Hörer und will durch sein Sprechen Einfluss auf ihn nehmen, das heißt: er will ihn dazu veranlassen, etwas Bestimmtes zu fühlen, zu wollen, zu denken, zu tun oder zu verhindern. Der Sprecher wirbt, überredet, überzeugt, befiehlt usw. Die Sprache hat hierbei primär die Funktion des »*Appells*«. Sie ermöglicht zwischenmenschliche Kontaktaufnahme, Informationsaustausch und Kommunikation in Rede und Gegenrede (Dialog). Die appellative Funktion kann mehr oder minder offen oder versteckt sein; wird sie verschleiert, dann sprechen wir von Manipulation.
- Der Sprecher kann sich aber auch monologisch verhalten, bei sich selbst bleiben und die eigenen Gefühle und inneren Vorgänge beobachten und sprachlich erfassen. Wenn der Sprecher bewusst oder unbewusst etwas über sich selbst zu erkennen geben will und seine innere Bewegtheit, seine Vorstellungen, Empfindungen und Willensregungen wiedergibt (»Selbstoffenbarung«) dann hat die Sprache die Funktion des »*Ausdrucks*« des eigenen Ich.
- Bezieht sich der Sprecher auf Gegenstände und Sachverhalte (Teilbereiche der Erfahrungswelt, außersprachliche Wirklichkeit) und will sie als Sachinhalte weitergeben, so hat die Sprache die sach-zugewandte Funktion der »*Darstellung*«. Bei der Vermittlung von Sachinhalten kommt es häufig zu einer *schriftlichen* Darstellung, sei es für den Sprecher selbst oder für einen situationsfernen Leser.

Modell von Roman Jakobsen

Inzwischen gibt es mehrere Versuche, über Bühlers Beschränkung der Sprache auf ihren Mitteilungswert hinauszugehen und der Sprache weitere Aufgaben zuzuweisen. Eine solche Weiterentwicklung nahm z. B. der Sprachwissenschaftler **Roman Jakobsen** (1896–1982) vor. Sie lässt sich als Schema folgendermaßen (S. 27 oben) verdeutlichen.

Funktionen des sprachlichen Zeichens

Wie die Skizze zeigt, trifft Jakobsen im Hinblick auf die Funktionen des sprachlichen Zeichens folgende Unterscheidungen:
- der *Kontakt* zwischen Sender und Empfänger (Kommunikationspartner), der durch die Sprache aufrecht erhalten werden soll (soziale Funktion der Sprache)
- die *poetische Funktion* der Sprache, durch die das Modell Bühlers neben der Darstellung, Kundgabe und dem Appell um den dichterischen Aspekt der Sprache erweitert wird. Im Mittelpunkt steht hier die sprachliche Gestaltung selbst, also die ästhetische Funktion der Sprache, wie sie sich besonders deutlich in Gedichten zeigt (siehe 1.2.2).

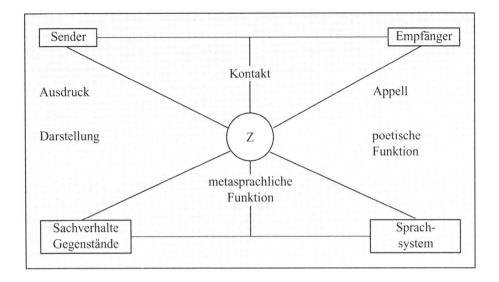

- die *metasprachliche Funktion*, bei der die sprachliche Leistung darin besteht, dass eine sprachliche Äußerung sich auch auf sich selbst beziehen kann. So können z. B. zur Eigenart sprachlicher Phänomene Erläuterungen gegeben werden mit Hilfe der Sprache. Bei allen sprachlichen Aktivitäten analysierender, interpretierender, erörternder Art im Hinblick auf Texte und Kommunikationsvorgänge gewinnt die Sprache eine »metasprachliche Funktion«.

Um die **Grundbedingungen und Funktionen sprachlicher Verständigung** noch genauer zu erfassen, bietet sich ein schon »klassisches«, verbales Kurzmodell an, die sog. »Lasswell-Formel«, die 1948 von H. D. Lasswell und B. L. Smith geprägt wurde. Sie lautet: »*Who says what in which channel to whom with what effect?*« (Wer sagt was mit welchem Mittel [in welcher Form] zu wem mit welcher Wirkung?).

Lasswell-Formel

In einer Skizze verdeutlicht:

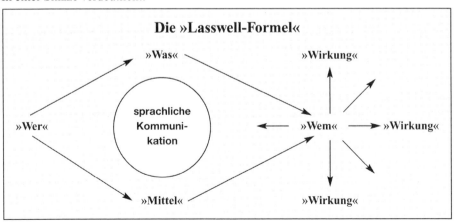

Das Modell verdeutlicht die Vorstellung, dass bei der **sprachlichen Kommunikation** ein Sprecher (»Sender«) einen Text (»Nachricht«) an einen Hörer (»Empfänger«) übermittelt. Dabei handelt es sich nicht um einen einseitig-kausalen, linear verlaufenden Vorgang, sondern um dynamische, »zyklische« Prozesse, die zwischen einem Sprecher und einem Hörer stattfinden.

Diese »Lasswell-Formel« skizziert in wenigen Worten ein ganzes »**Kommunikationsmodell**«, das sich für die systematische Analyse von Kommunikationsprozessen bewährt. Es gibt daneben eine weitere kommunikationstheoretische Formel, mit der die verschiedenen Instanzen und wesentlichen Faktoren von Kommunikation dargestellt werden können:

»*Wer spricht wann und wo warum worüber zu wem und mit welcher Wirkung.*« (Schutte, Literaturinterpretation 37)

Aus beiden Formeln lässt sich durch die Übertragung auf Texte ein geeignetes **Modell der literarischen Kommunikation** gewinnen, mit dessen Hilfe die Faktoren in den Blick geraten, die auf die Entstehung eines Textes einwirken und seine Eigenart prägen.

Demnach wären folgende Faktoren eines jeden literarischen Kommunikationsvorgangs zu konkretisieren als:

- Verfasser (Schreiber; Autor)
- Situation (Wirklichkeit)
- Wirkungsabsicht
- Gegenstand (Thema, Inhalt)
- Leser/Hörer (Adressat)
- Wirkung der literarischen Mitteilung
- Zeichen- und Regelsystem Sprache

In der Anwendung auf Texte lässt sich daraus zur **Verdeutlichung der Bedingungs- und Wirkfaktoren** eines Textes als Skizze das folgende Modell (s. S. 29) ableiten:

Erläuterung des Modells Die Skizze zeigt, dass jeder Text im Rahmen einer Kommunikationssituation in einem vierfachen Beziehungsgefüge steht: Sprecherbezug (Autor) – Wirklichkeits-/Sachbezug – Sprachbezug – Leser-/Hörerbezug (Publikum). Dieser Zusammenhang konstituiert den Text, wobei zwischen den Einzelelementen vielfältige Verbindungen und Abhängigkeiten (»Interdependenzen«) bestehen. Der Text ist hierbei als sicht- oder hörbare Erscheinungsform einer Mitteilung (»Nachricht«) über einen »Gegenstand« das eigentliche sprachliche Phänomen und Gegenüber des Lesers, während die anderen Momente (Verfasser und Leser/Hörer) »außersprachliche« Faktoren sind.

Es gibt einen Verfasser, der seinen Lesern bzw. Zuhörern etwas Bedeutsames und Wahres über die erfahrbare und denkbare »Wirklichkeit« (die Welt, die äußere oder innere Situation usw. als Realbezug) nahe bringen will, das für ihn selbst und wie er hofft – auch für sie wichtig ist. Diese Wirklichkeit wird so zum Gegenstand und Inhalt seines Textes, die er mit Hilfe der Sprache möglichst wirkungsvoll vermitteln will. Wenn diese Absicht des Verfassers erreicht werden, der Text also seinen Zweck erfüllen und zum Leben erwachen soll, muss auch der Leser bzw. Hörer aktiv werden und durch die Art seiner Textauf-

Das Modell der literarischen Kommunikation

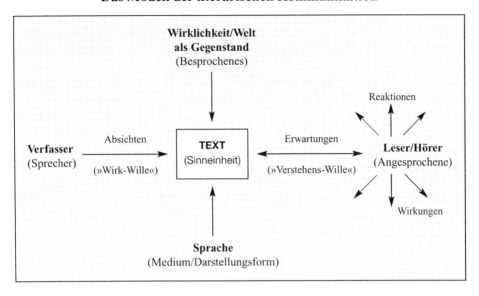

nahme den Text mitgestalten. Und tatsächlich laufen bei der individuellen Aufnahme des Textes vielfältige gedanklich-emotionale Prozesse ab: Der Leser hat Erwartungen an den Text (z. B. beim Lesen des Verfassernamens, des Buchtitels usw.), geht mit dem Willen an den Text heran, ihn zu verstehen, und zeigt schließlich Reaktionen auf den Text (z. B. Zustimmung, Ablehnung, Langeweile; stärker gefühlsmäßige oder rationale, passive oder aktive Wirkungen usw.). Der Verfasser will wirken, der Leser setzt sich der Wirkung aus und will verstehen. Es geht dabei nicht nur um die Vermittlung von Inhalten und Informationen, sondern zugleich um den Versuch, den Leser durch den Text und seine Wirkung in eine Beziehung zum Autor zu bringen:

»*Der schöpferische Akt ist beim Erschaffen eines Werkes nur ein unvollständiges, abstraktes Moment; wenn der Autor allein existierte, könnte er schreiben, soviel er wollte – das Werk würde nie als Objekt das Licht der Welt erblicken, er müsste die Feder niederlegen oder verzweifeln. Aber der Vorgang des Schreibens schließt als dialektisches Korrelativ den Vorgang des Lesens ein, und diese beiden zusammenhängenden Akte verlangen zwei verschiedene Menschen. Die vereinte Anstrengung des Autors und des Lesers lässt das konkrete und imaginäre Objekt erstehen, das das Werk des Geistes ist. Kunst gibt es nur für und durch den anderen.*« (Sartre 27 f.)

In der heute bevorzugten Sicht stellen insbesondere literarische Texte gesprochene oder schriftlich fixierte sprachlich strukturierte Sinn-Gefüge dar, die – in einen tradierten soziokulturellen Zusammenhang (Kontext) eingebettet – Träger kommunikativer Zwecke sind und Teil (d. h. Mittel, Gegenstand, Produkt) eines Beziehungsprozesses zwischen Autor und Publikum, der Mitteilungs-, Verstehens- und Handlungskomponente umfasst. Will der Autor den Text aus seiner Perspektive verfassen, versucht der Leser ihn

Zusammenfassung

aus der eigenen Perspektive zu verstehen. Texte zeichnen sich aus durch *Sinnbestimmtheit* (Bedeutungshaftigkeit), der eine im Prozess des Verstehens und der Auslegung sich vollziehende *Sinn-Aneignung* und *Sinn-Verleihung* durch den Leser entspricht. Der Rezipient eines Textes vollbringt also eine sinnschöpfende Leistung: er »empfängt« den Sinn eines Textes dadurch, dass er ihn konstituiert (Iser). Texte stellen dynamische, prozesshafte Sinn-Gebilde mit zwischenmenschlicher, sozialer, gesellschaftlicher, öffentlicher Bedeutung und Auswirkung dar, an deren Verwirklichung Verfasser **und** Leser in je besonderer Weise beteiligt sind. Der Text ist sozusagen eine Variable im Kommunikationsprozess zwischen Text und Leser. Dabei besteht zwischen dem Text als dem sprachlichen Gegenüber und dem Standort des aufnehmenden und analysierenden Lesers eine mehr oder minder große historische Distanz.

Nach Auffassung von G. Martens schließen sich die beiden Auffassungen vom Text nicht aus: ein Text sei »statisch« und »dynamisch« in einem (Kanzog 423).

Den beiden unterschiedlichen Auffassungen von Text als statischem bzw. dynamischem Gebilde entsprechen – grob gesehen – auch zwei unterschiedliche Gruppen von Methoden der Textdeutung (vgl. 2.2.1).

1.1.5 Linguistische Sicht: Die Konstitution des Textes auf drei Ebenen

Das eben skizzierte Verständnis der Texte als Ergebnis eines dynamischen Kommunikationsprozesses zwischen Autor und Leser (vgl. 1.1.4) kann noch ergänzt und vertieft werden durch die linguistische Sicht, die von der Textwissenschaft übernommen wurde.

Sprache als System von Zeichen

Die Linguistik kennzeichnet die Sprache als ein historisch wandelbares »System von Zeichen« (Ferdinand de Saussure, 1916). Unter einem »sprachlichen Zeichen« versteht F. de Saussure die Verknüpfung eines »Ausdrucks« mit einem »Inhalt«, das heißt: ein »*Lautbild*« (Ausdruck) ruft eine »*Vorstellung*« von einem Ding, einem Sachverhalt (Inhalt) usw. hervor. So vermag zum Beispiel das Lautbild »Haus« (auf der Basis seiner Buchstaben- bzw. Zeichenkette gesprochen bzw. gehört) für ein Mitglied der deutschen Sprachgemeinschaft eine bestimmte Vorstellung vom gemeinten Gegenstand »Haus« auszulösen und zu vermitteln.

Kennzeichnend für sprachliche Zeichen ist also die Verbindung von Inhalts- und Ausdrucksseite. Dabei besteht jedoch kein sachlich-notwendiger Grund, weswegen die Vorstellung »Haus« gerade und ausschließlich an diese Lautkette gebunden sein müsste! Denn in anderen Sprachen wird dieselbe Vorstellung von »Haus« durch ganz andere Lautketten ausgelöst (z. B. im Französischen durch den Ausdruck »*maison*«). Die Beziehung und Zuordnung zwischen dem »Lautbild« (Ausdruck) und dem darunter »Vorgestellten« (gemeinter Gegenstand) erscheint insofern in jeder Sprachgemeinschaft als willkürlich (»arbiträr«). Da diese Beziehung jedoch für soziale Gruppen durch Konvention verbindlich festgelegt ist (sei es durch alle Mitglieder oder durch Repräsentanten oder Instanzen), kann sie nicht mehr einfach von einem einzelnen Mitglied dieser Sprachgemeinschaft aufgehoben bzw. abgeändert werden, ohne dass dadurch das Verstehen und die soziale Interaktion gefährdet wären (vgl. die Geschichte von Peter Bichsel: Ein Tisch ist ein Tisch).

Die Struktur des sprachlichen Zeichens

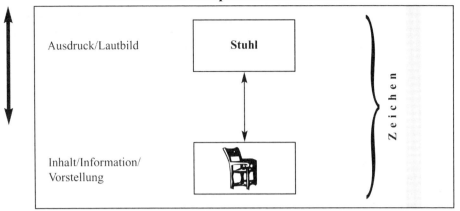

Die Sprache wandelt und differenziert sich einerseits ständig unter verschiedensten Einflüssen, zeigt aber andererseits bei aller Mannigfaltigkeit der sprachlichen Formen gemeinsame Strukturgesetzmäßigkeiten und funktioniert nach bestimmten Ordnungsprinzipien.

Nach dieser »Zeichentheorie« (Semiotik) weist das sprachliche Zeichen drei Dimensionen auf: *Drei Dimensionen des Zeichens:*

1. Zeichen stehen nicht isoliert, sondern gehören zu einer Menge anderer Zeichen (Wortschatz) und haben darin einen Stellenwert. Sie bilden mit anderen Zeichen ein System und können darin nach bestimmten Regeln verknüpft werden (Grammatik). Diese Beziehungen der Zeichen *untereinander* macht die **syntaktische Dimension** der Zeichen aus (griech. »*syntaxis*« = Anordnung, Zusammenordnung). *Syntaktik*

2. Zeichen weisen über sich hinaus auf etwas anderes, beziehen sich auf einen Sachverhalt, einen Vorgang oder Gegenstand, den sie »bezeichnen« und »meinen«, vermitteln also eine *Bedeutung*, die wir zu verstehen suchen. Die Beziehungen zwischen den Zeichen und dem, wofür sie stehen (das damit »Gemeinte«), ist die **semantische Dimension** der Zeichen (griech. »*semantikos*« = bezeichnend, bedeutend). Wir erfassen sie, wenn wir die Bedeutung dieser Zeichen kennen, wenn wir also wissen, wofür sie stehen. *Semantik*

3. Zeichen stehen in Beziehung zu *Menschen* als »Zeichenbenutzern« (Zeichengeber und -empfänger) und werden im Rahmen einer Kommunikation zur Verständigung verwendet. Dabei lassen es auf dieser Ebene die Zeichen nicht dabei bewenden, zur Kenntnis genommen und/oder verstanden zu werden (semantische Dimension), sondern sie bewirken in einem situativen Kontext eine Reaktion und fordern zu einem bestimmten Handeln auf (z. B. ein Bußgeldbescheid). Die Beziehungen zwischen den Zeichen und dem, was sie bezeichnen, sowie dem, was das Bezeichnete und Gemeinte für die beteiligten Menschen als *Handlungsaufforderung* bedeutet, ist die **pragmatische Dimension** der Zeichen (zu griech. »*pragma*« = das Handeln). *Pragmatik*

Übertragung auf Texte   Überträgt man diese Zeichentheorie (Semiotik) auf Texte, so konstituiert sich ein Text jeweils auf drei Ebenen: sprachlich-syntaktisch, semantisch und pragmatisch. Diese Aspekte lassen sich aus der Sicht des Autors als »Text-Anweisungen« auf drei Ebenen verstehen, denen auf Seiten des Lesers drei »Verstehens-Aktivitäten«, entsprechen:

Linguistische Sicht der Texte

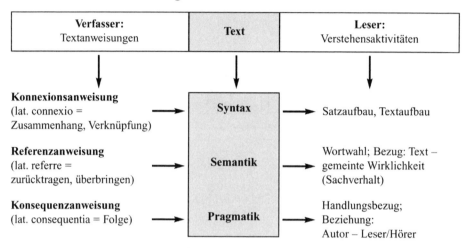

Drei Analyseschritte   In der **linguistisch orientierten Methode der Textanalyse** hat diese Sicht zu drei Annäherungsweisen an den Text geführt, die in vielfältiger Differenzierung ausgestaltet und für die Praxis der Texterarbeitung nutzbar gemacht wurden:

1. Die *syntaktische Analyse*: Hier wird die sprachlich-stilistische Struktur des Textes auf der Ebene der Sätze untersucht. Diese Aufgabe übernehmen mehrere textbezogene Methoden der Literaturwissenschaft wie unter anderem die sog. werkimmanente Methode (siehe Kapitel 2).
2. Die *semantische Analyse*: Sie untersucht die inhaltliche Bedeutung der Worte und Sätze, da literarische Texte als semantisch offene sprachliche Strukturen vorliegen (vgl. 1.4 an verschiedenen Stellen).
3. Die *pragmatische Analyse*: Sie bezieht sich auf das Verhältnis des Textes zu den Adressaten (zur Zeit der Entstehung oder auch für den Leser heute) und untersucht dabei die Art der Leserlenkung und die Eigenart der impliziten oder expliziten Handlungsanweisungen an ihn. Dabei spielt die Kommunikationssituation eine große Rolle, das heißt: das soziale Umfeld (»Sitz im Leben«), dem der Text entstammt, und die vorgesehene Verwendungssituation, das heißt: die Interaktionen, die mit dem Text im Hinblick auf die Leser vorgesehen sind. Schwerpunktmäßig wird dieser Ansatz in den rezeptions- und wirkungsorientierten Verfahren der Literaturwissenschaft aufgegriffen (siehe Kapitel 2).

Je nach Untersuchungsinteresse können diese Gesichtspunkte einen besonderen Schwerpunkt der Analyse bilden. Zu beachten ist jedoch, dass sie jeweils verschiedene Seiten des *einen* Textes darstellen. Daher können diese Aspekte zwar bei der Textanalyse methodisch als Einzelschritte unterschieden und in einem Nacheinander untersucht werden, eine Deutung des Textes muss jedoch das Zusammenwirken dieser Faktoren aufzeigen, um ein tieferes Verstehen zu ermöglichen. Verfahren der linguistisch orientierten Textanalyse werden inzwischen auch auf Texte der Bibel angewandt und haben sich hier überraschend gut bewährt (vgl. W. Egger: Methodenlehre zum Neuen Testament. Einführung in linguistische und historisch-kritische Methoden, Freiburg ⁴1996).

1.2 Wodurch sich Texte unterscheiden

1.2.1 Zum Begriff und Problem der »Textsorten«

Die moderne Literaturwissenschaft versucht die Fülle der Texte zu klassifizieren und in der Vielfalt von Formen und Gestaltungen bestimmte Arten (Klassen) zu unterscheiden und gegeneinander abzugrenzen. Dabei stützt sie sich auf relevante gemeinsame Merkmale sprachlicher, inhaltlicher und funktionaler (verwendungsmäßiger) Art, denen ähnliche Intentionen, Haltungen und Erwartungen von Textherstellern und Textbenutzern zugrunde liegen.

Auf diese Weise hofft man einen Orientierungsansatz in Gestalt einer *Typologie der Texte* zu gewinnen, von der her ein halbwegs zufriedenstellender Überblick über die Vielfalt auch der im Alltag begegnenden Texte möglich werden soll. *[Typologie der Texte]*

Die Sprachverwendung ist allerdings nicht einheitlich. Der Begriff der *Textsorte* wird häufig eingeschränkt auf »Sachtexte«, während für typische Gestaltungsformen im Bereich der literarischen, fiktionalen Texte eher der Begriff der »*Gattung*« verwendet wird. Unter »Gattung« werden seit dem Ende des 18. Jahrhunderts die drei dichterischen Grundformen Lyrik, Epik und Dramatik verstanden, in denen fiktionale (poetische) Dichtungsarten mit ähnlichen Strukturmerkmalen zusammengefasst sind (siehe 1.2.3). Wird der Begriff der Gattung also meist auf die klassischen, von der literaturwissenschaftlichen Tradition anerkannten literarischen Formen bezogen, so kam es seit etwa 1960 mit der Erweiterung des Literaturbegriffs auch auf die trivialen und nicht-fiktionalen Texte und unter dem Einfluss der Sprachwissenschaft dazu, die weiter gefasste Bezeichnung »Textsorte« für alle möglichen Arten von Texten zu verwenden. Nicht selten wird auch die Bezeichnung *Textarten* als umfassender Oberbegriff für alle Texte (Sachtexte und literarische Texte) herangezogen. *[Textsorte und Gattung]*

Als »*Textsorten*« werden Gruppen von Texten bezeichnet, denen aufgrund häufig wiederkehrender Verwendungssituationen, ähnlicher Intentionen bzw. intendierter Textfunktionen bestimmte inhaltliche, sprachliche und strukturelle Merkmale als typische Gestaltungsformen gemeinsam sind.

Beispiele: Briefe, Bedienungsanleitungen, Todesanzeigen, Werbetexte, Predigten, wissenschaftliche Abhandlungen usw. *[Zusammenfassung: Was sind »Textsorten«?]*

Die Sprachgemeinschaft hat diese Textsorten als typisierte Formen besonders des schriftlichen Sprachgebrauchs entwickelt, durch Konvention sanktioniert und durch die häufige Wiederverwendung für den Leser in ähnlichen Kommunikationssituationen zu erwartbaren und wiedererkennbaren Textschemata werden lassen, wenngleich der konkrete Einzeltext nicht immer der »Reinform« und Norm entspricht.

Bei der Analyse kann die Eigenart der jeweiligen Textsorte festgestellt, das soziale Umfeld und die Kommunikationssituation (»Sitz im Leben«) erfasst werden, in die diese spezifische Textsorte eingebettet ist.

1.2.2 Versuch einer Typologie der Texte

Der Ausgangspunkt für die Erstellung einer Typologie der Textsorten ist nicht textimmanenter, struktureller Art; sie erfolgt vielmehr von textexternen Kriterien her – vor allem im soziologischen Sinne:

Grundlage der Texttypologie

Als geeignete *Grundlage für die Klassifikation* von Texten (Texttypologie) wird das sog. Kommunikationsmodell (vgl. 1.1.4) mit seinen Beziehungsfaktoren und Grundfunktionen der Sprache angesehen, das wiederum von mehreren theoretischen Ansätzen her eine Grundlegung bzw. Erweiterung erfährt:
– allgemeinen Texttheorie (vgl. 1.1 und 1.2)
– »Organon-Modell« von Karl Bühler (vgl. 1.1.4)
– erweitertes Modell von Roman Jakobson (1.1.4)
– »Lasswell-Formel« (1.1.4)

Diese Ansätze für eine Systematisierung werden hilfreich ergänzt durch die linguistische Sicht, wonach sich jeder Text auf drei Ebenen konstituiert: sprachlich-syntaktisch, semantisch und pragmatisch (vgl. 1.1.5).

Zusammenhang von Intention und Textsorte

Wenn wir die bereits vorgestellten *Modelle der Sprache und sprachlichen Kommunikation* (siehe 1.1.4) miteinander kombinieren, so erhalten wir das grundlegende Beziehungsgefüge, in dem jeder Text steht und in seinem Zustandekommen bedingt ist: Autor, Sachverhalt/Wirklichkeit, Leser/ Hörer, Sprache. Ergänzen wir das bereits bekannte »Kommunikationsmodell« (1.1.4) um *die Bühlerschen Grundfunktionen der Sprache* (»Ausdruck«, »Appell«, »Darstellung«) und den Aspekt der »Gestaltung« mit der »poetischen (bzw. ästhetischen) Funktion« nach Roman Jakobson, so gewinnen wir einen geeigneten Ansatz, um die Fülle der »Textsorten« in ein System zu bringen. Es lassen sich dabei verschiedene Grundtypen (Textarten, Textsorten) unterscheiden, die sich aus dem jeweiligen »Anteil« und Grad des Einflusses der vier Faktoren Verfasser, Leser/Hörer, Textgegenstand und Sprache ergeben. Welcher Faktor aber bei der Gestaltung eines Textes im Vordergrund steht, hängt wiederum entscheidend von der **Intention** (vgl. 1.3.3) ab.

Textsorten sind (in Ergänzung der oben getroffenen Beschreibung) gekennzeichnet durch ihre gleichbleibende Intention und Redekonstellation (äußere situative Bedingungen bei der Textproduktion, wie z. B. Ort, Zeit, Rolle, Rang, Position der Kommunikationspartner usw.). Sie verkörpern »feste Kombinationen von Hersteller-Intention und erwarteten Benützer-Intentionen« (Glinz II 109).

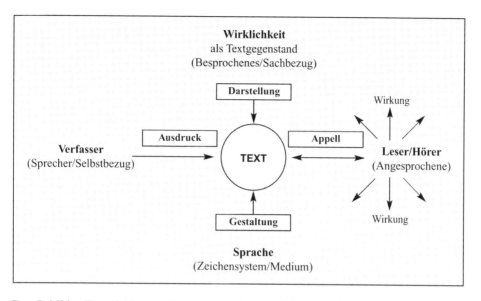

Das Gebilde »Text« ist innerhalb des vierpoligen Beziehungsgefüges elastisch und variabel zu denken: Je nachdem, welcher Pol an der Konstitution des Textes überwiegend beteiligt ist, wird die Textart bestimmt, aber ohne dass der Einfluss der anderen Bedingungsfaktoren entfällt. Es handelt sich also zunächst *um vier Idealtypen* von Texten, die jedoch in Wirklichkeit kaum in »reiner« Form (z. B. als Sachtexte, rhetorische Texte, Gebrauchstexte, literarische Texte usw.), sondern meist in Mischformen auftreten.

4 Idealtypen von Texten

Dennoch kann eine solche Typologie von Idealformen dazu beitragen, Texte in ihren Grundformen zu erkennen und Kriterien für ihre Analyse und Beurteilung zu gewinnen. Ermöglicht wird dies dadurch, dass Textsorten bei aller Unterschiedlichkeit durch invariante Textelemente konstituiert werden und durch konventionalisierte Strukturen stabil bleiben (Kanzog 424).

Repertoire an Regeln

Jede **Deutung des Textes** muss versuchen, das jeweilig anders strukturierte Spannungsfeld zwischen Autor – Leser/Hörer – Darstellungsgegenstand zu analysieren und die Eigenart des Texttypus zu erkennen, wenn der Text in seinem Sinn nicht verfehlt werden soll (vgl. 1.4).

Im Laufe seines Lebens lernt der Mensch in seiner Sprachgemeinschaft allmählich ein Repertoire an Merkmalen und Regeln, mit deren Hilfe er Texte meist schon beim ersten Lesen oder Hören in ihrer Eigenart als Textsorte erkennen und einordnen kann. Aus Erfahrung weiß er auch, welche Textsorte in einer bestimmten Verwendungssituationen angemessen ist, und es wird ihm zur Gewohnheit, Texte im konkreten Sprachhandeln (Lesen und Schreiben) nach dem besonderen Typus zu unterscheiden und entsprechend einzusetzen. So wird jeder einen Notizzettel anders abfassen als einen persönlichen Brief, einen Antrag an die vorgesetzte Dienststelle anders als einen persönlichen Tagebucheintrag, eine Entschuldigung anders formulieren als eine Bewerbung usw.

Etwas Ähnliches geschieht auch bei der **Aufnahme von Texten**: Man steht einem Reklamespruch anders gegenüber als einer Nachricht in der Tagesschau, einem Hirtenbrief anders als einem Kochbuch usw. Um Unterscheidungskriterien für die Textsorten zu fin-

Textrezeption nach Textsorten unterschiedlich

35

dominierender Bezug	Texttyp 1: Verfasser-Bezug »Ausdruck«	Texttyp 2: Leser/Hörer-Bezug »Appell«	Texttyp 3: Sach-/Wirklichkeitsbezug »Darstellung«	Texttyp 4: Sprach-Bezug »Gestaltung«
Grundfunktion	»Ausdruck«	»Appell«	»Darstellung«	»Gestaltung«
inhaltliche Schwerpunkte bei der Textproduktion	Eindrücke, Gedanken, Gefühle, Überzeugungen, Erlebnisse, Urteile (Selbst-Aussagen) eines Ich (Sprecher)	Ausrichtung der inhaltlichen und formalen Elemente an dem angesprochenen Du (Empfänger)	Sachverhalte, Probleme, Situationen, Abläufe als Besprochenes (Er, sie, es)	Sprache als Klang- und Ausdrucksmittel der ästhetischen Weltbetrachtung und Gestaltung
Verfasser-Intention	sich kundgeben, sich mitteilen, sich aussprechen, bekennen, Rechenschaft ablegen, sich rechtfertigen ...	beeinflussen, Vorteil gewinnen (materiell oder ideell), für sich oder etwas einnehmen	informieren, dokumentieren, festhalten, beschreiben, berichten, Norm setzend	darstellen beurteilen befähigen
Einstellung/Grundhaltung des Verfassers	subjektiv	voluntativ, affektiv, aggressiv, agitativ	objektiv	kritisch-reflexiv
Ausdruck/Eindruck	expressiv	appellativ	informativ	bildhaft, fiktional
Text-Intention (angestrebte Leistung)	Anteilnahme wecken Verständnis hervorrufen Vergegenwärtigung des früheren Ich	Einflussnahme auf Denken und Handeln; Handlungsauslösung, Verhaltensänderung	Datenspeicherung, Vermittlung von Kenntnissen und Wissen, Normsetzung	Erkenntnis fördern, Einsicht und Verstehen herbeiführen
Empfänger-Intention (Erwartungen)	Anteil nehmen am Verfasser, Selbstvergegenwärtigung (Leser = Verfasser)	z. B. über Alternativen informieren u. a.	Informationen nachschlagen, Kontrollieren, Faktenkenntnisse gewinnen	Lernen Fähigkeiten erwerben etwas verstehen
Verfasser – Empfänger (Verhältnis)	Empfänger als personaler Partner; oft Überlegener oder z. T. identisch (z. B. Tagebuch)	Empfänger machtmäßig auf gleicher Stufe (Reklametext) oder überlegen (Plädoyer)	irrelevant (Telefonbuch), identisch (Vertrag), Gegenüber (Gesetz) u. U. überlegen (Bericht)	Verfasser meist durch Wissen und Können überlegen
Kriterien der »Wertung«	wahrhaftig, natürlich, ursprünglich	wirkungsvoll, einprägsam, mitreißend	sachgemäß, eindeutig, vollständig, Inhalt überprüfbar	einleuchtend, logisch, überzeugend, widerspruchsfrei, Denken u. Können fordernd
Beispiele (Textarten)	Brief, Biografie, Gebet, Meditation, Tagebuch	Werbespruch, politische Propaganda, Plädoyer, Aufruf, Bitte, Predigt	Bericht, Beschreibung, Lexikontext, Gesetz, Notizzettel, Sachbuch, Telefonbuch, Gebrauchsanweisung, Definition	Erörterung, Abhandlung, Urteilsbegründung, Begriffserläuterung, Interpretation
				»personale Bewegtheit und Erweiterung, verbunden mit emotionaler Spannung und Entspannung« (Glinz II, 115)
				verschieden – je nachdem ob Hofdichter, Freischaffender, Emigrierter, unter Schreibverbot Stehender ...
				in sich »stimmig«, Grad der »Dichte« der Elemente, Grad des Schöpferisch-Neuen
				Gedicht, Novelle, Roman, Kurzgeschichte, Hörspiel, Drama
				Nachvollzug (emotional, intellektuell); Erlebnis, Begegnung, Anschauung, Unterhaltung
				kreativ, produktiv
				kognitiv
				sprachkünstlerisch gestalten, experimentieren, unterhalten

den, muss auf die Bedeutung der *Intention* bei der Herstellung von Texten zurückgegriffen werden (vgl. 1.3.3). Da der Verfasser beim Schreiben gleichsam einen Empfänger vor Augen hat, bei dem er eine bestimmte Wirkung erzielen will, und seine Textart dem Leser/Hörer und der Intention entsprechend auswählt, geht der Empfänger in gewisser Weise in den Text ein als intendierte Empfängerhaltung (vgl. 1.4).

In der vorstehenden **tabellarischen Übersicht zu den Textsorten** werden vier Grundtypen von Texten entworfen, und zwar nach dem jeweiligen dominierenden Bezug zu den vier Bedingungsfaktoren, sodass als wichtigste Kriterien für die Idealtypen gelten: Verfasser-Bezug, Leser/Hörer – Bezug, Gegenstands-(Sach-)Bezug, Sprach-Bezug. Das Vorgehen zur Bestimmung der Textarten ist also weitgehend soziologisch, indem Verfasser und Leser in ihren Rollen, Intentionen und Erwartungen berücksichtigt werden, und wird nicht von den Textinhalten und textinternen (strukturellen) sprachlichen Phänomenen her determiniert.

4 Grundtypen von Texten

Die vorgestellte Texttypologie zeigt zugleich, dass die verschiedenen »Grundfunktionen« nie rein verwirklicht sind. Bereits in alltäglichen Situationen gibt es häufig eine mehr oder minder bewusst und raffiniert vollzogene Mischung verschiedener Grundtypen von Texten, wodurch der verwirrend wirkende Reichtum an Textarten entsteht: So wird z. B. Werbung zwar deutlich appellieren, mit besonderen sprachlichen und gestalterischen Mitteln die Aufmerksamkeit des Kunden erregen und seine Kauflust wecken wollen, aber zugleich auch über die besondere Qualität des Produktes informieren wollen. Oder: Ein persönlicher Brief kann zugleich auch sachlich-informative Elemente enthalten oder auch appellativ gestaltet sein – je nach der Intention des Verfassers.

Mischung von Grundtypen

Die Systematisierung nach Textsorten darf daher nicht als starr vorgegebenes Schema verabsolutiert und missbraucht werden, um alle Texte, die uns begegnen, hineinzupressen. Sie kann aber dabei helfen, die Vielfalt der Textvariationen durchschaubar zu machen und **das Verstehen und Verfassen** von Texten dadurch zu erleichtern, dass die gemeinsamen Strukturen und die bedeutsamen Unterschiede prägnanter vor Augen stehen.

- Für den *Leser* kann die Zuordnung eines konkret vorliegenden Textes zu einer bestimmten Textsorte schon ein gewisses Vor-Verständnis bewirken, das durch die genauere Textanalyse bestätigt, revidiert oder abgewandelt wird. Es erscheint hilfreich, zunächst von der Leistung der Sprache auszugehen, das heißt: ihre *Grundfunktion* (»Ausdruck«, »Appell«, »Darstellung«, »Gestaltung« – siehe Raster) als prägenden Faktor für die Textgestaltung wahrzunehmen und im Sinne eines Text-Vor-Verständnisses zum Ausgangspunkt der Texterschließung zu nutzen. Der Leser darf sich jedoch nicht der Illusion hingeben, er brauche zum Verstehen der Eigenart des Textes nur aus dem vorgestellten Raster die Merkmale abzurufen und anzuwenden. Die Textsortenbestimmung eines konkreten Textes kann eine so komplexe Aufgabe darstellen, dass sie genauerhin erst gegen Ende der Textbeschreibung (Analyse) zu leisten ist, wenn alle gewonnenen Erkenntnisse über den Text miteinander in Beziehung gesetzt werden und sich gegenseitig stützen können.

Hilfe für den Leser

Hilfe für Verfasser von Texten

- Für einen *Verfasser* von schriftlichen oder mündlichen Texten kann der Blick für die Eigenart und die Unterschiede von Textsorten dazu sensibilisieren, die eigenen Intentionen im Hinblick auf Adressaten wirkungsvoller zu realisieren durch die Wahl einer traditionell bewährten Textsorte, die Auswahl geeigneter Inhaltsaspekte und die Wahl angemessener Darstellungsweisen – je nachdem, ob das Schreiben – entsprechend den Grundleistungen der Sprache nach Bühler (vgl. 1.1.4) – vorwiegend sachbezogen oder wirkungsbezogen oder eher ein persönliches Aussprechen sein soll.

Um Texte genauer nach unterschiedlichen »Sorten« differenzieren zu können, reichen einzelne Kriterien nicht aus. Es kommt vielmehr darauf an, die Relation zwischen diesen Merkmalen im Auge zu behalten und insbesondere die pragmatische Funktion als Handlungsanweisung an den Leser bzw. Hörer (vgl. 1.1.5) genau zu beachten; sie ist für die Textsortenbestimmung entscheidender als die sprachliche Gestalt und/oder der semantische Gehalt.

1.2.3 Zur Eigenart einzelner Textsorten

Problem der Benennungen

Der Begriff »Literatur« unterlag im Laufe der Zeit – wie wir gesehen haben (1.1.1 und 1.1.2) – einem großen Wandel. Auch heute noch gibt es eine verwirrende Fülle verschiedener *Benennungen und Unterscheidungen* bei dem, was »Literatur« sein und umfassen soll, die auch im Literaturunterricht verwendet und in Schulbücher aufgenommen wird:

- Fiktionale Texte – nichtfiktionale Texte
- Literarische Texte – Sachtexte/Fachtexte/Gebrauchstexte
- Poetische Texte – nichtpoetische Texte
- Dichtung – Unterhaltungsliteratur – Trivialliteratur
- Texte der Massenmedien und der Informations- und Kommunikationstechnologien

Hinzu kommen noch Bezeichnungen wie: gedankliche, expositorische, pragmatische, rhetorische, ästhetische Texte, Medientexte usw.
Häufig wird zur begrifflichen Vereinfachung die Auswahl der im Unterricht als behandlungswürdig geltenden Texte unterteilt in »literarische« (fiktionale) Texte und »Sach-/Fachtexte« (nicht-fiktionale).

Im Folgenden sollen einige Textsorten näher erläutert werden, die sich in verschiedenen Unterrichtsfächern besonders bewährt und durchgesetzt haben (Nr. 1 und 2) oder Gegenstand einer lohnenswerten Untersuchung und Auseinandersetzung sein können (Nr. 3-5):

1. Sach- und Fachtexte (Gebrauchstexte)
2. Literarische (poetische) bzw. fiktionale Texte
3. Texte der Massenmedien
4. Unterhaltungsliteratur
5. Trivialliteratur

Dabei ist von vorneherein zu bedenken, dass der Sprachgebrauch hinsichtlich der Benennung dieser Textarten als problematisch gilt: Die verwendete Begrifflichkeit findet nämlich in der Literaturwissenschaft keine volle Anerkennung, da über die entscheidenden Differenzierungskriterien noch keine einheitliche Auffassung besteht.

Problematische Unterscheidungen und Wertungen

So liegt zum Beispiel der gebräuchlichen Unterscheidung von Dichtung (bzw. »hohe« Literatur), Unterhaltungsliteratur und Trivialliteratur als Maßstab die Vorstellung vom unterschiedlichen »künstlerischen Wert« zu Grunde. Dahinter steht die zweifelhafte Annahme, es gäbe hinsichtlich der literarischen Qualität von Texten objektive, eindeutige Kriterien, die eine sichere Unterscheidung zuließen. Demgegenüber setzt sich immer mehr die Auffassung durch:

»*Es gibt keine allein im Gegenstand begründeten, überhistorischen ›A-priori-Kriterien‹ für die Unterscheidung von ›hoher‹, ›unterhaltender‹ und ›trivialer‹ Literatur. Die Ausdifferenzierung und Abgrenzung der Wertsphären im Literatursystem und die Zuweisung von ›Plätzen‹ an bestimmte Autoren und Werke ist und bleibt eine historische, von der Definitionsmacht und den Interessen zeitgenössischer Lesergruppen und Vertretern der Kritik abhängige und daher stets auch fragwürdige Konstruktion.*« (Bettina Hurrelmann 18)

Für die folgende Darstellung einzelner Textarten sollen daher weniger die wertenden Aspekte den Ausschlag geben als vielmehr die Tatsache, dass es sich dabei um Objekte verschiedenartiger Struktur handelt, was kommunikativ-pragmatisch gesehen begründet liegt in der jeweils anderen *Absicht des Autors*, in dem erwarteten speziellen *Nutzen für den Leser* und oft auch in der *Art des Wirklichkeitsbezugs* der Textaussagen.

1 Sach- und Fachtexte (Gebrauchstexte)

Im Unterschied zu »fiktionalen« bzw. »literarischen« Texten (siehe 2.) beziehen sich Sachtexte unmittelbar auf Fakten, dienen vorwiegend praktischen Zwecken und sind in der Regel situationsabhängig. Sie stellen einen möglichst eindeutigen Bezug zur Realität her und machen Aussagen über Gegenstände und Vorgänge, die es »in Wirklichkeit« gibt oder die als »wirklich« angenommen werden oder zu »ver-wirklichen« sind. Gegenstände, die außerhalb des Textes und unabhängig von ihm in der Realität vorkommen, können als Gegenstand verschiedener wissenschaftlichen Disziplinen erforscht, überprüft und eben in dieser besonderen Textsorte dargestellt werden. Sachtexte werden deshalb auch als »*Wirklichkeitsberichte*« bezeichnet.

Informationen über Fakten

Dieser Wirklichkeitsbezug gilt als nachprüfbar, das heißt: die Aussagen, Behauptungen, Argumente und Belege zu den dargestellten Sachverhalten und Problembereichen lassen sich als Gegenstand verschiedener wissenschaftlicher Disziplinen erforschen, aber oft auch durch die eigenen Erfahrungen usw. überprüfen und kritisch bewerten.

Wirklichkeitsbezug

Bei Sach- und Fachtexten geht es um den pragmatischen Aspekt der Kommunikationssituation. Eingebettet in bestimmte Handlungszusammenhänge weist diese Textsorte eine deutliche fachliche Zweckorientierung als *Intention* auf. Sach- und Fachtexte sind in der Regel situationsabhängig und dienen praktischen Zwecken: sie betreffen z. B. Forschungsgebiete, Bereiche des geistigen Arbeitens und Lernens usw. Solche Texte informieren auf sachliche Weise über Sachverhalte und Problembereiche in ihren histori-

Intention der Sachtexte

schen oder normativen Zusammenhängen, befassen sich mit Fragen, die sich in Bezug auf die »Wirklichkeit« (Welt, Natur, Wissenschaften, Gesellschaft ...) für den Menschen ergeben, und diskutieren (»erörtern«) sie. Sach- und Fachtexte bieten die geeignete Darstellungsform, um Erhebungen, Untersuchungen und Forschungsergebnisse in wissenschaftlicher oder wissenschaftspublizistischer Form Lesern zugänglich zu machen (z. B. als Abhandlungen, Reportagen, Essays).

Das entscheidende Kriterium für die Wahl dieser Textsorte z. B. im Unterricht ist der Gebrauchswert. Die in Sachtexten vermittelten Informationen bieten viele Möglichkeiten, unser Wissen zu erweitern und unser Problembewusstsein zu vertiefen; sie können gelernt und angewandt werden. Sie können aber durchaus auch offene oder versteckte Appelle enthalten und Anstöße zum Handeln geben.

Sprache der Sachtexte

Da Sach- und Fachtexte der Vermittlung von Informationen über Tatsächliches dienen sollen, sind sie in einer *sachlichen* Sprache abgefasst. Dabei werden in der Regel Fachbegriffe verwendet. Die Sprachverwendung kann jedoch insofern als »normal« angesehen werden, als sie den gewohnten sprachlichen Normen entspricht (im Unterschied etwa zu literarischen Texten; siehe unten). Sachtexte können zugleich anschaulich und spannend geschrieben sein. Zu bedenken ist, dass bei aller »Sachlichkeit« die außerhalb des Textes existierende Wirklichkeit nicht einfach fotografisch exakt abgebildet wird; sie erscheint nicht un-mittelbar, sondern als durch einen Autor mit Hilfe der Sprache *vermittelte, »dargestellte* Wirklichkeit«.

Die Beschreibung, Erklärung und Bewertung von Sachtexten wird häufig als »*Analyse*«, bezeichnet.

2 Literarische (poetische) bzw. fiktionale Texte

a) Zur begrifflichen Unterscheidung

Begriff der »Gattung«

In der Poetik (Dichtungslehre) werden mit »Gattung« seit dem Ende des 18. Jahrhunderts die drei dichterischen Grundformen/Dichtungsarten bezeichnet, in denen literarische Texte mit ähnlichen Strukturmerkmalen zusammengefasst sind und denen eine bestimmte poetische Einstellung zur Wirklichkeit zu Grunde liegt. Nach Goethe handelt es sich bei diesen drei Haupt-Gattungen um die »*Naturformen der Poesie*«, das heißt: sie sind für ihn überzeitliche Erscheinungen in der Entwicklung der Dichtung, die sich aus der menschlichen Natur herleiten lassen:

»Es gibt nur drei echte Naturformen der Poesie: die klar erzählende, die enthusiastisch aufgeregte und die persönlich handelnde: Epos, Lyrik und Drama. Diese drei Dichtweisen können zusammen oder abgesondert wirken. In dem kleinsten Gedicht findet man sie oft beisammen, und sie bringen eben durch diese Vereinigung im engsten Raume das herrlichste Gebild hervor, wie wir an den schätzenswerten Balladen aller Völker deutlich gewahr werden.« (Hamburger Ausgabe Bd. 12: Kunst und Literatur, München 1981, 187 f.)

Emil Staiger (Schweizer Literaturwissenschaftler) spricht statt von Lyrik, Epik und Dramatik vom »Lyrischen«, »Epischen« und »Dramatischen« als Grundhaltungen, wodurch die Möglichkeit einer Mischung in den Gattungsformen anerkannt wird. So können z. B.

in Balladen sich diese Grundhaltungen sowohl in deutlich lyrischen wie epischen und dramatischen Elementen Ausdruck verschaffen.

Als gattungsmäßige Darbietungsformen treten in Erscheinung:

- die **Epik** *(erzählende Texte)*: der gesamte Bereich erzählender Dichtung – unabhängig von ihrer Länge, ihrem Bezug zur Wirklichkeit oder ihrer Intention (Wirkabsicht). Das Besondere der Epik ist, dass ein *Erzähler* (manchmal auch mehrere) vielfältige – zumeist fiktive – Geschehnisse der äußeren und/oder inneren Welt einem Leser oder Hörer anschaulich als in der Vergangenheit geschehene Vorgänge, Entwicklungen und Zustände im Wort vergegenwärtigt. Da vom Standpunkt des Erzählers aus die erzählten Vorgänge schon vergangen sind, legt sich als die natürliche Zeitform seines Erzählens das Präteritum nahe. Die Bandbreite des Erzählens ist groß: Oft wird ausführlich (»in epischer Breite«) erzählt, wobei etwa ein ganzer Kulturkreis zum Gegenstand der Darstellung gemacht und die Handlung mit vielen Personen, Schauplätzen und Verwicklungen entfaltet werden kann (z. B. im Roman). Es kann aber auch – wie in der Kurzgeschichte – nur ein kleiner Ausschnitt aus der Alltagswirklichkeit gezeigt oder – wie in der Anekdote – ein Mensch in einer knappen Situation charakterisiert werden.

- die **Lyrik** *(versgebundene Texte)*: Träger und Vermittler der Aussage ist ein »lyrisches Ich« (als Textgröße), das seine subjektive »Befindlichkeit« (inneren und äußeren Zustand, Gefühlslage, Erfahrungen, gedankliche Positionen, Auffassung von der Welt, der Natur und den Menschen usw.) in einer Selbstaussage äußert und so als »Sprecher« in Erscheinung tritt. Dieses Ich »spricht«, entweder direkt in der »Ich-Form« oder es tritt völlig hinter den Aussagen zurück und kann dann implizit erschlossen und »herausgehört« werden als jemand, der die Aussagen dem Leser/Hörer gegenüber macht und insofern »spricht«. Das lyrische Ich ist jedenfalls ein fiktives »Rollen-Ich« und damit Teil der dichterischen Fiktion. Es darf nicht mit der realen Person des Autors gleichgesetzt werden. Gedichte sind geprägt durch ein unmittelbar subjektives Empfinden, wobei die dichterische Absicht in der Art und Wahl von Bildern, rhythmischer Sprache und Lautmalerei ihren konzentrierten Ausdruck findet. Wesentliche Merkmale der (traditionellen) Lyrik sind der Klang, die durch Metrum und Rhythmus »gebundene Sprache« und die Gestaltung in festen Formen wie Strophen und Reimschemata. Lyrische Texte sind sprachlich-rhetorisch in so hohem Grade durchformt, dass die Literaturwissenschaft von »Überstrukturiertheit« spricht. Vgl. auch 4.7 (Erschließung von Gedichten)

- die **Dramatik** *(szenische Texte)*: Bei dieser szenischen bzw. theatralischen Dichtung wird eine fiktive Handlung literarischer Figuren als unmittelbares Geschehen auf einem Bühnenschauplatz durch handelnde Personen als Rollenträger durch ihr Sprechen und Agieren sichtbar und hörbar dargestellt. Die Spieler agieren in Dialogen, Monologen und Handlungen entsprechend den Vorgaben des Textes und den Regieanweisungen. Das Geschehen entwickelt sich zu einem »*dramatischen Konflikt*«, der zu einer »*Lösung*« drängt.

b) Zur ästhetischen Qualität literarischer (poetischer) Texte

Die Rolle des Lesers

Literarische Texte (z. B. erzählender Art, Gedichte) gestalten mit besonderen sprachlichen Mitteln Inhalte, Vorgänge und Ereignisse. Diese sind der Vorstellungskraft und Fantasie des Autors entspringen, also erdichtet und erfunden. Für den Leser jedoch erscheint die erzählte Welt als durchaus mögliche, denkbare und vorstellbare Wirklichkeit. Solche Texte können die Fantasie entzünden, indem sie auf gegenwärtige Ereignisse verweisen, von vergangenen Erlebnissen erzählen oder unsere Vorstellungen und Erwartungen im Hinblick auf zukünftiges Geschehen reizen.

»Das Lesen literarischer Werke ist eine spezifische Form der Aneignung der Realität der Welt und des Selbst auf dem Wege der ästhetischen Erfahrung. […] Das Lesen erzeugt die Wirklichkeit des Textes; es macht aus einer Menge von ›toten‹ Schriftzeichen ein Werk und eine Vorstellung. Genuß und Erkenntnis entstehen als Ergebnis eines Verstehensvorgangs, der weit davon entfernt ist, nur passives ›Aufnehmen‹ zu sein, sondern vielmehr Verstand, Gefühl, Einbildungskraft, Erfahrung und Erfahrungsfähigkeit des Lesers und der Leserin nachhaltig fordert.« (Schutte, Literaturinterpretation 1993, 5 f.)

In erzählenden Werken bestehen zwar Verbindungen zur »realen Außenwelt«, aber diese wird nicht exakt als äußere Realität wiedergegeben, wie es z. B. in den wissenschaftlichen Sach- und Fachtexten (siehe oben) intendiert ist oder in der Alltagskommunikation versucht wird. In der Regel kommen diese erfundenen Ereignisse nicht konkret und identifizierbar in der Wirklichkeit vor, so sehr sie auch als möglich, denkbar und vorstellbar für den Leser erscheinen mögen. Sie spielen in einer nicht-wirklichen Welt, die aber als »wirklich« erscheint (»fiktive Welt«) und vom Leser als bereichernd erlebt werden kann – z. B. als »schön«, »spannend«, »unheimlich«, »gefühlvoll« usw. (etwa in Romanen, Erzählungen, Gedichten).

Unterscheidung: fiktive und fingierte Welt

In diesem Zusammenhang wird eine begriffliche Unterscheidung wichtig: Die erfundene Welt der Personen, Ereignisse, Vorgänge usw. in literarischen Texten ist »fiktiv«, aber nicht »fingiert«. Das heißt: dargestellt ist eine *als wirklich erscheinende nichtwirkliche* (= **fiktive**) Welt, wobei aber nicht der Eindruck vorgetäuscht wird, als ob diese Welt »wirklich« konkret existierte (= **fingierte**« Welt) im Sinne einer objektiv zugänglichen und verifizierbaren äußeren Realität (wie sie z. B. in Sachtexten als Gegenstand angezielt wird).

Platons Vorwurf

Diese erst in der Neuzeit bewusst gewordene Unterscheidung zwischen der *»tatsächlichen Nicht-Wirklichkeit des Fiktiven und der behaupteten (Als-ob-)-Wirklichkeit des Fingierten«* (Metzler 157) ist für das Verständnis der Eigenart von Dichtung wichtig. *Platon* (428–348) kannte diese Differenzierung noch nicht und machte in seiner »Politeia« der Dichtung den Vorwurf der Unwahrheit: »Dichter lügen« und seien daher aus der Polis zu verbannen (Wiegmann 634).

Wahrheit und Richtigkeit

Fiktionale Texte konstituieren eine eigene Wirklichkeit, die zwar Verbindungen zur »realen Außenwelt« aufweist, aber die gewohnte Welt wird »anders« gesehen, erscheint in einem neuen Licht, wird in Einzelheiten abgewandelt und umgedeutet. Dennoch können fiktionale/literarische Texte »wahr« sein. Die erfahrbare »Wahrheit« literarischer Texte

liegt jedoch auf einer anderen Ebene als die überprüfbare »Richtigkeit« von Sachtexten. Es geht um die Gestaltung einer tieferen Wahrheit und Erfahrung über den Menschen, sein Leben und Erleben, sein Verhältnis zum Mitmenschen, zur Natur, zu höheren Mächten (Schicksal, Gott usw.).
Max Frisch (1978) hat diesbezüglich als besondere Aufgabe und Verantwortung des Schriftstellers betont:
»Die direkt-politische Nützlichkeit der Dichter ist fragwürdig. Was sie leisten: *Irritation* – Poesie als Durchbruch zur genuinen Erfahrung unserer menschlichen Existenz; Poesie befreit uns zur Spontaneität. (…) Die Poesie muss keine Maßnahmen ergreifen. Es genügt, dass sie da ist: als Ausdruck eines profunden Ungenügens und einer profunden Sehnsucht. Die Poesie findet sich nicht ab (im Gegensatz zur Politik) mit dem Machbaren. Sie bewahrt, was über den politischen Macher hinausweist: die *Utopie*. Indem ein Roman, zum Beispiel, eine kaputte Ehe vorführt oder die allgemeine Misere durch entfremdete Arbeit, geht dieser Roman aus (implizite) von der Utopie, dass unser Menschsein auf dieser Erde anders sein könnte. Wie? Rezepte sind von der Poesie nicht zu erwarten. Vom Pragmatiker aus gesehen, ist die Poesie unbrauchbar. Sie sagt nicht, wohin mit dem Atom-Müll. Sie entzieht sich der Pflicht, die Welt zu regieren. Und sie entzieht sich den Forderungen der Machthaber. Sie ist einfach da: als die Freiheit im Erkennen und Empfinden. Als Gegen-Position zur Macht.«
(Aus: Moderna Språk 72/1978, S. 261 ff.; hier nach: Deutsch in der Oberstufe, hrsg. von Peter Kohrs, Paderborn 1998, S. 488)

Weil das Besondere dieser Erfahrungen über den Menschen anders nicht angemessen Ausdruck finden kann, wird in literarischen (»dichterischen«, »poetischen«) Texten die Sprache »künstlerisch« eingesetzt. Sie entfaltet dabei eine starke Bildhaftigkeit, rhythmische Qualität und eine große Klang- und Bedeutungsfülle als ästhetische Effekte.

Eine solche poetische Sprachverwendung weicht in syntaktischer und/oder semantischer Hinsicht ab vom üblichen Sprachgebrauch und entfernt sich weitgehend von der pragmatischen Relevanz der Alltagssprache: Wörter und Formulierungen bedeuten oft »mehr« als wörtlich da steht. Aufgrund dieser sprachkünstlerischen stilistischen Leistung entsteht eine Eigenwelt mit vielfältigen Sinnbezügen, großer Stimmungshaftigkeit und gehaltlicher Verdichtung.

Poetische Sprachverwendung

Der besondere »Kunstcharakter« literarischer Texte, ihre »poetische« Sprachverwendung kann durch einen Vergleich mit der »praktischen Gebrauchssprache« bzw. der »Alltagssprache« deutlicher hervortreten.
Wie sich vor allem am Beispiel der Lyrik zeigt, weisen fiktionale Texte im Sinne von »Dichtung« und »Poesie« als besonders komplexe sprachliche Gebilde eine reiche Struktur auf und einen hohen Grad an Ordnung und Dichte der verwendeten Elemente aus dem Repertoire der Sprache (Intonation, Syntax, Phonologie, Morphologie, Wortschatz).
Dichtung unterscheidet sich insofern von der *Sachliteratur* durch die Art ihrer »Gegenständlichkeit« und durch ihr jeweiliges Verhältnis zur Sprache. Bei literarischen Texten wird die Sprache nicht in erster Linie als Träger von »Informationen« und gleichsam als Transportmittel von Sachinhalten verwendet wie bei den Sachtexten (siehe oben). Indem

Zum »Kunst«-charakter fiktionaler Texte

Verhältnis zur Sprache

sie sich als Sprache der Literatur weitgehend von der pragmatischen Relevanz entfernt und als *das* wesentliche Medium zur Gestaltung eingesetzt wird, d. h. bewusst mit all ihren Ausdrucksmöglichkeiten glänzt, um die Wirklichkeit auf spielerisch-künstlerische Weise kreativ und poetisch verdichtet zu gestalten, wird sie zum autonomen Klang- und Ausdrucksmittel und gewinnt eine größere Ausdruckskraft und neuen Glanz.

Sie wirkt zwar auf weite Strecken »normal«, weicht aber auch oft von den sprachlichen Normen und der Eigenart der Alltags- oder Standardsprache ab (sog. Abweichungspoetik). Sie ist mehrdeutig und kann auch »befremdlich« wirken. Solche sprachlichen Merkmale zur Bestimmung der literarischen Texte sind an den Texten konkret als wertneutrale Merkmale nachweisbar.

So unterschiedlich etwa in Herbstgedichten von Goethe, Hölderlin, Mörike u. a. dasselbe Motiv »Herbst« gesehen wird und aus der persönlichen Erfahrung des Herbstes ganz individuelle Gestaltungen erwachsen (unterschiedliche Wortwahl, Syntax, Bildgestaltung, Strophenform, Rhythmus und Reim), so bestehen zugleich bestimmte Gemeinsamkeiten: Das äußere Geschehen und das innere Erleben sind zu einem gestalteten Ganzen »verdichtet«.

Die Offenheit des literarischen Textes

Der ästhetische Text bewirkt durch seine »Offenheit«, beim Leser eine vielschichtige Sinnfülle und erreicht in den Aussagen zusätzliche Bedeutungsebenen, auf denen die dargestellte fiktive »Welt« einen neuen, tieferen Sinn gewinnt. Dieser Aussage- und Sinngehalt poetischer Texte tritt nicht so offen zutage wie bei Sachtexten. Er wird vom einzelnen Leser erst auf dem Hintergrund seiner eigenen Erfahrungen erschlossen und durch die systematische Anwendung von Analysetechniken und die Zusammenschau der dabei gewonnenen inhaltlichen und formalen Ergebnisse abgesichert und verstärkt.

Mehrdeutigkeit

In literarischen Texten wirken alle inhaltlichen und formalen Elemente im Verhältnis zur Alltagsrede »gewählter« gesetzt, erscheinen wesentlich »anders« verknüpft und treten »dichter« auf. Die Verdichtung des Stoffes, die Komposition des Aussageinhalts, der hohe Gedankenreichtum, die große Erlebnistiefe, die vollendete Sprachform und die Anschaulichkeit der Darstellung – all dies ist charakteristisch für das sprachliche Kunstwerk.

Literarische Texte (vor allem Gedichte) weisen oft mehrere Grund- und Leitgedanken (= Themen) auf und können neben dem auf den ersten Blick erkennbaren Bedeutungsaspekt (z. B. »Abend« in einem Naturgedicht) noch weitere bedeutungsvolle Beziehungen und tiefere Bedeutungsschichten aufbauen, die jedoch meist nicht so leicht wahrzunehmen sind (z. B. die Beziehung »Abend« und »Tod«). Im Text gibt es aber häufig Signale, die auf eine solche Doppelbödigkeit und Mehrdeutigkeit verweisen, zum Beispiel: Titelformulierung, Mehrdeutigkeit von sprachlichen Gestaltungsmitteln und Bildern, Spannung zwischen Inhalt und Form (Gestaltung) u. a. Tiefere Bedeutungsebenen eines Textes können auch durch Zusatzinformationen über den Autor und die Entstehung des Textes (= Kontext, textexterne Faktoren) erschlossen werden. Herauszufinden, welche Bedeutungen ein Text genau aufbaut, ist Gegenstand der Interpretation, während die Texttheorie untersucht, in welcher Weise ein Text die Bedeutung aufbaut.

Poetische Texte enthalten Signale, die für verschiedene Leser von unterschiedlicher Deutlichkeit sein können. Bestimmte Wörter und Formulierungen bedeuten oft »mehr«

als wörtlich da steht, sie weisen Bedeutungskomponenten auf, die über den rein begrifflichen Wortinhalt hinausreichen bzw. die Grundbedeutung überlagern. Sie besitzen sehr häufig einen großen Reichtum an »**Konnotationen**« (lat. *con* = mit; *notatio* = Bezeichnung), d. h. von Bedeutungsnuancen und »Nebenaussagen«, die über den begrifflichen Inhalt und die festgelegte Hauptbedeutung von Wörtern und Ausdrücken hinausgehen bzw. sie überlagern. Durch die Eigenart der sprachlich-stilistischen Gestaltung in literarischen Texten schwingen Nebenbedeutungen mit, die den Leser affektiv ansprechen, subjektive Wertungen ins Spiel bringen, reiche Assoziationen auslösen, ihn jedenfalls über den Text hinaus auf »Wirklichkeit« vielfältiger Art verweisen können. Die Wirkung solcher Konnotationen ist bei den Sprechern unterschiedlich (z. B. Schlange = Kriechtier: Angst einflößend, faszinierend u. a.). Solche »Nebenaussagen« und Bedeutungsnuancen sind besonders ausgeprägt in der dichterischen Sprache zu finden; sie können aber auch bewusst wachgerufen werden z. B. durch die Werbung, die mit diesen sprachlichen Möglichkeiten spielt.

Zusammenfassend lässt sich die Eigenart der »poetischen« Sprache vor allem auf zwei Grundprinzipien zurückführen (Bierwisch, in: Schiwy I 58):

Zwei Grundprinzipien

a) die »Überlagerung der Sprache durch sekundäre Strukturen« und
b) die »bewusste Abweichung von der Normalstruktur«.

Das bedeutet: Im »dichterischen« Text werden die sog. »primären Strukturen« wie Syntax, Semantik, lautliche Elemente usw. im Vergleich zum »Normaltext« (Alltagsrede) »Sonderregelungen« unterworfen, d. h. einer zusätzlichen, sog. »sekundären Struktur«, die z. B. im Gedicht als Versmaß, Reim, Strophenform usw. in Erscheinung tritt, wodurch gleichzeitig bestimmte Ordnungsprinzipien wie Parallelismus, Wiederholung, Gegensatz, Analogie usw. wirksam werden und die besondere Struktur des Textes bestimmen.

Die »poetischen«, »ästhetischen« Effekte eines Textes ergeben sich nun nicht etwa aus der Anwendung weiterer, d. h. gegenüber der Alltagsrede zusätzlicher Regeln, sondern oft gerade durch die *Abweichung von den gegebenen Regeln*, und zwar sowohl der primären als auch der sekundären Sprachstruktur. Das Brechen von sprachlichen Regeln oder das Abweichen von gedanklichen Normen stellt geradezu den Normalfall des literarischen Prozesses dar, wodurch der Leser aufmerksam gemacht wird auf besondere Bedeutungsgehalte. Solche Normabweichungen können sich bemerkbar machen z. B. als Wortneuschöpfungen, ungewöhnliche Kombination von einzelnen Wörtern und Sinnzusammenhängen, Mehrdeutigkeit von bildhaften Aussagen, rätselhafte Einzelheiten, besondere Konnotationen usw.

Poetischer Effekt als Abweichung von Regeln

Für diese Abweichungen gibt es vier grundsätzliche Möglichkeiten: Der normale Ausdruck kann
1. erweitert,
2. verkürzt,

3. ersetzt,
4. umgestellt werden
(zur Eigenart, Verwendung und Wirkung sprachlich-rhetorischer Mittel: siehe 4.11).

Beispiel: moderne Dichtung

Vor allem die moderne Dichtung bietet Beispiele in Fülle, wo die »poetische« Sprache absichtlich von den sprachlichen Normen und (relativ) dauerhaft Regelungen (z. B. des Wortgebrauchs, des Satzbaus usw.) abweicht und etwas Neues wagt: eine neue Wortprägung, ein kühnes Bild, eine überraschende Aussageverknüpfung. Es werden Paradoxien verwendet, Doppeldeutigkeiten, ja »*selbst sinnwidrige Verknüpfungen grammatikalischer Kategorien wie Geschlecht und Tempus. Die dichterische Sprache ordnet, verdichtet, verengt die Mittel der Alltagssprache, tut ihnen oft sogar Gewalt an, um unsere Aufmerksamkeit zu erzwingen*« (Wellek/Warren 22).

Es zeigt sich hier deutlich, dass »*gerade in künstlerischen Texten das Auftreten der Wörter und Wortzusammenhänge von höchst individuellen, nicht konventionellen Selektionen abhängt, sodass hier der ästhetische Zustand und seine Zeichenwelt schwach determiniert, singulär, fragil und immer wieder anders, also innovativ und kreativ erscheinen*« (Bense 105).

Kunstcharakter der Texte

Der »Kunst«charakter, die »kunstvolle« Strukturierung eines Textes wird also weitgehend bewirkt durch die Art und Intensität der kreativen Auswahl »sekundärer Strukturen« und durch den Grad und die Wirkung der schöpferischen syntaktischen und semantischen Abweichung von der »Normalstruktur«, d. h. dem konventionellen Repertoire einer Sprache (Lexikon und Grammatik), sodass eine neue, »dichte« Vielfalt der Beziehungen und Konstellationen der sprachlichen Elemente entsteht und die spezifische Eigenart und Struktur des literarischen Textes ausmacht.

Mit Schmidt (26) muss jedoch einschränkend betont werden, dass es kaum möglich ist, nur aufgrund textinterner Charakteristika einen literarischen Text von anderen Textsorten eindeutig zu unterscheiden, sondern dass hierbei gesellschaftliche Erwartungen an das Phänomen »Literatur« und die jeweilige Einschätzung der dort »geltenden« Regeln eine wichtige Rolle spielen.

Zum Verhältnis von realer und gestalteter (»fiktiver«) Wirklichkeit

»*Da alle Gegenständlichkeiten, auch die sinnlichen, in der Sprachkunst, anders als im gewöhnlichen Leben, einen geistig-seelischen Charakter gewinnen, braucht der Dichter dem Aufbau des realen Seins nicht zu folgen; ebenso wenig gehorcht er den Gesetzen von Raum, Zeit und Kausalität. Frei schaltet er in der Welt seines Werkes und gefällt sich in Modifikationen qualitativer, quantitativer und struktureller Art bis zur völligen Entfremdung von der Wirklichkeit: Gegenständlichkeiten werden aus dem einen Bereich in einen anderen transponiert; geistige Phänomene stellen sich räumlich dar, und Räumliches wird geistig; Ereignisabläufe in der Zeit werden zu gedanklichen Konstruktionen; das kontinuierliche Nacheinander von Vorgängen wird zerschnitten und die Teilstrecken werden ausgetauscht; Elemente aus verschiedenen Seinsschichten werden miteinander verwoben; die Einheit einer Erscheinung wird in ihre Teile zerlegt; Ruhendes wird zum Vorgang, und Lebendiges erstarrt; Großes reduziert sich zu Kleinstem, und Kleines wächst überdimensional; eingleisige Abläufe werden mehrgleisig; Dimensionen falten sich zu mehreren auseinander oder schmelzen zu einer zusammen; Niveauverschiebungen von oben nach unten finden statt und umgekehrt; und schließlich werden Modalitäten umgetönt, sodass Reales potential wird und Irreales in den Modus der Wirklichkeit tritt. – Kurz, die Fülle der Metamorphosen, welche die Gegenständlichkeiten durch Sprache und Dichtung erfahren können, ist unbegrenzt«* (Kerkhoff 47).

Literarische, poetische Texte sind – äußerlich betrachtet – gekennzeichnet durch Abweichungen vom Gewohnten:
»Dies können *sprachliche* Abweichungen sein, also Abweichungen vom alltäglichen Sprachgebrauch oder ein Durchbrechen der Erwartungen, die die Sprache des Textes selbst geweckt hat, oder *inhaltliche* in Bezug auf unsere Erfahrungen, auf unser Wirklichkeitsverständnis, oder solche, die die *Form* betreffen, etwa wenn ein Text die Normen einer Gattung nur zum Teil erfüllt. Die Abweichungen irritieren den Leser, geben ihm zu denken und wirken sich darauf aus, wie ihm der Text gefällt. Es gibt Abweichungen, die uns amüsieren (z. B. Wortspiele), solche, die uns ärgern (z. B. indem sie so große Verwirrung schaffen, dass wir den Text nicht mehr verstehen), solche, die uns provozieren (z. B. ungewohnte Metaphern, überraschende Vergleiche). ›Genaue Lektüre‹ eines Textes heißt demnach, sich Rechenschaft abzulegen über alle Auffälligkeiten des Textes.«
(Joachim Fritzsche: Zur Didaktik und Methodik des Deutschunterrichts, Band 3: Umgang mit Literatur, Stuttgart 1994, 76)

Merkmale literarischer Texte
• Schaffung einer eigenen fiktiven Wirklichkeit, die sich in der Regel nicht auf konkret vorhandene, sondern auf denkbare, mögliche, vorstellbare Wirklichkeiten bezieht.
• weitgehende Zweckfreiheit, d. h. der Text dient nicht der Kommunikation in einem bestimmten, konkreten Handlungszusammenhang (wie bei Sach-, Fach- und Gebrauchstexten); die Textentstehung ist zeitlich und räumlich von der Rezeption getrennt.
• ästhetische Absicht und Gestaltungswille
• Differenzqualität (Verschiedenheit) der literarischen Sprache gegenüber der Alltagssprache: sprachliche Überstrukturierung im phonologischen, semantischen und syntaktischen Bereich; komplizierter, differenzierter, variationsreicher, ungewohnter, sprachlich dichter; deshalb das »glatte Verständnis« oft hemmend
• »Unbestimmtheit«, d. h. fehlende Anhaltspunke, wie die komplexe fiktive Wirklichkeit genau zu verstehen ist; daher:
• eine Sinnfülle bis zur Mehrdeutigkeit

Zusammenfassung

Literarische Texte sind einerseits als »*autonome*«, *sprachliche Kunstwerke*, als Artefakt in den textimmanenten Konstituentien und innertextlichen Strukturen zu untersuchen, d. h. in der Eigenart ihrer inhaltlichen, formalen und sprachlich-stilistischen Gestaltung zu beschreiben, zu erklären und zu deuten.

Konsequenzen

Andererseits sind literarische Texte erst vom *Leser in seiner Rolle* und auf dem Hintergrund seiner Lebens- und Erfahrungswelt in ihrem »Sinn« zu erfassen (siehe 1.4).

Darüber hinaus ist der literarische Text aber auch in seiner *Beziehung zur außertextlichen Realität*, zu literarischen Vorbildern, Traditionen, geistesgeschichtlichen Hintergründen u. a. wahrzunehmen. Der systematisch angebahnte Vorgang der Beschreibung, Erklärung und Deutung eines Textes in diesen textimmanenten und textexternen Zusammenhängen heißt **Interpretation** (siehe 1.4.3).

3 Texte der Massenmedien

Medien spielen heute in der Lebenswelt der Jugendlichen wie der Erwachsenen eine zentrale Rolle; ihr Einsatz und Konsum prägen das private wie das öffentliche Leben entscheidend mit.

Medienzeitalter

Nicht umsonst bezeichnet man daher unsere Zeit als »Medienzeitalter«, dessen Ende noch lange nicht abzusehen ist. Vor allem das Fernsehen vermag durch seine bewegten Bilder sehr komplexe, ganzheitlich wirkende Botschaften zu vermitteln und die reale wie auch die in der Fantasie lebendige Vorstellung von der Welt mit zu bestimmen.

Definition der Medien

Unter »Medien« (von lat. *medium* = Gegenstand in der Mitte, das Mittlere, das Vermittelnde) werden allgemein Mittel zur Übertragung und Verbreitung von Informationen durch Sprache, Schrift, Bild und Musik verstanden. Im engeren Sinne sind damit Kommunikationskanäle technischer Art gemeint wie Druck (Buch, Zeitung, Zeitschrift), Hörfunk, Film, Fernsehen, Bild- und Tonträger (Schallplatten, CD, DVD) und elektronische Medien.

Wie das bereits bekannte Modell der sprachlichen Kommunikation zeigt (siehe »Lasswell-Formel« unter 1.1.4), sind an jedem Kommunikationsprozess beteiligt:
- ein Sender (Kommunikator)
- ein Empfänger (Rezipient)
- ein Verständigungsmittel (Medium)
- Inhalt, Aussage, Botschaft

Was sind Massenmedien?

Massenmedien sind vor diesem Hintergrund technische Verbreitungsmittel, mit deren Hilfe Kommunikation mit einem Publikum hergestellt wird, die zwischen den Beteiligten nicht direkt und wechselseitig (interpersonal), sondern ein-seitig (asymmetrisch) verläuft: Die Teilnehmer (Sender und Empfänger) befinden sich nicht gleichzeitig und in gleicher Situation unmittelbar einander gegenüber. Mit anderen Worten: Das eigene Zimmer ist nicht der tatsächliche Schauplatz eines Geschehens, so stark auch die Illusion sein mag oder genossen wird. Deshalb handelt es sich bei dieser Art von Kommunikation nicht um einen wirklichen »Austausch« von Mitteilungen zwischen konkreten Partnern, sondern nur um eine »Übertragung« von Mitteilungen durch einen »Sender« an ein »Massen-Publikum«, das anonym bleibt.

Gruppen von Medien

Medien lassen sich in verschiedene Gruppen einteilen:
- nach den verwendeten Technologien: z. B. Printmedien/elektronische Medien
- nach ihren Funktionen oder nach den Sinnesbereichen, die von ihnen angesprochen werden: optische oder akustische Medien

- nach der Verbindung mehrerer Wahrnehmungsformen: audiovisuelle Medien, die mit Sprach- und Tonsignalen zugleich auch Bildsignale vermitteln.

Besondere Bedeutung gewinnen zunehmend »Multimedia«, die auf einem gemeinsamen Informationsträger (meist ein digitaler Speicher) Text, Bild und Ton vereinen und durch diese Kombination gleichzeitig mehrere Sinnesebenen ansprechen und dadurch die Wirkung verstärken. *Multimedia*

Immer wichtiger wird es daher im Bereich von Schule und Erziehung, den Jugendlichen dabei zu helfen, im Umgang mit diesen Medien eine Kompetenz aufzubauen, die es ihnen ermöglicht, Formen und Funktionen solcher Medien genauer wahrzunehmen und zu durchschauen und ihre Wirkung auf den einzelnen und die Gesellschaft kritisch reflektieren zu können. So wird jungen Menschen die Entscheidung nahe gelegt, welchen medialen Angeboten sie sich entziehen wollen oder welche sie zu welchem Zweck für sich selber wahrnehmen möchten. *Aufbau einer Medienkompetenz*

4 Unterhaltungsliteratur

Gegenüber der »hohen« Literatur und dem »Kunstcharakter« literarischer Texte (siehe oben 1.2.2) hat es die sog. Unterhaltungsliteratur schwer. Sie wird besonders in Deutschland gerne als ästhetisch geringwertig abqualifiziert, gilt als »oberflächlich« und als »Zeitverschwendung«. Was unterhaltsam ist, kann sozusagen keine »Kunst« sein, denn diese gilt als »ernst«, »anspruchsvoll« und »tiefsinnig«. »Ernste Literatur« erfordert eine angestrengte Verstehensbemühung und bedarf insbesondere in der Schule eines differenzierten Interpretations-Instrumentariums, um erschlossen zu werden. Es geht schließlich im Unterricht um Lernen – und das hat mit Arbeit und Anstrengung zu tun, nicht mit Unterhaltung. *Abwertung der Unterhaltungsliteratur*

Diese Auffassung führt insofern zu einem Dilemma als in unserem Kulturkreis die Unterhaltungslektüre die häufigste Form des Lesens im Alltag darstellt und von vielen als unbefangenes Lesevergnügen wahrgenommen wird. Es wäre auf Dauer literaturpolitisch wie didaktisch fatal, wenn die Funktion der Unterhaltung den elektronischen Medien überlassen würde, während die »Lern- und Bildungsfunktion« den traditionellen Lesemedien zugewiesen würde (Hurrelmann 16). *Dilemma*

Die Unterhaltungsliteratur wird zwischen der »hohen« literarischen Kunst- und der Trivialliteratur angesiedelt. Wie ihr Name schon sagt, zielt sie darauf ab, den Leser zu unterhalten und seine emotionalen Bedürfnisse zu befriedigen, sei es a) durch Spannung erzeugende, b) durch rührende oder c) durch belustigende Texte. *Unterhaltungscharakter*

Nach Peter Nusser lässt sich bei allen diesen unterhaltenden Texten ein *grundlegender Mechanismus* erkennen, der einem allgemeinen menschlichen Bedürfnis entgegenkommt: *Strukturelemente der Unterhaltungsliteratur*

»Je nach Genre verschieden, versuchen die Texte durch die Darstellung von Gefahren, von Unglück, von Übertretungen der Norm zunächst Gefühle der Angst oder Beunruhigung im Leser auszulösen, dessen ›Angstlust‹ zu befriedigen, um diese Gefühle dann anschließend durch die Darstellung angemessener Reaktionen auf Gefahren, Unglück usw. wieder zu beschwichtigen. In der *Spannungsliteratur* (z. B. Abenteuerromanen) geschieht dies vornehmlich durch die Gewaltanwendung oder die List eines Helden, in der um *Rührung* bemühten Literatur (z. B. in Liebesromanen) durch die Leidensfähigkeit einer Identifikationsfigur, die schließlich durch das Eingreifen des Schicksals oder Zufalls belohnt wird, in der *belustigenden* Literatur (z. B. im Witz, im Schwank, im Boulevardstück) durch das auf sehr unterschiedliche Weise provozierte Lachen der Normträger über die beunruhigende Abweichung bzw. den beunruhigenden Störenfried.

Bei all diesen Reaktionen handelt es sich letztlich um Formen der Bestrafung, ob es nun um die Überwältigung eines Feindes oder die Ausschaltung eines Gegenübers, um Selbstbestrafung im Leiden oder im Verzicht oder um das Verlachen anderer Menschen geht. Normalerweise werden die ›strafenden‹ Handlungen der Protagonisten schließlich durch ein Happyend belohnt, dessen Eintreten durch glückliche Fügungen oder das Eingreifen *transzendenter* Mächte zumindest unterstützt wird.« (Peter Nusser, Unterhaltungsliteratur 1299)

Gestaltungsmerkmale der Unterhaltungsliteratur (Zusammenfassung)

Eine genaue Abgrenzung zwischen Dichtung und Unterhaltungsliteratur ist jedoch kaum möglich: Schon in der Wahl der Stoffe und Motive bestehen zahlreiche Wechselbeziehungen; unter ästhetischen Gesichtspunkten sind die Übergänge fließend. Einige **Text- und Gestaltungseigenschaften** der Unterhaltungsliteratur lassen sich dennoch benennen:

Zur Eigenart der Unterhaltungsliteratur

- Ziel ist die Entspannung und seelische Entlastung des Lesers; Befriedigung emotionaler Bedürfnisse; Ablenkung von Alltagsproblemen
- Vorrangigkeit des Stoffes gegenüber der Form der Vermittlung
- handwerklich gut geschrieben
- Verständlichkeit der Sprache
- lineares und überwiegend szenisches Erzählen
- insgesamt: leserfreundliche Gestaltung
- Verwendung von Spannungselementen
- Figuren, die sich zur Identifikation anbieten; dadurch: Ermöglichung von Identitätserlebnissen und von emotionaler Anteilnahme
- nahezu keine neuen Möglichkeiten der Wahrnehmung und Erkenntnis der Wirklichkeit (wie bei der Dichtung), sondern:
- Bestätigung der gängigen Auffassungen und Sichtweisen und der gesellschaftlich anerkannten Normen (Konservatismus)

Ein geübter und an der »hohen« Literatur ge»schul«ter Leser vermag durchaus auch bei der Lektüre von Unterhaltungsliteratur seine Leseerfahrungen und analytischen Fähigkeiten einzusetzen, um den Genuss noch zu steigern durch die Wahrnehmung z. B. des genauen »Wie« eines Spannungsaufbaus, einer wirkungsvollen Personenkonstellation usw. Im Unterricht kann dieser »Lustfaktor« bewusst ins Spiel gebracht und Gegenstand eines Gesprächs werden, ohne den Spaß daran verderben zu wollen.

Auch die **Sachliteratur** kann unterhaltsame Züge aufweisen, indem die Wissensvermittlung auf erzählende Weise oder durch personalisierende Darstellung geschieht.

5 Trivialliteratur

Die moderne Industriegesellschaft hat offenbar Lebensbedingungen geschaffen, in denen ein großes Bedürfnis nach schneller Ablenkung und einfacher Unterhaltung besteht. Dem kommt die **Trivialliteratur** insbesondere durch die massenhafte Produktion von Heft-Serien in hohen Auflagen entgegen (z. B. Arztromane, Heimatromane, Bergromane, Adelsromane, Wildwestromane u. a.). *Funktion und Eigenart*

Ihrer etymologischen Herleitung nach handelt es sich bei der Trivialliteratur (lat. *trivium* = Dreiweg, Kreuzweg) um das, was sich auf öffentlichen Straßen abspielt, was jedem selbstverständlich geläufig ist. Die wissenschaftliche Erforschung dieser serienmäßig produzierten Literatur wird heute als interdisziplinäre Aufgabe wahrgenommen, um den Kommunikationszusammenhang zu erforschen, also: Produktionsbedingungen, Warencharakter, Marktstrategien, Vertrieb, Rezeptionsbedingungen u. a. als bestimmende Faktoren der Trivialliteratur zu erfassen. Die Literaturwissenschaft hat sich seit Beginn der sechziger Jahre intensiv der Trivialliteratur angenommen und dabei weniger das einzelne »Werk« um seiner selbst willen ins Auge gefasst als vielmehr das Gattungs- und Klischeehafte der standardisierten Geschehnisabläufe und ihrer sprachlichen Darstellungsweise untersucht und zum Teil polemisch diskutiert. Trivialliteratur lässt sich nur in engem Zusammenhang mit ihren Funktionen für den Leser verstehen und beschreiben, wobei besonders **zwei Funktionen** herausgestellt werden, denen die Trivialliteratur inhaltlich und sprachlich gerecht zu werden sucht: *Funktionen der Trivialliteratur*

- »Entlastung, Reproduktion, Befriedigung des Publikums,
- dadurch psychische Stabilisierung, die sich bei massenhaftem Konsum als gesellschaftliche Stabilisierung auswirkt« (Dahrendorf)

Merkmale der Trivialliteratur *Zusammenfassung*

- Darstellung einer realitätsfernen Welt mit ihrer Wirklichkeitsfiktion (der Autor verdeutlicht nicht seinen Standort und seine Interessen und erweckt dadurch den Anschein von Realität und Allgemeingültigkeit des Geschehens)
- Pseudoproblematik
- unglaubwürdige Häufung verschiedenartiger Anreize wie Gewalt, Brutalität, Erotik usw.
- Darstellung, Stimulation und zugleich Befriedigung von intensiven Gefühlen des Lesers, z. B. Ängste, Spannungen, Bedürfnisse
- Betonung irrationaler Elemente (Gefühl, Schicksal u. a.) anstelle rationaler Konfliktbewältigung
- klare Typisierung und Polarisierung der Figuren und Parteien (Freund – Feind; Gute – Böse)
- Glorifizierung des Helden
- extrem aktionsbetonte Handlung
- Aufgreifen und Weitergabe von in der Gesellschaft verbreiteten Leitbildern, Stereotypen, Vorurteilen usw.
- Anpassung der Darstellung an Denkweise und Wünsche der Käufer

- sprachliche Klischees
- Happy-End
- Vermittlung autoritärer Denkmuster und Wertmaßstäbe (z. B. Rollenverständnis Mann – Frau)

Zur Wirksamkeit der Trivialliteratur

Die Wirksamkeit dieser Darstellungstechniken hat sich bis heute erhalten, weil die Bedürfnislage des Publikums trotz sich wandelnder Voraussetzungen relativ konstant geblieben ist. Die Beanspruchung durch die rationalisierte Arbeitswelt bedarf der Ablenkung durch die schweifende Fantasie, die als trist und langweilig erlebte Welt des eigenen Alltags schreit nach spannenden Ereignissen, die Erfahrung der Abhängigkeit, Bedeutungslosigkeit und Austauschbarkeit des eigenen Ich bedarf des überragenden, siegreichen Helden zur kurzfristigen Kompensation der eigenen negativen Erfahrungen.

Negative Einflüsse

Wenn viele gerne zu dieser Literatur greifen wegen des Unterhaltungswertes (z. B. Lesen aus Spaß, zur Entspannung vom Alltagsstress, zur Ablenkung, zum Nervenkitzel usw.), so sollte man bedenken, dass die Trivialliteratur das Bewusstsein des Lesers zum Negativen hin zu beeinflussen vermag: Das Denken wird an ein starres Freund-Feind-Schema gewöhnt, bei dem der Gegner als das schlechthin Böse personifiziert erscheint, das mit allen Mitteln vernichtet werden muss und darf. Die Handlung lässt oft die Gewalt als das legitime, natürliche Mittel zur Lösung von Problemen erscheinen. Eine ähnlich undifferenzierte Sicht wird hinsichtlich der Umwelt und der Mitmenschen provoziert, wobei die Mühe eines fundierten Urteilens beiseite geschoben wird.

1.3 Wie Texte entstehen – die Rolle des Autors
Aspekt der »Produktion«

1.3.1 Das Ent-stehen und Ver-stehen von Texten
Grundsätzliche Fragen zur »Produktion« und »Rezeption«

Zusammenhang von Ent-stehen und Ver-stehen

Der Theologe und Philosoph *Friedrich Schleiermacher* (1768–1834) hat schon die Erkenntnis formuliert, dass »Ent-stehen« und »Ver-stehen« eng zusammenhängen und dass sich das Verstehen eines Textes als eine Umkehrung des Schaffensprozesses vollzieht. Weiß man Genaueres über die Umstände der Entstehung (Entstehungsgeschichte), so wird die inhaltliche und sprachliche Eigenart eines Textes leichter zugänglich, seine Interpretation erleichtert und die Einordnung in größere historische Zusammenhänge ermöglicht. Solche Entstehungsbedingungen (z. B. die private Lebenssituation, die wirtschaftliche Lage, der historische Kontext usw.) lassen sich oft anhand von biografischen, zeitgeschichtlichen und anderen Zeugnissen und Überlieferungen genauer fassen, zum Teil aber auch aus dem Text selbst erschließen. Umgekehrt kann das Verstehen auf Seiten des Lesers als eine reproduktive Wiederholung der ursprünglichen Produktion auf der Grundlage von Kongenialität verstanden werden, wobei sich ebenfalls bestimmte Einflussmomente auswirken.

Aspekte zur Produktion und Rezeption von Texten

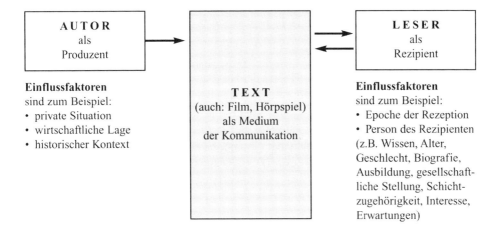

Martin Walser (*1927) hat die innere Verbindung von Schreiben und Lesen so formuliert:

»*Lesen hat keinen anderen Anlass als Schreiben. Auch das Schreiben findet statt, weil einer etwas zu wünschen und noch mehr zu fürchten hat. Lesen und Schreiben wären eng verwandt? Es sind zwei Wörter für eine Tätigkeit, die durch die unser Wesen zerreißende Arbeitsteilung zu zwei scheinbar unterscheidbaren Tätigkeit gemacht wurde. Also weil einem etwas fehlt, schreibt er und weil ihm etwas fehlt, liest er? Wenn der Leser nicht die gleichen Erfahrungen gemacht hat, die der Autor gemacht hat, sagt ihm das Buch nichts, es ist tot für ihn. Man sagt dann, er kann mit dem Buch nichts anfangen.*«
(Walser, Leseerfahrungen 224)

Neben solchen konkreten Erkenntnissen über die Entstehung eines Werkes sind auch grundsätzliche Fragen und Einsichten zur Textproduktion bei der Untersuchung eines Textes mitzubedenken, zum Beispiel:

Fragen zur Textproduktion

- In welchen Phasen verläuft die Herstellung eines Textes?
- Welche Faktoren beeinflussen und bestimmen die formale und inhaltliche Gestaltung und Eigenart eines Textes?

Im Folgenden soll der Prozess der Textherstellung in seinen wichtigsten – hier allerdings künstlich isolierten – Einzelphasen beobachtet werden. Dabei kann die »lineare« Betrachtungsweise und Darstellung der Kausalkette von Faktoren bei der Textherstellung in ihrer künstlichen Reduktion ein nützliches heuristisches Prinzip sein.

1.3.2 Phasen der Herstellung von Texten

Erfahrung der Wirklichkeit

Am Anfang steht für den Verfasser die Erfahrung eines bestimmten Wirklichkeitsbereichs, den er sich als Ausschnitt aneignet, d. h. er erlebt ein Ereignis, eine Situation, erfährt einen Sachverhalt, stößt auf ein Problem privater, persönlicher, zwischenmenschlicher, politischer, religiöser u. a. Art. Das Leben bietet unerschöpfliche Möglichkeiten und Anlässe, die ihn ansprechen, herausfordern und ihn reizen, sich intensiv damit auseinander zu setzen.

Befragte Wirklichkeit

Der Autor bemüht sich um eine klare Vorstellung von der Eigenart dieser Erfahrungen, beginnt über sie nachzudenken, befragt sie und sucht Erkenntnisse über die »Wirklichkeit« zu gewinnen, wie er sie erlebt und erfahren hat und sucht sich diese Wirklichkeit anzueignen. Dabei tauchen immer wieder Fragen auf, die sich von dieser erlebten Wirklichkeit her stellen oder die er selber an sie stellt. Dadurch gewinnt er tiefere Einsichten, die ihm vielleicht neu oder überraschend erscheinen, er sieht Lösungen und Möglichkeiten, die für ihn selber und für andere wichtig sind.

Versprachlichte Wirklichkeit

Gleichsam die Antwort auf diese Erfahrung der (außersprachlichen) Wirklichkeit und auf die dabei aufgeworfenen Fragen ist der **T e x t** als Versuch, diese so als Ausschnitt erfahrene und angeeignete Realität sprachlich zu erfassen und zu beschreiben. Die »Wirklichkeit« erscheint im Text also nicht als unmittelbar widergespiegelte, gleichsam rein und »an sich«, sondern stets als vom Verfasser ausgewählter Ausschnitt, als vermittelte, als geistig (und das heißt: sprachlich) *verarbeitete* Wirklichkeit, wie er sie in seinem Bewusstsein als »Inhalt«, besitzt. Denn das Bewusstsein des Autors, seine soziale Umwelt, seine bisherige Lebenserfahrung, sein Geschmack, seine Vorlieben und Abneigungen wirken sich wie ein »Filter« aus, durch den er die Wirklichkeit sieht und »siebt« und sich ausschnitthaft aneignet und als so wahrgenommene und geprägte im Text sprachlich gestaltet und anderen mitteilt. So zeigt jeder Text eine bestimmte Art der Realitätserfassung und dadurch die persönliche Handschrift seines Verfassers. Denn jeder Mensch »filtert« seine Wahrnehmungen anders, sodass es durch diesen Prozess der Selektion, Abstraktion, Reduktion und Neustrukturierung zu Kürzungen, Erweiterungen, Sinnverschiebungen kommen kann, die sich im Text zeigen.

Die folgende Skizze kann den Vorgang der Textherstellung zusammenfassend verdeutlichen.

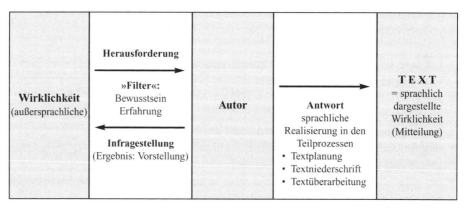

Texte lassen den aufmerksamen Leser erkennen, auf welches Grundproblem, auf welche zentrale Frage der Verfasser durch seinen Text eine Antwort zu geben sucht:
»*Wer verstehen will, muss (...) fragend hinter das Gesagte zurückgehen. Er muss es als Antwort von einer Frage her verstehen, auf die es Antwort ist*« (Gadamer 352).

1.3.3 Die Bedeutung der Intention für die inhaltliche und formale Gestaltung von Texten

Texte entstehen nicht zufällig und um ihrer selbst willen. »Wer schreibt, denkt an einen Leser« (Eco 55). Lesen und Schreiben sind insofern komplementäre Begriffe. Neben bestimmten äußeren Anlässen, Motiven und Gründen zum Schreiben ist die eigentliche Triebfeder, eine erlebte äußere oder innere Wirklichkeit sprachlich darzustellen und als Text abzufassen, eine meist **bewusste Absicht und ein Ziel**. Der Schreiber bzw. der Sprecher möchte in der Regel mit anderen Menschen in Verbindung treten, möchte durch den mündlichen oder schriftlichen Text sprachlich *handeln* und dadurch Einfluss auf sie nehmen. Er will bei anderen (oder auch bei sich selbst) bestimmte **Wirkungen** erzielen und Leser bzw. Hörer dazu bringen, dass sie zum Beispiel

Absichten und Ziele des Verfassers

- etwas tun
- ihre Meinung ändern
- ihre Meinung bestätigen.

Dieser »Wirk-Wille« im Hinblick auf einen Leser oder Zuhörer heißt **Intention** (von latein. *intendere* = hinstrecken, die Aufmerksamkeit auf etwas richten, das Streben auf etwas lenken). Die Intention zielt darauf ab, durch den Text

Was heißt »Intention«?

a) *Handlungen* auszulösen und/oder
b) *Verhaltensänderungen* zu bewirken
(= Veränderung der geistigen Einstellung und des Bewusstseins, der Wahrnehmungen und Gefühle, der gegenwärtigen oder zukünftigen Situation und des Verhaltens)

An einfachen Beispielen des täglichen Lebens lässt sich dieser innere Zusammenhang von Intention, Inhalt und Form eines Textes verdeutlichen, worin die Fülle möglicher Textsorten begründet liegt:

Beispiele für alltägliche Intentionen

- um eine Beziehung nicht zu gefährden, entschuldigt sich ein Schreiber höflich in einem Brief für sein Verhalten
- um Trost und Zuspruch zu erhalten, teilt ein Sprecher einem Freund seine persönlichen Sorgen mit
- um ausstehendes Geld einzufordern, stellt jemand eine Rechnung aus
- um für saubere Kinderspielplätze Einfluss auf die Stadtverwaltung zu nehmen, schreibt jemand einen Leserbrief an die Lokalpresse
- um persönliche Gedanken und Erlebnisse zu verarbeiten und vor dem Vergessen zu bewahren, führt jemand ein Tagebuch

- um einen Kranken von seiner Situation abzulenken und ihm Mut zu machen, erzählt jemand lustige Geschichten
- um von der Versicherung Geld erstattet zu bekommen, verfasst ein Schreiber einen ausführlichen, exakten Bericht über einen entstandenen Schaden.

Intention prägt den Text

Die Intention ist die entscheidende Kraft bei der Herstellung eines Textes. Sie bestimmt weitgehend seine semantische und syntaktische Beschaffenheit und damit die Textart und »Faktur«, d. h. die Eigenart des Textes als bewusst »Gemachtes«. Unter dem Gesichtspunkt der Zweckdienlichkeit und Publikumswirksamkeit wird in Bezug auf den angezielten Leser bzw. Hörer und dessen besondere Situation der Inhalt des Textes ausgewählt und in eine bestimmte Anordnung (Aufbau) gebracht, die Wahl der »passenden« Textsorte (vgl. 1.2.1) vorgenommen und die sprachlich-stilistischen Gestaltungsmittel eingesetzt, sodass sich ein möglichst einheitliches, kohärentes Textganzes ergibt. Durch diese Ausrichtung des Verfassers auf den Leser bzw. Hörer geht dieser gleichsam selber mit seiner Situation, seiner sozialen Rolle, seinen Erwartungen usw. in den Text ein, prägt ihn und wird so zu einem wesentlichen Aufbauelement des Textes selbst (vgl. 1.1.4).

Umgekehrt gilt dann auch: Aus der Eigenart des Textes kann die Wirkungsabsicht des Autors bzw. Sprechers im Hinblick auf einen Adressaten erschlossen und beschrieben werden als Appell, Parteinahme und Tendenz. Es ist die unverzichtbare Aufgabe der Interpretation, für das richtige bzw. tiefere Verstehen des Ganzen die Intention zu rekonstruieren und die durch sie bedingten Textstrategien nachzuweisen (zum Verfahren: vgl. Kap. 5).

Training von Kindheit an

Die partnerbezogene Fähigkeit des Sprechens und Schreibens mit ihren Möglichkeiten, eigene Absichten zu verdeutlichen und durchzusetzen, wird von Kindesbeinen an in alltäglichen Situationen trainiert. So lernen alle schon früh, genau darauf zu achten und (oft »gefühlsmäßig« richtig) zu unterscheiden
- wem wir schreiben oder etwas sagen (z. B. Freund, Eltern oder Behörde)
- was wir dabei mitteilen (z. B. Persönliches, Amtliches)
- wie wir es formulieren (z. B. direkt, vorsichtig, humorvoll).

Missverstandene Intention

Nicht immer gelingt es, einen Text unserer Intention entsprechend zu gestalten. Unsere wahren Absichten können sogar missverstanden werden und das Gegenteil von dem bewirken, was wir wollten. Weil unser geschriebener oder gesprochener Text ganz anders wirkte, als wir ihn »meinten«. Dann sagen uns andere etwa: Du hast dich im »Ton« vergriffen, du hast die »Form« nicht gewahrt, du bist aus der »Rolle« gefallen. Solche Erfahrungen zeigen, dass zu unterscheiden – wenngleich nicht zu trennen – ist zwischen

Unterscheidungen

- **Verfasserintention:** die konkrete innere Absicht, der »Wirk-Wille« (Rhetorik: *voluntas auctoris*) beim Schreiben oder Sprechen im Hinblick auf das, was der Text kommunikativ leisten, das heißt: beim Leser oder Zuhörer bewirken und erreichen soll (Leser/Hörer-Bezug in seinem Einfluss auf die Textgestaltung)
- **Textintention***:* das, was gesprochene oder geschriebene Texte (beabsichtigt oder nicht) beim Hörer oder Leser tatsächlich an Wirkungen auslösen und faktisch leisten

oder zumindest der Tendenz nach leisten können (z. B. Kenntnisse vermitteln, Urteile ermöglichen, in Erinnerung rufen, Einfluss ausüben usw. Diese Textintention ist nicht identisch mit dem, was ein Text »inhaltlich« darstellt, aussagt, mitteilt, meint oder bedeutet!

Texte vermitteln also stets eine bestimmte Sicht (Perspektive) und Wertung der Wirklichkeit durch den Autor, zeigen die besondere Art s e i n e r Erfassung der Realität und seine Einstellung zu ihr und sind Ausdruck einer oder mehrerer Intentionen im Hinblick auf den Leser oder Hörer.   *Fazit*

1.3.4 Weitere Einflüsse auf die Textherstellung

Neben der Intention als dem Hauptfaktor wirken sich eine Reihe von pragmatischen Bedingungen auf den Autor aus, die den Prozess der Textherstellung bestimmen und die Eigenart des Textes mitprägen und deshalb auch bei der Deutung mitbeachtet werden sollten:

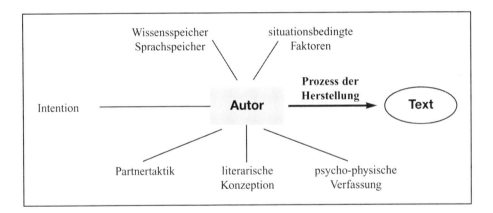

Der Autor »schöpft«, bei der Abfassung von Texten gleichsam aus einem ihm zur Verfügung stehenden »Sprachspeicher« und »Wissensspeicher«, denen er das »Material« entnimmt, das er im Hinblick auf die Adressaten und seiner Intention gemäß benötigt.   *Erläuterung:*

Der »Wissensspeicher«, meint den Schatz an individuellen Erfahrungen, Kenntnissen und Vorstellungen sowie die Fähigkeit zu Denkoperationen, die sich ein Autor im Laufe seines Lebens erworben hat und aus dem er in den verschiedenen Phasen der Herstellung seiner Texte (1.3.2) »schöpft«. Dieser »Wissensspeicher« ist aber jeweils nur ein Ausschnitt aus dem kollektiven Wissensschatz eines Kulturbereichs zu einem bestimmten Zeitpunkt. Der Autor kann jedoch über persönliches Wissen und besondere Welterfahrung verfügen, die (noch) kein Allgemeinbesitz sind, sodass sein individueller »Wissensspeicher« teilweise über den kollektiven Wissensschatz hinausreicht und er durch sein Werk sehr bereichernd wirkt.   *»Wissensspeicher«*

Der »Sprachspeicher« bezeichnet den individuellen »Code«, über den ein Autor verfügt, also das Inventar an sprachlichen Zeichen (Wortschatz) und Verknüpfungsregeln (Gram-   *»Sprachspeicher«*

57

matik). Bei diesem Sprachwissen ist zu unterscheiden zwischen der »*Kompetenz*« als dem persönlichen Sprachvermögen und individuellen Verfügungsgrad über das konventionelle, in einer Sprachgemeinschaft sozial gültige Zeichensystem Sprache – und der »*Performanz*« im Sinne der aktuellen Sprachverwendung, des Gebrauchs des Sprachvermögens in einer konkreten Situation des Schreibens, Lesens oder Hörens.

Auch dieser persönliche Sprachspeicher ist nur ein Ausschnitt aus dem umfassenden kollektiven Code einer Sprachgemeinschaft, ein Teilbereich aus dem System der Gesamtsprache eines Volkes. Der Verfasser kann jedoch sprachschöpferisch tätig sein, indem er etwa neue Worte prägt, die Wörter zu kühnen Sätzen verknüpft, ungewohnte Bilder, Vergleiche, Metaphern, Textformen usw. hervorbringt und kombiniert zu höheren oder besonders »dichten« Texten, so dass sein individueller Sprachspeicher (Code) teilweise den Rahmen des allgemein üblichen Kollektiv-Kodes sprengt und seine Sprachperformanz sich über die relativ gefestigten sprachlichen Normen erhebt. Wegen dieser sprachlichen Kreativität wurden und werden solche Autoren gerne als »Dichter« bezeichnet (siehe 1.2.3 und 1.3.5).

Herstellung eines Textes

Zur Herstellung eines Textes ruft nun der Verfasser aus seinem Wissensvorrat, seiner Denk- und Vorstellungswelt (»Wissensspeicher«) und aus seinem »Sprachspeicher« jeweils die Menge an geistigen Inhalten, Daten, Informationen und sprachlich-stilistischen Mitteln (Wörter, Formen, Bilder, grammatische Regeln usw.) ab, die er im Hinblick auf den jeweiligen Empfänger (Leser/Hörer) und aufgrund einer bestimmten Intention (vgl. 1.3.3) benötigt und mitteilen will, weil er sie für adäquat und wirkungsvoll hält, um eine bestimmte Absicht und ein Ziel zu erreichen. Der Verfasser lässt sich also beim Schreiben gleichsam von einer »Taktik« leiten, die den jeweiligen »Partner« als Leser oder Hörer vor Augen hat und sich an ihm ausrichtet (sog. »Partnertaktik«).

»Partnertaktik«

Neben der Intention des Autors bedingen und beeinflussen vor allem auch soziale Kontakte das Verhalten des Verfassers (und auch des Lesers bzw. Hörers!) und den Inhalt und die Form des Textes, da jeder Vorgang der Kommunikation eingebettet ist in einen *sozialen Kontext*. So ist die Abstimmung der Verfasseräußerung (Text) auf den jeweiligen Leser bzw. Hörer (auch eine Gruppe) u. a. wesentlich abhängig von den *Sozialbeziehungen* (z. B. Stellung des Autors in der Gesellschaft, Zugehörigkeit zu einer bestimmten Schicht, Funktion als Träger bestimmter Rollen usw.), durch die der Verfasser bestimmte Verhaltens- und Äußerungsformen kennt. Aus diesem »Grundprogramm« wählt er bei der Abfassung eines Textes – also in einer konkreten aktuellen Situation – ein ihm adäquat, d. h. wirkungsvoll erscheinendes »Aktualprogramm« aus, das geprägt ist vom *Bild, das sich der Verfasser vom Leser macht* (etwa über dessen Schichtzugehörigkeit, Interessen, Bildungsgrad, Erwartungen usw.), und von der Einschätzung der konkreten Situation.

Sozialbeziehungen

Dieses positive oder negative Bild des Verfassers von seinem Publikum (»Fremdbild«) spielt bei der Gestaltung des Textes eine bedeutende Rolle. Bei der Produktion unserer heutigen Massenliteratur haben die Autoren (oft ein Team) bzw. die Verlage durch soziologische Untersuchungen und Umfragen ein ziemlich klares und zutreffendes Bild des Publikums, seiner Bedürfnisse, Interessen und Erwartungen vor Augen (Musterfall: Unterhaltungsliteratur), für das sie ihr Werk bewusst in Thema, Stoff, Aufmachung und sprachlicher Gestaltung zuschneiden.

Beim Abfassen des Textes wirken sich auch die *psycho-physische Verfassung* des Autors und äußere, *situationsbedingte Faktoren* aus. Die augenblickliche Stimmung (Freude, Trauer, Angst, Ärger usw.) kann die Gestaltung des Textes beeinflussen und den Inhalt und besonders die sprachliche Form vor allem beim gesprochenen Text deutlich bestimmen. Aber auch gewisse charakteristische Eigenschaften wie z. B. Vitalität, Unsicherheit, Erregbarkeit, Sensibilität, Nüchternheit, Ausgeglichenheit usw. beeinflussen die Textherstellung und lassen sich oft vom Leser bzw. Hörer als Ausdruck einer bestimmten »Grundverfassung« erkennen.

Innere Verfassung und Situation

Neben diesen Faktoren, die sich auf die Eigenart des Autors oder seine Stellung in der Gesellschaft beziehen, gibt es noch äußere, von ihm unabhängig existierende Einflüsse von Zeit und Raum (z. B. Arbeit unter Terminsetzung und Zeitdruck, Umgebung: Stadt – Land; räumliche Verhältnisse usw.), die sich bei der Textherstellung auswirken, aber nachträglich vom Leser oft nicht mehr deutlich erkannt werden können.

Weitere Einflüsse

1.3.5 Rolle und Selbstverständnis des Autors im Wandel der Zeiten

1. »Autor« – »Verfasser« – »Schriftsteller« – »Dichter«

Es ist erstaunlich, wie viele Titulierungen im Laufe der Geschichte gefunden worden sind, um die Person zu bezeichnen, die Texte hervorbringt. Teils handelt es sich um selbst gewählte Titel, die das besondere Selbstverständnis widerspiegeln, teils sind es von außen herangetragene Bezeichnungen, in denen sich bestimmte Erwartungen des Publikums artikulieren:

Titulierungen

»*Der Dichter als der ›Rasende‹, der ›Seher‹, der ›Sänger‹, das ›Kind‹, als der ›Verklärer seiner Zeit‹, als ›Erzeuger der Zeiten‹, der Dichter als ›Dichterling‹, ›Poetaster‹ und ›Reimeschmied‹, der Dichter, der nicht mehr ›Dichter‹ genannt werden mag, der Dichter als ›Produzent‹, als ›Macher‹ oder ›Wort-Lieferant‹, der Dichter als ›Poet‹, als schriftkundiger, gelehrter ›literatus‹, als lebensferner, schöngeistiger, vom ›Schriftsteller‹ belächelter ›Literat‹, der Dichter als Günstling an Tyrannenhöfen, der Dichter als Opponent seines Staates in die Emigration getrieben, aus seinem Land verbannt, ins Gefängnis eingesperrt, ins Konzentrationslager geschickt, der Dichter als Lobredner der Diktatur oder als Widerstandskämpfer, der Dichter als Angehöriger des Adels, des Bürgertums, des Proletariats, wohlhabend der eine, sich ums tägliche Auskommen sorgend der andere, hungernd nicht wenige: der Dichter also als eine sich immer wieder wandelnde Gestalt seiner Gesellschaft, einer etwa dreitausendjährigen Geschichte. Sein Selbstverständnis ändert sich, ist abhängig sowohl von den Anforderungen, die er an sich selbst stellt, als auch von den an ihn herangetragenen sozial- und geistesgeschichtlichen Forderungen sowie von seinen Reaktionen auf sie.*« (Der Neue Herder. Wissen im Überblick. Die Literatur, Freiburg 1973, S. 118)

Schriftsteller – Autor – Textproduzent

Heute spricht man lieber nüchterner vom »Autor« als dem geistigen Erzeuger von Texten jeglicher Art oder vom »Verfasser« und wählt damit beide Male eine »um Wertneutralität bemühte Bezeichnung« (E. Kleinschmidt). Andere Titulierungen sind etwa »Schriftsteller«, »Literaturproduzent«, »Texter« und »Textproduzent« (entsprechend spricht man vom Leser als dem »Textbenutzer«).

Bertolt Brecht hat sich ausdrücklich als »Stückeschreiber« bezeichnet, eine Formulierung, die nach gediegener Handwerkerarbeit klingt. Die Produktion von Literatur war für ihn eine gesellschaftlich nützliche Tätigkeit: Literatur – ob Gedichte oder Theaterstücke – sollte »brauchbar« und nützlich sein wie Handwerkszeug zum Bau eines Hauses. Literatur sollte die Menschen erziehen und aufklären, ja besser machen.

2. Rolle und Selbstverständnis des Autors in einigen Epochen

Die folgende tabellarische Übersicht versucht die Vielfalt der sozialen Rollen und das jeweilige Selbstverständnis des Autors in einigen Epochen zu verdeutlichen (wobei literarische Epochen »Konstrukte der Literaturwissenschaft« darstellen und nicht überbewertet werden dürfen).

Epoche/ Richtung	Rolle und Selbstverständnis des Autors
Frühzeit	In der vorliterarischen Zeit gibt es den Dichter früher als den Schreiber. Der Dichter ist dem Mythos zugewandt und bietet keine erzählerisch-fiktiven Darstellungen, sondern macht Wirklichkeitsaussagen. Er ist kultischer Sänger und (im römischen Verständnis) »*vates*«, das heißt: Priester-Seher und Interpret mythischer Welt.
Antike	Jahrhunderte lang wird die Vorstellung vom Dichter durch die Aussagen Platons (427–347 v. Chr.) in der »Apologie« (22b und c) und im »Ion« (533e-535a) bestimmt, wonach der Dichter als Enthusiast und Gotterfüllter gesehen wird: *»... ein leichtes Wesen ist ein Dichter und geflügelt und heilig, und nicht eher vermögend zu dichten, bis er begeistert worden ist und bewusstlos und die Vernunft nicht mehr in ihm wohnt (534 b) ... Nämlich nicht durch Kunst bringen sie dieses hervor, sondern durch göttliche Kraft (534 c) ... Ein großer Beweis für diese Rede ist Tynnichos der Chalkidier ... Denn an ihm scheint ganz vorzüglich der Gott uns dieses gezeigt zu haben..., dass diese schönen Gedichte nicht Menschliches sind und von Menschen, sondern Göttliches und von Göttern, die Dichter aber nichts sind als Sprecher der Götter, besessen jeder von dem, der ihn eben besitzt«* (534 d/e) (nach der Übersetzung Schleiermachers). Andererseits erhebt Platon den Vorwurf, die Dichter würden eine Scheinwelt darstellen und damit »lügen«; deshalb müssten sie aus der Polis verbannt werden (2. und 3. Buch der »Politeia«). Diese Vorstellung war auch noch im Mittelalter verbreitet, wo der Dichter als »luegenære« gilt, weil er etwas darstellt, was »in Wirklichkeit« nicht ist.
Mittelalter (etwa 750–1500)	Der Künstler wird als göttlich inspirierter Schöpfer von Kunstwerken angesehen, der eine neue Wirklichkeit schafft. Gegenüber den in der Frühzeit oft anonym gebliebenen Schöpfern von Werken treten immer deutlicher als Verfasser und Verbreiter von Literatur Mönche und Geistliche hervor. Sie sind bis Mitte des *12. Jahrhunderts* zunächst in den Klöstern und in den kirchlichen Zentren tätig. Mit dem Aufkommen von Kanz-

Epoche/ Richtung	Rolle und Selbstverständnis des Autors
	leien an den Residenzen und dem Auftreten von Fürsten als Mäzenaten und Auftraggeber ändert sich das Berufsbild. Es gibt im *hohen Mittelalter* drei Gruppen von Autoren: a) die lyrischen Minnesänger (teils adelige Dilettanten, teils Berufssänger unbekannter Herkunft), b) die epischen Erzähler als Hofdichter und c) die Spruchdichter als fahrende Spielleute und eigentliche »Berufsdichter«. Die Hof- und Berufsdichter stehen in einem Abhängigkeitsverhältnis zu den Gönnern und Auftraggebern an den Höfen. Im *14. Jahrhundert* gibt es erste Ansätze eines »städtischen Autorentyps«, deren Schreiben »gebrauchsorientiert« ist, d. h. die Leser einer selbstbewusst gewordenen städtischen Bürgerkultur als Abnehmer im Auge hat (volkssprachige Erzählprosa entsteht). Im *15./16. Jahrhundert* üben die Autoren meist noch eine Tätigkeit im Dienst einer städtischen oder fürstlichen Verwaltung, Kanzlei, Ratskollegium u. a. aus.
Renaissance und Humanismus (zw. 1470 und 1600)	Im »Zeitalter der Entdeckungen« kommt mit dem Humanismus das Ideal des allseitig gebildeten Menschen, der höchsten individuellen Persönlichkeitsentfaltung nach antikem Vorbild auf. Das neue Selbstverständnis und mutige Selbstbewusstsein des Menschen prägt auch den Dichter und führt zu neuen Formen der Kunst und Literatur. Er ist Gelehrter, durch das Schrifttum der Antike gebildeter »Intellektueller«, und oft Geistlicher, selbstbewusster Schöpfer mit eigenschöpferischem Denken, erfüllt von der spätmittelalterlichen Sehnsucht nach geistiger Erneuerung. Er ist von der Überzeugung geprägt, dass der Mensch mit seinen Taten, Fähigkeiten und seiner Freiheit im Mittelpunkt der literarischen Werke stehen muss. Im Gegensatz zum mittelalterlichen Welt- und Menschenbild, in dem alles Irdische als »nichtig« galt, betont er den Eigenwert des Menschen, die Diesseitigkeit, Naturbeobachtung und Interesse für das Individuelle in seinem besonderen Charakter.
Barock (zw. 1600 und 1720)	In seinem Denken und Schreiben ist der barocke Dichter geprägt von der Polarität von Diesseits und Jenseits, die begründet liegt in den Problemen und Schwierigkeiten der Zeit und sich konzentrieren um den Fürstenhof, die Erfahrungen mit dem Dreißigjährigen Krieg (1618–1648) und mit den Pestepidemien sowie die konfessionelle Spaltung. Die stets gegenwärtige Erfahrung von Tod und Verderben in Kriegs- und Pestzeiten führt zu extrem gegensätzlichen Reaktionen. Einerseits kommt es zur radikalen Absage an diese vergängliche Welt und zu tief pessimistischen Tönen besonders in der Lyrik. Hier wird in vielfältig gestalteten Variationen das irdische Jammertal einem besseren ewigen Jenseits krass gegenübergestellt, das man erhofft. Es kommt zu einer leidenschaftlichen Hinwendung zum Ewigen und zum Trost im Glauben. Andererseits macht sich eine nicht weniger leidenschaftliche Gier nach Lebensgenuss und Sinnenfreuden, nach ausschweifenden Festen und Prunk bemerkbar. Für die Darstellung dieser beiden Einstellungen suchen die Barockdichter nach ausdrucksstarken sprachlichen Mitteln und versuchen zugleich, in diesen Spannungen ein durchgehendes, bändigendes Prinzip ästhetisch erfahrbar zu machen durch das genau gewählte Wort, den erlesenen Ausdruck und die vorauskalkulierte sprachliche Wirkung. Beim Versuch, die Möglichkeiten der Sprache zu steigern, und in der Vorliebe für Schmuck, Bewegtheit und Üppigkeit schwankt die Dichtung zwischen Übersteigerung in Schwulst und einer großen Verfeinerung und Bereicherung der sprachlichen Möglichkeiten (Wortneuschöpfungen, Metaphern, Allegorien). Das Leitbild des gelehrten Dichters (*poeta eruditus*) bestimmt die Zeit. Religiöse oder humanistisch gelehrte Dichter sehen ihre Aufgabe in der bilderreichen Veranschaulichung des unsichtbaren Überirdischen, wenngleich der Dichter – insbesondere in der

Epoche/ Richtung	Rolle und Selbstverständnis des Autors
	Rezeption der antiken Dichtung – nicht mehr unter vorwiegend religiös-moralischen Gesichtspunkten schafft, sondern sich einem säkularisierten Humanismus verpflichtet weiß. Träger der *weltlichen* deutschen Barockliteratur ist der humanistisch geschulte, meist an Gymnasien und Universitäten gebildete Beamte und religiös tolerante bürgerliche Gelehrte, der am Hof oder in größeren Städten als Verwaltungsbeamter dient. Zentren der Dichtung sind die absolutistischen Fürstenhöfe, von denen viele »ständische« Dichter ihren Lebensunterhalt als Hofbeamte oder Günstlinge eines Fürsten beziehen. Ihre Aufgabe ist es, dem Hof oder der Kirche (oder beiden) durch ihre Werke zu dienen, die jeweiligen Vertreter zu feiern, die Repräsentations- und Festkultur durch ihre Werke sprachlich zu bereichern. Daneben gibt es aber auch wirtschaftlich starke, traditionsreiche Städte (z. B. Nürnberg, Leipzig, Breslau, Hamburg, Königsberg) mit einem selbstbewussten Großbürgertum, das – zwar höfisch orientiert – als exklusive Gruppe Träger einer bürgerlichen Barockdichtung ist. Im Mittelpunkt des Schaffens steht nicht das persönliche Erlebnis; der geniale Einfall, Dichten ist nicht eine Sache von Empfindungen und subjektiven Wahrnehmungen, sondern gilt als handwerkliches Können. Dichtung wird nach festen Regeln »gemacht«. Vor allem Martin Opitz (1597–1639) versucht in Anlehnung an antike, italienische, französische u. a. Vorbilder und Dichtungstheorien nach strengen Regeln eine deutsche Dichtung ebenbürtiger Art zu ermöglichen. In der Beherrschung der dichterischen Tradition und Technik werden antike Kunstformen wie Sonett, Epigramm u. a. artistisch variiert. Da Gelehrsamkeit und Formbeherrschung die Grundlagen dieser Dichtung sind, vermag sie nur ein kleiner Kreis von Gebildeten zu lesen und zu verstehen. Die politisch-konfessionelle Spaltung des Reiches führt zu einer weitgehend getrennten Entwicklung von protestantischer und katholischer Literatur. Während die katholischen Autoren sich der Produktion neulateinischer Werke hingeben (siehe Jesuitendrama), wollen die protestantischen Dichter um Martin Opitz und um die Sprachgesellschaften (1617 Gründung der *Fruchtbringenden Gesellschaft*) vor allem eine Erneuerung der deutschen Literatur auf der Grundlage humanistischer Auffassungen. Reiche Anregungen für neue Themen und literarische Formen bieten die Antike und die europäische Renaissance. Diese ersetzen oder erweitern die einheimische deutschsprachige Literaturtradition. **Typische Vertreter**: Andreas Gryphius (1616–1664) Martin Opitz (1597–1639) Hans Jakob Christoffel von Grimmelshausen (1621–1676)
Aufklärung (zw. 1720 und 1785)	Seit dem 18. Jahrhundert wird die Existenz des freien Schriftstellers als Schöpfer seiner Werke möglich. Allerdings bildet sich kein festes Berufsbild heraus; Zugänge und Laufbahnen erfolgen sehr unterschiedlich. Die vorwiegend aus dem Bürgertum stammenden, meist protestantischen Autoren sind gelehrt und erfüllt vom optimistischen Glauben an die Macht der menschlichen Vernunft und Freiheit, den Fortschritt und die Wissenschaft. Das Weltbild ist dem Diesseits und dem gesellschaftlichen Fortschritt verpflichtet. Aufklärung bedeutet zunächst Autoritätskritik: die bisher anerkannte Verbindlichkeit von religiöser Tradi-

Epoche/ Richtung	Rolle und Selbstverständnis des Autors
	tion und politischer Ordnung werden auf ihre rationale, verstehbare Plausibilität hin befragt. Das Christentum als Vernunftreligion bzw. natürliche Religion hat die Funktion, die Moral zu fördern. Philosophische Grundlagen der Aufklärung sind der Rationalismus, der Empirismus und der Sensualismus. Alle Menschen gelten als gleichberechtigt; Toleranz ist wesentliche soziale Tugend. Aufgabe des Dichters ist das »*prodesse et delectare*« (nützen und erfreuen). In der Vorstellung vom Dichter dominiert das Vernunftprinzip – trotz der zunehmenden Anerkennung der schöpferischen Fantasie des Dichters. Er schafft nach bestimmten Regeln und verfolgt einen moralischen Zweck: nicht mehr die Darstellung eines heroischen Helden ist das Ziel, sondern der mit Willen und Vernunft zur Vollkommenheit strebende Mensch. Verbreitet sind lehrhafte literarische Formen. Gepflegt werden besonders die Formen, in denen sich Lehrhaftigkeit mit Witz verbinden lassen – auf dem rationalistischen Fundament der Zeit – die »Gedankenlyrik« (Lehrgedicht). In der Epik werden Formen mit belehrender Tendenz betont (z. B. Fabel, Entwicklungs- und Staatsromane). Die Poetik ist am Vorbild der Natur orientiert. **Typische Vertreter:** Christian Fürchtegott Gellert (1715–1769); Gotthold Ephraim Lessing (1729–1781); Georg Christoph Lichtenberg (1742–1799)
Empfindsamkeit (zw. 1740 und 1780)	Gegenüber der einseitigen Betonung des Vernunftprinzips und des aufklärerisch-rationalistischen Leitbildes für das dichterische Schaffen in der Aufklärung treten nun Empfindsamkeit und Natürlichkeit als neue Werte hinzu. Es kommt zu einem starken Aufschwung des Gefühls, aus dem heraus der Dichter das Erleben der Natur, der Liebe, der Freundschaft und Gottes sprachlichen Ausdruck zu verleihen sucht. Diese (übersteigerte) Gefühlsbetontheit gründet in der Frömmigkeit des Pietismus, dem die Kultur des 18. Jahrhunderts das Bewusstsein der unverwechselbaren Individualität des einzelnen Menschen verdankt. **Typische Vertreter:** Friedrich Gottlieb Klopstock (1724–1803)
Sturm und Drang (etwa 1765–1785)	In jugendlicher Revolte gegen die einseitig rationalistische Vorstellung vom Menschen und die extreme Vernunftherrschaft der Aufklärung wird der Dichter zum gefeierten »Originalgenie«, der als der wahre Mensch lebt und wirkt, als Priester und Seher von einer göttlichen Kraft inspiriert ist und dem Menschen Wahrheiten zu offenbaren vermag, wie sie von keiner anderen Instanz (Kirche, Religion, Wissenschaft) zu vermitteln sind. Ja er wird als »*alter deus*« (zweiter Gott) bezeichnet (Julius Caesar Scaliger) und gilt als gottähnlicher Schöpfer. Von tiefer Empfindung beseelt; schafft er aus den Kräften des Gemüts, des Gefühls und der Fantasie, aus seiner Intuition und göttlichen Schöpferkraft heraus, nicht mehr in Beherrschung und Anwendung von tradierten Regeln (Barock und Aufklärung), sondern in dichterischer Freiheit und regellosem Eigenschöpfertum. Die Originalität des schöpferischen Dichtens wird zum Qualitätsmerkmal von Literatur. Äußerlich gesetzte und/oder dogmatisch-kirchliche Normen werden abgelehnt, Leidenschaft steht gegen Vernunft; politisch-revolutionäre Gedanken (junger Schiller) stehen neben schwärmerischer Empfindsamkeit (junger Goethe). Die ganze Richtung ist geprägt von einer Aufbruchstimmung.

Epoche/ Richtung	Rolle und Selbstverständnis des Autors
	Im *Drama* liegen die besonderen Leistungen: Hier manifestiert sich der Wille der Autoren zu radikalen Veränderungen der moralischen und gesellschaftlichen Normen. Charakteristische Motive und Themen sind hier die Ablehnung der absolutistischen Ständegesellschaft mit ihren erstarrten Konventionen und einengenden Moral, der Konflikt zwischen leidenschaftlicher Liebe und Gültigkeit beanspruchendem Moralkodex, der Protest gegen fürstlichen und väterlichen Machtmissbrauch, die auflehnende Selbstverwirklichung des Individuums. Die in Sprache und Rhythmus sehr individuell gestaltete *Lyrik* stellt eine persönliche Gefühls- und Erlebnisdichtung dar als Ausdruck natürlicher Empfindung, Sinnlichkeit und Spontaneität – mit dem zentralen Thema des gefühlvollen Erlebens der vergöttlichten Natur. Bevorzugte Form ist das Lied. **Typische Vertreter:** Der junge Goethe: Götz von Berlichingen (Urfassung 1771) Friedrich Schiller: Kabale und Liebe (1784 uraufgeführt)
Dt. Klassik (zw. 1786 und 1805)	Die sog. »Deutsche Klassik« wird in der Regel in der Zeit von 1786 bis 1805 angesiedelt: von Goethes Italienreise (intensive Auseinandersetzung mit der Antike) bis zu Schillers Tod. Sie wird vorbereitet durch Johann Joachim Winckelmann (1717–1768), der die Antike im Sinne einer »edlen Einfalt und stillen Größe« deutet und den Zugang zur Welt der griechischen Kunst eröffnet, und Johann Gottfried Herder (1744–1803), der zu einer neuen Auffassung vom Dichter als Genie gelangt, dem eine besondere Schöpferkraft zukommt. Philosophischer Idealismus und Humanismus sind die geistigen Grundlagen der literarischen Klassik. Der Dichter sucht das Idealbild des Menschen als einer harmonischen, allseitig gebildeten Persönlichkeit sichtbar zu machen. Im Mittelpunkt steht der Mensch, seine Würde und Selbstbeschränkung in Maß und Humanität. Der Dichter strebt nach Verwirklichung einer sittlicher Ordnung, nach Harmonie von Vernunft und Gefühl, Geist und Natur, Gesetz und Freiheit. Form und Gesetzmäßigkeit sind die Grundlagen der dichterischen Gestaltung. Das Typische und Allgemeingültige wird angestrebt. Das Künstlertum gilt als höchste Stufe des Menschseins; zugleich bricht ein Konflikt zwischen Genie und Umwelt aus. Der Gefühlskult des Sturm und Drang soll zur Gefühlkultur geläutert werden. Gegenüber den begrenzten Lebensinteressen des Einzelnen zählt mehr das Ideal eines Weltbürgertums. **Typische Vertreter:** Johann Wolfgang von Goethe (1749–1832) von seiner »Italienischen Reise« an (1786–1788); Friedrich Schiller (1759–1805): »Don Carlos«
Romantik (etwa 1790–1830)	Der Dichter erlebt sich als souveränes Ich; das aus der Autonomie des Gefühls und der Fantasie heraus in Freiheit schafft, bestimmt von einem Unendlichkeitsstreben und einer Haltung grenzenloser Sehnsucht und zielloser Freiheit. Er ist »Seher« und inspiriertes Sprachrohr des Unendlichen; »Priester« des Göttlichen; eine Art »Filter« zwischen der geheimnisvollen Wirklichkeit und dem Werk. Er versucht die menschliche Seele in ihrer ganzen Tiefe zu ergründen und entdeckt und gestaltet auch das Dämonisch-Unbewusste im Menschenbild. Tradierte Formen (z. B. das strenge Formideal der Klassik) werden gesprengt, in einfachen literarischen Formen

Epoche/ Richtung	Rolle und Selbstverständnis des Autors
	wie Volkslied, Märchen u. a. glaubt man den ursprünglichen, unverbildeten Ausdruck der menschlichen Seele fassen zu können. In der Lyrik zeigt sich eine besondere Neigung zum Stimmungshaften und Wunderbaren; die Sprache wird zum Ausdrucksmittel nuanciertester Empfindungen und erhält eine ungemeine Musikalität (bes. bei Eichendorff und Brentano). Volkstümlichkeit und Schlichtheit der sprachlichen Mittel sind gefragt, wodurch die Gedichte einen stark liedhaften Charakter annehmen. Es zeigt sich eine Liebe zum Fragment. Die Spannung zwischen Ideal und Wirklichkeit wird in der »romantischen Ironie« ausgedrückt. **Typische Vertreter:** Novalis (1772–1801), Friedrich Schlegel (1772–1829), Ludwig Tieck (1773–1853), E.T.A. Hoffmann (1776–1822), Clemens Brentano (1778–1842), Joseph von Eichendorff (1788–1857)
Biedermeier (zw. 1815 und 1848)	Die anfangs spöttisch gemeinte Bezeichnung kennzeichnet den Lebensstil und das Lebensgefühl des Bürgertums in Deutschland und Österreich in dieser Zeit: als von der Politik abgewandte enge Häuslichkeit mit einem Hang zum Idyllischen. Die Anwendung des Begriffs als Kennzeichnung der Literatur dieser Zeit ist umstritten. Der Dichter steht in einem Konflikt zwischen Ideal und Wirklichkeit, zwischen einem Streben nach künstlerischer Vollkommenheit und dem entsagenden Sichbescheiden in bürgerlichen Verhältnissen. Die Dichtung ist betont innerlich und kann den Charakter der verzichtenden Melancholie annehmen. Der Verfasser zeigt eine Liebe zum Alltäglichen, zum Kleinen und zur Natur. Dabei bemüht er sich um genaue, detaillierte Beschreibungen, wobei Sprache und Form geprägt sind von Schlichtheit. Die Anerkennung der Bedingtheit des menschlichen Lebens kann von Selbstbescheidung bis zur Resignation gehen. Die (unten genannten) Autoren greifen biedermeierliche Elemente auf, aber sie vertiefen und vergeistigen sie und lassen sich nicht eindimensional von diesem Begriff her verstehen. **Vertreter:** Adalbert Stifter (1805–1868), Eduard Mörike (1804–1875), Gottfried Keller (1819–1890)
Realismus (etwa 1830–1880)	Der Autor begrenzt den Gegenstand der Literatur auf das empirisch Fassbare, versucht die sinnlich wahrnehmbare Wirklichkeit in genauer Beobachtung ungefiltert als unmittelbares Spiegelbild objektiv abzubilden und selber dabei hinter das Dargestellte zurücktreten. Er strebt nach der Darstellung des ungeschminkten alltäglichen Lebens ohne Heroisierung und Stilisierung sowie der gesellschaftlichen Wirklichkeit in ihren Details. So kommt es bes. in der vorrangig verwendeten erzählenden Literatur (Romane, Novellen) zu genauen Zustandsbeschreibungen, zu psychologisch differenzierten Charakterisierungen und Milieuschilderungen, die der Verdeutlichung seelischer Vorgänge dienen. Zu beobachten ist eine Erzählweise, die sich des distanzierenden Humors bedient; und eine Grundhaltung der Resignation. Im Unterschied zu Frankreich zeigen die Autoren eine weniger gesellschaftskritische Haltung. **Typische Vertreter:** Gottfried Keller (1819–1890), Wilhelm Raabe (1831–1910), Theodor Storm (1817–1888), Conrad Ferdinand Meyer (1825–1898), Theodor Fontane (1819–1898), Friedrich Hebbel (1813–1863)

Epoche/ Richtung	Rolle und Selbstverständnis des Autors
Junges Deutschland (Vormärz) (zw. 1830 und 1848)	Die Dichtung dient politischen Tendenzen, will zeitkritisch und emanzipatorisch wirken. Der Dichter bezieht deshalb die politische und soziale Wirklichkeit in sein Werk ein und sieht es als seine wesentliche Aufgabe an, mit Hilfe der Literatur für Individualismus, Gedanken-, Meinungs- und Pressefreiheit, Demokratie, Emanzipation der Frau und andere Werte zu kämpfen. Damit verbunden ist die Ablehnung des sich absolut setzenden Staates und religiöser, moralischer und sozialer Konventionen und Dogmen. Mit der religiösen Distanz einher geht ein Diesseitsglaube.
Naturalismus (etwa 1870–1900)	Auf dem Hintergrund eines materialistisch-mechanistischen Weltbildes und auf der Grundlage des naturwissenschaftlichen Positivismus sieht der Dichter seine Aufgabe darin, die Wirklichkeit in ihren sinnlich erfahrbaren Erscheinungen wie ein Arzt zu beobachten, zu sezieren und sie exakt und naturgetreu, also ohne Stilisierung oder metaphysische Überhöhung, abzubilden, das menschliche Verhalten vorurteilsfrei und ohne subjektive Deutung festzuhalten und kausallogisch zu entwickeln. Typisch ist der sog.»Sekundenstil«, bei dem der Autor in radikaler Fortsetzung der objektivierenden Tendenz des Realismus die Wirklichkeit in präziser Nachzeichnung kleinster Vorgänge möglichst genau zu kopieren sucht. Dabei werden auch die Umgangssprache und der Dialekt verwendet. Der Mensch gilt dem konsequenten Naturalisten als in seinem Charakter und Schicksal weitgehend determiniert durch Umwelt, gesellschaftliche Bedingungen, Vererbung und Milieu. Eine junge Generation von Schriftstellern formuliert ein neues Wirklichkeitsverständnis und einen neuen Kunstwillen: Zentral ist die Darstellung moralischen und wirtschaftlichen Elends besonders des Kleinbürgertums und Proletariats, die Situation der Benachteiligten in den Großstädten, Armut, Krankheit, Laster und Verbrechen. Vor allem individuelle und gesellschaftliche Perspektiven, die Bewahrung eines humanistischen Menschenbildes und die Entwicklung einer volksnahen Schreibweise werden angestrebt. **Vertreter**: Émile Zola (1840–1902), F. M. Dostojewski (1821–1881), L. N. Tolstoi (1828–1910), Henrik Ibsen (1828–1906), Arno Holz (1863–1929), Johannes Schlaf (1862–1941)), Gerhart Hauptmann (1862–1946), Richard Dehmel (1863–1920).
Impressionismus (etwa 1890–1910)	In Abkehr vom Naturalismus versucht der Dichter die sinnlich-subjektiven Eindrücke und einmaligen, unverwechselbaren Augenblicke mit höchster Genauigkeit intensiv und wirkungsvoll wiederzugeben. Die Welt wird zum Anreiz und Auslöser für seelische Regungen und Stimmungen. Die äußere Handlung tritt zurück, eine lautmalerische Sprache dominiert. Bevorzugt werden kurze Darstellungsformen wie Skizzen, Novellen u. a.
Expressionismus (1905–1925)	Junge Autoren versuchen mit großem Pathos und in normsprengenden neuen Sprachformen Kritik zu üben an der autoritären wilhelminischen Gesellschaft und an der Industrialisierung, die sie als inhuman empfinden. Besonders in der Lyrik werden als Themen aufgegriffen: »Krieg«, »Großstadt«, der »neue Mensch« u. a. Kennzeichnend ist ein »Aufbruchspathos« und eine vom Dichter geforderte »seherisch-revolutionäre Haltung« (F. H. Robling).
Marxismus	Auf der Grundlage einer konsequenten Milieutheorie ist der Autor bloßes Sprachrohr gesellschaftlich bedingter Gegebenheiten.

Epoche/ Richtung	**Rolle und Selbstverständnis des Autors**
	Als Gegenpol zur Auffassung Platons (siehe oben: Antike) prägte die Theorie von *Paul Valéry* (1871–1945) die gegenwärtige Auffassung. Nach ihm ist der Dichter ein »literarischer Ingenieur« (zit. Bienek 10; Kurz 92), eine Art Handwerker und Sprach-Techniker, eine Vorstellung, die danach durch Baudelaire, Pound, Benn, Enzensberger u. a. noch stärker betont wurde. Für *Baudelaire* wird das Dichten zum rein intellektuellen Vorgang, der Dichter zum Techniker und Ingenieur, der die Magie des Sprachmaterials erprobt. *Gottfried Benn*: »Ein Gedicht entsteht sehr selten, ein Gedicht wird gemacht.« *Hans Magnus Enzensberger*: Das Gedicht »ist ein Artefakt, ein Kunstprodukt, ein technisches Erzeugnis im griechischen Sinn« (144).
	Das Bild des heutigen Schriftstellers ist wohl zwischen den Vorstellungen Platons und Valérys anzusiedeln. Er schreibt nicht mehr nur aus »Berufung« und innerer Nötigung, ohne Rücksicht auf Ruhm und materiellen Erfolg; er ist nicht mehr der gottbegnadete prophetische Seher-Dichter, der »*vates*« im römischen Sinne, und auch nicht der festliche »Sänger«, der geistige »Führer« des Volkes oder der »Offenbarer« ewiger Ordnungen. Er ist weder das »Originalgenie« des Sturm und Drang, das aus der Tiefe seiner Empfindung und Intuition dichtet, noch das naive »Naturtalent«.
Gegenwart	Eher ist der Schriftsteller heute dem »*poeta doctus*« der griechischen Dichtung (auch des Frühhumanismus und der Aufklärung) vergleichbar, der um die Probleme künstlerischen Schaffens, den Prozess des Schreibens und der Entstehung eines Werkes weiß und sie kritisch reflektiert, der als Kind seiner Zeit die Erscheinungen der Zeit in besonderer Tiefe und Klarheit erfährt, mit seinem Intellekt durchdringt und bloßlegt, das wahre Gesicht der Gesellschaft enthüllt, die Hintergründe menschlichen Handelns und den Innenraum des Menschen aufdeckt, seine Gefühle, Stimmungen, Triebregungen, Träume, Wünsche und seelischen Vorgänge im Zwischenreich von klar Bewusstem und Unbewusstem aufzeigt und der diese seine Erfahrungen, Erlebnisse, Einsichten und Ahnungen mittels seiner Einbildungskraft eigenschöpferisch ins sprachliche Werk umzugestalten sucht – für ein Publikum – zu einer neuen, bildhaften, fiktiven Wirklichkeit (Dichtung), der dabei trotz seines großen sozialen Engagements meist ohne dogmatische Festlegung ist und voller Skepsis im Hinblick auf eine angestrebte Aufklärung, Beeinflussung oder gar Veränderung der gesellschaftlichen Öffentlichkeit durch sein Werk, der aber dennoch den Glauben an den Menschen nicht aufgibt und trotz allem an die Kraft und Funktion der Literatur glaubt (vgl. Bienek 19 f). In aller Nüchternheit wird der Schriftsteller von heute gekennzeichnet als »*ein Mann mit Talent, Begabung oder auch Genie. Er sitzt jeden Tag am Schreibtisch (...), denn eine seiner wichtigsten Eigenschaften ist Fleiß*« (Bienek 21).
	Autoren reflektieren kritisch die eigene Rolle in der Gesellschaft, den Prozess des Schreibens und die Probleme des Marktes (Verleger, Buchhandel, Publikum). Sie offenbaren Inneres, seelische Vorgänge, Gefühle, Sehnsüchte, Träume, Stimmungen und Regungen zwischen Bewusstem und Unbewusstem. Sie versuchen die Hintergründe menschlicher Existenz und menschlichen Handelns zu enthüllen, Bedrohungen des Menschlichen zu entlarven, Erscheinungen der Gegenwart aufzudecken, gesellschaftliche Verflechtungen zu durchschauen und zu demaskieren, das »wahre« Gesicht einer Zeit zu zeigen und in gesellschaftskritischem Impetus notwendige Veränderungen anzumahnen. In ihrem entschiedenen sozialen u. politischen Engagement sind sie zugleich voll Skepsis gegenüber der Möglichkeit, Menschen und gesellschaftliche Verhältnisse durch fiktionale Texte als Fantasieprodukte zu verändern. Trotzdem geben sie aber den Glauben an den Menschen nicht auf. Ihre Literatur »befreit uns zur Spontaneität« und ist (um mit Max Frisch zu sprechen) »Ausdruck eines profunden Ungenügens und einer profunden Sehnsucht« und bewahrt die »Utopie, dass unser Menschsein auf dieser Erde anders sein könnte«.
	Geprägt durch die Informationstechniken der modernen Massenmedien und als Reaktion auf die Erfahrung der Unverbindlichkeit und Wirkungslosigkeit der traditionellen literarischen Werke entsteht das Bedürfnis, Erscheinungen der Gegenwart (z. B. im

Epoche/ Richtung	Rolle und Selbstverständnis des Autors
	zeitgenössischen Drama) dokumentarisch zu belegen und darzubieten. Es entsteht weltweit der Typus des »Dokumentaristen«: der Autor übernimmt die Rolle eines Arrangeurs des dokumentarischen Materials, das er zum Teil wörtlich aus Archiven entnimmt (aufsehenerregendes Beispiel ist »Der Stellvertreter«, 1963, von Rolf Hochhuth). Der heutige Autor vermag »*facts*« und »*fiction*« in seiner literarischen Darstellung zu verbinden.

Mit der veränderten Auffassung von Dichtung, Literatur und Text (vgl. 1.1.1) ging eine Art »Entmythologisierung« des traditionellen Dichterbegriffs einher, die von den Autoren selbst vollzogen wurde. Die Scheidung in den übergeordneten Sammelbegriff »Schriftsteller« und die wertende Bezeichnung der Spitzengruppe »Dichter« wird heute immer stärker als romantischer Mystizismus abgelehnt. Eine Verleihung dieses Titels »Dichter« durch die Leser und die Kritik lässt sich nämlich am Einzelbeispiel kaum überzeugend begründen und durchführen.
Gerd Gaiser z. B., den die Kritik häufig als »Dichter« tituliert hat, gesteht: »*Das Wort ist mir unangenehm. Vielmehr: ich halte es für einen Ehrentitel, den allenfalls die Zeit austeilen kann. Ich würde es nie im Zusammenhang mit meinen Versuchen anwenden*« (Bienek 260). |
| **Gegenwart** | Man spricht heute nicht mehr gern von einem »göttlichen Instinkt«, der den Verfasser leitet, oder von einem »Enthusiasmus«, der ihn überkommt, ebenso wenig von einem spontanen Gefühlsüberschwang oder von der »dichterischen Inspiration«. »*Fortan ist, was früher Inspiration hieß, auf den Namen der Kritik getauft: Kritik wird zur produktiven Unruhe des poetischen Prozesses*«, stellt Enzensberger fest (»Texte« 154).
Der Autor wird heute kaum mehr bedrängt von Stimmungen und Gefühlen des »Einsseins« mit einem »Göttlichen«, einem »All« oder der »Natur«. »*Die Gefühle, vorab die weltzustimmenden Gefühle, sind fast bei allen Autoren skeptisch und kritisch zurückgenommen. Vorgeschickt wird der Intellekt als Späher, Sondierer, Spion. Dem Gefühl wird misstraut*« (Kurz I 91).

Stattdessen bedarf es anstrengender Reflexion, kritischer Beobachtung und Abstraktion, um das »Objekt« zu erfassen und darzustellen. Der Gedanke des Herstellens, Machens, Verfertigens von Sprachwerken tritt dabei oft in den Vordergrund.

Eines der entscheidenden Motive für das Schreiben ist »die Lust des Demiurgen« (Bienek 16), etwas zu erfinden und zu erschaffen. Das Überraschende ist dabei, dass sich das begonnene Werk bald vom Intellekt des Verfassers löst und ein »Eigenleben« führt, dessen Verlauf und Ende vom Autor nicht abzusehen ist, geheimnisvoll »genährt von rational nicht erklärbaren Elementen, die aus der Persönlichkeit des Künstlers stammen« (Bienek 15). »*Der Einfall kommt ihm blitzartig zu, aus Erfahrung, Leben und Schicksal gespeist. Er erfindet kraft seiner Imagination Personen, die im Konflikt miteinander (oder auch nicht) liegen. Er bannt sie auf das Papier, verleiht ihnen eine imaginäre Existenz: sie machen sich, obwohl am Gängelband, selbstständig, und er zeichnet ihren Weg nach*« (Bienek 21f).

Vgl. auch 1.3.2: Phasen der Herstellung von Texten |

Epoche/ Richtung	Rolle und Selbstverständnis des Autors
Der Künstler und die Wahrheit	In dem Maße, wie der Verfasser heute nicht mehr die Welt in ihrer verbindlichen Sinnganzheit und als »heil« erfahren kann, wird sein (Kunst)-Werk fragmentarisch, zeigt immer stärker experimentelle Züge und erfüllt mehr und mehr eine negative Funktion der Kritik an den bestehenden Verhältnissen; es gelingt dem Autor nicht mehr, eine Wahrheit in ihrer Totalität und in ihrem Anspruch sichtbar zu machen und den Menschen mit ihr zu versöhnen. »Ein Schriftsteller ist ein Mensch, den niemand zwingt, das zu sein, was er ist; zum Schriftsteller wird man weder bestellt noch berufen wie etwa ein Richter. Er entschließt sich vielmehr freiwillig dazu, mit Hilfe des schärfsten und gefährlichsten, des wirksamsten und geheimnisvollsten Werkzeugs – mit Hilfe der Sprache die Welt zu entblößen, und zwar so, dass niemand sich in ihr unschuldig nennen kann. Der Schriftsteller handelt, indem er etwas aufdeckt: eine gemeinsame Not, gemeinsame Leidenschaften, Hoffnungen, Freuden, eine Bedrohung, die alle betrifft. Das allerdings kann er nicht mit jenem absichtslosen Entzücken tun, mit dem man blaue Schatten auf dem Schnee zur Kenntnis nimmt oder den Flug einer Libelle. Wenn er seine Wahl getroffen hat, sollte er wissen, dass Wörter ›geladene Pistolen‹ sind oder es doch sein können; und darum erwarte ich vom Schriftsteller, dass er, da er keine äußere Verpflichtung anerkennt, zumindest sich selbst ein Versprechen gibt, ein Versprechen, das er in seiner Einsamkeit ständig erneuert: es läuft auf die stillschweigende Verpflichtung hinaus, die Sprache zu verteidigen und mit den Machtlosen solidarisch zu sein, mit den vielen, die Geschichte nur erdulden müssen und denen sogar Hoffnungen verweigert werden. Darin liegt für mich das selbstverständliche Engagement des Schriftstellers, was so viel heißt, dass man sich nicht nur für einen bevorzugten Stil entscheidet, sondern dass man sich auch dafür erklärt, die Seufzer und Erwartungen der anderen zu seinen eigenen Seufzern und Erwartungen zu machen. (...) Mein Anspruch an den Schriftsteller besteht nicht darin, dass er, verschont von der Welt, mit einer Schere schöne Dinge aus Silberpapier schneidet; vielmehr hoffe ich, dass er mit dem Mittel der Sprache den Augenblicken unserer Verzweiflung und den Augenblicken eines schwierigen Glücks Widerhall verschafft. In unserer Welt wird auch der Künstler zum Mitwisser – zum Mitwisser von Rechtlosigkeit, von Hunger, von Verfolgung und riskanten Träumen (...) Es scheint mir, dass seine Arbeit ihn erst dann rechtfertigt, wenn er seine Mitwisserschaft zu erkennen gibt, wenn er das Schweigen nicht übergeht, zu dem andere verurteilt sind.« (Aus einer Rede, die Siegfried Lenz 1962 anlässlich der Verleihung des Bremer Literaturpreises hielt. Veröffentlicht in: Siegfried Lenz, Beziehungen. Ansichten und Bekenntnisse zur Literatur, Hamburg 1970) (Vgl. auch die Selbstzeugnisse von Schriftstellern heute: 1.1.4)
Poststrukturalistische Sicht	Gegenüber dem traditionellen Bild vom Autor als dem geistigen Urheber und individuellen Schöpfer eines autonomen Werkes (der Literatur, Kunst, Musik usw.) wird in poststrukturalistischen Ansätzen (Michel Foucault) die Position des Autors als eines Subjektes in Frage gestellt. Der Autor gilt nicht mehr so sehr als empirische Person, die hinter den Textaussagen steht, sondern vielmehr als »Effekt« der Texte, »Ort«, an dem sich Texte kreuzen, »Funktion«, »Prinzip«. Es kommt dadurch zu einer radikalen Problematisierung grundlegender Kategorien wie Autor, Werk, Intention, Leser, Sinn, Interpretation usw., deren Auswirkungen noch nicht abzusehen sind.

1.4 Texte verstehen – die Rolle des Lesers
Aspekte der »Rezeption« und Grundfragen der Hermeneutik

Wenn im Folgenden die Rolle des Lesers in besonderer Weise in den Vordergrund der Überlegungen tritt, so ist dabei der grundlegende Zusammenhang von Produktion und Rezeption eines Textes stets im Auge zu behalten (siehe näherhin 1.3.1).

1.4.1 Was das Wort »verstehen« meint

Ohne die Fähigkeit des Verstehens wären wir Menschen orientierungslos der Welt ausgeliefert. Ohne gegenseitiges Verstehen würde weder das Leben des einzelnen noch das Zusammenleben der Völker gelingen. Da sich menschliche Kommunikation bis heute weitgehend in Texten vollzieht, sind Erkenntnisse wichtig darüber,
- was Verstehen meint,
- welchen Bedingungen es unterliegt,
- mit welchen Verfahrensweisen ein Verstehen insbesondere von Texten gelingen kann.

Bedeutungs-herleitung

»Verstehen« ist eine Bildung aus dem Verb »stehen« und weist somit einen Bedeutungszusammenhang auf mit einem sichtbaren, leib-haftigen Vorgang. Es wird angenommen, dass es ursprünglich das besondere Ereignis der feierlichen Volks- und Gerichtsversammlung in germanischer Zeit (»Thing«) war, das die Bedeutung des Wortes »verstehen« mitprägte: In einer ringförmigen Anlage hatte der jeweilige Sprecher in der Mitte seinen »Stand«; der Zuhörerkreis bildete den »Um-Stand«. Jedermann (!) »stand« also so, dass er akustisch »ver-stand«, was an wichtigen Rechtsangelegenheiten verhandelt wurde.

»Verstehen«, bedeutet nach diesem konkreten Geschehenszusammenhang: das gute Hörenkönnen und richtige Aufnehmen des Gesagten aufgrund eines geeigneten »Stand-Ortes« sowohl des Sprechers wie des Zuhörers als Voraussetzung für die Wahrnehmung des im akustisch Gehörten gemeinten Sinnes.

1.4.2 Hermeneutik als Lehre des Verstehens

1 Eine »Kunstlehre« der Textauslegung

Notwendigkeit von Verstehens-hilfen

Die theoretische Auseinandersetzung mit dem Problem des Verstehens führte bereits in der griechischen Antike bei der Auslegung der Epen Homers mit Hilfe der Allegorese zur Ausbildung von speziellen Verstehenshilfen und -regeln, einer sog. **Hermeneutik** (griech. »*hermeneuein*« = auslegen, übersetzen, verkünden, erklären). Insbesondere bedeutsame Schriftstücke mit einem hohen Gültigkeitsanspruch und Vorbildcharakter, wie z. B. Texte der Bibel, der großen Klassiker der Literatur, wichtige Gesetzestexte usw. benötigen ein Instrumentarium von Verstehenshilfen, eine »Kunstlehre« der Auslegung, um den normativen Wahrheitsgehalt dieser Texte aufzudecken. Dabei wurden Methoden der Text-*erklärung* (Kommentar) und der *Deutung* (Interpretation) entwickelt.

Allgemein gilt der Theologe Friedrich Daniel Schleiermacher (1768–1834) als Begründer der neuen Hermeneutik, die er als »Kunstlehre des Verstehens« definierte. Bis in unsere Gegenwart hinein werden solche hermeneutischen Fragen weiter reflektiert und der Hermeneutik die Aufgaben zugewiesen:

Aufgaben der Hermeneutik

- als ***Theorie der Auslegung***: die Aufdeckung und Reflexion der grundsätzlichen Bedingungen und allgemeinen Prinzipien des sinngemäßen Verstehens und Auslegens von dokumentierten menschlichen Lebensäußerungen wie z. B. von sprachlichen Texten (= Gegenstand von Kapitel 1), aber auch von »nicht-sprachlich-sinntragenden Strukturen wie z. B. Gesten, Handlungen, Träumen, Bild- und Tonwerken, historischen Verläufen und sozialen Strukturen« (J. Vogt, in: Killy, Literaturlexikon 13, 398)
- als ***Methode der Auslegung***: die Kunstfertigkeit des sinngemäßen Verstehens und Auslegens auf der Basis praktischer Verfahren, Hilfsmittel und Regeln zum Verstehen vor allem von schriftlichen Texten (= Gegenstand von Kapitel 3 und 4).

Die Hermeneutik ist also *Verstehenslehre* (Bedingungen und Prinzipien des Erfassens von Bedeutungen und Sinngehalten einschließlich des Horizonts, dem sie entstammen) und *Methodenlehre* zugleich (als konkreter Weg und systematische Anbahnung des verstehenden Erfassens von Bedeutung und Sinn durch Interpretation/Analyse).

In der Begegnung mit den fremden Völkern und Kulturen Kleinasiens erfanden die Griechen für die notwendig gewordene Tätigkeit des Vermittelns und Dolmetschens das Kunstwort »*hermeneus*«, das wiederum auf das griechische Verb »*hermeneuein*« zurückgeht (siehe oben). Auch wenn die etymologische Ableitung vom Namen des vorolympischen Gottes Hermes, des Götterboten, nicht gesichert ist, ergäbe sich aus diesem Bezug zur griechischen Sage eine anschauliche Bedeutungstiefe: Hermes (von griech. »*hermax*« = Steinhaufen) ist ein zwielichtiger Gott, ein merkwürdiger Götterbote, Hüter der Tore, Wege und Grenzen, sowohl beschützender Begleiter von Reisenden als auch räuberischer Dieb und Lügner (TRE 15, 1986, 108), der seit Urzeiten in den sog. Hermen, d. h. in Form von aufrecht stehenden phallischen Steinen verehrt wird. Diese heiligen Steine z. B. am Wegrand »verkünden« dem Wanderer den richtigen Weg zu einem Ziel. Von diesem sichtbaren Vorgang her erhält Hermes schließlich eine mehrdeutige Vermittlertätigkeit zugesprochen: die Bedeutung eines Boten der Götter, der die göttlichen Botschaften und Befehle den Sterblichen ausrichtet. Dabei ist sein Verkünden kein bloßes »Mitteilen«, sondern »Erklären« von göttlichen Befehlen, und zwar so, dass er sie in einer Art Dolmetschertätigkeit in die vergängliche, begrenzte Sprache der Menschen »übersetzt« und verständlich macht (HWP 3, 1974, Sp. 1061 f.), so dass sie dem Willen der Götter gemäß ihren Weg durchs Leben gehen können.

Etymologische Herleitung

Die Leistung der Hermeneutik besteht also darin, dass ein Sinnzusammenhang aus einer ›anderen Welt‹ in die eigene übertragen wird. Beim Verstehen handelt es sich also um einen Vorgang der Sinnfindung durch die Vermittlung und Auseinandersetzung zwischen Partnern; in einem erweiterten Sinn um ein Gespräch.

Auf Texte bezogen bedeutet dies: Der Leser hat es beim Verstehen eines Textes sowohl mit der Aufnahme eines Inhalts und vermittelten Sachverhalts zu tun, als auch mit einem lebendigen Gegenüber, das diese Inhalte vermittelt und das sich ihm sprachlich durch den Text zu »verstehen« geben will. Textverstehen umfasst demnach – wie alles Verstehen – immer eine *inhaltliche* Komponente und eine *zwischenmenschlich-personale* Seite zugleich.

In Veröffentlichungen findet sich häufig die auf den Philosophen *Wilhelm Dilthey* (1833–1911) zurückgehende Unterscheidung von »Verstehen« und »Erklären«. Sie kann (bei aller Überspitzung) hilfreich sein zur Verdeutlichung eines unterschiedlichen Denkansatzes:

Naturwissenschaft

Die *Naturwissenschaften* wollen Gegebenheiten und Vorgänge der Natur durch exaktes Beobachten, Messen, Berechnen und Experimentieren in einen kausalen Zusammenhang stellen, das heißt: auf ihre Ursachen zurückführen, in ihren Gesetzmäßigkeiten festlegen und so ***erklären***.

Geisteswissenschaft

Demgegenüber wollen die *Geisteswissenschaften* Zeugnisse des menschlichen Geistes ***verstehen***, vor allem sprachliche Dokumente der Vergangenheit (juristische, theologische, philosophische und vor allem poetische Texte) auf dem Weg des Interpretierens in der Besonderheit und Einmaligkeit ihres Sinngehalts aufschließen und für die Gegenwart vermitteln.

Dilthey

Aber bereits Dilthey selbst betont, dass zwischen Auslegung und Erklärung nur ein gradweiser Unterschied besteht und keine feste Grenze zu ziehen ist. So gibt es heute in der Literaturwissenschaft z. B. statistische, mathematische und andere Verfahren exakter Art, und es gilt auch für die Interpretation der Maßstab einer sachlichen Beobachtung des Textes mit nachprüfbaren Ergebnissen.

Vermittlung zwischen Natur- und Geisteswissenschaften

Natur- und Geisteswissenschaften haben heute weiterhin deutliche Kommunikationsprobleme. Zur Vermittlung zwischen ihnen werden von Thomas Sturm (er lehrt Philosophie an der Philipps-Universität Marburg) folgende Gedanken vorgetragen:

»Man kann beobachten, dass alle Streitparteien eine Sprache benötigen. Sie brauchen sogar gemeinsame natürliche Sprachen, so heftig sie sich auch widersprechen mögen. Manche gebrauchen die Sprache zu literarischen Zwecken, manche zu naturwissenschaftlichen, andere zu geistes- und sozialwissenschaftlichen. Was heißt überhaupt, eine Sprache zu verwenden? Und was verbindet und was unterscheidet die verschiedenen Gebrauchsarten der Sprache? In welcher Weise beziehen sie sich durch ihr Sprechen oder ihren Geist auf die Welt, auf die Wissenschaft, auf die Mitmenschen? Solche Fragen sind jeweils dieselben Fragen, die wir nur jeweils an andere Gebiete – die Physik, die Soziologie oder die Literatur – stellen. Man muss auch kein Experte im anderen Fachgebiet sein, um die Reflexionsfragen und Reflexionsantworten zu verstehen. Wenn ich verstehe, wie Shakespeare die Sprache gebraucht, um mir den Charakter von Personen wie Lady Macbeth oder Falstaff zu zeigen, lerne ich nicht buchstäblich ein Stück Psychologie oder Soziologie. Ich verstehe aber, dass ich das Erleben und das Tun eines bestimmten Charakters besser nachvollziehen kann, wenn ich Literatur erfasse; und dass ich diese Fähigkeit zur Einfühlung wahrscheinlich nicht mit wissenschaftlicher Psychologie, geschweige denn durch Physik erwerben kann.

Wenn mir ein Physiker seine Sprache erklärt, indem er mir erklärt, wie er Experimente durchführt oder wie schwierig es ist, sie erfolgreich durchzuführen, dann begreife ich nicht die Thermodynamik. Ich begreife aber, worauf sich naturwissenschaftliche Er-

kenntnis überhaupt stützen kann und wie weit ihre Ansprüche etwa in politischer oder moralischer Hinsicht reichen können.
(...) Offenkundig wird in dieser Weise die eigene Kultur, die eigene Wissenschaft vertieft verstanden und in ihren theoretischen und praktischen Grenzen erfasst.«
(Thomas Sturm, in: DIE WELT 29. 4. 2000, DIE LITERARISCHE WELT, 3)

Alle schriftlichen Dokumente haben als Texte die Eigenart, dass sie einerseits ein eigenständig existierendes, einmaliges, abgeschlossenes Ganzes mit einem sinnvollen Zusammenhang darstellen (siehe 1.1.3), andererseits aber ein geschichtlich gewordenes dynamisches Gebilde in einem sozialen, kommunikativen Zusammenhang von Autor und Leser verkörpern (siehe 1.1.4). Das heißt: Texte sind in einem bestimmten geschichtlichen Kontext entstanden (konkrete Entstehungsbedingungen, biografische Situation des Autors, ursprünglicher Leserkreis usw.) und können vor allem als schriftlich fixierte Texte stets aufs neue zum Gegenstand verstehenden Bemühens für nachfolgende Lesergenerationen werden. Dabei gehören Autor und Interpret wie der zu interpretierende Text einem bestimmten Überlieferungs- und Sprachzusammenhang an.

2 Die Bedeutung des »hermeneutischen Zirkels« im Verstehensprozess

Aus dieser Spannung ergibt sich als Grundgesetz geisteswissenschaftlichen Erkennens, dass sich alles Verstehen in einer »Kreisbewegung« [genauer: in einer Spiralbewegung] vollzieht (siehe unten), die zwar den Gesetzen der Logik widerspricht, aber unvermeidbar ist. Dieser sog. »**hermeneutische Zirkel**« (griech. *kirkos* = Kreis, Kreislauf) tritt in zweierlei Hinsicht in Erscheinung: einmal in Bezug auf das Objekt, das erkannt werden soll (der Text), und zum andern in Bezug auf das erkennende Subjekt (der Leser).

Verstehen als kreisende Bewegung

a) Der »philologische Zirkel«
Er bezieht sich auf das komplexe Objekt **Text** mit seiner materiellen, sinnlich wahrnehmbaren, äußeren, objektivierten Gestalt, auf das Verstehen des Textzusammenhangs (Sinnkonstanz) und auf die einzelnen Schritte seiner Erfassung.
Dabei wird von einer unaufhebbaren wechselseitigen Abhängigkeit von größeren Aussagezusammenhängen bzw. der Bedeutungsganzheit eines Textes und den einzelnen Aussagen und sprachlichen Elementen als Einzelteilen ausgegangen. Jeder Text stellt eine **Ganzheit aus Einzelelementen** dar und konstituiert sich z. B. aus Wörtern, Sätzen, Zeilen, Abschnitten, Sinneinheiten, sprachlichen Bildern, Klängen usw. Das einzelne Wort wird erst im Zusammenhang eines Satzes verständlich, der einzelne Satz wiederum erst im Kontext größerer Zusammenhänge (z. B. Abschnitte, Kapitel usw.). Die Funktion der Einzelelemente besteht darin, Mittel zu sein, um das Textganze zu konstituieren und »Sinngewinn« zu ermöglichen. Anderseits erwächst das Ganze, der umfassende Bedeutungszusammenhang aber erst aus dem Zusammenspiel der einzelnen Bausteine. Aussagen, die später im Text auftauchen, wirken zurück auf früher Gesagtes, indem sie dieses in seinem Sinn ergänzen oder verändern. Die Textteile und das Textganze bedingen sich also wechselseitig.

Hermeneutischer Zirkel 1: der Text als Objekt

Paradoxe Situation Aus dieser Tatsache ergibt sich für das Verstehen eine paradoxe Situation: Um den Sinn eines Textes als Ganzes zu verstehen, muss man den Sinn seiner Teile verstehen – und umgekehrt. Das Textganze ist nur nach und nach über die Einzelteile und ihr »richtiges« Verständnis zu erfassen; die Einzelelemente selber aber können nur angemessen verstanden werden, wenn ihr besonderer Stellenwert im Textganzen beachtet und der Sinnzusammenhang gewahrt bleibt. Das eine setzt also das andere gleichermaßen und gleichzeitig voraus und kann doch nur in einem zeitlichen Nacheinander erfasst werden. Ganzheit und Teil eines Textes stehen damit zueinander in einem unaufhebbaren Zirkelverhältnis.

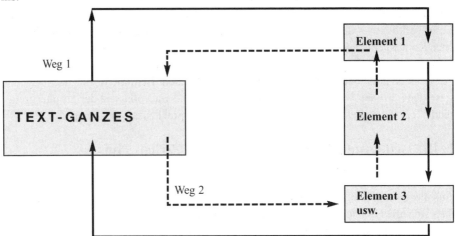

Lesevorgang Verstehen von Texten setzt ein geübtes Sehen, Lesen und Hören voraus: ein Erfassen der Teile im Ganzen und des Ganzen in seinen Teilen. Der **Aufnahme- und Verstehensprozess** erweist sich so als ein zeitliches Geschehen, das jedoch nicht linear verläuft:
- Der sichtbare *Lesevorgang* (siehe auch: 1.4.1) verläuft *nicht gradlinig* in eine Richtung: vom Textanfang über die einzelnen Sätze und Abschnitte bis zum Textende und dem Textganzen hin. Vielmehr erfolgen dabei zahlreiche »Rückkopplungsprozesse«, in denen bereits gelesene Textteile von später aufgenommenen Elementen her neu interpretiert und genauer erfasst werden. So wird das Textganze oft in mehreren Lesedurchgängen umkreist bzw. in Schritten des Vor- und Zurücklesens aufgenommen.
- Hinzukommt, dass Textphänomene nicht einfach für sich stehende, neutral zu beobachtende »Fakten« und »Daten« sind, sondern ihre Relevanz und Funktion ergibt sich erst auf der Grundlage einer bestimmten Textstrategie bzw. von einem bestimmten Textsinn her.
- Es gibt also keine voraussetzungslose »objektive« Aufnahme und Analyse der Einzelelemente, die gradlinig zum Verstehen des Ganzen fortschreitet, sondern in diesem Wechselspiel von Gesamt- und Detailverständnis ist jede Wahrnehmung und Analyse spezieller Einzelheiten des Textes stets schon mitbestimmt von der Realisation des Sinnganzen.

»Wer einen Text verstehen will, vollzieht immer ein Entwerfen. Er wirft sich einen Sinn des Ganzen voraus, sobald sich ein erster Sinn im Text zeigt. Ein solcher zeigt sich wiederum nur, weil man den Text schon mit gewissen Erwartungen auf einen bestimmten Sinn hin liest. Im Ausarbeiten eines solchen Vorentwurfs, der freilich beständig von dem her revidiert wird, was sich bei weiterem Eindringen in den Sinn ergibt, besteht das Verstehen dessen, was dasteht.« (Gadamer 251)

Beim eigentlichen *Verstehensvorgang* kann der Leser dem notwendigen Wechselverhältnis von Ganzem und Einzelteilen nur in einer Art von geistiger **Spiralbewegung** bzw. durch die Wahrnehmung des dialektischen Miteinanders beider Seiten gerecht werden. Den Gesamtsinn des Textes konstruiert er sich in einem kreativen Prozess, bei dem die inhaltlichen und formalen Einzelelemente erfasst, aus der Wechselwirkung ihre Besonderheit und Funktion erkannt werden und im Wahrnehmen der sprachlichen Elemente und ihres Zusammenhangs ein fortschreitend tieferes Verstehen geleistet wird (vgl. das Modell der Rezeption und des Verstehens in 1.5). Dieser Beobachtung entsprechend ist anstelle der Formulierung »hermeneutische *Zirkel*« das Bild der »*Spiral*bewegung« angemessener. (So auch Arnold/Detering, Grundzüge 666)

Wechselverhältnis von Ganzem und Einzelteilen

b) Der »Zirkel der Geschichtlichkeit des Verstehens« (H. G. Gadamer)
Er betrifft den Interpreten selber, den **Leser** also und die Auswirkung seiner subjektiven Voraussetzungen, seines geschichtlich-gesellschaftlichen Kontextes, bestimmter wirkmächtiger Traditionen usw. auf das Verstehen des Textes. Der Mensch als ein geschichtlich bedingtes Wesen geht notwendigerweise mit all seinen individuellen Lebensbedingungen an den Text heran und bringt sich mit seiner **Welt- und Spracherfahrung** aktiv in den Lese- und Verstehensprozess ein: mit seiner Herkunft und seinem Bildungsstand, seiner konkreten Lebenssituation und persönlichen Erfahrung, seinen besonderen Wertvorstellungen, Bedürfnissen und Neigungen, seinen bewussten oder unbewussten Erwartungen und Erkenntnisinteressen bezüglich des Textes. Diese Faktoren bilden den persönlichen **Leserhorizont**, der nicht ausgeblendet und neutralisiert werden kann, sondern unvermeidlich zu einem bestimmten **Text-Vorverständnis** führt, von dem her der Leser dem Text Sinn zu verleihen sucht. Es gibt demnach kein voraussetzungsloses Verstehen eines Textes.

Hermeneutischer Zirkel 2: der Leser als Subjekt

Um ein bestimmtes Etwas zu verstehen, muss ich schon ein Vorverständnis des Zusammenhangs, in dem sich dieses Etwas befindet, mitbringen. Um jedoch von diesem Zusammenhang ein Vorverständnis zu haben, muss ich einzelne seiner Teile (Momente) bereits verstanden haben.
- Der französische Schriftsteller und Philosoph Montaigne (1533–1592) hat die Beobachtung gemacht: »*Ein begabter Leser entdeckt oft in den Schriften anderer andere Vorzüge als die, welche der Verfasser hineingelegt und bemerkt hat, und liest einen reichhaltigeren Sinn und Ausdruck hinein.*« Andererseits kann der Leser in einem Text auch das übersehen, was nicht seinem Erwartungshorizont entspricht, was mehrdeutig und im Sinn offen ist. Oder er kann sich von vornherein so gegen einen Text sperren, ihn vorschnell ablehnen oder auch so begeistert und unkritisch bejahen, dass die Wahrnehmung des geistigen Sinn- und Bedeutungsgehalts beeinträchtigt wird.

- Das notwendige Zusammenspiel von Leser und Text ist so komplex, dass sich die Qualität eines Werkes nicht allein vom Text her entscheidet, sondern auch wesentlich abhängt vom Wahrnehmungsvermögen und Erfahrungsreichtum seines Lesers. Georg Friedrich Lichtenberg (1742–1799) hat diese Erkenntnis ironisch in die Aphorismen gekleidet:
»*Wenn ein Buch und ein Kopf zusammenstoßen und es klingt hohl, ist das allemal im Buch?*«
Und auf das Buch bezogen, in das der Leser wie in einen Spiegel blickt:
»*Wenn ein Affe hineinguckt, so kann freilich kein Apostel heraussehen.*«

Objektives Verstehen nicht möglich

Verstehen vollzieht sich somit nicht voraussetzungslos. Die Beziehung und Bindung zwischen Leser und Text besteht bereits **vor** der eigentlichen Lektüre und genaueren Interpretation, ist grundsätzlich unaufhebbar und prägt wesentlich den weiteren Verstehensvorgang (vgl. 1.4.3). Beim Lesen trifft das Vorverständnis des Lesers auf die jeweilige Welt- und Daseinsdeutung des Textes. »*Verstehen bedeutet dann, dass sich das Bewusstsein des Lesers in der Auseinandersetzung mit dem Text bestätigt, differenziert und vertieft oder in Frage stellen lässt und verändert.*« (RL NW Deutsch 1982, 30)
Aufgrund dieser **hermeneutischen Situation** gibt es kein im strengen Sinne »objektives« Verstehen oder rein sachlich-neutrales Gewinnen von Wahrheit aus Texten (vgl. 1.4.5). Da der erwähnte »Horizont« des Lesers durch fortschreitendes Wissen und neue Erfahrungen in ständiger Veränderung begriffen ist, ja in Gegensatz geraten kann zum früheren Denken und Handeln und den zugrundeliegenden Maßstäben, können auch Texte – zu verschiedenen Zeiten gelesen – auf unterschiedliche Weise wirken und ihr Sinnpotential entfalten. Der hermeneutische Prozess weist insofern den Charakter der tendenziellen Unabschließbarkeit auf, sodass »auch traditions- und autoritätsgestützte, ja institutionell verbindliche Auslegungen ihrerseits revidiert und überholt werden können« (Vogt 398).

Verschmelzung der Horizonte von Leser und Text

Der Grad des Verstehens und der Aneignung eines Textes hängt davon ab, wieweit der Horizont des Lesers sich mit dem Horizont des Textes (bzw. des Verfassers) zur Deckung bringen und »verschmelzen«, lässt.

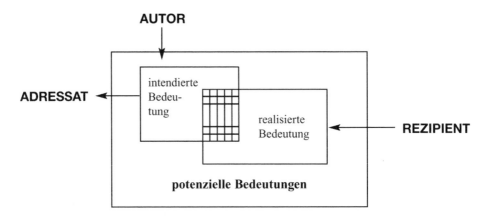

Da der vom Autor als produzierendem Subjekt intendierte Sinn im Text »keine verlässliche Konservierung« erfährt (Scherner, HWBdPH 10, 1039), kann der vom rezipierenden Subjekt wahrgenommene Sinn des Textes aufgrund der Mehrdeutigkeit insbesondere bei literarischen Werken abweichen. Zwischen der Intention des Autors, die sich auf den Adressaten richtet, und dem Textverständnis des Lesers als Rezipienten besteht eine »hermeneutische Differenz«. Sie soll durch vorstehende Skizze verdeutlicht werden.

Hinsichtlich der Variabilität der Textauslegungen ermöglicht die Einsicht in diese hermeneutischen Zusammenhänge und ihre Beachtung »Interpretation« als wissenschaftliche Methode (vgl. Kap. 2).

3 Zur Unterscheidung von »Bedeutung« und »Sinn« eines Textes

In der Textwissenschaft wird zwischen »Sinn« und »Bedeutung« eines Textes unterschieden. Die »*Bedeutung*«, stellt den als ganzheitlich aufgefassten Mitteilungsgehalt des Textes dar, während die »Bedeutsamkeit« als die vom Text ausgehende aktuelle Wirkung bezeichnet werden kann (Schutte 19). Da es dem Autor niemals gelingt, durch das Medium der Sprache dem Leser eine intendierte »Bedeutung« voll und eindeutig zu vermitteln (indem er z. B. auch seine eigene biografische Situation, seinen ganzen Erfahrungshorizont, den historischen Hintergrund u. a. in den Text mit einbringt), besitzt jeder Text eine »Offenheit«, die der Leser in eine Sinn-Eindeutigkeit *für sich* zu verwandeln sucht. Dem Leser ist also die vom Verfasser intendierte »Bedeutung« eines Textes nicht unmittelbar als »Mitteilungsgehalt« greifbar; dem Rezipienten eröffnet sich vielmehr ein *Bedeutungsrahmen,* den der Leser selber füllen muss. Dieser Vorgang stellt eine *Sinnaktualisierung* zwischen dem Text und dem Leser dar. Siehe auch. 1.4.1

Was meint »Bedeutung«?

»*Sinn*«, erwächst aus dem Bezug der »Bedeutung« des Textes zur eigenen Lebenswelt und Situation des individuellen Lesers – also zu seiner Lebenspraxis. »Sinn« ist die Existenzform der »Bedeutung« in der individuellen Psyche des Rezipienten und umgreift die »Bedeutung« der Sätze und Sachlagen in einem kommunikativen, pragmatischen Akt, in dem der Text als Rede und als Handlung verstanden wird.

Was meint »Sinn«?

Im Unterschied zu dieser begrifflichen Füllung verwendet *Maximilian Scherner* (Scherner II, 53). die Begriffe »Bedeutung« und »Sinn« anscheinend im genau umgekehrten Sinne! Nach ihm entsteht die »Bedeutung« [nicht der Sinn!] auf der Basis des Sinnes [nicht der Bedeutung!] durch das Zusammenspiel von Situation, Kontext und der Verschmelzung der Horizonte von Autor und Rezipient. »Bedeutung« gewinnt ein Text also erst in einem Akt der Kommunikation, das heißt: wenn sich die »Mitteilung« des Autors und die »Teilhabe« des Lesers ineinander verschränken und einander bedingen. Anders gesagt: wenn eine Beziehung zur Lebenspraxis des individuellen Lesers hergestellt wird.

Jeder Text besitzt einen »Eigensinn«, sodass es zu Diskrepanzen kommen kann zwischen dem vom produzierenden Autor intendierten und dem vom rezipierenden Leser realisierten Sinn. Diese »hermeneutische Differenz« (Schutte 22) ist prinzipiell unaufhebbar, weil literarische Texte nicht einfach nur »direkte« Aussagen aufweisen, sondern auch verschlüsselte oder »Leerstellen« (nicht Gesagtes, aber Gemeintes) und damit einen offenen Charakter haben. Es kommt ihnen nicht nur *eine* Bedeutung zu, sondern durchaus verschiedene, die einzelne Leser als vom Autor gemeinte, andere als mit der intendierten nur teilweise übereinstimmend erkennen können.

Bedeutungsebenen

Literarische Texte (vor allem Gedichte) weisen oft mehrere Grund- und Leitgedanken (= Themen) auf und können neben dem auf den ersten Blick erkennbaren Bedeutungsaspekt (z. B. »Abend« in einem Naturgedicht) noch weitere bedeutungsvolle Beziehungen und tiefere Bedeutungsschichten aufbauen, die jedoch meist nicht so leicht wahrzunehmen sind (z. B. die Beziehung »Abend« und »Tod«). Im Text gibt es aber häufig Signale, die auf eine solche Doppelbödigkeit und Mehrdeutigkeit verweisen, zum Beispiel: Titelformulierung, Mehrdeutigkeit von sprachlichen Gestaltungsmitteln und Bildern, Spannung zwischen Inhalt und Form (Gestaltung) u. a. Tiefere Bedeutungsebenen eines Textes können auch durch Zusatzinformationen über den Autor und die Entstehung des Textes (= Kontext, textexterne Faktoren) bewusst werden. Herauszufinden, welche Bedeutungen ein Text genau aufbaut, ist Gegenstand der Interpretation, während die Texttheorie untersucht, in welcher Weise ein Text die Bedeutung aufbaut.

4 Dekonstruktion von Texten

Neuere hermeneutische Ansätze

In der aktuellen, vom Poststrukturalismus geprägten Diskussion sind die Untersuchungen des Literaturwissenschaftlers Roland Barthes, des Psychoanalytikers Jacques Lacan und des Philosophen Jacques Derrida einflussreich, der in seiner *Grammatologie* (1967) den Begriff der Dekonstruktion (französisch *déconstruction;* nach dem deutschen *Destruktion* und französisch *construction)* entwickelte: Texte werden nicht länger als einheitlich verstanden. Von Widersprüchen und Bruchstellen aus sollen sie folglich »gegen sich selbst« gelesen werden. Der Begriff *Dekonstruktion* ist in den letzten Jahren ins Zentrum der auf die Mikrostrukturen der Texte gerichteten Diskurstheorie gerückt.

In Philosophie und Literaturwissenschaft wird darunter ein in den siebziger Jahren ausgebildetes analytisches Verfahren verstanden, das den Spielcharakter des Kunstwerks betont und eine Ästhetik der Offenheit und des »Gegen-den-Strich-Lesens« propagiert. Zentrales Moment der dekonstruktivistischen Interpretationsstrategie ist es auch, den grundlegenden Widerspruch zwischen dem, was der Autor glaubt zu sagen, und dem, was der Text wirklich aussagt, zum Vorschein zu bringen.

Die Dekonstruktion leugnet die Gültigkeit traditioneller philosophisch-metaphysischer Grundbegriffe (Subjekt, Substanz etc.), die, einmal destruiert, in ihrer paradoxalen Schwebe des De-Re-Konstruierens belassen werden. Subjektivität und Objektivität entsteht erst in diesem Zustand einer von Derrida so genannten »Bewegungen der Differenz«. Viele Kritiker haben Derrida und seinen Nachfolgern deshalb interpretatorische Willkür unterstellt.

1.4.3 Einige Grundsätze der Hermeneutik und Interpretation

Der im hermeneutischen Zirkel (vgl. 1.4.2) sich zeigende *Zusammenhang von Leser und Text* darf beim Interpretieren in seiner möglichen Auswirkung auf das Verstehen eines Werkes nicht außer Acht gelassen werden. Dazu einige grundsätzliche Überlegungen und Anregungen:

1. Jeder Text ist zunächst ein autonomes sprachliches Gebilde (vgl. 1.1.3). Er hat sich von seinem Verfasser gelöst und ist als selbstständige Größe (be)greifbar. Insofern erhebt er den Anspruch, intensiv aufgenommen und zunächst einmal voll aus sich selbst heraus (= »werk immanent«) sorgfältig gedeutet zu werden. Dabei ist sein Sinn auf eine Weise zu erschließen, die seiner Gattung/Textsorte und individuellen Eigenart entspricht, bevor dann mit Hilfe von Sekundärliteratur weitere Informationen über textexterne Faktoren und Implikationen herangezogen werden, wie z. B. die Biografie des Autors, der zeitgeschichtliche Hintergrund (politischer, sozialer, kultureller, theologischer u. a. Art), die besonderen Entstehungsbedingungen des Werkes, seine Wirkung in der Zeit u. a.

Text als autonomes sprachliches Gebilde

2. Jeder Text stellt eine in sich geschlossene Ganzheit dar. Textteile sind daher stets als Teile eines Ganzen zu behandeln. Dies bedeutet:

Text als in sich geschlossene Ganzheit

- Wenn Textauszüge, Einzelsätze oder gar einzelne Begriffe aus ihrem Zusammenhang im Satz- und Textganzen (Kontext) herausgelöst, für sich gedeutet werden oder mit solchen isolierten Aussagen argumentiert wird, dann führt dies leicht zu Miss-Verständnissen.
- Der Aspekt der Ganzheit verlangt, bei der Textinterpretation die verschiedenen Arbeitsschritte und einzelnen Untersuchungsaspekte stets aufeinander zu beziehen, sodass eine wechselseitige Kontrolle darüber erfolgt, inwieweit diese Arbeitsweisen und Ergebnisse zueinander passen, sich im Aussagegehalt gegenseitig stützen und ergänzen oder etwa widersprechen und daher überprüft werden müssen.
- Es kommt darauf an, das Besondere, Charakteristische und Relevante jedes Textes herauszufinden, das ihn von anderen Texten unterscheidet. Gegenstand der Analyse sind dabei nicht *einzelne* Sätze, markante Worte, eindrucksvolle rhetorische Figuren und auch nicht der »Inhalt« allein, sondern entscheidend ist die Erkenntnis des Zusammenhangs von Bedeutung und sprachlichen Bedeutungsträgern.
- Das Ganzheitsprinzip bezieht sich auch auf die Einordnung des Textes in *übergeordnete Zusammenhänge*, wie z. B. das Gesamtwerk des Autors, die Epoche und Kultur, die Geschichte der Gattung mit ihrer Vielzahl vorangehender Textrealisierungen, die literarische Tradition, die Motivgeschichte u. a. Die besondere Leistung und Bedeutung des einzelnen Textes und konkreten Werkes ist erst aus diesem vielfältigen, umfassenderen Zusammenhang heraus zu verstehen.

Entstehungsprozess

3. Jeder Text ist das *Ergebnis eines* eigenschöpferischen und zugleich geschichtlich geprägten *Entstehungsprozesses*. Im Vorgang der Analyse und Interpretation muss dieser Entstehungsprozess mit seinen wesentlichen Faktoren reaktiviert werden: in erster Linie am Text selbst durch eine innerliterarische Untersuchung, aber auch durch textexterne wichtige Zusatzinformationen über äußere Einflussbereiche (z. B. biografische Ereignisse, zeitgenössische Quellentexte über gesellschaftliche, politische, kulturelle u. a.

Bedingungsfaktoren für das Entstehen und Verstehen von Texten

Zusammenhänge). Solche für das Entstehen und das Verstehen des Textes wichtigen *Bedingungs- bzw. Wirkungsfaktoren* sind unter anderem:
- *äußere Einflüsse:* Ereignisse, Personen, geistige Strömungen, Ideen usw. und ihre Auswirkung auf Thema, Stoff, Darstellungsform des Textes
- der *Leserkreis* (ursprünglich und gegenwärtig): dessen gesellschaftliche und kulturelle Situation, dessen Rolle und Erwartungen, auf die der Text trifft (sog. »Sitz im Leben«)
- die Besonderheit der *Textsorte*: d. h. seine Grundrichtung als Ausgangspunkt für weitere Überlegungen
- die *Intention des Autors* (vgl. 1.3.3) als das textorganisierende Prinzip, von dem her die Textsorte gewählt wird und ein Text seine »Struktur« erhält: die Einzelteile finden so ihren inneren Zusammenhang und werden in ihrer Funktion und Wirkung bestimmt
- die *zentrale Frage* (Thema, Grundproblem), die dem Text zugrunde liegt, und die *Antwort* (Lösung), die der Text darauf gibt
- die besondere *Perspektive* und Interessenlage bei der Darstellung von Menschen, Sachverhalten, Problemen und die damit vermittelte Einstellung zur Wirklichkeit und zu Werten.

Leserhorizont und Text-Vorverständnis

4. Jeder Text trifft auf einen bestimmten *Leserhorizont*, der als persönlicher Sinn-und Vorstellungsrahmen über den Grad der Ansprechbarkeit des Lesers mitentscheidet, das Verstehen lenkt, die Wahrnehmung des Textsinns erleichtert, vertieft oder auch einengt und zu einem bestimmten *Text-Vorverständnis* führt. Schon bei der ersten Begegnung mit dem Text versucht der Leser auf dem Hintergrund seiner persönlichen Lebenssituation und Erfahrungen einen subjektiven Sinn zu finden. Dabei kann es geschehen, dass der Leser gerade das aus dem Text herausliest, was er aufgrund seiner subjektiven Voraussetzungen und Lebensbedingungen hineingelegt hat, das heißt: was er an Textsinn *erwartet*.

Sinn-Entwurf

Er gelangt zu einem **ersten Sinn-Entwurf**, zu einer Art **Sinn-Vorentscheidung**, die eine bestimmte inhaltliche Deutungsperspektive eröffnet, die das Verstehen lenkt, aber erst durch eine genaue Textinterpretation sich als tragfähig erweist und bestätigt oder auch abgewandelt werden muss.

Literarisches Verstehen ist ein Prozess, der von der sprachlichen Vorgabe des Textes gesteuert ist und bei dem der Leser zugleich aktiv sein Vorwissen einsetzt. Das notwendige Zusammenspiel von Leser und Text ist im konkreten Einzelfall sehr komplex. So entscheidet sich die Qualität eines Werkes nicht allein vom Text her, sondern hängt auch wesentlich vom Wahrnehmungsvermögen und Erfahrungsreichtum seines Lesers ab.

Wirkungen und Eindrücke

5. Jeder Text zeigt in einer bestimmten Lesesituation *Wirkungen*, ruft spontane erste Eindrücke hervor und signalisiert so Chancen und Hindernisse bei der Aneignung des Textes durch den Leser. Bei dieser spontanen Resonanz kann es sich um emotionale Prozesse und Wertungen bezüglich des Inhalts oder der formalen Textgestaltung im Sinne von »gut – schlecht«, »gefallen – nicht gefallen«, »sympathisch – abstoßend« usw. handeln oder um kognitive Verstehensprozesse auf der semantischen Ebene im Sinne von »verständlich – unverständlich«. Diese vom »ersten Eindruck« ausgelösten subjektiven, spontanen Reaktionen, Assoziationen, Ideen, Lesewiderstände usw. dürfen nicht verdrängt und als unwichtig oder gar störend abgetan werden, sondern sind in ihrer kogni-

tiven und affektiven Dimension bewusst zu machen. Denn sie stellen individuelle Verstehensansätze dar und können als subjektiver erster Sinnentwurf den konkreten Ausgangspunkt und Anstoß bilden für die genauere Analyse und das tiefere Verstehen des Textes. Als *Leitfrage* für die Weiterarbeit könnte dienen: Was an dem Text (und an mir!) ist wie/so geartet, dass dadurch gerade diese spontanen Eindrücke ausgelöst werden?

Die Schritte vom ersten »Eindruck« zur distanzierten Beschreibung (Analyse) des Textes werden durch die folgende Übersicht verdeutlicht.

Schritte vom »ersten Eindruck« zur Beschreibung (Analyse) des Textes

1. Nach dem Lesen: *Formulierung eines Gesamteindrucks* unter der Fragestellung: Wie ist die Wirkung des Textes auf mich? Welche Empfindungen löst er aus? Was gefällt mir, was nicht? Für welche Person(en) habe ich Sympathien? Welche Verstehensschwierigkeiten sind aufgetreten? Welche noch offen Fragen habe ich?

2. Beim nochmaligen Lesen: *Festhalten* der emotionalen und kognitiven Reaktionen und Einfälle (des einzelnen Lesers oder der Gruppe)

3. *Ordnen* der festgestellten Eindrücke nach den Aspekten »emotional« und »kognitiv«, wodurch der Gesamteindruck gegliedert wird.

4. *Reflexion* des gewonnenen »subjektiven« Materials und Ableitung einer interessierenden *Fragestellung* (Arbeitshypothese) für die distanzierte, genauere Textbeschreibung

5. Einen geeigneten *Einstieg in den Text* wählen (z. B. vom Inhalt her, von formalen Besonderheiten her usw.), von dem her sich die Fragestellung (vgl. 4.) analytisch gut angehen lässt

---

Bei diesem Verfahren bleibt der Leser nicht bei seinen subjektiven »Eindrücken« als Deutungsperspektive stehen, sondern gelangt in produktiver Weise auf eine höhere Ebene des Verstehens, von der her seine ersten Eindrücke verglichen, überprüft und von der Texteigenart her besser verstanden werden können.

6. Vor allem fiktionale Texte ermöglichen wegen ihrer »Offenheit« häufig einen weiten Spielraum von Deutungsansätzen. Der Prozess des Verstehens ist bei solchen ästhetischen Texten dadurch charakterisiert, dass er unabschließbar ist.

Offenheit von Texten

7. *Texte motivieren* das Sach- und Sinninteresse des Lesers und treiben ihn zu einer Verstehensbemühung an, indem sie ihm Antworten auf Fragen versprechen, Erkenntniserweiterung und Lebensbereicherung verheißen. Die Rezeption des Textes gelingt vor allem dann, wenn der im Text angebotene »Sinn« von der eigenen Erfahrung her als relevant und plausibel erlebt wird und eine individuelle Konkretisierung erlaubt.

Sach- und Sinninteresse des Lesers

Der Text kann jedoch auch Erwartungen enttäuschen, Widerstand und Kritik auslösen, in seinen vermittelten Wertmaßstäben abgelehnt werden usw. All dies gehört zum Verste-

Enttäuschte Erwartungen an den Text

hensprozess hinzu, zeigt aber, dass »Verstehen« nicht identisch ist mit »Einverstandensein« und bereitwilliger Übernahme des Sinngehaltes eines Textes und seiner Konsequenzen. *Verstehen* umfasst vielmehr die innere Bereitschaft,
- den Text genau zu lesen, kritisch zu untersuchen und sich intensiv mit ihm auseinander zu setzen,
- mit Hilfe des Textes die Welt und sich selbst besser zu erkennen,
- durch den Erkenntnis- und Erfahrungszuwachs zu einem begründeten, verantwortlichen Handeln zu gelangen.

Lesen als sinngebende Tätigkeit

Lesen gehört zu den wichtigsten Kulturtechniken, die jeder bereits früh in seinem Leben zu erlernen hat. Obwohl diese Fähigkeit durch täglichen Gebrauch schon bald weitgehend automatisiert erscheint, handelt es sich beim Lesen um einen sehr komplexen und komplizierten Vorgang (vgl. auch 5.3).

Vorgang der Textrezeption

Jeder Leser geht von der selbstverständlichen Annahme und Erwartung aus, dass der Text, dem er sich zuwendet, einen sinnvollen Zusammenhang, eine *Sinnkonstanz* aufweist und nicht etwa aus unzusammenhängenden Teilen besteht. Beim Lesen treten Autor, Text und Leser in eine komplexe Beziehung zueinander. Dabei nähert sich der Leser in einer »hermeneutischen Spirale« einem immer tieferen Verständnis des Textes (siehe 1.4.2). Die Konstellation dieser Faktoren Autor, Text und Leser ist im Auge zu behalten. Es ist darüber zu reflektieren, wie beim Lesen als einem konstruktiven und interpretativen Prozess eine fortschreitende Sinn-Konstitution im Hinblick auf den Text erfolgt (vgl. im Folgenden 1.4.4; 1.5):

- »Das Lesen erzeugt die Wirklichkeit des Textes; es macht aus einer Menge von ›toten‹ Schriftzeichen ein Werk und eine Vorstellung« (Schutte 6).
- »Der Vorgang des Lesens besteht in einer perspektivierenden, konsistenzbildenden Tätigkeit, in der das Erkennen von Bekanntem, die Herstellung von Zusammenhängen auf der Grundlage gegebener Anschauungs- und Denkformen, die Anschließung der Textbedeutungen an die eigene Lebenswelt und Situation des Lesers eine entscheidende Rolle spielen.« (Schutte 176)

Die Rezeptionsleistung bei der Aufnahme von Texten besteht in einem sukzessiven, kreativen Vorgang, der stets sinnbezogen und ganzheitlich verläuft. Über das »Auf-Lesen« von *Schriftzeichen* (einzelne Buchstaben) geht der Weg zum Erkennen ganzer *Wörter* und ihrer Bedeutungsinhalte und zur Erfassung von einzelnen *Sätzen* oder Textteilen, denen der Leser zunächst einen aktuellen Sinn unterlegt, aus dem sich eine »Sinnrichtung« nahe legt. Der Lesevorgang verläuft dabei nicht einfach linear an der Textvorgabe entlang, sondern erscheint als ein genetischer Prozess: der Leser eilt bei seiner »Sinnentnahme« dem Lesen immer wieder voraus, stellt Vermutungen an, geht im Text wieder zurück, verwirft seine Annahmen oder bestätigt sie schließlich.

Lesen kann so verstanden werden als Vorgang der Entschlüsselung, als Auffindung von Sinnzusammenhängen zwischen den einzelnen Elementen des Textes. Der einzelne beim Lesen aufgenommene Satz oder Textteil wird dabei nicht einfach nur als solcher aufgefasst, sondern stets im Horizont einer »Vollständigkeit« wahrgenommen, als Baustein einer antizipierten Ganzheit (Schutte 180 f.). Der Vorgang der Sinn-Konstitution und Bedeutungsgewinnung erfolgt in einem Wechsel von lesendem Voranschreiten und Zurücklesen im Text, als eine kreisende Bewegung im Sinne eines »hermeneutischen Zirkels« (siehe 1.4.3): Das Textganze ist nur aus seinen einzelnen Teilen, diese wiederum sind nicht ohne Antizipation des Ganzen verstehbar.

Bei diesem Prozess der dynamischen Wechselwirkung von Text und Leser werden durch die sprachlichen Zeichen und Strukturen des Textes vielfältige Prozesse ausgelöst, bei denen sich eine allmähliche »Übersetzung« des Textes in das Bewusstsein des Lesers ereignet. Dabei handelt es sich um einen kreativen Rezeptionsvorgang, der sich einer totalen Steuerbarkeit durch den Text entzieht. Denn dieser Vorgang wird wesentlich geprägt vom Grad der »Unbestimmtheit« des Textes: je weniger er Anhaltspunkte dafür bietet, wie die im Text dargestellte Wirklichkeit zu verstehen sei, desto mehr wird der Leser auf seine Weise versuchen, den Sinn des Textes zu konstituieren (besonders ausgeprägt ist diese »Unbestimmtheit«, bei »ästhetischen Texten«). *Rezeptionsästhetische Sicht*

Seit Ende der 60er Jahre hat sich in der **sog. »rezeptionsästhetischen« Betrachtungsweise der Literatur** (siehe 2.3) der Akzent verlagert. Es geht nicht mehr um die Auffindung der *Bedeutung im Werk selbst* im Sinne einer objektiven Qualität und damit nicht um die Dekodierung einer eindeutigen Vorgabe. Entscheidend ist vielmehr der Prozess der *Bedeutungsgewinnung im Vorgang der Rezeption* durch den Leser selbst. Als Leser »empfängt« er nicht passiv den Sinn des Textes, sondern er gewinnt ihn durch seine produktive Beteiligung an sinnschöpfender Tätigkeit (siehe später: 4.12 Handlungs-, produktions- und rezeptionsorienterter Umgang mit Texten). Der Rezipient wird so vom bloßen Konsumenten zum sinnstiftenden Ko-Produzenten. Ein von dem Anglisten *Wolfgang Iser* (*1926) geprägter Begriff macht auf die besondere Eigenheit von fiktionalen Texten aufmerksam: Sie weisen »Leerstellen« auf, Stellen also, die im Leser zwar bestimmte Erwartungen (z. B. auf Informationen) wecken, die aber in pragmatischer wie in semantischer Hinsicht »unbestimmt«, »vieldeutig«, »offen« bleiben und den Leser dazu drängen, selber einen Sinn zu erzeugen. Darin gründet nach Wolfgang Iser die *»Appellstruktur der Texte«* (1970). Als Nahtstellen zwischen Textelementen erfordern und aktivieren »Leerstellen« das Nachdenken und die eigene Vorstellungskraft (Fantasie) des Lesers, der herausfinden will, welcher innere Zusammenhang zwischen diesen Textelementen besteht und wie ihr genaues Verhältnis zueinander ist. *»Leerstellen« im Text* *»Appellstruktur« des Textes*

So entstehen in jeder Lesephase im Leser Erwartungen und Fragen, die er selber in einer »sinnkonstituierenden Aktivität« ausfüllen bzw. ergänzen muss. Wo im Text etwas »ausgespart« bleibt, wird der Leser dazu angeregt, »seine Subjektivität, sein Kombinationsvermögen, seine Vorstellungskraft, sein Weltwissen, seine Wertvorstellungen ins Spiel zu bringen« (Richter, Wirkungsästhetik 527), um dem Text hypothesenhaft einen Sinn zu geben. Leerstellen sind insofern keine Mängel in der Struktur des Textes, sondern sie haben die Funktion, den Leser an der Sinnkonstitution des (erzählten) Geschehens zu beteiligen.

»Dieses Prinzip der Leerstelle lässt sich sowohl auf der elementaren Ebene des Satzes als auch auf größere Sinnzusammenhänge anwenden. Bereits beim Lesen des ersten Wortes eines Satzes komplettiert der Leser im Geiste ständig das noch nicht Gelesene. Er will in

83

jeder Phase das noch Fehlende durch die eigene Vorstellungs- und Kombinationsgabe einfügen. Ebenso kontinuierlich werden offene Fragen zum Text in jedem Abschnitt des Leseprozesses aufgegriffen und mit verschiedenen Erklärungsmöglichkeiten verbunden. Die Ersetzung dieser Leerstellen hängt einerseits von subjektiv-individuellen Zügen, andererseits aber auch von allgemeinen Faktoren wie Alter, Geschlecht, Nationalität und auch der historischen Epoche des Lesers ab.« (M. Klarer, Neuere Literaturwissenschaft, 1999, 26)

1.4.4 »Objektivität« und »Subjektivität« des Verstehens von Texten – oder: Gibt es die »richtige« Deutung?

Textinterpretation: subjektiv?

Nimmt man den Gedanken der »Geschichtlichkeit des Verstehens« ernst (1.4.2) sowie die besondere Rolle des Lesers im Sinne der Rezeptionsästhetik, so scheint auf dem Hintergrund der vorgestellten Grundsätze der Hermeneutik (1.4.3) das Verstehen von Texten nur in sehr eingeschränktem Sinne einen Anspruch auf Allgemeingültigkeit erheben zu können. Nicht selten ist die Meinung zu hören, die »Interpretation« von Texten sei etwas so Subjektives und von Fantasie und Gefühl des Lesers Abhängiges, habe so sehr mit persönlichen »Eindrücken« und vagen »Assoziationen« zu tun, dass von einer »richtigen« oder »falschen« Deutung eines Textes nicht gesprochen werden dürfe.

Richtig ist zwar, dass **Sinnverstehen** nicht aus einem Aufnehmen, Registrieren und Zurkenntnisnehmen von »Sinn«, besteht, der im »Transportbehälter Text« aufbewahrt wird, jederzeit und stets auf gleiche Weise entnommen werden kann und so direkt vom Text zum Leser gelangt. Der Akt des Lesens stellt vielmehr eine sinnstiftende Tätigkeit dar, bei der immer Verstand, Fantasie, Gefühl und persönliche Lebenserfahrung zugleich mitbeteiligt sind. Wenn sich der Leser interpretierend mit der Frage nach dem Sinn des Textes auseinandersetzt, so erscheint sein Sinnverstehen immer als »das Ergebnis einer kreativen Konstruktivität des Rezipienten« (M. Scherner: DU 2/1986, 95). Die Bedeutungsstruktur eines Textes ist insofern nicht als eine statische, sondern als eine dynamische Größe aufzufassen. Eine Interpretation bezieht sich von daher nicht einfach nur auf das, was gleichsam »schwarz auf weiß« als Text vorliegt. Der Leser trägt vielmehr im Vorgang des Lesens immer Eigenes bei, füllt »**Leerstellen**« im Text, ergänzt »Unbestimmtheiten« und versucht den konkreten Sinn des Textes für sich zu entfalten. Unbewusst neigt der Leser dazu, diesen »persönlich« gewonnenen Sinn mit der vom Text bzw. Autor intendierten »Wahrheit« in eins zu setzen. Durch die Vielzahl möglicher Sinnkonstruktionen kann es jedoch allein vom Text her gesehen nie nur eine einzige zulässige Interpretation geben.

Textrezeption – keine Willkür

Dennoch ist die Rezeption eines Textes kein Akt der Willkür und der Beliebigkeit. Denn mit der subjektiven Annäherung an den Text kann durchaus eine wissenschaftlich-kritische Einstellung einhergehen, indem spezielle Arbeitsweisen und Methoden des Interpretierens angewandt werden (vgl. Kap. 2), eine bestimmte Fachbegrifflichkeit dabei verwendet und das subjektive Verstehen des Lesers selbst immer wieder bewusst gemacht und reflektiert wird.

Interpretieren kann als der Versuch gelten, das Verständnis eines (poetischen) Textes als Vorgang der Sinnfindung durch ein begründendes Lesen, Reflektieren und Überprüfen als kontrollierten Prozess zu steuern, um den vom **Autor** gemeinten Sinn in einer sorgfältigen Auslegung zu erfassen, wobei der **Leser** auf der Basis seiner Sprach-, Sach- und Erfahrungskompetenz *mitwirkt*, ja bei literarischen Texten sogar auf »Lesarten« und Sinnzusammenhänge stoßen kann, an die der Autor selber beim Schreiben nicht gedacht hat. Der häufig verwendete Begriff der **Deutung** betont insbesondere die Sinnkomponente und zieht Schlüsse auf das hinter dem Text stehende »Gemeinte«.

Umberto Eco ist deshalb der Auffassung: »Ein Erzähler darf das eigene Werk nicht interpretieren« (S. 9). Denn: »Der Text ist da und produziert seine eigenen Sinnverbindungen« (S. 12). In letzter Konsequenz zieht Eco den Schluss: »Der Autor müsste das Zeitliche segnen, nachdem er geschrieben hat. Damit er die Eigenbewegung des Textes nicht stört« (S. 14). Anders gesagt: damit der Leser sich unbefangen dem Text zuwenden und ihn von seinen eigenen Voraussetzungen her in seinem Sinn entdecken kann.

Was heißt »Interpretieren«?

Bei einer solchen analytischen Textinterpretation wird das *subjektive* Verstehen des Lesers auch mit seinen emotionalen und kreativen Seiten ernst genommen.
Aber kann auf diese Weise eine »schlüssige Interpretation« eines Textes entstehen? Was soll geschehen, wenn sich bestimmte Teile und Einzelheiten eines Textes nicht »fügen« wollen, wenn die Deutung nicht ganz »aufgeht«? Dabei sind drei Möglichkeiten denkbar:

- Es liegt am interpretierenden *Leser*: seine Interpretation zeigt Unzulänglichkeiten und kann durch andere Interpretationen überholt und überboten werden, die mehr am Text erfassen und erklären.
- Es liegt am *Text*, der nicht voll gelungen, in sich unzulänglich, nicht stimmig, nicht konsequent genug gestaltet und nicht überzeugend ist. Problem dabei ist: »Stimmigkeit« muss nicht gleichbedeutend mit »harmonisch« sein; der Text kann durchaus widersprüchlich oder absurd sein.
- Es liegt am *Verfasser*, der diesem Anspruch an seine Textqualität ablehnt und eine »Verbesserung« des Textes in Richtung einer stärkeren Konsequenz und Schlüssigkeit als Verschlechterung zurückweist.

Deutungswiderstände

Alle drei Möglichkeiten sind bei der Interpretation eines Textes immer mit in Betracht zu ziehen. Der Leser wird zunächst versuchen müssen, Schwierigkeiten, Widersprüche u. a. auf einer unteren Verstehensebene auf einer höheren Ebene aufzulösen. Gelingt ihm das nicht allein, so wird er sich mit anderen über ihr Verstehen austauschen und erneut sein eigenes Textverständnis überprüfen.

Ein solcher Zugang kann durchaus Anspruch auf »wissenschaftliche« Geltung gewinnen, wenn die unterschiedlichen Sinnentwürfe der Leser offengelegt, untereinander ausgetauscht, verglichen und die individuell gewonnenen Deutungsaspekte und Interpretationshinweise am Text überprüft werden. So kann eher sichergestellt werden, dass nur das aus dem Text herausgelesen wird, was auch direkt oder indirekt in ihm steht. Alle weiterführenden Erkenntnisse müssen durch überprüfbare Schlussfolgerungen aus den Textaussagen oder aus zusätzlichen Quellen gewonnen werden. In einem solchen textnahen

Textnahe Deutung

85

Deutungsprozess verbinden sich die Perspektive des Autors (der vom Verfasser *gemeinte* Sinn) und die Perspektive des Lesers (der vom Leser *so verstandene* Sinn).

Herausarbeitung eines »Kern-Verstehens«

Damit ist die Textinterpretation zwar nicht im strengen Sinne »objektiv«, aber durch das kontrollierte Vorgehen und durch kontrollierende Rückfragen an den Text doch »objektiviert« und auf »Objektivität« ausgerichtet. Auf diese Weise ist es möglich, auch bei einer größeren Gruppe von Lesern bzw. Hörern (z. B. in der Schule) den Bereich eines »Kern-Verstehens« herauszuarbeiten, einen Grund-Sinngehalt zu sichern, in dem alle übereinstimmen können und der nicht als »Überinterpretation« abgetan werden kann.

Mehrdeutigkeit von Texten

Ein solches textnahes Verstehensergebnis lässt die Ebene des subjektiven Geschmacksurteils und der bloßen Anmutungen weit hinter sich und macht die Deutung auch für andere Leser einsichtig oder zumindest nachvollziehbar. Die Interpretation zielt insofern nicht auf ein absolut »richtiges« Verstehen eines Textes, sondern auf ein durch den individuelle Leser akzeptiertes »besseres« Verstehen.

Dies schließt den Fall nicht aus, dass ein Text auch unterschiedliche Auslegungen und Interpretationsergebnisse mit guten Gründen als sinnvoll zulässt – manchmal sogar gegen die feststellbare Intention des Autors (dann wäre es ihm nicht überzeugend gelungen, die Absicht und die Ausführung des Werkes in Übereinstimmung zu bringen). Die Mehrdeutigkeit und Vielschichtigkeit sind in diesem Fall ein charakteristisches Merkmal des Textes, dessen Spektrum nicht auf eine einzige Perspektive verkürzt werden darf, sondern verschiedene individuelle Sinnkonstruktionen erlaubt. Vergleiche auch: 2.4

1.5 Zusammenfassung: Grundmodell der Rezeption und des Verstehens von Texten

Der hermeneutische Prozess in seiner inneren Struktur

Als Zusammenfassung des Kapitels 1 zur Eigenart der Texte und ihres Verstehens sollen die bisher gewonnenen Erkenntnisse zu einem Grundmodell der Rezeption und des Verstehens von Texten verdichtet werden. Indem dabei die wesentlichen »Teilschritte« des Verstehensprozesses mit den ihnen zugeordneten »gedanklich-emotionalen Tätigkeiten« und »sprachlichen Aktivitäten« verdeutlicht werden, wird der komplexe hermeneutische Prozess in seiner inneren Struktur transparent.

Auf dieses Kurzmodell wird in Kapitel 3.4 noch einmal ausführlich zurückgegriffen, wo es die Basis bildet für ein differenziert entfaltetes Modell der »sechs Schritte der Texterschließung« mit den Einzelschritten: »Textaufnahme«, »Textwiedergabe«, »Textbeschreibung«, »Textdeutung«, »Textbewertung« und »Textanwendung«.

Produktive Beziehung zwischen Text und Leser

Beim Verstehen von Texten kommt es darauf an, einerseits dem **Text** in seiner besonderen inhaltlichen und formalen Eigenart und Intention gerecht zu werden und andererseits auch den **Leser** mit seinen subjektiven Lese-Wahrnehmungen (»Lesarten«) und seiner individuellen Sinnkonstruktion ernst zu nehmen und schließlich beide – Text und Leser – in eine produktive Beziehung zueinander zu setzen.

Die Einzelschritte der Rezeption und des Verstehens

Das folgende Kurz-Modell will dies verdeutlichen und zeigen, in welchen Einzelschritten der Prozess der Rezeption und des Verstehens eines Textes verläuft: Ausgangspunkt ist zunächst der Leser mit seinen Erfahrungen mit dem Text. Danach wird in einem ständigen Umkreisen des Textes die Wechselwirkung zwischen dem Textganzen und seinen

Einzelelementen so weit wie möglich immanent erschlossen, bis der Text schließlich in verschiedene übergreifende Zusammenhänge (»Kontexte«) eingeordnet wird, um das Verstehen zu vertiefen.

Zunehmend bedeutsamer wird heute auch ein handlungs- und produktionsorientierter Umgang mit Texten, wobei der Leser in den Text eingreifen darf und in kreativer Auseinandersetzung mit ihm an unterschiedlichen Stellen der Texterschließung eigene Um- und Nachgestaltungen wagen darf (Näheres siehe 4.12).

Ein neuer Ansatz

Schritte im Verstehensprozess	Gedanklich-emotionale Tätigkeiten	Sprachliche Aktivitäten
1. Vor-Verständnis	**Vor-Eingenommenheit/Vor-Urteil** subjektive Erwartungen des Lesers bezüglich des Verfassernamens, des Texttitels, Themas, der Textsorte u. a., bedingt durch Vorwissen und Vorerfahrungen.	**Emotionen und Assoziationen** (meist unausgesprochen)
2. Vorläufiges Verständnis (= »erster Eindruck« und spontaner Verstehensansatz als Ausgangspunkt der analytischen Arbeit)	**Erste Begegnung mit dem Text durch Lesen oder Hören** – Wahrnehmung von auffallenden Einzelheiten ansprechender oder widerständiger Art – Verschmelzung zu einem gefühlshaften, noch naiven Gesamteindruck auf der Basis von: »verständlich – unverständlich« »befremdlich – vertraut« »gut – schlecht« – dabei oft Dominanz eines als zentral empfundenen Textcharakteristikums inhaltlicher oder formaler Art (= mögliche Deutungsperspektive für die Interpretation; vgl. 4) – erster, subjektiver Sinnentwurf als Annäherung an die Aussage des Textes	**Erste Eindrücke** Hilfen für die Bewusstmachung von »Lesarten«: – Wie gefällt mir der Text? – Welche Gedanken und Gefühle hat er ausgelöst? – Welche Schwierigkeiten setzt der Text dem Verständnis entgegen? – Was wäre zu tun, um diese Schwierigkeiten zu überwinden? – Festhalten erster Reaktionen, Eindrücke, Assoziationen, Emotionen, Einfälle zum Text – Notieren von Beobachtungen, Lesewiderständen, Verständnisschwierigkeiten, – Ordnen der Eindrücke (z. B. nach »emotional« und »rational«) **Nennung erster Erkenntnisse** – vorläufige Formulierung des Textsinnes in Form einer **Arbeitshypothese** – Ableitung von Aspekten/einer Leitfrage für die Weiterarbeit am Text

Schritte im Verstehensprozess	Gedanklich-emotionale Tätigkeiten	Sprachliche Aktivitäten
3. Detail-Verständnis durch genaue Beschreibung (= **Analyse** als methodisch bewusstes Beobachten und beschreibendes Kennzeichnen des Textes und Überprüfen des ersten Eindrucks; siehe 2)	**Erfassung des Textes auf der Basis weiterer Lesedurchgänge** – Abbau von Verstehensschwierigkeiten durch Klärung unbekannter Begriffe und Sachverhalte – Verdeutlichung des Themas/Grundproblems/der zentralen Frage – Kennzeichnung der Gattungszugehörigkeit/Textsorte und der vermutlichen Intention – Überblick zum Inhalt (erzählende Texte): Verlauf der äußeren und inneren Handlung; zentrale Ereignisse; Konstellation und Verhalten der Personen, Konflikte usw. und Frage des Zusammenhangs mit dem Thema und zentralen Problem – Analyse der Struktur (Sachtexte) distanziertes Beobachten der Texteigenart: gedanklicher Aufbau, Gliederung in Sinnabschnitte, Entfaltung des Themas – sprachliche Machart: relevante sprachlich-stilistische Gestaltungsmittel auf semantischer, syntaktischer und rhetorischer Ebene	**Beim wiederholten intensiven Lesens Verwendung:** – *beschreibender Sätze* (= fachsprachliche Benennung von nachweislich am Text zu beobachtenden Elementen inhaltlicher und formaler Art) – *erklärender/begründender Sätze* (= Aussagen über Stellenwert, Funktion und Wirkung der beschriebenen Einzelbeobachtungen im Rahmen des Textganzen)
4. Tieferes Verstehen durch Deutung des Sinngehalts (= **Synthese/Interpretation**)	**Erkennen und Verstehen von Funktionszusammenhängen** – Verfahren: »kreisendes« Durchlaufen des Textes mit Rückkoppelungen und Vergleich zwischen früheren und späteren Beobachtungen und Aussagen im Text – Einordnung auffälliger Details in das Textganze; Erkenntnis ihrer Beziehung/Wechselwirkung/Funktion für das Ganze (Textstruktur) – Beziehung zwischen Sinn und sprachlichen Sinnträgern – Nachweis der Intention als das den Text sprachlich und inhaltlich spezifisch organisierende und strukturierende Prinzip – Erfassung der Bildlichkeit (Symbolik als Hinweis auf Tiefenschichten der Wirklichkeit) – Zusammenhang Inhalt – Form (Gehalt – Gestalt)	– *Verwendung deutender Sätze* (= Verdeutlichung, welcher Gesamtsinn und Aussagegehalt des Textes sich aus dem Zusammenspiel der inhaltlichen und formalen Textelemente, ihrer Funktion und Wirkung aufbaut)

Schritte im Verstehensprozess	Gedanklich-emotionale Tätigkeiten	Sprachliche Aktivitäten
5. Erweiterung des Verstehens durch textexterne Faktoren	Einordnung des Werkes in historische, biografische u. a. Zusammenhänge – besondere Einflüsse der Entstehungszeit – Thematik und Eigenart des Textes im Rahmen des Lebenswerks des Autors (ein Grundthema des Autors? neu erprobte Form?) – die Einflüsse durch die gesellschaftliche Stellung des Autors – »Schulen«, denen er angehört – die gewählte Gattung im Rahmen der Gattungsgeschichte (Übernahme charakteristischer Züge der Gattung, Abweichungen u. a.) – das Werk im Zusammenhang der Epoche (Kenntnis charakteristischer Züge des Zeitgeistes für das Entstehen und Verstehen des Werkes) – vergleichendes Heranziehen von Motivkreisen, Stoffkomplexen, Formschemata	– *Verwendung kommentierender Sätze*
6. Auseinandersetzung mit dem Aussage- und Sinngehalt des Textes (= Texterörterung, -beurteilung/ Reflexion/ Diskussion)	Konfrontieren, vergleichen, kritisch aneignen: – Überprüfung: Vorverständnis/ Erwartungen/erster Eindruck ↔ Gesamtverständnis – Konfrontation: eigene Lebenserfahrung/Daseinsdeutung ↔ Textaussagen – Vergleich: andere Auffassungen/ Werteinstellungen (aus Vergangenheit und Gegenwart) ↔ Textaussagen	Erörtern und Bewerten des Textes – *Wertende Sätze* (= persönliches Urteil des Lesers über den Sinngehalt des Textes: ablehnend, kritisch aneignend, sich identifizierend, das Vorverständnis revidierend u. a.) – *Schlussfolgerungen* (= mögliche Folgen für das eigene und gesellschaftliche Leben, Denken, Handeln)
7. Vertieftes Gesamtverständnis	**Ganzheitliche Sinnerfassung des Textes** als Ergebnis der Schritte 1–5; evtl. als Basis für einen erneuten Zugang zum Text, seinem Gesamtsinn, seiner geistigen Aneignung	Sinngestaltendes Lesen (bei poetischen Texten: lautes Lesen)
8. Textanwendung	Handlungs- und produktionsorientierter spielerischer Umgang mit dem Text (an verschiedenen Stellen der Texterschließung) Vergleich der eigenen Gestaltung mit dem Bezugstext zum tieferen Verstehen seiner inhaltlichen und formalen Besonderheiten	Kreatives Nachgestalten, Umgestalten, Weiterschreiben und pantomimische, musikalische, zeichnerische, spielerische u. a. Darstellung des Textes

2 | Methoden der Literaturwissenschaft: Eigenart, Anspruch, Grenzen

> **Inhaltsübersicht**
> 2.1 Methoden als wissenschaftliche Lese- und Verstehenshilfen
> 2.2 Systematisierung der literaturwissenschaftlichen Methoden
> 2.3 Literaturwissenschaftliche Methoden – ein chronologischer Überblick
> 2.4 Zwischen Theorievergötzung und methodischer Beliebigkeit: Anspruch und Grenzen literaturwissenschaftlicher Methoden

In diesem Kapitel werden kurz einige Methoden zur Analyse und Interpretation insbesondere von literarischen Texten vorgestellt, die die Literaturwissenschaft im Laufe ihrer Geschichte als Deutungsansätze hervorgebracht hat.

Nach einer ersten Klärung, was unter »Methoden« zu verstehen ist (2.1) erfolgt eine Systematisierung der Methoden von verschiedenen Ansätzen her (2.2), um ihre Vielfalt überschaubar machen zu können. Dabei kommt dem aus Kapitel 1 bekannten »Kommunikationsmodell«, besondere Bedeutung zu, weil sich daraus produktionsorientierte, werkorientierte und rezeptionsorientierte Interpretationsansätze ableiten bzw. zuordnen lassen (2.2.2). In einer tabellarischen Übersicht werden sodann die wichtigsten literaturwissenschaftlichen Methoden des 19. und 20. Jahrhunderts in ihrer Eigenart und Leistung gekennzeichnet, aber auch in ihren Grenzen verdeutlicht (2.3). Zum Abschluss erfolgt eine kritische Rückbesinnung auf die Bedeutung literaturwissenschaftlicher Methoden, ihren Anspruch und ihre Grenzen (2.4) – in der Absicht, zu einer reflektierten Anwendung bei der Erschließung von Texten hinzuführen.

2.1 Methoden als wissenschaftliche Lese- und Verstehenshilfen

Definition von »Methode«

In allen Wissenschaften gibt es Methoden als Systeme von Regeln und planvollen, geordneten Vorgehensweisen, die in einem Forschungsprozess mit dem Ziel und Zweck angewandt werden, sichere, nachprüfbare Erkenntnisse zu gewinnen über bisher noch unbekannte Sachverhalte und Probleme der Wirklichkeit.

Die Eigenart der Methode hängt eng mit dem jeweiligen Fach zusammen, in dem sie angewandt werden soll, und vom Gegenstand ab, der untersucht werden soll. Da die

Ausgangsbedingungen, die möglichen Wege und Ziele vielfältig sind, ergibt sich eine falt von Methoden. Das Postulat eines einzigen methodischen Zugangs als alleinig-angemessene Gegenstandserfassung (»Methodenmonismus«) ist umstritten.

Versteht man »Methode« ganz anschaulich im Sinne des griechischen »met-hodos« als »Weg zu etwas hin«, dann handelt es sich bei den Methoden der Erschließung von Texten um bestimmte Wege, die der Leser mit dem Ziel geht, zum »tieferen Sinn« eines Textes vorzustoßen.

Diesen tieferen Sinn zu finden, ist leichter gesagt als getan. Denn »Sinn« ist nicht etwas Substantielles, objektiv Gegebenes, das vom Leser mit ausgeklügelten Methoden exakt aus einem Text herauszuholen wäre. Zudem erfährt der vom Autor intendierte »Sinn« im Text »keine verlässliche Konservierung« (Scherner). Zwischen der Intention des Autors, die sich auf den Adressaten richtet, und dem Verstehen des Lesers, der den Text rezipiert, besteht eine unvermeidliche »hermeneutische Differenz«, die es zu beachten gilt.

Nicht ohne Grund empfinden deshalb viele den »Weg« des Verstehens von Texten als schwierig und unübersichtlich. Ihn überschaubar zu machen, wäre eine große Hilfe. Das kann dadurch geschehen, dass dieser Weg – bildlich gesprochen – in mehrere »Etappen« eingeteilt, in Teil»strecken« zerlegt und wenn möglich bis in Einzel«schritte« hinein verdeutlicht wird. Durch eine solche Elementarisierung können auch komplizierte »Wege« einfacher beschrieben und vermittelt werden, sodass sie leichter und selbstständiger zu gehen sind. Vgl. dazu Kap. 3.4 mit den sechs Schritten!

Während »Verstehen« (vgl. 1.4) den besonderen geistigen Zugang zum Sinn eines Textes meint, bezeichnen »Methoden« (griech. *méthodos* = Weg zu etwas hin) die konkreten Verfahren und praktischen Zugriffsweisen, die zu diesem Verstehen führen sollen.

Wissenschaftliche Methoden sind (allgemein gesprochen) Systeme von Regeln und planmäßigen, geordneten Verfahren, die in einem Forschungsprozess mit dem Ziel und Zweck angewandt werden, sichere, nachprüfbare Erkenntnisse zu gewinnen über bisher noch unbekannte Sachverhalte und Probleme der Wirklichkeit. Da die Ausgangsbedingungen, die möglichen Wege und Ziele vielfältig sind, ergibt sich eine Methodenvielfalt. In den Einzelwissenschaften werden jedoch meist nur bestimmte Methoden zugelassen, die von dieser Wissenschaft her entworfen wurden und/oder bereits bewährte Verfahren darstellen.

Die von der Literaturwissenschaft im Laufe ihrer Geschichte hervorgebrachten methodischen Ansätze für die Interpretation von Texten sind sehr vielfältig: So gibt es z. B. werkimmanente, soziologische, psychologische, strukturalistische, marxistische u. a. Deutungsansätze (vgl. 2.3). Sie können geschichtlich aufeinander folgen, aber auch nebeneinander als »konkurrierende Schulmeinungen« existieren (Klarer 9), die sich gegenseitig kritisieren oder gar mit dem Anspruch des einzig gültigen methodischen Zugangs zur adäquaten Gegenstandserfassung auftreten (Methodenmonismus).

Alle diese literaturwissenschaftlichen Zugänge, Ansätze und Verfahren haben ihre Berechtigung. Es gilt jedoch zu beachten: *Methoden sind »nur« Annäherungsversuche an Texte* und machen durch ihre jeweilige besondere Fragestellung auf bestimmte Seiten des Textes aufmerksam. Texte bieten eine solche Vielfalt an Aspekten, dass zu ihrer differenzierten Beobachtung und angemessenen Sinndeutung auch verschiedenartige Metho-

Methoden als Annäherungsversuche an den Sinn des Textes

den nötig sind. Dieses vielfältige Methodeninstrumentarium stellt eine *wissenschaftliche Lesehilfe* dar, das heißt: es will dabei helfen, sich dem Text und seiner Aussage von unterschiedlichen Seiten her zu nähern.

Die gezielte Anwendung bestimmter Methoden hilft dabei, sowohl den Prozess des persönlichen Lesens anzustoßen als auch sich der subjektiven Voraussetzungen und Färbungen des Verstehens bei der persönlichen Sinnerfassung eines Textes zu vergewissern. Dabei wird das Lesen zu einem »wissenschaftlichen«, das heißt: zu einem kritisch-distanzierten Lesen, das systematisch und methodenbewusst vorgeht.

Das »wissenschaftliche« Lesen will dabei helfen, den Text in seiner Eigenart und seinem Eigenleben ernst zu nehmen. Es kann davor schützen, dem Text einen vom ersten Lesen her sich anbietenden subjektiven Sinn als den allein gültigen »aufzudrücken«. So sehr daher die kreative Rolle des Lesers als »Ko-Autor« des Textes heute betont wird (siehe 1.1.4; 1.4; 4.13), die letzte Instanz bleibt immer der Text selbst, der sorgfältig und methodisch transparent zu untersuchen ist (siehe 2.4).

2.2 Systematisierung der literaturwissenschaftlichen Methoden

Mit der Vielfalt von Aspekten eines Textes korrespondiert eine Vielfalt von literaturtheoretischen Strömungen und methodischen Ansätzen. Um die Fülle der Interpretationsmöglichkeiten in ein überschaubares System zu bringen, ihren inneren Zusammenhang und ihre Fragestellung, aber auch ihre Unterschiedlichkeit zu verdeutlichen, bieten sich verschiedene Orientierungsraster an:

1. die beiden Sichtweisen der Texte als »statische« bzw. »dynamische« Gebilde (vgl. 1.1.3 und 1.1.4)
2. die Elemente des bekannten »Kommunikationsmodells« (vgl. 1.1.4).
3. die Chronologie des Entstehens der Methoden

2.2.1 Zur Korrespondenz von Textauffassung und Textdeutung

Jeder Einzelmethode liegt ein bestimmtes Vor-Verständnis des Untersuchungsobjektes »Text« zugrunde. Die Auffassung darüber, was Texte (Literatur, Dichtung u. ä.) ihrem »Wesen« nach sind (vgl. 1.1 und 1.2), korrespondiert mit der Ansicht, auf welche Art und Weise (= Methode) sie erfasst werden sollen. So treten aufgrund einer Vorentscheidung in der Sicht der Texte als »statische« (1.1.3) oder als »dynamische« Gebilde (1.1.4) jeweils spezifische Seiten dieser Texte in den Blick, was zu unterschiedlichen Schwerpunktsetzungen und je besonderen Vorgehensweisen bei der Deutung führt.

Zwei Gruppen von Methoden

Der jeweiligen Auffassung vom Text entsprechend lassen sich grob zwei Gruppen von Methoden unterscheiden:

Textauffassung	Methoden der Textdeutung
1. Mehr »statische« Sicht: Texte = autonome, d. h. für sich existierende, objektivierte Schöpfungen als »syntaktisch geordnete Sprachzeichenmengen« und als semantisch geschlossene, ganzheitliche Bedeutungseinheiten	**Textbezogene und formorientierte Methoden:** Analyseoperationen erfolgen auf der textimmanenten/textgrammatischen Ebene: – sog. werkimmanente Methode – strukturale Methode – Textlinguistik
2. Mehr »dynamische« Sicht: Texte = prozesshafte Sinn-Gebilde, die sich als Träger kommunikativer Zwecke und Botschaften in semantischer Offenheit erst im Kommunikationszusammenhang (Verfasser – Leser) verwirklichen.	**Textübergreifende Interpretationsmethoden:** – kommunikationstheoretischer Zugang – soziologische Literaturbetrachtung – rezeptions- und wirkungsorientierte Methoden (z. B. feministische)

Jeder dieser methodischen Ansätze hat als spezifische Seh- und Zugangsweise Vorzüge, aber auch Grenzen:

Vorzüge und Grenzen der Methoden

- Die mehr statische Sicht (siehe 1.1.3) konzentriert sich streng auf den Text selber als eine in sich existierenden autonomen Eigen-Welt, die in ihrer sprachlichen Eigenart, ihrem formalen Aufbau und ihrem besonderen Aussagegehalt deutend erfasst werden soll. Hierzu haben die werk-/textbezogenen Interpretationsansätze ein differenziertes Beobachtungsinstrumentarium entwickelt. Es setzt jedoch beim Leser eine hohe Sensibilität für sprachliche Gestaltungsmittel und ihren Zusammenklang voraus.
- Eine stärker **dynamische Sicht** (siehe 1.1.4) nimmt den Text nicht als ein hermetisches, für immer abgeschlossenes, zeitenthobenes fertiges Werk, sondern als ein zwischen den beteiligten Kommunikationspartnern (Verfasser und Leser.) dynamisch entstehendes und prozesshaft zu verstehendes »Gebilde«. Der darauf bezogene literaturtheoretische Deutungsansatz richtet sein Hauptaugenmerk auf die Wechselwirkung zwischen Text und Leserschaft und vermag dabei etliche Besonderheiten des Textes gut zu erklären, die bei einer statischen Sicht leicht übersehen werden – z. B. die Tatsache, dass dieselben Texte und Bücher, in unterschiedlichen Phasen unseres Lebens gelesen, jeweils »anders« verstanden werden und ganz unterschiedlich auf uns wirken. Der Leser selber kommt ins Spiel: seine jeweilige Lebenssituation, sein gesellschaftliches Umfeld, sein Bildungsstand, sein Erfahrungshintergrund, seine jetzigen Bedürfnisse usw. lassen ihn diesen Text jeweils mit neuen Augen lesen und wirksam werden.

2.2.2 Systematisierung der literaturwissenschaftlichen Ansätze mit Hilfe des Kommunikationsmodells

Der Rückgriff auf das Kommunikationsmodell (vgl. 1.1.4) hebt die Grundfaktoren literarischer Kommunikation ins Bewusstsein und ermöglicht eine wissenschaftstheoretische Systematisierung der literaturwissenschaftlichen Interpretationsmöglichkeiten von vier Seiten her. Hierbei wird berücksichtigt, ob bei einer Methode vom Ansatz her stärker der »*Verfasser*« (produktionsorientierter Ansatz), der »*Leser*« (rezeptions-/wirkungsgeschichtlicher Ansatz) oder der »*Text*« für sich (werk- und formorientierter Ansatz) interessiert und in den Mittelpunkt der Deutung rückt. Ein vierter Deutungsansatz ergibt sich aus der Tatsache, dass Autor und Leser stets in einem bestimmten »*geschichtlich-gesellschaftlichen Kontext*« stehen und sich dabei in einer mehr oder minder großen historischen Distanz von einander befinden.

Diesen vier grundlegenden Ansätzen lassen sich verschiedene literaturtheoretische Schulen bzw. Strömungen zuordnen:

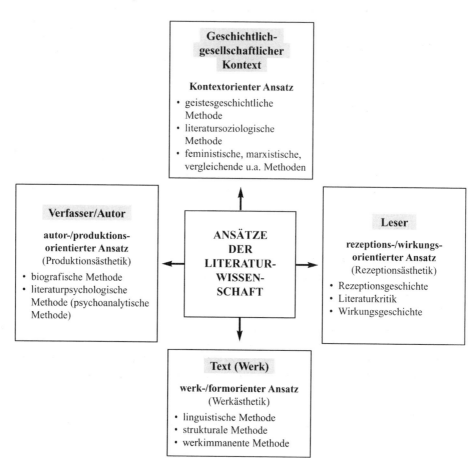

Erläuterung der Skizze — Die Wahl eines bestimmten literaturtheoretischen Ansatzes wird jeweils von dem dominierenden Interesse und der besonderen Fragestellung bestimmt, mit der ein Interpret an das Werk herangehen will. Er wählt den Ansatz aus, von dem er sich bei der Deutung des Textes die besten Ergebnisse verspricht.

Der autororientierte (produktionsorientierte) Ansatz

Der Blick des Interpreten richtet sich hierbei auf das Verhältnis von Text und Autor, um Zusammenhänge zwischen dem Werk und der Biografie des Verfassers zu untersuchen.

Es interessieren die besonderen Entstehens, der Produktionsprozess, die Intention des Autors, seine individuelle Erfahrungswelt, wie sie sich in einem bestimmten politischen, sozialen, geistigen, philosophischen, religiösen u. a. Umfeld herausgebildet hat, die kulturellen Voraussetzungen, ideen- und geistesgeschichtlichen Einflüsse und gesellschaftlichen Bedingungen, unter denen er gelebt und produziert hat.

Von besonderem Interesse sind hierbei Autobiografien von Autoren, deren Lebensdaten und Fakten mit der fiktionalen Darstellung des Werkes verglichen werden. Der Text wird auch auf unbewusst eingestreute biografische Passagen hin untersucht unter der Annahme: »Der Urheber des Textes ist sozusagen in verschlüsselter Form in seinem Werk präsent« (Klarer, Neuere Literaturwissenschaft, 1999, 25). Unter dem Einfluss von Sigmund Freud (1856–1939) hat im Laufe des 20. Jahrhunderts das Interesse an psychologischen Phänomenen der Literatur stark zugenommen. Neuerdings stehen auch Verbindungen zwischen Werk und Geschlecht des Autors bzw. der Autorin im Mittelpunkt des Interesses.

Autororientierte Ansätze fragen:
1. *Auf welche Ursachen und biografischen Besonderheiten ist die Entstehung des Werkes zurückzuführen?*
2. *Wie sind von daher bestimmte Aussagen des Textes zu erklären und zu verstehen?*

Der werkorientierte (formorientierte) Ansatz

Dieser nach 1945 in Europa und den USA entstandene Ansatz der Literaturinterpretation konzentriert sich voll auf »das literarische Werk in seiner textlichen Erscheinung« (Klarer, Neuere Literaturwissenschaft, 1999, 12). Es wird werkimmanent untersucht, welche sprachlichen, formalen und inhaltlichen Gestaltungsmerkmale den Text unverwechselbar zu dem machen, was und wie er ist. Dabei sind alle prägenden Elemente des Werkes möglichst genau zu untersuchen und in ihrem Funktionszusammenhang zu deuten: die Gattungsstrukturen, das bildhafte Sprechen, die Perspektive, die Syntax, die Stilfiguren, das Motivgeflecht u. a. Die Deutung verzichtet weitgehend auf die Einbeziehung außertextlicher Faktoren wie Autor (Biografie) und Publikum (Klasse, Geschlecht, Alter, ethnische Zugehörigkeit, Bildung usw.) und versucht den Text kontextunabhängig zu erfassen (ohne Berücksichtigung der historisch-gesellschaftlichen Rahmenbedingungen) und will subjektive Beiträge des einzelnen Lesers ausschließen.

Dieser Ansatz geht der Frage nach: »*Wie ist der Text gemacht?*«

Der leserorientierte (rezeptionsorientierte) Ansatz

Die Textinterpretation geht primär vom Leser aus, untersucht die Wirkungen eines Werkes auf ihn als »Rezipienten« (lat. *recipere* = aufnehmen; *receptio* = Aufnahme, Übernahme) und seine Tätigkeit im Verstehensprozess. Es wird davon ausgegangen, dass ein Text nicht »objektiv« existiert, sondern dass »durch jeden individuellen Leseprozess ein neuer und einzigartiger Text entsteht« (M. Klarer, Neuere Literaturwissenschaft, 1999, 26).

Es wird untersucht, »welche Texte von welcher Leserschaft wann, zu welchem Zweck und wie gelesen werden« (M. Klarer) und »welcher Leser warum in welcher Weise versteht«.

Als Fragen stellen sich:
1. *Welche Verstehensaktivitäten regt das Werk beim Leser an? Wie wird sein Verstehen gelenkt (Wortwahl, Satzbau, Stilfiguren, Erzählperspektive u. a.)?*
2. *Welche Wirkungsabsichten und -signale lassen sich aus dem Werk erschließen?*
3. *Wie ist die Wirkung des Werkes auf den heutigen Leser, wie war sie bei den Zeitgenossen des Autors? Welche Gründe lassen sich für diese Wirkung feststellen?*

Zur Beantwortung der Fragen werden zum Teil literatursoziologische Arbeitsweisen herangezogen.

Der kontextbezogene Ansatz

»Der kontextorientierte Ansatz versucht (...), einen literarischen Text vor dem Hintergrund historischer, sozialer oder politischer Entwicklungen zu betrachten, wobei gattungsgeschichtliche und literarhistorische Einordnungen vorgeschlagen werden, aber auch motiv- und sozialgeschichtliche Analysen zur Anwendung kommen.« (M. Klarer, Literaturwissenschaft, 1999, 12)

Im Unterschied zu den anderen genannten methodischen Ansätzen wird nicht nur *ein* besonderer Schwerpunkt untersucht, sondern der komplexe Zusammenhang aller für den Text wichtigen Faktoren. Der Text wird nicht als immanentes, für sich stehendes Gebilde betrachtet (siehe 2), sondern in einen größeren Zusammenhang gestellt. Als *kritisch-hermeneutischer Ansatz* wird die Tatsache ernstgenommen, dass alle Beteiligten in einem geschichtlich-gesellschaftlichen Kontext stehen, der auf das Schreiben, Lesen und Verstehen des Textes einwirkt und seine Eigenart mitbestimmt. Der »Sinn« eines Textes ergibt sich erst aus der Wahrnehmung und Deutung des Wechselprozesses von Leser, Werk und gesellschaftlicher Wirklichkeit. Vor allem bei Jahrhunderte alten Texten mit ihrer historischen Distanz von Autor, Text und Leser bereitet diese Sinnkonstituierung Schwierigkeiten.

2.3 Literaturwissenschaftliche Methoden – ein chronologischer Überblick

Wissenschaftstheoretische Vorüberlegungen

Eine ausgebildete Theorie literarischer Texte, die systematisiert und an den Gegenständen überprüfbar ist, gilt auch in der Literaturwissenschaft als unverzichtbar. Ihre Geschichte zeigt, dass zu bestimmten Zeiten ganz bestimmte Verfahren der Interpretation bevorzugt wurden.

Wie in jeder Wissenschaft wird auch hier deutlich, dass theoretische Entwürfe den Untersuchungsgegenstand abbilden, konstituieren und strukturieren. Theoretische Vorentscheidungen wirken sich auf den Forschungsprozess aus, indem sie den Blick auf den Gegenstand (hier: den literarischen Text) beeinflussen, ja regulieren.

Des Weiteren ist zu bedenken: Etliche der im Folgenden beschriebenen Methoden sind so grundverschieden, dass sie geradezu als unvereinbar erscheinen (z. B. werkimmanente Interpretation und literatursoziologischer Ansatz, hermeneutische Modelle und antihermeneutische Strömungen wie die »Dekonstruktion«).

Und schließlich lässt sich beobachten, dass manche der »alten« Methoden angesichts neuerer Entwicklungen plötzlich wieder in neuem Licht erscheinen und Anerkennung finden: »In den Zeiten der florierenden ›Dekonstruktion‹ (…) zeigt sich die ›textimmanente Analyse‹ überraschend in freundlicherer Beleuchtung als in den Zeiten, in denen die ›Sozialgeschichte der Literatur‹ den Ton angab« (Arnold/Detering, Grundzüge 14).

In Kenntnis der folgenden Methoden der Interpretation empfiehlt es sich auf jeden Fall, den Hauptakzent zunächst auf eine textnahe Erschließung zu legen, wie sie von der »werkimmanenten Methode« (siehe Nr. 5) her differenziert ermöglicht wird, und auf dieser Grundlage dann textexterne Gesichtspunkte für die Deutung heranzuziehen, wie sie u. a. von der psychologischen (siehe Nr. 3) oder soziologischen Betrachtungsweise (siehe Nr. 7) her in den Blick kommen können.

Name/Zeit/Vertreter	Frageansatz/Gegenstand/Verfahren	Leistung und Gewinn
1. Positivistische Literaturbetrachtung **Zeit**: 2. Hälfte des 19. Jh.s **Vertreter**: Wilhelm Scherer (1841–1886) Erich Schmidt (1853–1913) u. a.	**Tendenz**: sich an das Gegebene, »positiv« Fassbare zu halten und eine genaue Beschreibung der Fakten zu geben, um so die wissenschaftliche »Objektivität« zu wahren und alles Spekulative und Metaphysische auszuklammern **Ziel**: nach dem Vorbild der streng empirischen Naturwissenschaft sollen die Gesetzmäßigkeiten in der Literatur kausalgenetisch erklärt werden; es geht um die Aufdeckung des räumlich-zeitlichen Zusammenwirkens und der wechselseitigen Abhängigkeiten der Formelemente **Methode**: möglichst umfassendes Sammeln, Beschreiben, Registrieren, Klassifizieren von exakt mess- und feststellbaren Fakten zur Literatur: Lebensdaten der Autoren und des Umfeldes, persönliche Erfahrungen und Auffassungen der Autoren, wie sie sich in Tagebüchern, Briefen und Autobiografien zeigen, dazu Entstehungsdaten der Werke und Vergleich verschiedener Fassungen.	**Positiv**: • große Materialfülle an Beobachtungen, überlegene Gliederung des Stoffes, punktuelle Genauigkeit (aber bei einigen Schülern: fehlende tiefere Gesamtschau) • Impulse für die Ursachen- und Motivforschung und für das geschichtliche Werden von Literatur auf der Basis des empirisch Erfassbaren • Exaktheit und Detailreichtum des zusammengetragenen Forschungsmaterials auf der Grundlage umfassenden Quellenstudiums, philologischer Textkritik, Editionstechnik, Motivforschung, Erkenntnissen aus Biografie und Psychologie **Negativ**: • Fragen, die über die Tatsachenwissenschaften hinausführen, werden unterdrückt, • trotz positivistischer Einstellung: unerkannte Voreingenommenheit (vaterländische Gesinnung, Überbewertung des Nationalen: das »Deutsche« als Maßstab der Bewertung bis zur Übersteigerung im Nationalsozialismus)

Name/Zeit/Vertreter	Frageansatz/Gegenstand/Verfahren	Leistung und Gewinn
2. Biografische Methode **Zeit**: 1. Hälfte des 20. Jh.s **Vertreter** (strenge Richtung): Friedrich Gundolf (1880–1931) Walter Muschg (1898–1965) **Vertreter** (gemäßigte Richtung): Fritz Martini (1909–1991) Emil Ermatinger (1873–1953)	**Annahme**: die Biografie des Autors ist für die Deutung seines Werkes unentbehrlich (= *strenge Richtung* einer modifizierten Milieu-Theorie) **Ziel**: eine direkte Verbindung und enge Wechselwirkung aufzuzeigen zwischen der Biografie des Autors und dem literarischen Werk. **Methode**: Daten, Fakten und Ereignisse aus dem Leben eines Autors werden mit Aspekten und Erscheinungen des Textes in Übereinstimmung gebracht bzw. für die Deutung herangezogen. Untersucht wird, ob und wie sich Lebenserfahrungen des Autors bei einem literarischen Text ausgewirkt haben auf: Wahl des Themas, Entfaltung des Inhalts und Darstellungsweise.	**Kritische Bewertung**: 1) Viele Autoren wehren sich gegen dieses Verfahren, weil sie • die Fiktionalität ihrer Werke bewahren wollen • die Privatsphäre nicht preisgeben wollen 2) Vorwurf: Vernachlässigung der sprach-künstlerischen Gestaltung eines Werkes zugunsten textexterner Faktoren (Quellenforschung) 3) Die biografische Methode der strengen Richtung verwischt die Grenzen zwischen Wissenschaft und Dichtung und führt zu einer »mythologisierenden« Darstellung der Literatur(geschichte)
3. Psychologische (psychoanalytische) Literaturanalyse **Zeit**: ab Jh.-Wende bis etwa 1933 **Vertreter**: Sigmund Freud (1856–1939): sein Werk *Traumdeutung* (1900) dient als zentrales Orientierungsmodell zur Deutung literarischer Fantasie Carl Gustav Jung (1875–1961)	**Ausgangspunkt**: Schreiben (»dichten«) wird als psychischer Prozess verstanden. Literatur wird demnach definiert als bewusster und vor allem unbewusster Ausdruck der Psyche des Verfassers. Dessen psychischen Antriebskräfte und persönlichen Probleme sind zu ergründen, um psychoanalytisch zu verstehen, was den Autor zum Schreiben veranlasst hat und wie sich seine innere Situation in seiner literarischen Fantasie ausgewirkt und in seinem Werk niedergeschlagen hat. Denn es wird davon ausgegangen, dass ein wesentlicher Teil des Handelns vom Unterbewusstsein gesteuert wird und das literarische Werk daher als Ausdruck einer zum Teil unbewussten Auseinandersetzung des Autors mit der eigenen Psyche gesehen wird (z. B. verdrängtes Triebleben). Dichter gelten zudem als besonders sensible Gestalter kollektiver, gesellschaftlicher Tendenzen des Unbewussten. Im Mittelpunkt des Deutungsverfahrens steht also der Autor. **Ziel**: Erklären, wie ein Werk entsteht; Zugang zum verdrängten Triebleben des Verfassers, aus geheimen Wünschen, die unbefriedigt blieben. • Erforschung der verborgenen Texthinweise, in denen sich unbewusst Verdrängtes, Unbefriedigtes andeutet. (Beispiel: *Goethes »Leiden des jungen Werther«* (1774) – unerfüllte Liebe zu Charlotte Buff) • Deutung der im Werk auftretenden Konflikte zwischen den Personen als Ausdruck der unbewussten Konflikte in der Seele des Autors (z. B. als Ödipus-Komplex, Kastrationsangst usw.)	**Negativ**: • Neigung zu spekulativen Annahmen auf der Basis von psychoanalytischen Theorien. • Beschränkung auf wenige Erklärungsmuster (z. B. Gott = Vaterprojektion; Held = verwirrter Ödipus; Naturerlebnis = Hinweis auf Mutterbindung; sexuelle Symbole) • Wegfall der Bereiche Umweltfaktoren, Gesellschaft, Politik, Religion usw. **Positiv**: Blick geweitet für die Dynamik der menschlichen Seele (Kampf zwischen »Es« und »Über-Ich«) und die verborgenen Motive des Handelns.

Name/Zeit/Vertreter	Frageansatz/Gegenstand/Verfahren	Leistung und Gewinn
4. Geistes- und ideengeschichtliche Betrachtungsweise Zeit: um die Jahrhundertwende bis zur Jahrhundertmitte Vertreter: Wilhelm Dilthey (1833–1911) Rudolf Unger (1876–1942) Hermann August Korff (1882–1963)	**Grundannahme:** Dichter sind »Geistesgrößen« wie Künstler, Philosophen u. a., die durch ihr Denken, ihre Vorstellungen und Werke geistige Wirkungen ausgelöst und die »Geschichte des Geistes« geprägt haben – so wie sie selber beeinflusst waren von philosophischen, literarischen u. a. Strömungen ihrer Zeit. Das Kunstwerk wird als Symbol der »Idee« gesehen. Untersucht wird, wie sich Ideen, Vorstellungen und Werke von anderen philosophischen, künstlerischen, literarischen u. a. Geistesgrößen auf ein dichterisches Werk ausgewirkt haben und weiterentwickelt wurden. **Merkmale des geistesgeschichtlichen Verfahrens:** • Leitende Begriffe sind: »Erlebnis« und »Geist«. • Im Mittelpunkt des Bemühens steht das Verstehen als die Dichtung nachvollziehende »Einfühlung« (Erlebnis) anstelle eines bloßen Sammelns, Beschreibens und Erklärens von Einzelfakten (wie bei der positivistischen Literaturbetrachtung. • Das Einzelwerk wird mit seinem Dichter gleichgesetzt und auf allgemeine, zeitlose menschliche Verhaltensweisen (Typen) zurückgeführt. • Herausarbeitung des Gehaltes an überzeitlichem Sinn und an Lebensdeutung im Rahmen des Volks-, Zeit- und Kulturgeistes • Forschungsrichtungen mit Aufweis übergreifender Zusammenhänge entstehen: ideengeschichtliche, motivgeschichtliche und gattungsgeschichtliche Untersuchungen • Der Geniebegriff und die dichterische Schöpfungskraft werden in ihrer Besonderheit wiederentdeckt.	**Negativ:** die Suche nach dem großen Zusammenhang (das Kunstwerk umgreifende höhere Ganze) führt zur Vernachlässigung des Individuellen und der handwerklich exakten Textarbeit **Positiv:** Einsicht in die historische Abhängigkeit des Interpretierenden und des interpretierten Textes
5. Werkimmanente Methode Zeit: zwischen 1945 und 1965 Ansätze anderer Länder: – Formalismus (Russland, ca. 1915–1930) – New Criticism (USA, seit den 30er Jahren)	**Entstehung und Eigenart:** Die am ästhetischen Reiz und Zusammenspiel der poetischen Mittel eines Werkes orientierte Betrachtungsweise war nach 1945 in Deutschland als Reaktion auf die »ideologische« Literaturbetrachtung des Dritten Reiches entstanden, wo die Dichtung für außerliterarische, propagandistische Zwecke missbraucht worden war (Huldigung eines Biologismus, Rassen- und Germanenkultes). Die nunmehr aus einer »rigorosen Haltung des ästhetischen Idealismus« heraus bewusst ahistorisch ausgerichtete Methode wollte – fast ausschließlich konzentriert auf »sprachkünstlerische« Werke im Sinne von »Dichtung« – eine rein formalästhetische Analyse vornehmen, um die »Seinsart« von Literatur zu bestimmen. Im vorausgehenden russischen	**Fragwürdig ist:** • Der relativ kleine Kanon der als »Dichtung« anerkannten literarischen »Hoch-Werke« grenzt den Gegenstand der Untersuchung zu sehr ein. • Das subjektive Gefühl des Ergriffenseins als einzig angemessene Begegnungsweise mit dem Werk stellt eine unzulässige Vereinfachung dar und entzieht sich begrifflicher Klärung. Nicht der Text selbst wird damit erfasst, sondern nur das Gefühl, die »Gestimmtheit«

Name/Zeit/Vertreter	Frageansatz/Gegenstand/Verfahren	Leistung und Gewinn
Vertreter: Wolfgang Kayser (1906–1960) Emil Staiger (1908–1987) Karl Viëtor (1892–1951) Wilhelm Emrich (1909–1998)	»*Formalismus*«(in Moskau und Petersburg um 1915 entstanden) und im anglo-amerikanischen »*New Criticism*« in der Mitte des 20. Jahrhunderts gab es bereits ähnliche Tendenzen, ohne dass man von einer direkten Übernahme sprechen kann: beide richten ihren Blick auf den literarischen Text selbst, untersuchen das »Literarische« an der Literatur, das heißt: die zugrundeliegenden besonderen sprachlich-syntaktischen Strukturen und metrischen, rhetorischen und stilistischen Komponenten, die in einem literarischen Werk anders in Erscheinung treten als in der Alltagssprache. Die Literaturwissenschaft soll von allen extrinsischen (außertextlichen) Faktoren befreit werden. Obwohl diese in Deutschland über ein Jahrzehnt vorherrschende Methode der werkimmanenten Interpretation keine Theorie im Sinne eines Programms vorgelegt hat, lassen sich als **Grundsätze** dieser »Autonomieästhetik« feststellen: ● Dichtung ist »eine völlig eigene Welt mit ihren eigenen Gesetzen, unterschieden von aller Realität« (Kayser II 54), ein »zeitloses Sein« gleichsam von »Ewigkeitswert«. ● Die Interpretation geht von der Annahme aus, dass Dichtung als höchste Kunstform der Sprache ein überzeitliches autonomes Sprach- und Wortkunstwerk darstellt, das durch die immanente Geschlossenheit seines Strukturzusammenhangs gekennzeichnet ist: »Jedes Kunstwerk ist ein in sich geschlossenes Ganzes und kann nur aus sich selbst heraus verstanden werden« (Wolfgang Kayser). Als sprachliches Gebilde hat es sich restlos von seinem Schöpfer gelöst, ist autonom und trägt seinen »Sinn« ganz in sich selber. »In der Dichtung ist die von der Sprache hervorgerufene Gegenständlichkeit nur innerhalb der Sprache [= der jeweiligen Dichtung] existent. Die Bedeutungen weisen auf keine Realität. Aller Gehalt, der sich ausdrückt, ist in der Gestaltung anwesend« (Kayser). Der Sinn der Dichtung tritt also in den verwendeten Kunstmitteln greifbar in Erscheinung. Daher soll und kann das Kunstwerk voraussetzungslos aus sich selbst heraus gedeutet werden. Es ist frei von außerliterarischen Zwecken. ● Ausschließlicher Gegenstand der Interpretation sind demnach »werkimmanente« Faktoren des literarischen Werkes. Um dessen ästhetischen Eigenwert, seine »Poetizität« zu verdeutlichen, sollen die strukturellen Elemente in ihrer funktionalen Bezogenheit dargestellt werden – als Gefüge der inhaltlichen, sprachlichen und stilistischen Faktoren, der Formphänomene, Kompositionsweisen (Aufbau, Bauform, Per-	eingefangen, die das Werk im Leser hervorruft. ● Die Beschränkung des Deutungsinteresses nur auf den Wortlaut des Textes und das Absehen von biografischen, literaturgeschichtlichen, geistes-, sozial- und religionsgeschichtlichen Einflüssen und psychischen Schaffensbedingungen bei der Entstehung des Werkes ist eine unhaltbare Reduktion (Vorwurf des Unhistorischen, Lebens- und Gesellschaftsfernen), da jeder Text auf Bereiche außerhalb seiner selbst verweist, die ihn geprägt haben und die er widerspiegelt. ● Verstehen ist nie ein unmittelbarer, sondern stets ein mittelbarer Prozess, in den Vorwissen, Erfahrungen, Wertmaßstäbe, Urteile u. a. des Interpreten mit eingehen. ● Die Methode stellt hohe Anforderungen an die Disziplin und Konzentration des Interpreten und erweist sich vor allem bei älteren Texten als zu schmale Basis für ein angemessenes Verstehen. ● Die Methode gilt als einseitig und unzulänglich; als Gegenreaktion sind stark inhaltlich orientierte, oft marxistisch beeinflusste *soziologische Richtungen* entstanden sowie ein *Methodenpluralismus*, wobei ein Werk unter verschiedenen Perspektiven mit jeweils unterschiedlichen Methoden interpretiert wird, um so seine Komplexität besser zu erfassen. **Positiv:** ● das Prinzip der Textnähe ● die große Sensibilität und Intensität beim Lesen (Textaufnahme/Textbegegnung) ● das hoch entwickelte Sensorium für sprachlich-künstlerische Gestaltung

Name/Zeit/Vertreter	Frageansatz/Gegenstand/Verfahren	Leistung und Gewinn
	spektive), Bilder und Motive usw. in ihrer untrennbaren Einheit von Gehalt und Form (»Stimmigkeit«). • Auf die Berücksichtigung von werkübergreifenden, außerliterarischen Zusammenhängen wie z. B. das Leben des Autors, der realgeschichtliche Hintergrund des Textgegenstandes, staatliche und gesellschaftliche Bezüge, psychologische Gesichtspunkte usw. verzichtet der Interpret bewusst, weil dadurch der Blick auf das Werk selbst verstellt oder verfälscht würde. • Der Leser soll dem dichterischen Werk unmittelbar begegnen und es in Liebe und Verehrung schauend erleben. Das subjektive Gefühl des Ergriffenseins bildet nach Staiger die Basis der wissenschaftlichen Arbeit. Die Besonderheit der Methode wird in seiner Kurzformel deutlich: »Was uns der unmittelbare Eindruck aufschließt, ist Gegenstand literarischer Forschung; dass wir *begreifen*, was uns *ergreift*, das ist das eigentliche Ziel aller Literaturwissenschaft.«	• die Entwicklung eines präzisen, sehr differenzierten Begriffsapparats für die Durchführung und Beschreibung einer genauen Strukturanalyse • die Ausprägung einer sensiblen Kunst des Lesens **Gesamtwertung:** Als textnahes gründliches Beschreibungs- und Deutungsverfahren bildet diese Methode die Basis und den *ersten Schritt* für eine weiterführende Interpretation, in die auch außertextliche Aspekte und textübergreifende Überlegungen einbezogen werden.
6. Strukturalismus/ strukturale Textanalyse (lat. *structura* = Zusammenfügung, Bau) **Vertreter**: Ferdinand de Saussure (1857–1913) Roland Barthes (1915–1980) Claude Lévi-Strauss (* 1908)	Diese methodische Richtung entfaltet sich in drei Schüben: **1. die anthropologische Denkweise** (z. B. Roland Barthes) der Ethnologie, Psychologie und Soziologie: Es gibt von Natur aus vorgegebene analoge Muster, »Strukturen« des Denkens, der Vorstellungen, des Zusammenlebens u. a. als Beziehungen zwischen den Elementen eines kulturellen oder sozialen Systems, die der unbewussten Tätigkeit des menschlichen Geistes entsprechen. An vielen Zeichen kann (vor allem bei einfachen Völkern) erkennbar werden, nach welchen verborgenen Gesetzen das menschliche Leben zu allen Zeiten und an allen Orten verläuft. **2. Übernahme dieser Denkmethode in der Sprachwissenschaft** Die Sprache gilt als ein besonderes System von Zeichen (Ferdinand de Saussure), dessen Struktur und Gebrauch die Eigenart des Menschen verdeutlicht. **3. Die Anwendung des linguistisch orientierten Verfahrens als strukturale Textanalyse** Der Text gilt hierbei als System von sprachlichen Elementen (Einheiten), die in wechselseitigen Beziehungen zueinander stehen. Die Grundhypothese besagt, dass kein Teil des Textes verstanden werden kann außer in Verbindung mit dem Textganzen. Als »**Struktur**« wird die Anordnung die-	Eine **kritische Würdigung** der strukturalen Methode ist schwierig, da von ihren Vertretern z. T. unterschiedliche Positionen eingenommen werden. **Negativ**: • Bei der betont »synchronen« Betrachtung von Texten kommen Aspekte wie Autor, Entstehungszeit, gesellschaftliche Hintergründe usw. zu kurz. • Es besteht die Gefahr, dass überwiegend die formalen Beziehungen der Einzelelemente (Struktur) eines Textes untersucht werden und die Frage nach der in der Darstellung gemeinten »objektiven« Wirklichkeit und der Wahrheit zu kurz kommt. **Positiv**: Es gelingt z. T. wie bei keiner anderen Methode, die Funktion und Bedeutung von Strukturelementen aufzuzeigen (z. B. als Ausdruck allgemein-menschlicher Eigenschaften, Denkweisen und psychischer Gegebenheiten).

Name/Zeit/Vertreter	Frageansatz/Gegenstand/Verfahren	Leistung und Gewinn
	ser sprachlichen Elemente zu einem »System« von formalen Beziehungen verstanden. Die strukturale Textanalyse bezeichnet ein Verfahren, das poetische, nicht-poetische und visuelle Texte im Hinblick auf ihre Struktur und die Funktion dieser Struktur untersucht. Es sollen dabei empirisch, exakt und rational einsichtig die Gesetze und Regeln aufgezeigt werden, nach denen diese Struktur sich aufbaut und bei der Textaufnahme durch Leser, Hörer, Zuschauer »funktioniert«. Die Beschreibung bezieht sich auf das unmittelbar Beobachtbare, das zeitgleiche (= *synchrone*) Zusammenwirken sprachlicher Elemente eines Textes und nicht auf die geschichtliche Herleitung und Entwicklung (= *diachrone*) der inhaltlichen Aspekte oder der Entstehungszeit und Biografie des Verfassers. **Verfahren:** 1. Zerlegung des Textes in seine Einzelelemente, aus denen sich seine Bedeutungsganzheit aufbaut. 2. Neuzusammensetzung (Synthese), um die Regeln aufzudecken, nach denen der Text in seiner Struktur (Elemente und Beziehungen) funktioniert. Dabei wird die Erkenntnis gewonnen: Das einzelne sprachliche Gestaltungselement eines Textes hat seine Bedeutung nicht »in sich«, sondern definiert sich von seiner Stellung im Systemganzen, das heißt: aus der je besonderen Beziehung, Abhängigkeit und Zusammengehörigkeit mit den anderen Strukturelementen. Solche zu untersuchenden Beziehungsverhältnisse sind z. B. Opposition (Gegensätzlichkeit) und Äquivalenz (Parallelismus; gleichartige Anordnung, Wiederholung). Jedes Element ist so beschaffen, dass die geringste Veränderung und Verschiebung eines Elements eine Veränderung des Ganzen bewirkt. Es kann insofern keine zwei wirklich identische sprachliche Elemente in einem Text geben, da jede Position anders und damit einzigartig ist. Dies lässt sich leicht durch bestimmte »Proben« aufzeigen: **1. Klangprobe:** Verschiedene Sprecher versuchen den Text nacheinander möglichst spontan zum »Klingen« zu bringen. Das laute Lesen verdeutlicht jeweils die Betonungen, die Leseschwierigkeiten, die klanglich-inhaltlichen Einheiten (Wortgruppierungen, Sätze, Abschnitte usw.) und ermöglicht es, die hörbare Gestalt des Textes aufzudecken. Indem die verschiedenen Klangproben – festgehalten evtl. durch ein Tonband – in ihren Übereinstimmungen oder Unterschieden verglichen, diskutiert und in weiteren Klangproben korrigiert werden, wird die Erfas-	

Name/Zeit/Vertreter	Frageansatz/Gegenstand/Verfahren	Leistung und Gewinn
	sung des Textsinns als soziale Interaktion hörbar und kontrollierbar gemacht. **2. Verschiebeprobe:** Einzelne Wörter und Wortgruppen werden an eine andere Stelle des Satzes, des Abschnitts usw. verschoben und in der unterschiedlichen Wirkung beobachtet. So zeigt sich die Besonderheit der im Text vorliegenden Beziehung zwischen den sprachlichen Elementen genauer und die Eigenart der Textstruktur wird erhellt. **3. Ersatzprobe:** Wörter und Wortgruppen, die z. B. Schwierigkeiten bereiten oder missverständlich sind, werden durch andere, inhaltlich und formal ähnliche (z. B. Pferd – Ross – Mähre) oder konträre Wörter ersetzt, sodass sich durch die Feststellung und den Vergleich der unterschiedlichen Wirkung und Bedeutung die Eigenart des vorliegenden Textes und der spezielle Sinn der Aussage klarer fassen lässt.	
7. Literatursoziologie Zeit: bes. ab den 60er Jahren des 20. Jh.s, aber in Ansätzen bis ins 19. Jh. zurückgehend **Mehrere Richtungen:** *1. Empirisch-positivistische Literatursoziologie* (*»Soziologie der Literatur«*) Vertreter: Hans Norbert Fügen (* 1925) Leo Löwenthal (1900-1993)	Umfasst verschiedene, z. T. sich überschneidende Ansätze, Literatur und Gesellschaft aufeinander zu beziehen, aber noch ohne umfassende soziale Theorie und klar abzugrenzenden Gegenstandsbereich. **Allgemeiner Gegenstand:** Erforschung der Bedingungen, unter denen ein Autor schreibt, des Verhältnisses und der Wechselwirkung zwischen Autor/Literatur und Gesellschaft. Klärung der Frage, welche Rolle der Literatur und dem Autor im sozialen Leben zukommt, in welcher Weise der Autor die ihn umgebenden gesellschaftlichen Verhältnisse verarbeitet und in seinem Werk abbildet, inwieweit er aktiv auf Probleme seiner Zeit reagiert und wie sie sich auswirken auf die Eigenart des Werkes und wie Literatur ihrerseits wieder auf die Gesellschaft zurückwirkt. Näherhin werden untersucht: die sozialen u. ökonomischen Voraussetzungen und Abhängigkeiten von Produktion, Verbreitung, Aufnahme und Weiterwirkung der Literatur; dabei werden z. T. naturwissenschaftliche Methoden angewandt und dargestellt (z. B. Statistik). Sie erforscht die Wechselbeziehungen der an der Literatur beteiligten Personen und Institutionen: – Autor: Herkunft, gesellschaftliche Rolle, wirtschaftliche und soziale Situation, Bezug zu Zeitauffassungen, Schulen, Arbeitsbedingungen	**Gesamtbeurteilung der Literatursoziologie**: Negativ: • Bei der isolierten Ausrichtung auf das soziale Fundament der Literatur fehlt es oft an kritischer Verdeutlichung der Auswirkungen dieser Faktoren und ihres Zusammenhangs auf die Struktur des Werkes • Gefahr der Blindheit für die Vielschichtigkeit eines Werkes unter dem Dogma der Prägung durch die historisch-gesellschaftliche Situation und Bewegung. • Verfehlen der Erkenntnismöglichkeiten, wenn die ästhetische Dimension eines literarischen Werkes als prinzipiell nicht zu ihrem Kompetenzbereich gehörend erklärt wird. • Die marxistische Literaturbetrachtung steht massiv unter einer ideologischen Zielsetzung und ist in ihrem wissenschaftlichen Anspruch anfechtbar.

Name/Zeit/Vertreter	Frageansatz/Gegenstand/Verfahren	Leistung und Gewinn
	– **Vermittlungsinstanzen:** Sie untersucht die Bedingungen der Buchproduktion und des Buchmarkts: Status der Verlage, Buchhändler, Buchclubs, Kritiker, Werbe- und Verkaufsmethoden, Honorare, Urheberrecht, Zensur u. a. – **Leser (Publikum):** Geschlecht, Alter, Konfession, Bildung, Interessen; Zeitgenosse des Autors oder spätere Generation, Erwartungen, Aufnahme und Weiterwirkung des Werkes in verschiedenen Epochen u. a. – **Werk:** als Ware und Konsumartikel (z. B. Bestseller, Trivialliteratur usw.)	**Positiv:** • Die Literatursoziologie hat ein vertieftes Verständnis geweckt für den Zusammenhang zwischen dem literarischen Werk, dem ökonomischen Prozess und der Gesellschaftsstruktur • Die Methode führt zu guten Ergebnissen, wenn sie ergänzt wird durch die genaue Strukturanalyse des Werkes selbst.
2. Dialektische Literatursoziologie (*theoretisch-kritische L.*) **Begründer:** Georg Lukács (1875–1971) Walter Benjamin (1892–1940) Theodor W. Adorno (1903–1969) weiterentwickelt von: L. Goldmann	Sie beschäftigt sich mit dem Werk selbst (jedoch nicht mit seiner ästhetischen Gestaltung) und untersucht als innerliteraturwissenschaftliche Methode mit Hilfe soziologische Kategorien, auf welche Weise sich im Werk selbst soziologische Strukturen, gesellschaftliche Zusammenhänge und Gehalte zeigen. Sie stellt dar, wie sich außerliterarische gesellschaftliche Wirklichkeit im Werk widerspiegelt (Lukács): z. B. Verhältnis von literarischen Normen und Werten zur Sozial- und Herrschaftsstruktur der Gesellschaft; Zugehörigkeit von Personen zu einer gesellschaftlichen Schicht, Selbstverständnis sozialer Gruppen, das sich im Werk ausdrückt, den Text mitbestimmt und seine Wirkung beeinflusst u. a. Diese soziologische Fragestellung führt zur Gesellschaftskritik.	
3. Materialistisch-marxistische Literaturbetrachtung	Literatur wird historisch-materialistisch interpretiert, d. h. geschichtlich unter Wahrung des Vorrangs sozio-ökonomischer Bedingungen: • Nach Marx gehören Kunst und Literatur zum ideologischen Überbau und sind bestimmt von der materiellen ökonomischen Basis. Kunst und Literatur sind keine autonomen Gebilde, sondern stellen eine spezifische Form des gesellschaftlichen Bewusstseins dar. • Dominanter Untersuchungsaspekt ist von daher: die möglichst genaue Analyse des Zusammenhangs von Werk (Überbau) und sozialer Wirklichkeit (Basis). • Die »vulgärmarxistische« Auffassung einer unmittelbaren »Abbildung« der wirtschaftlich-gesellschaftlichen Verhältnisse in einem Werk ist aufgegeben. Marx und Engels vertreten eine Rückwirkung des Überbaus (Literatur) auf die Basis, zwischen denen eine Wechselwirkung bestehe. • Ungelöste Aufgabe ist es bis heute, alle wechselseitigen Bedingungen und kausalen Zusammenhänge bezüglich eines Werkes zu klären.	

Name/Zeit/Vertreter	Frageansatz/Gegenstand/Verfahren	Leistung und Gewinn
	• Als Maßstab für die Betrachtung und künstlerisch-ästhetische Bewertung von Literatur gilt die »Parteilichkeit«, d. h. der Grad ihrer Eignung für die Entwicklung der sozialistischen Persönlichkeit und Zukunft.	
8. Rezeptionsästhetische und wirkungsorientierte Analyse	**Ausgangspunkt:** Das literarische Kunstwerk besitzt eine Offenheit des Bedeutungs- und Sinnangebotes; dieses wird erst konkret durch die Verschmelzung mit dem Erwartungs-, Verständnis- und Bildungshorizont des Lesers als Rezipienten. Die Erfahrungen und Bewusstseinslagen der Leser wirken sich auf das Werk und seine Rezeption aus. Eine systematische Auswertung der Rezeption, d. h. der Aufnahme eines Werkes durch das Publikum (Leser, Zuschauer) unterstützt die Interpretation.	**Würdigung** Texte dienen einem lebendigen Verständigungsprozess zwischen Autor und Rezipient, der prinzipiell unabgeschlossen bleibt. Der Rolle des Lesers kommt besonderes Gewicht zu.
9. Kritisch-hermeneutische Methode (griech. *hermeneuein* = übersetzen, auslegen, interpretieren) **Zeit**: seit dem 16. Jahrhundert mit Höhepunkt im 19. und 20. Jahrhundert **Vertreter**: Friedrich Schleiermacher (1786–1834) Wilhelm Dilthey (1833–1911) Edmund Husserl (1859–1938) Martin Heidegger (1889–1976) Hans-Georg Gadamer (1900–2002)	»Hermeneutik« hat in der Hauptsache folgende vier Bedeutungen: • die Tätigkeit des Auslegens, Verstehens, Erklärens und Übersetzens • die Technik und die Regeln für diese Tätigkeiten • die Reflexion der Voraussetzungen und Bedingungen dieser Tätigkeiten (philosophische Hermeneutik) • die besondere Art der Auslegung der Wirklichkeit, bei der der Zirkel des Verstehens bewusst zugrunde gelegt wird (hermeneutische Philosophie) Als »Lehre vom Verstehen« richtet sich die Hermeneutik auf die Voraussetzungen und methodischen Verfahren des richtigen Verstehens und wissenschaftlichen Begreifens von komplexen Ganzheiten (z. B. Texte), wie sie sich in ihren Teilen und Einzelmomenten aufbauen. Sie will das jeweilige Sinngebilde sowohl in seiner individuellen Besonderheit und Einmaligkeit erfassen als auch in seinem geschichtlichen Zusammenhang und Werden begreifen. Die Hermeneutik reflektiert diese Bedingungen des Verstehens und die technischen Möglichkeiten der Auslegung von Texten. Auf Texte bezogen heißt dies näherhin: Als eine geisteswissenschaftliche Erkenntnisweise untersucht die Hermeneutik, wie der Leser einen Text in seinem Bedeutungszusammenhang versteht und wie sich sowohl der heutige Sinn des Textes als auch der geschichtlich gewachsene zur eigenen Erfahrung des Lesers verhalten. Sie befasst sich mit der *Eigenart des Verstehens* als Erfassen von Bedeutungen und Sinngehalten einschließlich des geschichtlichen, geistigen Horizontes, dem sie ent-	**Gesamtbeurteilung der kritisch-hermeneutischen Methode** Grundsätzliche Kritik an Verfahrensweisen u. methodischen Prämissen literarischer Hermeneutik wird verstärkt in den 80er Jahren laut und speist sich teilweise aus pronociert »antihermeneutischen« Theorieansätzen wie Strukturalismus, Semiotik und Dekonstruktivismus (siehe unter 8.). Zu dem alten Vorbehalt hermeneutischer Beliebigkeit (nach Goethes polemischem Vers »Im Auslegen seid frisch und munter/ Legt ihr's nicht aus, so legt was unter«) gesellt sich nun der Vorwurf, Interpretation als solche stelle in der Festlegung von Bedeutungen, gar eines normativen Sinns, einen Willkürakt dar, reduziere gewaltsam die grenzenlose Vieldeutigkeit des literarischen Textes, das unaufhörliche »Gleiten des Signifikanten«. So einleuchtend der Vorbehalt gegenüber institutionell verfestigten Bedeutungszuschreibungen (z. B. in Form der »richtigen« Interpretation im Literaturunterricht) sein mag, so wenig

Name/Zeit/Vertreter	Frageansatz/Gegenstand/Verfahren	Leistung und Gewinn
	stammen, und mit der *Interpretation* als Weg und systematische Anbahnung des verstehenden Erfassens von Sinn und Bedeutung. Die Hermeneutik ist also Versteheslehre und Methodenlehre zugleich. Ursprünglich ist die Hermeneutik in die Sakralsphäre eingebunden und wird erst später in Theologie, Philosophie, Philologie und Rechtswissenschaft ausgebildet zur Kunst und Methode des Verkündens, Erklärens, Auslegens, Sinnverstehens (Ketelsen 438).	wird diese Pauschalkritik dem tatsächlichen Stand einer Theorie und Praxis des Interpretierens gerecht, die immer prononcierter als »pluralisierende« Hermeneutik (Odo Marquard) oder »Hermeneutik der Entfaltung« (Uwe Japp) der Vieldeutigkeit des literarischen Textes Rechnung trägt ohne allerdings der hermeneutischen Grundannahme abzusagen, dass (auch literarische) Sprache wesentlich Bedeutungsträger ist und der Akt des Verstehens bzw. Interpretierens immer auch eine Ausdrucksform des »Hungers nach Sinn« (Alexander Kluge) bleibt.
10. Anti-hermeneutische Ansätze (»Dekonstruktion«) **Zeit**: seit der 2. Hälfte des 20. Jh.s **Vertreter**: Jacques Derrida (1930–2004)	Der Begriff »Dekonstruktion«, stellt eine Verbindung aus den Wörtern Konstruktion und Destruktion dar und wurde Ende der 60er Jahre von Jacques Derrida eingeführt. Er bezeichnet eine bestimmte Strategie und Weise der Lektüre (des Lesens) von Texten, die im Unterschied zur hermeneutischen Interpretation nicht mehr darauf abzielt, eine im Text selbst liegende »Bedeutung« herauszustellen, sondern im Gegenteil davon ausgeht, dass es keinen durchgängigen, eindeutigen Sinn und keine Stabilität von Texten und Strukturen gibt. Jede Lektüre verändert ihren Gegenstand Text (Jacques Derrida), der als prinzipiell uneindeutig und instabil gilt. Die Praxis der Dekonstruktion geht von der Annahme aus, dass der Sinn eines Textes nicht objektiv und unabhängig im Text vorgegeben ist, sondern sich nur im Prozess des Lesens und in Relation zum Vorgang des Lesens beschreiben lässt. Ziel des Verfahrens der Dekonstruktion ist es, herkömmlichen Betrachtungsweisen, hermeneutischen Verfahren und Methoden den Boden zu entziehen, die angebliche Einheit des Textes gleichsam von innen heraus als brüchig zu erweisen. Damit wird aus dieser Lektürepraxis zugleich eine beunruhigende Kritik an grundlegenden Konzepten des abendländischen Denkens.	**Würdigung** Die einen feiern Derrida auf dem Gebiet der Literaturwissenschaft (in der Tradition von Nietzsche, Heidegger und Foucault – als die Philosophie revolutionierendes Genie. Die anderen werfen ihm vor, dass er »mit seiner eigenwilligen, sich mystisch gebenden und auch willkürlich scheinenden ›Antiphilosophie‹ literarische Geheimniskrämerei betreibe, ein verehrungsbereites Publikum mit unverdaulichen und halbverständlichen Texten füttere und die ins Beliebige führende Nivellierung von Philosophie und Literatur betreibe« (Oliver Bentz).

2.4 Zwischen Theorievergötzung und methodischer Beliebigkeit: Anspruch und Grenzen literaturwissenschaftlicher Methoden

Bei der Wahl einer der oben vorgestellten Methoden des literaturwissenschaftlichen Umgangs mit Texten (vgl. 2.3) sollte kritisch bedacht werden: So wenig wie das Verstehen selbst ein »objektives« Geschehen und Ergebnis ist (vgl. 1.4.4 und 1.4.5), so wenig »objektiv«, das heißt: wertfrei und allgemeingültig sind die konkreten Verfahren, die zu diesem Verstehen führen wollen. Literaturwissenschaftliche Methoden stellen spezielle Annäherungs- und Zugangsversuche dar, die dem Leser zeigen wollen, wie er den Text lesen und befragen kann. *Keine Methode ist objektiv*

Diese verschiedenen Arten der Gegenstandserschließung sind jedoch nicht beliebig austauschbar, sondern werden von der besonderen Eigenart des Gegenstands Text her gefordert. Die jeweilige Fragestellung hängt wiederum ab vom Erkenntnisinteresse und von der Ausgangslage des Interpreten, z. B. von seiner sozialen Herkunft und Stellung, von seiner Bildung, seinen Erkenntnissen, Interessen, Wertvorstellungen und Einstellungen kurz: von seinem »Horizont« aus Weltanschauung, Menschenbild, Gesellschaftstheorie, religiösem Glauben usw. Auf diesen Horizont hin bezieht er die Textaussagen – nicht selten unreflektiert –, vergleicht und bewertet sie. Der Interpret muss sich daher bei der Anwendung einer Methode des dahinterstehenden Interesses, der Herkunft und Geschichtlichkeit der Maßstäbe bewusst sein. Hinzukommt, dass jede Methode auf Vorentscheidungen beruht und bereits eine besondere Auffassung mitbringt von dem, was »Texte«, »Literatur«, »Dichtung« ihrem »Wesen« nach sind, und auf welche Art und Weise (= Methode) sie daher angemessen zu erfassen sind. *Eigenart des Textes / Erkenntnisinteresse des Lesers / Vorentscheidungen*

Es handelt sich bei der Anwendung von Methoden auf Texte um einen wechselseitigen Erschließungsprozess: Die Methode verdeutlicht sich, indem der Gegenstand Text durch sie erschlossen wird, und der Text wiederum erschließt sich in dem Maße, wie differenziert die Methode dabei angewandt wird.

Unsere Welt ist zu komplex und widerständig und die Texte, die uns begegnen, sind es ebenfalls. Daher kann keine literaturwissenschaftliche Einzelmethode und kein noch so interessanter Deutungsansatz für sich beanspruchen, die Totalität eines Textes und seine vielschichtigen Sprach- und Sinnelemente allein zu erfassen und zu verstehen. Jede Methode kann immer nur bestimmte Aspekte, aber nie das Ganze in den Griff bekommen. Die Einzelmethoden sind ergänzungsbedürftig und damit relativ. Jede methodische Zugangsweise zu einem Text nimmt notwendigerweise eine Reduktion auf ganz bestimmte Eigenschaften, Bedingungen und Elemente des Textes vor, die als »relevant« für seine Eigenart gelten sollen. Der Interpret unterstellt sich diesen methodischen Bedingungen und nimmt aus seiner Situation, seinem Interesse, seiner Aufgabe heraus die einen Textelemente als »relevant« wahr, während er andere vorhandene Momente außer Acht lässt. Methoden sind insofern besondere Einstellungen des Bewusstseins, sich Texte als Gegenstände anzueignen. Sie sind für sich genommen begrenzt und liefern nur ein eingeschränktes Ergebnis. Es gibt daher weder d i e kanonisierte richtige Methode noch die einzig richtige Interpretation eines Textes. *Keine Methode ist umfassend*

Mehrere Methoden anwenden

Wer Texte umfassender verstehen will, sollte »ein offenes Ensemble von Methoden« (Stock 14) bereitstellen und sich einem Text unter Berücksichtigung mehrerer methodischer Möglichkeiten und je anderem Gesichtspunkt nähern. Damit soll nicht einem Methodenpluralismus im Sinne der Beliebigkeit das Wort geredet werden; es geht vielmehr darum, dem einzelnen Text – trotz aller notwendigen Reduktionen – gerecht zu werden und entsprechend seiner Eigenart die besonderen Seiten und Schichten zu erfassen: z. B. formal-struktural, psychologisch, soziologisch, entstehungsgeschichtlich, wirkungsgeschichtlich usw. (siehe 2.3). Dabei gilt:
- Nicht jeder Text lässt sich mit jedem methodischen Verfahren gleichermaßen sinnvoll erschließen. (Abi Guide Deutsch 26)
- Eine echte harmonisierende Synthese sämtlicher noch so bewährter Einzelmethoden ist nicht zu verwirklichen, sondern bleibt ein Methodenpluralismus

Letzte Instanz: der Text selbst

Gegenüber der Vielfalt literaturwissenschaftlicher Methoden und didaktischer Möglichkeiten heute bleibt als verbindende und alle Grundsatzdiskussionen übergreifende Instanz stets der Text selber – mit seinen spezifischen Formmerkmalen und Inhaltselementen, die in vielfältigen innertextlichen Beziehungen zueinander stehen, die es aufzudecken gilt. Am Text selber müssen sich die Methoden erproben und vom Text her sich ein Urteil über ihre Tauglichkeit gefallen lassen. Solche Methoden können als berechtigt angesehen werden, die es vermögen, die Aussage und künstlerische Qualität eines Werkes auf plausible Weise herauszuarbeiten (Texte, Themen und Strukturen 1999, 473).

Anspruch an Wissenschaftlichkeit

Obwohl es also keine allgemeingültige, objektive Einzelmethode der Textuntersuchung gibt, ist die Anwendung von Methoden im Sinne von kontrollierten, geordneten Verfahren zum Verstehen der Texte unverzichtbar. Der Lehrer sollte die von der Wissenschaft bereitgestellten Methoden kennen, sie aber nicht als starres Regelsystem mit unabänderlich festgelegter Abfolge der Schritte und Untersuchungsaspekte auf Texte anwenden, sondern sie als eine Art Kontrollinstrumente ansehen, mit denen verhindert werden kann, die Individualität eines jeden Textes aus dem Blick zu verlieren.

»Wissenschaftlich« vertretbar wird die Anwendung einer Methode unter folgenden Bedingungen:
- Der Interpret muss sich über die Art seines Vorgehens – d. h. die Reihenfolge und logische Abhängigkeit der Einzelschritte – Rechenschaft geben, seinen methodischen Ansatz für sich und für andere (Leser, Mitbeteiligte am Verstehensprozess) offenlegen und begründen.
- Der Interpret muss sein Vorgehen an der Eigenart des jeweiligen Textes und der Textsorte (vgl. 1.2) ausrichten.
- Der Interpret muss sich im Verlauf des Deutungsprozesses über die Art und Tragweite des Vorgehens, die ungenannten Voraussetzungen und Vorentscheidungen und die Auswirkungen des eigenen »Horizonts« hinterfragen, um Klarheit darüber zu gewinnen, warum sich der Text für ihn gerade so und nicht anders zeigt. Nur so kann die Gefahr gebannt werden, naiv oder leichtsinnig Teilaspekte des Textes zu verabsolutieren oder sich in bloßen Anmutungen, Vermutungen und Meinungen über den Text zu ergehen.

3 | Idealtypisches Modell: Die sechs Schritte der Texterschließung

Inhaltsübersicht
3.1 Die häufigsten Textsorten im Unterricht
3.2 Zum fachspezifischen Charakter der Textarbeit außerhalb des Deutschunterrichts
3.3 Zur Eigenart des Modells der Texterschließung
3.4 Die sechs Schritte der Texterschließung: Textaufnahme – Textwiedergabe – Textbeschreibung – Textdeutung – Textbewertung – Textanwendung
3.5 Zwei grundsätzliche Vorgehensmöglichkeiten bei der Texterschließung: linear oder aspektorientiert
3.6 Zusammenfassung: Skizze zu Erschließungsaspekten bei Texten

In diesem Kapitel wird ein **Modell der Texterschließung** vorgestellt, das sechs Schritte umfasst (3.4). Es beruht auf Erkenntnissen der Hermeneutik und hat sich bei unterschiedlichen Textsorten bewährt (z. B. bei Sachtexten, literarischen Texten, biblischen Texten u. a.). Leitendes Interesse ist dabei, den komplexen und für Schüler oft undurchschaubar wirkenden Erschließungsprozess von Texten durch Teilschritte so zu elementarisieren und zu strukturieren, dass der Verstehensvorgang transparent wird und die gewonnenen Ergebnisse für alle Beteiligten nachvollziehbar erscheinen und überprüfbar sind. Zur Kennzeichnung der sechs Erschließungsschritte werden deutsche Begriffe gewählt (Textaufnahme – Textwiedergabe – Textbeschreibung – Textdeutung – Textbewertung – Textanwendung), die sich auch in Deutschbüchern und Lehrplänen zunehmend gegenüber den bislang üblichen Bezeichnungen »Analyse« (= Textbeschreibung) und »Interpretation« (= Textdeutung) durchsetzen.

Zum praktischen Umgang mit einem Text werden zwei grundsätzliche Möglichkeiten vorgestellt und reflektiert, die häufig auch in Aufgabenstellungen vorkommen: das lineare und das aspektorientierte Vorgehen (3.5).

Als Zusammenfassung dient am Schluss eine Skizze zu den Aspekten der Texterschließung (3.6), welche die verschiedenen Faktoren in ihrem inneren Zusammenhang und wechselseitigen Einfluss auf den Erschließungsprozess deutlich macht.

Einige wichtige **Voraussetzungen** für die Texterschließung (z. B. zur Eigenart von Texten, zur Bedeutung der Textsorten und der im Unterricht am häufigsten vorkommenden Textsorten »Sach- und Fachtexte« und »literarische Texte«) sind bereits in Kapitel 1.2.3 behandelt.

3.1 Die häufigsten Textsorten im Unterricht

Die Fülle der im Unterricht verschiedener Fächer verwendeten Texte (Textsorten) kann folgendermaßen systematisiert und überschaubar gemacht werden:

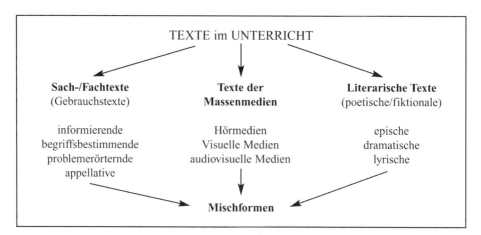

Als unverzichtbares Grundwissen für die Schüler der Sekundarstufe II sollte vorausgesetzt werden:
- Klarheit darüber, was ein »Text« ist und was unter »Textsorten« zu verstehen ist (siehe dazu Kap. 1.1; 1.2.1 und 1.2.2).
- Kenntnisse darüber, wie sich »Sach- bzw. Fachtexte« und »literarische Texte« voneinander unterscheiden (siehe dazu Kap. 1.2.3).

Da ein Autor für seine Darstellung die am geeignetsten erscheinenden Textsorten sehr bewusst wählt, kommt der Erkenntnis und Berücksichtigung der Textsorte eine tragende Bedeutung für das Verstehen des Textes und seiner Intention zu. Als zusammenfassende Übersicht könnte den Schülern folgendes Informationsmaterial ausgehändigt werden:

Was sind Sachtexte (auch: Fachtexte, Gebrauchstexte)?

Sachtexte stellen im Unterricht eine wichtige Textsorte dar. Sie vermitteln das notwendige Sachwissen in den Fächern, sind Gegenstand von Klassenarbeiten und Klausuren und werden auch bei schriftlichen und mündlichen Abiturprüfungen eingesetzt. Überwiegend mit Hilfe von Sachtexten als Informationsquelle wiederholt man den »Lernstoff« eines Faches und bereitet sich auf Prüfungen vor.

Im Unterschied zu »fiktionalen« bzw. »literarischen« Texten beziehen sich Sachtexte unmittelbar auf Fakten, dienen vorwiegend praktischen Zwecken und sind in der Regel situationsabhängig. Sie sind vorrangig fachlich orientiert, informieren über Sachverhalte, machen also Aussagen über Dinge und Vorgänge, die es »in Wirklichkeit« gibt, die außerhalb des Textes in der Realität vorkommen und dort als Gegenstand verschiedener wissenschaftlicher Disziplinen erforscht, überprüft und eben in dieser besonderen Textsorte dargestellt werden können. Sie werden auch als »Wirklichkeitsberichte«, bezeichnet. Mit den Informationen weisen sie zugleich auf Probleme hin, die sich in Bezug auf die »Wirklichkeit« (Welt, Natur, Wissenschaften, Gesellschaft ...) für den Menschen ergeben, und diskutieren (»erörtern«) sie.

Die in Sachtexten vermittelten Informationen dienen der Erweiterung unseres Wissens und der Vertiefung unseres Problembewusstseins; sie können gelernt und angewandt werden. Ihr Wirklichkeitsbezug gilt als nachprüfbar, das heißt: die Aussagen, Behauptungen, Argumente und Belege zu den dargestellten Sachverhalten lassen sich durch andere Untersuchungen verschiedener Fachgebiete, eigene Erfahrungen usw. überprüfen und kritisch bewerten. Die außerhalb des Textes existierende Wirklichkeit wird jedoch nicht einfach fotografisch exakt abgebildet; sie erscheint nicht un-mittelbar, sondern als durch einen Autor mit Hilfe der Sprache vermittelte »dargestellte Wirklichkeit«. Sachtexte sind in einer sachlichen Sprache abgefasst, können aber gleichzeitig sehr anschaulich und spannend sein.

Was sind literarische Texte (poetische, fiktionale)?

Das Attribut »literarisch« charakterisiert eine Gruppe von Texten, die zum Bereich der Sprachkunst gehören.

Bei literarischen Texten bestehen zwar Verbindungen zur »realen Außenwelt«, aber die gewohnte Welt wird »anders« gesehen, in Einzelheiten abgewandelt und umgedeutet. Die erfahrbare »Wahrheit« literarischer Texte liegt auf einer anderen Eben als die überprüfbare »Richtigkeit« von Sachtexten. Es geht um die Gestaltung einer tieferen Wahrheit und Erfahrung über den Menschen, sein Erleben und Erleiden, sein Verhältnis zum Mitmenschen, zur Natur, zu höheren Mächten (Schicksal, Gott) usw.

Weil das »Besondere« dieser Erfahrungen anders nicht angemessenen Ausdruck finden kann, wird in literarischen (»dichterischen«, »poetischen«) Texten die Sprache »künstlerisch« eingesetzt. Sie entfaltet dabei eine starke Bildhaftigkeit, rhythmische Qualität und eine große Klang- und Bedeutungsfülle als ästhetische Effekte. Eine solche poetische Sprachverwendung weicht in syntaktischer und/oder semantischer Hinsicht ab vom üblichen Sprachgebrauch und entfernt sich weitgehend von der pragmatischen Relevanz der Alltagssprache: Wörter und Formulierungen bedeuten oft »mehr« als wörtlich da steht. Dabei gibt es vier grundsätzliche Möglichkeiten der Abweichung: sprachlichen Figuren und Bilder können den normalen Ausdruck erweitern, verkürzen, ersetzen oder umstellen. Aufgrund dieser sprachkünstlerischen stilistischen Leistung entsteht eine Eigenwelt mit vielfältigen Sinnbezügen, großer Stimmungshaftigkeit und gehaltlicher Verdichtung.

> **Merkmale literarischer Texte**
> - Literarische Texte haben es nicht nur mit *Inhalten*, sondern sehr stark mit *sprachlichen Klängen*, mit Satzmelodie, Rhythmus und Bildhaftigkeit zu tun.
> - Literarische Texte *überbieten unsere Alltagssprache* durch ungewöhnliche sprachliche Mittel (z. B. Wortschatz, Satzbau, Bilder).
> - Sie sind Ergebnis/Ausdruck einer ästhetischen Absicht, eines bewussten Gestaltungswillens und schaffen eine eigene Wirklichkeit (fantastischer bis realistisch geschilderter Art).
> - Sie weisen eine Sinnfülle bis zur Mehrdeutigkeit auf.
> - Literarische Texte können eine solche *Tiefenschicht* in uns erreichen, dass unser weiteres Leben davon geprägt oder sogar verändert wird – je nach Situation und Lebensumständen. In gesteigertem Maße konnte und kann dies auch immer noch für biblische Texte gelten, wenn es uns gelingt, die Lebenserfahrungen der Schülerinnen/Schüler und die lebensbezogenen Glaubenserfahrungen in einem biblischen Text im Sinne eines Dialogs zu verknüpfen.

Die sprachlichen Mittel können auch befremdlich wirken gegenüber der gewohnten einfachen Alltagssprache (z. B. in modernen Gedichten). Literarische Texte müssen daher in der Eigenart ihrer formalen, sprachlich-stilistischen und inhaltlichen Gestaltung *beschrieben und gedeutet* werden.

3.2 Zum fachspezifischen Charakter der Textarbeit außerhalb des Deutschunterrichts[1]

Deutschunterricht als Vorreiter

Die sprachlichen Fächer und vor allem der *Deutschunterricht* haben traditionellerweise eine Vorreiterfunktion übernommen hinsichtlich der Erschließung von Texten. Von ihren methodischen Erfahrungen können auch Fächer wie Pädagogik, Religionslehre, Geschichte, Politik, Philosophie usw. profitieren, die keine grundsätzlich eigenen, exklusiven, von ihnen selber für ihr Fach entwickelten »spezifischen« Verfahren und Arbeitstechniken zur Erschließung ihrer Texte entwickelt haben. Solche Fächer greifen gerne

---

1 Dass sich der Autor bei der Texterschließung im Religionsunterricht (wie auch bei diesem 6-Schritte-Modell) auf die methodische Vorarbeit und Begleitung der sprachlichen Fächer und vor allem des Deutschunterrichts stützt, das findet nicht bei allen Gefallen. Siehe die Position von Georg Langenhorst, der sich Sorgen macht um den fachspezifischen Charakter solcher Verfahren und einen Profilverlust fürchtet.
Hier muss ergänzend betont werden, dass in der praktischen Anwendung des Modells der 6 Schritte und der darauf bezogenen Arbeitsblätter Reduktionen nötig sind – wie in jedem Unterricht. Immer wieder neu hat der Lehrer diese vorgeschlagenen Verfahren an den konkreten Voraussetzungen und Bedingungen seiner Schüler zu messen und sich zu fragen:
- Mit welcher Altersstufe habe ich es zu tun?
- Welche methodischen Verfahren kennen meine Schüler schon? Wie sicher sind sie in der Anwendung?
- Auf welche Art von Medium soll das Modell angewandt werden (Gedicht, Erzählung, Sachtext ...)
- Welche Zielsetzungen verfolge ich mit dem Text?
- Welche inhaltlichen Schwerpunkte soll die Stunde deshalb haben?
- Welcher methodische Akzent erscheint für diese Erarbeitung angemessen und hilfreich?
- Welchen der 6 Schritte kann ich daher auslassen? Auf welche Aspekte eines Schrittes verzichten?

auf bewährte und den Schülern aus dem Deutschunterricht bekannte *Arbeitstechniken* mit Unterstreichungsarten, Gliederungsverfahren, Strukturierungsmöglichkeiten usw. und *methodische Schritte* bei der Texterschließung einschließlich der besonderen Begrifflichkeit zurück. Sie verlieren durch solche Anleihen beim Fach Deutsch durchaus nicht ihr »Eigenprofil«. Denn *fachspezifisch* ist der Charakter der Textarbeit durch Faktoren wie zum Beispiel:

Der fachspezifische Charakter der Textarbeit in anderen Fächern

a) die Wahl bestimmter *Textsorten* (z. B. geschichtliche Quellentexte, politische Reden, Bibeltexte, lehramtliche Dokumente, Kirchenlied usw.)
b) die *Thematik* der ausgewählten Texte (z. B. pädagogische Theorien, Regierungssysteme, Jenseitsvorstellungen der Religionen usw.)
c) die *Schwerpunktsetzung* bei der Anwendung der Aspekte und Schritte der Texterschließung (z. B. Reduktion der Beschreibung auf ausgewählte formale Besonderheiten des Textes, die als unverzichtbare Bedeutungsträger erscheinen).

3.3 Zur Eigenart des Modells der Texterschließung

Bei dem hier vorgestellten Verfahren (3.4) handelt es sich um eine idealtypische Darstellung, bei der das komplexe Geschehen der Erschließung von Texten durch die *Elementarisierung und Strukturierung in sechs Einzelschritte* in seiner inneren Systematik offen gelegt wird. Ziel ist es, bei der Anwendung im Unterricht eine inhaltliche und methodische und nicht zuletzt auch eine begriffliche Klarheit und Transparenz zu erreichen, die den Erschließungsvorgang und die gewonnenen Ergebnisse für alle Beteiligten nachvollziehbar und überprüfbar macht. Die sechs Einzelschritte des Modells können auf alle Textarten angewandt werden, wenn von gattungsspezifischen Besonderheiten einer Textsorte her einige weitere differenzierende Aspekte bei der Erschließung hinzukommen.

Idealtypische »Schritte«

Zur Kennzeichnung des methodischen Vorgehens werden deutsche Bezeichnungen verwendet, die geeignet erscheinen, das bestehende begriffliche Chaos im Kontext von »Analyse« und »Interpretation« zu mildern.

Deutsche Bezeichnungen für den Erschließungsvorgang

Motto: Der Religionsunterricht soll nicht (auch nicht in der gymnasialen Oberstufe) zum Deutschunterricht werden! Nicht zu vergessen: auch der Deutschunterricht kommt bei der Erschließung eines Textes nicht ohne Reduktionen aus, weswegen ja auch die »aspektorientierte Aufgabenstellung« gern favorisiert wird bzw. im Unterricht »Leitfragen« gestellt werden, seien es inhaltsbezogene oder auch das Vorgehen betreffende.
Aber: *»Ich kann nur sinnvoll und verantwortlich – d. h. von der Sache und von den Schülern her – reduzieren, wenn ich weiß, was und wovon ich reduziere. Anders gesagt: Ich muss* um das mögliche Ganze wissen, *um einschätzen zu können, was ich aus welchen Gründen und mit welcher Wirkung reduzieren will.«*
Auch heute noch steht stets der Text selber im Mittelpunkt, und alle Verfahren »kreativer, produktiver, handlungsmäßiger« Art haben eine »Hilfsfunktion«. Das genaue Lesen des literarischen Textes, das Ernstnehmen seiner Signale des Inhalts in enger Verbindung mit der sprachlichen Gestaltung sind für mich die elementaren Voraussetzungen, die durch nichts an noch so kreativen Inszenierungen ersetzt werden können. Sonst wird der Text nur Mittel zum (noch so gut gemeinten) Zweck.
Dabei ist dem Verfasser bewusst, dass er damit in Spannung gerät zur sog. Rezeptionsästhetik mit ihrer bestimmenden Rolle des Lesers (vgl. »Auf dem Weg zu unserem heutigen Verständnis vom Text«). Aber er ringt immer noch mit dem Postulat, dass dem Leser mit seinen subjektiven Annäherungsweisen an den Text dasselbe Gewicht zukommt wie dem Text selber! Hier eröffnen sich spannende Fragen, z. B. für die Auslegung eines Bibeltextes als »Wort Gottes«, für die Autorität einer kirchlichen Auslegungsinstanz usw. Vermutlich haben es hier evangelische Leser leichter als ihre katholischen Mitchristen.
Es ist meine Grundüberzeugung, die ich auch seit Jahrzehnten meinen Referendaren ans Herz gelegt habe: »Wir dürfen mit einem Text nicht machen, was wir wollen, so wenig wie mit einem Menschen. Sonst verlieren sie ihre Würde.«

Unterschied: Erschließungsmodell und Unterrichtsentwurf	Die Darstellung der »sechs Schritte der Texterschließung« (3.4) ist nicht identisch mit den »Verlaufsschritten« eines Planungsentwurfs zu einer Unterrichtsstunde mit der »Behandlung« eines bestimmten Textes. Dafür fehlen wesentliche Elemente, die nur im Rahmen eines konkreten unterrichtlichen Zusammenhangs sinnvoll zu bestimmen und zu begründen sind (z. B. Thema der Stunde, Zielsetzung, Lernvoraussetzungen der Schüler, besondere Eigenart des konkret vorliegenden Text-Mediums, beabsichtigte Schwerpunktsetzung, Wahl der geeigneten Einstiegs- und Vorgehensweise usw.). Solche konkreten Entscheidungen fallen in die Kompetenz der einzelnen Lehrkraft und bestimmen dann das Vorgehen im Sinne der Auswahl, Reihenfolge und Gewichtung der Erschließungsschritte.
»Hermeneutische Spirale«	Die einzelnen Schritte des Verstehens folgen nicht einfach chronologisch aufeinander und führen nicht in gradliniger Direktheit zum Ziel. Vielmehr wird der Text dabei auf verschiedenen Ebenen mehrfach umkreist (»hermeneutische Spirale«): es kommt zu gedanklichen Vorgriffen und Rückblicken, sodass bereits gelesene Textelemente von später aufgenommenen her neu gedeutet und frühere Beobachtungen von späteren her anders gewichtet und eingeordnet werden. Rückverweise, Wiederholungen, neue Akzentsetzungen, eigene gestalterische Versuche zu bestimmten Textelementen usw. sind unverzichtbarer Bestandteil des Erschließungsprozesses und machen diese sechs Einzelschritte zu variablen Größen.
Wechselwirkung zwischen dem Text-Ganzen und seinen Teilen	Der Leser versucht die Eigenart des Textes aus der Wechselwirkung zwischen dem Ganzen und seinen Einzelelementen immer tiefer zu erfassen. Dabei bauen sich Spannungsfelder auf, die den Lese- und Verstehensprozess bestimmen. So wirken sich zum Beispiel aus: • die Gemeinsamkeiten und Unterschiede zwischen der eigenen subjektiven Wahrnehmung des Textes und den persönlichen Beobachtungen und Eindrücken der anderen Leser (z. B. einer Lerngruppe) • der Wechsel von lesendem Voranschreiten und zurückblickendem Vergewissern bei der Sinn-Konstitution des Textes • die Beziehung und Wechselwirkung zwischen dem Textganzen und den einzelnen Aufbauelementen
Perspektive des Lesers	Auszugehen ist bei der Texterschließung natürlicherweise von der Perspektive des Lesers, das heißt: von seinen primären Wahrnehmungen. Die Konstitution des Textsinns beruht wesentlich auf der subjektiven Verarbeitung des Textes durch den Leser. Im Unterricht bewegt sich die gemeinsame Interpretationsbemühung in einer Mitte zwischen den subjektiven Eindrücken und Empfindungen (»Anmutungen«) der einzelnen Mitglieder der Lerngruppe *und* der methodischen Strenge eines rational begründbaren Erschließungsverfahrens, das für möglichst viele nachvollziehbar, überprüfbar und bewertbar sein sollte.
Begriff der »Methode«	Versteht man »Methode« ganz anschaulich im Sinne des griechischen *met-hodos* als »Weg zu etwas hin«, dann handelt es sich bei der Erschließung von Texten um bestimmte Wege, die der Leser mit dem Ziel geht, zum »tieferen Sinn« eines Textes vorzustoßen. Diesen tieferen Sinn zu finden, ist leichter gesagt als getan. Denn »Sinn« ist nicht etwas Substantielles, objektiv Gegebenes, das vom Leser mit ausgeklügelten Methoden exakt aus einem Text herauszuholen wäre (siehe 1.4.3). Zudem erfährt der vom Autor inten-

dierte »Sinn« im Text »keine verlässliche Konservierung« (Scherner). Zwischen der Intention des Autors, die sich auf den Adressaten richtet, und dem Verstehen des Lesers, der den Text rezipiert, besteht eine unvermeidliche »hermeneutische Differenz«, die es zu beachten gilt.

Nicht ohne Grund empfinden deshalb viele den »Weg« des Verstehens von Texten als schwierig und unübersichtlich. Ihn überschaubar zu machen, wäre eine große Hilfe. Das kann dadurch geschehen, dass dieser Weg – bildlich gesprochen – in mehrere »Etappen« eingeteilt, in Teil»strecken« zerlegt und wenn möglich bis in Einzel»schritte« hinein verdeutlicht wird. Durch eine solche Elementarisierung können auch komplizierte »Wege« einfacher beschrieben, leichter nachvollzogen und vermittelt werden, sodass sie auch selbstständiger zu gehen sind. Diesem Grundsatz entsprechend ist das folgende Modell mit den sechs Schritten der Texterschließung angelegt.

Elementarisierung des Verstehensweges

3.4 Die sechs Schritte der Texterschließung
Textaufnahme – Textwiedergabe – Textbeschreibung – Textdeutung – Textbewertung – Textanwendung

Bei der Begegnung mit einem Text lassen sich in psychologischer Hinsicht häufig die folgenden Schritte beobachten, die miteinander verflochten sind.

Lesen und Verstehen von Texten – psychologisch gesehen

(1) Durch Lesen oder Zuhören nimmt der Leser zunächst jeden Text auf ganz subjektive Weise und mit unterschiedlichen Reaktionen auf *(Schritt 1)*.

(2) Der Leser versucht den Inhalt des Textes genauer kennen zu lernen und sich (auch im Gespräch mit anderen) vergewissern, worum es in dem Text eigentlich geht *(Schritt 2)*.

(3) Neben inhaltlichen Beobachtungen fallen ihm auch bestimmte formale Besonderheiten als Eigenart des Textes auf; er sieht, wie der Text »gemacht« ist *(Schritt 3)*.

(4) Er fragt sich, welchen tieferen Sinn dieser inhaltlich und formal so geartete Text wohl hat *(Schritt 4)*.

(5) Es drängt ihn danach, im Gespräch mit anderen seinen persönlichen Standpunkt ins Spiel zu bringen, sich aufgrund seiner eigenen Erfahrung kritisch wertend mit den Aussagen und der Eigenart des Textes auseinanderzusetzen *(Schritt 5)*.

(6) Schließlich möchte er »etwas mit dem Text anfangen« (ihn genießen, verwerten, einsetzen, auf subjektiv-kreative Weise weiterverwenden usw. *(Schritt 6)*.

Diese **sechs Schritte** entsprechen in konzentrierter Form dem *hermeneutischen Prozess*, den der Leser bei der Begegnung mit einem Text und bei dessen Erschließung erfährt. Sie bilden auch die Grundlage für das folgende Modell der sechs Schritte, die näher erläutert und auf eine unterrichtliche Anwendung hin konkretisiert werden, wobei verschiedene Textsorten (Sachtexte und literarische Texte) einbezogen werden.

1 Die Textaufnahme (Lesen/Hören/Reagieren)

1.1 Die Bedeutung der Erstbegegnung: Schon die *allererste Begegnung mit einem Text durch Lesen oder Hören und seine spontane subjektive Wahrnehmung* ist für den Prozess des Verstehens folgenreich. Die Textaufnahme führt nämlich zu vielfältigen spontanen Reaktionen gefühls- und verstandesmäßiger Art (»erster Eindruck«), die sowohl in der Eigenart des Textes ihre Ursache haben (z. B. spannende Handlung und interessante Schauplätze; oder auch lange Landschaftsbeschreibungen, komplexe Satzkonstruktionen, Häufung von Fremdwörtern usw.) als auch in persönlichen Voraussetzungen des Lesers oder Hörers begründet liegen (Erwartungen oder auch Befürchtungen beim Bekanntwerden des Titels, des Autornamens usw.; Lesegewohnheiten, Konzentrationsvermögen, momentane körperliche und psychische Befindlichkeit usw.). Direkte Zustimmung, aber auch Irritation, Langeweile und Ablehnung können eintreten, vielfältige Assoziationen wachgerufen, aber auch Verstehensschwierigkeiten und offene Fragen entdeckt werden. Das Ensemble solcher gefühls- und verstandesmäßiger Reaktionen verschmilzt bei dieser erlebnishaften Annäherung an den Text zu einem ersten, noch **subjektiv-naiven Gesamteindruck** von der Eigenart des Textes. So gefühlsmäßig und vage dieser »erste Eindruck« zunächst noch erscheint, so wird doch schon deutlich, in welche Richtung der Text inhaltlich und sprachlich auf den Leser wirkt und wie er ihn von daher im Sinne eines Vor-Verständnisses »versteht« und wertet.

1.2 Zu überlegen ist daher im Voraus die Weise der **Textpräsentation und ihre mögliche Wirkung**: laut vorgelesen oder in Stilllektüre? vollständig an einem Stück oder in Teilabschnitte zerlegt (z. B. um die Wahrnehmung bewusst zu verzögern)? Die Funktion und Wirkung ist dabei sehr unterschiedlich.
Beim **stillen Lesen** bestimmt der Leser (Schüler) sein Lesetempo selber; er kann schnell oder langsam, gründlich oder oberflächlich den Text aufnehmen, dabei zurückgehen oder Stellen überspringen. Andererseits geschieht diese Art der Textaufnahme in einer Situation der »Vereinzelung« des Lesers.
Beim **lauten Vortrag** eines Textes vermag ein geübter Sprecher durch seine dramatisierende Gestaltung einen »sinnlicheren« Eindruck vom Text zu vermitteln: Die inhaltlichen, formalen und klanglichen Besonderheiten (Lautgestalt) besonders des literarischen Textes kommen stärker zur Geltung als sie bei einer Stilllektüre in der Regel wahrgenommen würden. Zudem entspricht das Zuhören besser der ursprünglichen Erzählsituation in der Erzählgemeinschaft.
Andererseits wird das Bemühen um ein »sinngemäßes«, »sinngestaltendes« Lesen bereits eine »persönliche Deutung« des Sprechers mittransportieren, die den wahrnehmenden Blick der Zuhörer beeinflusst – erwünschter oder unerwünschter Maßen. Lesen die Schüler still für sich den Text, so steht oft anschließend eine größere Palette unbeeinflusster unterschiedlicher Reaktionen und Beobachtungen zur Verfügung, die für die Weiterarbeit genutzt werden kann. Diese Erfahrung lässt sich auch methodisch gezielt für einen gemeinsamen Textzugang nutzen: Indem verschiedene Sprecher einen (literarischen) Text oder einen Auszug nacheinander laut vortragen, zeigen sie durch die Art der akustischen Gestaltung ihr spontanes und eventuell unterschiedliches »Erst-Verstehen«

des Textes. Daraus kann sich ein Anstoß für die weitere Arbeit ergeben unter der *Fragestellung*:
- Was an dem *Text* ist so geartet, dass diese unterschiedliche Wirkung ausgelöst wird?
- Was als Eigenart unserer *Person* kann die unterschiedliche Wirkung mit verursachen?

1.3 Werden die spontanen Eindrücke und Reaktionen einer Gruppe von Lesern auf den Text versprachlicht, das heißt: anderen mitgeteilt und dadurch bewusst gemacht, so kann auf der Basis dieses momentan wahrgenommenen inhaltlichen, formalen, sprachlichen … Besonderen des Textes als erster Verstehensansatz im Austausch mit den anderen Lesern (Klasse, Kursgruppe usw.) in ein, zwei Sätzen eine **Arbeits- und Interpretationshypothese bzw. eine Leitfrage** formuliert werden, unter der das weitere Vorgehen und die genaue Textanalyse (Schritt 2) stehen soll.

> Diese Hypothese bzw. Frage wird sich in der Regel auf einen oder mehrere der folgenden Aspekte beziehen:
> - Gibt es sprachlich-stilistische Merkmale, die besonders auffallend, wirkungsvoll, befremdlich erscheinen? Welches Merkmal, formale Element der Darstellung erscheint als das aussagestärkste und vielleicht wichtigste?
> - Um welches *Thema* bzw. welche *Fragestellung* geht es im Text wohl?
> - Welcher *Hauptinhalt (Tatbestand, Problem)*, welche zentralen Aussagen, welche Auffassung scheinen im Vordergrund zu stehen? Enthält der Text eine Botschaft?
> - Spüren wir *Widerstand* gegen einen im Text vertretenen Standpunkt (über den Menschen, das Leben, die Natur, die Kirche usw.)?
> - Was ist vermutlich die *Intention*, das heißt: was möchte der Autor wohl (z. B. durch seine besonderen sprachlich-stilistischen Mittel) beim Leser erreichen, was soll dieser denken oder tun? Will der Text z. B. über einen Tatbestand, ein Problem informieren, Stimmung machen für oder gegen etwas, Missstände beklagen, Forderungen stellen, das Denken und die Einstellung ändern, Handlungen auslösen usw.

Die Arbeitshypothese als selbstgewählte Leitidee macht es möglich, sinnvolle Fragestellungen und Kriterien für die folgende genaue Textuntersuchung (Schritt 2-5) zu entwickeln. Sie vermag dadurch den systematisch angelegten Textzugriff zu steuern, die Vielfalt der möglichen Aspekte zu bündeln, das Vorgehen transparent zu machen und das Textverstehen insgesamt zu erleichtern. Versuchsweise können auch mehrere Hypothesen formuliert werden. Die gezielte Arbeit am Text entscheidet dann über den Grad der Richtigkeit der Arbeitshypothese(n). Sie kann aufgrund nachweisbarer Textaussagen auch nachträglich noch differenziert oder auch umformuliert werden.

2 Die Textwiedergabe (Inhaltsangabe)

2.1 Ihre **Aufgabe** ist es, den Inhalt eines Textes sachlich-objektiv, knapp und mit beschreibenden eigenen Worten zusammenhängend wiederzugeben – unter Verzicht auf kommentierende oder wertende Formulierungen.

2.2 Bei einem **Sachtext** informiert die Inhaltswiedergabe über das Thema, die wesentlichen Informationen und gedanklichen Schwerpunkte in ihrem inneren Zusammenhang (Gedankengang, Argumentationsstruktur). Die Textvorlage sollte dabei auf etwa ein Drittel des Umfangs gekürzt werden, wobei die Kerngedanken klar, »maßstabsgerecht« und ohne Paraphrasierung in der Zeitform des Präsens (bei Vorzeitigkeit im Perfekt) herauszuarbeiten sind.

Typische Aufgabenstellungen für die Inhaltswiedergabe von Sachtexten lauten etwa (mit wechselnder Begrifflichkeit):
- »*Geben Sie den Inhalt des Textes mit eigenen Worten wieder.*«
- »*Fassen Sie die wichtigsten Aussagen des Textes zusammen.*«
- »*Arbeiten Sie die Hauptaussagen/Hauptgedanken/Kernaussagen des Textes heraus.*«
- »*Geben Sie die Hauptgedanken/Hauptthesen des Textes in ihrem Argumentationszusammenhang/ihrer gedanklichen Struktur/ihrem gedanklichen Aufbau wieder.*«

2.3 Bei einem **literarischen Text** (z. B. einer Kurzgeschichte, einem Roman, einem Drama usw.) hat die Textwiedergabe die Aufgabe, in geraffter Form und mit eigenen Worten den Handlungsverlauf in seinen wichtigsten Stationen und Ergebnissen sachlich zusammenzufassen, die wichtigsten Figuren (Charaktere und Motive) und tragenden Konflikte, die Schauplätze und Zeiten vorzustellen und deren inneren Zusammenhang (z. B. Verhältnis Ursache – Wirkung) zu verdeutlichen.

Dieser *nacherzählbare Inhalt* baut sich bei epischen oder dramatischen Werken aus vier Elementen auf, zwischen denen eine innere Verbindung besteht und die dem Leser eine Vorstellung von der »erzählten« Welt ermöglichen:

Elemente epischer oder dramatischer Werke

- die *Handlung* als Abfolge von Ereignissen zur Veränderung einer Ausgangssituation (Was geschieht?)
- die *Personen* (Figuren), die Handlungen ausführen, verursachen oder erleiden (Wer handelt?)
- der *Ort* des Geschehens als Umwelt und Schauplatz der Ereignisse und Handlungen (Wo geschieht etwas?)
- die *Zeit* als historische Zeit und soziale Umstände, aber auch als Zeitdauer und zeitliche Abfolge, in der etwas geschieht (Wann geschieht etwas?)
- Hinzutritt noch als besonderer Aspekt: die *Erzählperspektive,* mit der Personen, Ereignisse und Schauplätze präsentiert werden (Wer sieht und erzählt was?)

2.4 Zur Erleichterung der Inhaltswiedergabe kann bei beiden Textarten als erste Hilfsmaßnahme eine *Einteilung in Sinnabschnitte* vorgenommen werden. »Sinn-Abschnitte« sind eigenständige Bedeutungseinheiten, die daran erkennbar sind, dass inhaltlich etwas Neues beginnt an Gedanken, Ereignissen, Handlungsschritten. Nicht immer stellt ein gedruckter Absatz auch einen selbstständigen »Sinn-Abschnitt« dar! Längere Abschnitte können aus mehreren Sinnabschnitten bestehen, ein Sinnabschnitt kann aber auch mehrere Textabschnitte umfassen.

Sinn-Abschnitte können im Text z. B. durch das Zeichen // abgegrenzt und sichtbar gemacht werden. Daran lässt sich auch die inhaltliche Gliederung als Abfolge der Hauptaussagen bzw. Hauptereignisse des Textes ablesen. Wird sodann für jeden der gekennzeichneten Sinn-Abschnitte eine zusammenfassende Formulierung gefunden – sei es in Form einer Überschrift oder in einem kurzen Satz –, dann lässt sich unter Verwendung dieser Kurzaussagen auch leichter eine knappe Inhaltsangabe als zusammenhängender Text erstellen.

2.5 Die Textwiedergabe ist in der Regel *Bestandteil einer umfassenderen Aufgabenstellung* (z. B. als 1. Teilaufgabe in einer Klausur) und hat dann die Funktion, die Hauptaussagen bzw. Handlungsschritte des Textes inhaltlich zu sichern und damit die Basis zu schaffen für die anschließend zu leistende, meist aspektgeleitete Textbeschreibung (Schritt 3) und Textdeutung (Schritt 4). Da die Inhaltsangabe ihrer Intention nach informieren will, sollte der Schreiber sich einen Adressaten vorstellen, der den Originaltext nicht gelesen hat, dem er aber den Inhalt (die gedanklichen Schwerpunkte, den Handlungsverlauf usw.) verständlich vermitteln will

3 Die Textbeschreibung (Analyse)

3.1 Ihre **Aufgabe** ist es, die inhaltliche, sprachliche und formale Eigenart eines Textes (also das »Wie«) in seinen wesentlichen Merkmalen mit Hilfe von Fachbegriffen zu beschreiben und zu charakterisieren – als notwendige Vorstufe der Textdeutung (Schritt 4). Nicht die Vollständigkeit einer exakten Beschreibung aller Textmerkmale ist dabei das Ziel; sinnvoll ist vielmehr eine Auswahl solcher Merkmale, die auch als wesentliche Grundlage für die Deutung der Aussage, Wirkung und Intention des Textes genutzt werden (können).

3.2 Bei **Sachtexten** *beschreibt und charakterisiert* dieser Schritt mit Hilfe von Fachbegriffen die Eigenart des Textes: die genaue Textart, den verdichteten Informationsgehalt (als kurze Zusammenfassung; keine Wiederholung der Textwiedergabe!), den gedanklichen Aufbau (Gliederung, Abfolge der Sinnabschnitte), die Argumentationsstruktur (Art der Entwicklung der Gedanken und ihres inneren logischen Zusammenhangs), wichtige sprachlich-stilistische Gestaltungsmittel und ihre Funktion und Wirkung sowie im Rückschluss auf all diese Beobachtungen: die erkennbaren Absichten (Intention) des Textes bzw. Autors.

Bei **argumentativen Texten** liegt ein besonderer Schwerpunkt auf der Beschreibung und Kennzeichnung der Eigenart, der Funktion und des inneren Zusammenhangs der Gedanken und ihrer Entwicklung (Argumentationsstruktur). Dabei kommt bestimmten Textteilen als Elementen der Beweisführung eine besondere Bedeutung zu. Sie lassen sich näher beschreiben als »Aufbau-Elemente« und als »Argumentations-Elemente«:

- Aufbau-Elemente sind z. B.:
  Einleitung, Überleitung, Hauptteil, Höhepunkt, Schlussteil; Einschub, Zusammenfassung, Auswertung, Lösung usw.
  Durch die Kennzeichnung von Textteilen mit Hilfe dieser Begriffe lassen sich einzelne Aussagen oder ganze Sinnabschnitte in ihrer Funktion für die Entfaltung des

Themas und in ihrem inhaltlichen Stellenwert für das Textganze bestimmen und zuordnen. Insofern kann anhand dieser Beobachtungen auch der gesamte *Textaufbau* genauer beschrieben und gekennzeichnet werden.
- Argumentations-Elemente sind z. B.:
Frage, These (Behauptung), Argument, Gegenbehauptung, Beispiel, Beleg, Schlussfolgerung, Definition, Begriffsklärung, Erläuterung; Voraussetzungen, Konsequenzen, Einschränkungen, Bedingungen usw.
Diese Begriffe bezeichnen Bausteine der Argumentation, mit deren Hilfe die Eigenart der »*Argumentationsstruktur*« als Gedankenbewegung (aus Behauptungen, Begründungen und Beispielen u. a.) beschrieben und gekennzeichnet werden kann. Beim Verfahren der »Beweisführung« kann so der gedankliche Weg (»Gedankengang«) und das gedankliche Verhältnis der Aussagen zueinander in den Einzelschritten bestimmt und überprüft werden.

3.3 Bei **appellativen Texten** (z. B. Reden, Briefe, Gebete, Psalmen u. a.), die sich in der Regel an einen bestimmbaren Adressatenkreis wenden mit der Absicht, eine Reaktion, d. h. eine Einstellungs- und/oder Verhaltensänderung zu erreichen, hat sich das »**Kommunikationsmodell**« (siehe 1.1.4) als Analyseinstrument besonders bewährt (siehe 4.9.5). Es geht davon aus, dass jeder Text in einer Kommunikationssituation steht und dabei von vier Seiten her konstituiert und in seiner Eigenart bestimmt wird: Es gibt einen *Sprecher* (Verfasser/Autor), der den *Angesprochenen* (Leser/Zuhörer als Adressaten/Publikum) etwas Bedeutsames und Wahres über die »Wirklichkeit« (die Welt, die äußere oder innere Situation usw.) als im Text *Besprochenes* (Gegenstand, Inhalt, Sachbezug) möglichst wirkungsvoll mit Hilfe der *Sprache* (Medium, Darstellungsform) nahe bringen will. Der Text ist hierbei als sicht- oder hörbare Erscheinungsform einer Mitteilung über einen »Gegenstand« das eigentliche sprachliche Phänomen und Gegenüber des Lesers, während die anderen Momente (Verfasser und Leser/Hörer) »außersprachliche« Faktoren sind. Der Verfasser will wirken, der Leser setzt sich der Wirkung aus und will verstehen.
Die Kommunikationssituation kann auch eine fiktive sein, z. B. innerhalb eines epischen, dramatischen oder lyrischen Textes. Der Sprecher tritt dann als »lyrisches Ich« oder als »Erzähler« in Erscheinung.
Die *Beschreibung (Analyse) appellativer Texte* kann sich an dem folgenden Untersuchungsraster mit seinen Leitfragen ausrichten (Reihenfolge ist freigestellt):

Leitfaden zur Erschließung appellativer Texte
- **Wer spricht hier?**
Was kann über die Persönlichkeit, Eigenart, Rolle und Biografie des Sprechers erschlossen werden?
Was sagt er über sich selbst (Selbstbild)?
- **Wen spricht der Sprecher an?**
Welches Bild vom angesprochenen Leser oder Hörer wird deutlich?
Welche Absichten und Erwartungen ihnen gegenüber sind aus dem Text zu erschließen?

- **Worüber wird gesprochen?**
  Welches Thema, welche Ereignisse, Gegenstände, Wirklichkeitsbereiche, Wertvorstellungen usw. werden behandelt und stehen inhaltlich im Mittelpunkt?
- **Wie wird gesprochen?**
  Welche Darstellungsform wird gewählt und welche besonderen sprachlichen Mittel werden eingesetzt? Wie wirken sie? Welche Absichten und Ziele stehen dahinter?

Diese Fragen können das Unterrichtsgespräch strukturieren, stellen aber auch bewährte Arbeitsaufträge für Stillarbeit, Partner- oder Gruppenarbeit dar. Sie konzentrieren den Blick unmittelbar auf den Text und seine Eigenart und helfen das gefundene Material sachlich zu gliedern und übersichtlich anzuordnen (z. B. können die Arbeitsergebnisse zu jeder Frage gesondert auf einem Folienteil erfasst werden; alle vier Teile lassen sich dann bei der Vorstellung schrittweise zu einem Ganzen zusammenfügen). Zur Arbeitserleichterung können vorbereitend auf dem Textblatt alle zu einer bestimmten Frage passenden Textaussagen mit derselben *Farbe* unterstrichen werden (z. B. blau = Sprecher, gelb = Angesprochene, rot = Besprochenes, grün = Sprache). So wird nichts Wichtiges übersehen und die anschließende *zusammenfassende Deutung* (Schritt 4) kann auf der Basis dieses Materials systematisch erfolgen.

Das überschaubare Analyseverfahren mit seinen vier Aspekten lässt sich bereits in der Sekundarstufe I vermitteln. Die Schüler der Sekundarstufe II gewinnen schon nach zwei, drei Beispielen genügend Sicherheit für die selbstständige Anwendung in einer Klausur.

3.4 Bei der Beschreibung von **literarischen Texten** kommen weitere bzw. anders akzentuierte Aspekte in den Blick (siehe näherhin die Gesichtspunkte unter Schritt 2.3):
- *Lyrik*: Form (äußere Gedichtgestalt, Versmaß, Reimform, Klang, Rhythmus) und sprachlich-stilistische Machart (Satzbau, Wortwahl, poetische Bilder, Ton- und Sprechweise)
- *Erzählung*: Handlung, Personen, Räumlichkeit, Zeitgestaltung, Erzählperspektive
- *Drama*: Dialog und Monolog, Bühnengeschehen (Handlung, Figuren, Raum, Zeit), Aufbau/Bauform usw.

3.5 Zusammenfassung:
Die Textbeschreibung sucht das Besondere des jeweiligen Textes systematisch auf drei Ebenen zu sichern, um geeignetes Ausgangsmaterial für die Deutung (Schritt 4) zu gewinnen:
- *die Form-Analyse:* Erfassung der für die äußere Erscheinung eines Textes konstitutiven Elemente, wie z. B. Abschnitte, Kapitel, Strophe, Verse, Reime; Klang, Rhythmus u. a.
- *die Struktur-Analyse:* Bestimmung der charakteristischen Aufbau-Elemente und ihrer Beziehung zueinander: wie z. B. der innere und äußere Aufbau, der Gedankengang (Argumentationsstruktur), die Ereignisfolge, Personenkonstellation, das Motivgeflecht u. a. Hilfreich zur Verdeutlichung sind hierbei »Strukturskizzen«.

- *die Stil-Analyse:* Erfassung und Kennzeichnung der sprachlich-rhetorischen »Machart«, der prägenden Gestaltungselemente und ihrer Wirkung wie z. B. grammatisch-syntaktische Mittel (Satzbau: Art, Länge, Struktur, Satzformen, Verbformen, Wortarten usw.), Stilebenen, Bildlichkeit, stilistische Figuren, u. a. Dabei sind nur *relevante Stilmittel* auszuwählen, das heißt solche, die für die spätere Deutung (Schritt 4) wichtig sind. Sie sind daran erkennbar, dass sie quantitativ und/oder qualitativ auffallen, das heißt: entweder öfter vorkommen (Wiederholungen von Wörtern, Bildern, Satzbau …) und/oder einen ungewöhnlichen sprachlichen Charakter aufweisen (auffallender Sprachgebrauch, Wortneuschöpfungen und Kombinationen …).

Die sprachliche Analyse sollte sich stets auf einen der folgenden Untersuchungsaspekte stützen:
– Welche Bezüge zur Intention des Autors, zur Textsorte und zum Adressatenkreis lassen die sprachlichen Mittel erkennen?
– Welche Wirkung auf den Leser will der Autor mit diesen Stilmitteln erreichen?
– Wie passen die sprachlich-rhetorischen Mittel zum inhaltlichen Textgehalt und -zusammenhang (d. h. zum dargestellten Sachverhalt oder Vorgang)?

4 Die Textdeutung (Interpretation)

4.1 Die Aufgabe der Textdeutung

Sie will auf der Grundlage der Textbeschreibung (Schritt 3) und des Textwortlauts die *vertiefte Sinnerschließung* mit Hilfe geeigneter Fragestellungen und der gezielten Anwendung eines methodisch geregelten Verfahrens leisten. Die Frage an den Text lautet dabei **nicht**: »Was hat der Autor/Verfasser/Dichter sagen wollen?« sondern: »*Was sagt der Text?*« Zu ihrer Beantwortung ist ein mehrfaches intensives Lesen zum Ende des Textes hin und wieder zurück zu seinem Anfang erforderlich. Dabei wird deutlich werden, ob sich die aufgestellte Arbeits- und Interpretationshypothese (siehe Schritt 1.3) bewährt, das heißt: vom Text her abgedeckt ist. Ausgegangen wird von den in Schritt 3 als zentral erkannten und beschriebenen inhaltlichen und sprachlich-stilistischen Besonderheiten, die nun *aufeinander bezogen* werden.

Das Vorgehen kann dabei auf zweierlei Weise geschehen:
- *linearer Textdurchgang:* die beobachteten Textelemente (Schritt 3) werden in der Reihenfolge ihres Vorkommens in einen Zusammenhang gebracht und gedeutet (geeignet besonders bei kürzeren bzw. einfachen Texten) oder
- *aspektgeleitetes Vorgehen:* es erfolgt von übergeordneten Deutungsaspekten und Fragestellungen her, die entweder vom Lehrer als Hilfestellung vorgegeben oder von einer versierten Lerngruppe selbst als sinnvolle Arbeitshypothesen entdeckt, als tragfähig erachtet und für die gemeinsame Arbeit vorgeschlagen werden (siehe als Basis die Aspekte zu Sachtexten und literarischen Texten oben in Schritt 3).

Die Interpretationsarbeit bezieht sich überwiegend auf den Text selbst (siehe 4.2: textimmanente Deutung); daneben müssen aber – insbesondere bei älteren Texten – zum tieferen Verstehen auch textexterne Aspekte für die Deutung herangezogen werden (siehe 4.3.).

4.2 Die textimmanente Deutung

Sie versucht alle in der Textbeschreibung als wesentlich festgestellten *textinternen Einzelbeobachtungen formaler, inhaltlicher und struktureller Art* zusammenzuschauen. Das heißt: die festgestellten Ergebnisse werden gewichtet, unter deutenden Gesichtspunkten zusammengefasst, miteinander verbunden und in ihrem inneren thematischen Zusammenhang sowie in ihrer Funktion und Wirkung für das Textganze verdeutlicht. Aus diesem Befund kann auf Absichten geschlossen werden, die dieser Gestaltung zugrunde liegen.

Bei den für den Religionsunterricht ausgewählten Texten besteht der tiefere *thematische Zusammenhang* häufig in anthropologischen Aspekten (z. B. Bild vom Menschen), theologischen Perspektiven (z. B. Gottesbild), weltanschaulichen Positionen, biblischen Bezügen (z. B. eschatologische Hoffnung), religiösen Erfahrungen, ethischen Grundsätzen usw. Grundsätzlich gilt: Jede Deutung muss einer Überprüfung am Text standhalten.

4.3 Die Berücksichtigung textexterner Aspekte (»Kontextuierung«)

Je größer der zeitliche und räumliche Abstand ist, der zwischen dem heutigen Leser und dem Autor und seinem Werk liegt, desto größer wird auch der geistige Abstand sein und Verständnisschwierigkeiten verursachen, die werkimmanent nicht zu überwinden sind. Es ist daher nötig, auch **textexterne (textübergreifende) Aspekte als zusätzliche Quelle und Erschließungshilfe** heranzuziehen, wie z. B. den lebensgeschichtlichen, den sozialgeschichtlichen und den literarischen Kontext des Autors und seines Werkes. Vom Entstehungshintergrund her kann besonders bei älteren Texten (z. B. biblischer, dogmatischer, philosophischer, kirchengeschichtlicher u. a. Art) ein tieferes Verstehen gefördert werden durch die Verdeutlichung des Gewordenseins der Texte und ihrer Eigenart. Als Deutungsaspekt wird aber auch der Erfahrungs- und Verstehenshorizont des heutigen Lesers und Interpreten ins Spiel gebracht und mit den Entstehungsbedingungen des Textes verglichen.

Externe Bedingungsfaktoren eines Textes (»Kontextuierung«)

Näherhin lassen sich die *externen Bedingungsfaktoren eines Textes* konkretisieren als:
- politische, soziale, geistesgeschichtliche Hintergründe des Werkes; das kulturelle Umfeld; die gesellschaftlichen Zustände zur Zeit der Abfassung
- die biografische und persönliche Situation des Autors bei der Abfassung (biografische Zeugnisse untersuchen)
- die Eigenart und Entstehung seiner besonderen Weltsicht
- die Stellung des Autors in der Gesellschaft seiner Zeit
- Motive und Intentionen bei der Abfassung
- der ursprünglich vorgesehene Leserkreis und die Wirkung des Textes auf zeitgenössische und spätere Leser (Rezeptionsgeschichte)
- die Wirkung des Textes auf den heutigen Leser und Interpreten mit seinem Erfahrungs- und Verstehenshorizont

- die Bedeutung der Thematik, des Stoffes und Inhalts zur Entstehungszeit – Vergleich zu heute
- der Stellenwert des Werkes in der Geschichte der Textgattung (charakteristische Gattungsmerkmale)
- das Verhältnis der Sprache zu den Stilnormen der Entstehungszeit
- die Einbettung des Werkes in die literaturgeschichtliche Epoche (epochentypische Merkmale)
- eventuelle literarische Vorbilder und Einflüsse und ein Vergleich mit ihnen (literarische Beziehungen)
- die Stellung des Textes im Denken und Gesamtwerk des Autors (Einordnung)

Das Ensemble dieser textimmanenten und textexternen Beobachtungen und Erkenntnisse hat den Zweck, dem vom Verfasser beabsichtigten »Sinn« möglichst nahe zu kommen. Die Aussage- und Wirkungsabsicht (Intention) des Textes bzw. Autors kann dabei nur auf der Basis der Beschreibung der sprachlichen Gestaltungsmittel (siehe Schritt 3) angemessen erkannt werden.

In schriftlicher Form (z. B. bei einer Klausur) umfasst und belegt die Interpretation sowohl den hermeneutischen *Prozess* des Verstehens als auch das bei diesem Verstehensprozess gewonnene *Resultat*.

5 Die Textbewertung (andere Benennungen: Erörterung, Auseinandersetzung, Beurteilung, Stellungnahme)

5.1 Aufgabe und Eigenart: Nach der Beschreibung und Deutung des Textes soll eine kritisch-wertende Auseinandersetzung mit seinen Aussagen erfolgen, die aber stets eine begründende sein muss. Verstehen eines Textes bedeutet nicht, mit ihm einverstanden zu sein und seinen Sinngehalt willig zu übernehmen.

Die Textbeurteilung umfasst im Wesentlichen *zwei Schritte*:
- Der Leser lässt sich zunächst auf den im Text vermittelten Standpunkt (z. B. Wirklichkeitsauffassung, Menschenbild usw.) ein, versucht ihn nachzuvollziehen und zu verstehen. Häufig enthalten der Textanfang und der Schlussteil besondere Hinweise auf die Position des Autors (als einleitender Hinweis für den Leser bzw. als Zusammenfassung und Fazit am Ende).
- Der Leser setzt sich mit dem Textstandpunkt auseinander, erörtert ihn, nimmt Stellung und bewertet ihn, indem er zustimmt, ablehnt, differenziert, ergänzt usw. Dabei sind alle Aussagen schlüssig zu entwickeln und zu begründen. Gegenstand der Erörterung sind dabei grundsätzliche Aspekte des Textes, nicht irgendwelche aus dem Zusammenhang herausgelöste Einzelaussagen.

5.2 Bei **Sachtexten** kann zum Beispiel der zentrale Sachverhalt, die vertretene Überzeugung (z. B. politischer, religiöser, ethischer u. a. Art), ein wichtiges Problem, ein entscheidendes Zitat usw. ins Bewusstsein gerückt und konfrontiert werden mit anderen Sichtweisen und Wertungen – sei es auf der Basis der eigenen Erfahrung oder im Vergleich mit (z. B. aus dem Unterricht) bekannten Positionen und Aussagen anderer Autoren, Interpreten und Instanzen (z. B. Lehramt der Kirche). Eine kritisch-wertende Auseinandersetzung kann auch darin bestehen, die im Text dargestellte Position durch einen alternativen Ansatz konstruktiv zu ergänzen, weiterzuführen und so den Textstandpunkt in einem neuen Licht erscheinen zu lassen.

Speziell bei **argumentierenden Sachtexten** können u. a. folgende Leitfragen für das eigene Erkennen und Urteilen hilfreich sein:

Fragen zu argumentierenden Sachtexten

- Worum geht es im Text, wovon handelt er?
- Welche Hauptaussage wird gemacht?
- Welche Position nimmt der Autor zum Thema bzw. zur Problemfrage ein?
- Was will der Autor? Will er informieren? Problembewusstsein wecken?
- Beschreibt der Autor einen Sachverhalt? Zeigt er eine Entwicklung auf? Beklagt er Missstände? Stellt er Forderungen?
- Wie trägt er seine Thesen vor? sachlich? vorsichtig? polemisch? usw.
- Wirkt der Text in seinen Aussagen insgesamt ausgewogen oder wird ein eher einseitiger Standpunkt vertreten?
- Ist der Geltungsanspruch der Thesen und Behauptungen einsichtig begründet?
- Wo setzt der Text Sachverhalte voraus, die aber ungenannt bleiben?
- Fehlen wichtige Gesichtspunkte zum Thema?
- Wo benötige ich weitere Informationen?
- Welche Argumente überzeugen mich? Welche erscheinen mir anfechtbar?
- Welchen Ergebnissen des Autors stimme ich zu? Wo denke ich anders?
- Wie schätze ich die Zahl, Eigenart und Wirkung der Beispiele ein? Sind sie anschaulich, nachvollziehbar und aussagekräftig?
- An wen ist der Text gerichtet? Welche Art von Lesern steht dem Autor wohl vor Augen, wenn er mit den eingesetzten sprachlichen Mitteln seine Absicht hinsichtlich des Themas und den Hauptaussagen erreichen will?
- Wie beurteile ich die Art (Stil) der Darstellung und die Vorgehensweise? Sind sie dem Thema und zur Erreichung der Absichten angemessen?

5.3 Bei **literarischen Texten** können vor allem dargestellte Wertvorstellungen und Lebensentwürfe Gegenstand der Erörterung und Beurteilung sein. Dabei kann etwa kritisch in den Blick kommen:

– das Wirklichkeitsverständnis, das Bild vom Menschen und von der Gesellschaft, die Auffassung von der Natur, die Vorstellung vom Transzendenten usw.
– Handlungsweisen, Eigenschaften und Wertmaßstäbe von Personen des Textes, wie sie durch Reden und Handeln offen oder verschleiert zutage treten

In beiden Textarten können neben wertenden Aussagen zum Inhalt aber auch Beobachtungen zu Form, Intention und Wirkung des Textes aus persönlicher Sicht vorgestellt werden.

6 Die Textanwendung (Handlungs- und Produktionsorientierung)

Gegenüber den üblichen Umgangsweisen mit Texten (wie etwa analysierend, interpretierend, argumentierend, redend usw.) stellt dieser Ansatz eine enorm bereichernde, von seinen Intentionen her wertvolle Ergänzung dar.

6.1 Sinn und Intention dieses Schrittes liegen darin, auf spontane Weise einen persönlichen Zugang zu einem Text zu finden, ihn sich phantasievoll zu eigen zu machen und sich aktiv und kreativ mit ihm auseinander zu setzen. Der Leser verlässt dabei seine gewohnte rezeptive Haltung und wird zum Koproduzenten des Textes. Dabei kommen auch die persönlichen Gefühle, Gedanken, Standpunkte, ja die ganze Lebensgeschichte der Lesenden/Schreibenden ins Spiel. Durch das Zusammenwirken von eigener Fantasie, kommunikativem Handeln und Austausch mit den Mitproduzenten erfolgt eine ungewöhnlich intensive »Sinnaktualisierung« und persönliche Auseinandersetzung mit dem Text und seiner Aussage (was z. B. bei biblischen Texten zu neuen Entdeckungen führen kann).

6.2 Verfahren: Der Leser wird ausdrücklich dazu ermutigt, spielerisch mit dem Text umzugehen (gleich um welche Textsorte es sich dabei handelt), in den Text einzugreifen, ihn nach- und umzugestalten, in der Perspektive und Intention zu verändern, ihn weiterzuschreiben, in den heutigen Horizont hinein zu erzählen, auf die eigene Lebenssituation hin zu transformieren oder auch spielerisch, pantomimisch, musikalisch, zeichnerisch usw. in unbefangen subjektiver Weise auf den Text zu reagieren und aus ihm einen neuen zu machen (siehe die Fülle der Möglichkeiten in Kapitel 4.12). Die Textanwendung stellt dabei eine Art kreatives »Problemlösungsspiel« dar, das an ganz verschiedenen Stellen der Texterschließung einsetzen kann. Eigene handlungs- und produktionsorientierte Gestaltungsversuche können bereits der ersten Textbegegnung (Schritt 1) vorausgehen, einzelne Verstehensschritte vorbereitend vorwegnehmen, die Textanalyse begleiten oder die Interpretation abschließen, weiterführen und vertiefen. Solche Schreibtätigkeiten eröffnen dem Einfallsreichtum der Schreiber eine große Freiheit, verlangen aber zugleich nach einer Vereinbarung von Spielregeln.

6.3 Leistung: Ein Vergleich der eigenen Gestaltung mit dem Bezugstext hilft dabei, die inhaltlichen und formalen Besonderheiten des Originaltextes und seine Aussage genauer zu erkennen und besser zu verstehen und offen zu werden für die Tatsache, dass sich sowohl die Produktion als auch die Interpretation von Texten immer vor dem Hintergrund eines geschichtlich-gesellschaftlichen Kontextes ereignen und von persönlichen Lebenserfahrungen und -einstellungen geprägt sind, die sich auswirken, besonders wenn der Text schon Jahrzehnte oder gar Jahrhunderte alt ist.

6.4 Stellenwert: So sehr der handlungsorientierte, produktive Umgang mit dem Text als kreatives »Problemlösungsspiel« angesehen werden kann (s. o.), das den Schülern Freude bereiten soll, so ist dies nicht der einzige Zweck. Über die »Produkte« und kreativ gewonnenen Ergebnisse sollten die Schüler miteinander ins Gespräch kommen, um zu klären, welche Erfahrungen sie dabei gemacht haben und inwiefern diese wiederum zu einem tieferen Verstehen des Textes geführt haben. Durch das Miteinandersprechen und Nachdenken kann bewusst werden, welcher »Lernertrag« auf diese kreative Weise gewonnen wurde und inwiefern dieses Verfahren über die im Unterricht sonst üblichen analysierenden, interpretierenden, argumentierenden Vorgehensweisen bei der Texterschließung hinausgeht und sie ergänzen kann. Kritisch ist jedoch anzumerken: *Die neu produzierten Texte oder sonstige »Produkte« haben nicht denselben Rang wie der biblische, literarische u. a. Ausgangstext und sollen und können diesen nicht ersetzen.*

Zu verschiedenen Möglichkeiten handlungs- bzw. produktionsorientierter Verfahren: siehe Kapitel 4.12!

3.5 Zwei grundsätzliche Vorgehensmöglichkeiten bei der Texterschließung: linear oder aspektorientiert

Die lineare und die aspektorientierte Texterschließung stellen keine Sonderformen eines methodischen Zugangs zu Texten dar, sondern lassen sich in das »System der 6 Schritte« passgenau integrieren. Um diese beiden Vorgehensmöglichkeiten klarer hervorheben zu können, werden sie hier allerdings gesondert vorgestellt.

Für die Erschließung besonders von poetischen Texten gibt es zwei grundsätzliche Vorgehensweisen:

Vorgehensweisen

– Die *lineare, textchronologische Erschließung*
  Sie ist am Ablauf des Textes orientiert und geht Zeile für Zeile vor. Vor allem bei kurzen Texten legt sich dieses Vorgehen als sinnvoll nahe. Nötig erscheint dabei stets: Formulierung von Zwischenergebnissen, ausdrückliches Verdeutlichen von Zusammenhängen.

– Die *aspektorientierte Erschließung*
  Dabei erfolgt eine Orientierung des Vorgehens an Aspekten wie Inhalt, Form, sprachlich-stilistische Mittel. Wichtig ist dabei, die Beobachtungen nicht unverbunden aufzuzählen, sondern ihre Funktion für die Gesamtaussage des Textes herauszustellen. Denkbar ist auch der »erste Eindruck« als leitender Aspekt (»roter Faden«), dessen Bestätigung, Einschränkung, Differenzierung usw. die Behandlung der Einzelaspekte Inhalt, Form, sprachliche Mittel … durchzieht.
  Diese Art der Texterschließung wird häufig auch in Aufgabenstellungen für schriftliche oder mündliche Überprüfungen verlangt: Dabei werden – oft in Teilaufgaben differenziert – besondere Aspekte genannt, die zu untersuchen sind. Die Gliederung der Texterschließung ergibt sich dabei von allein durch die *aufgabenorientierte Vorgehensweise.*

3.6 Zusammenfassung: Skizze zu Erschließungsaspekten bei Texten

Die vorgestellten Ansätze, Schritte und Perspektiven textimmanenter, textübergreifender und handlungsorientierter Art der Texterschließung können folgendermaßen zusammengefasst und in einem Gesamtsystem integriert werden:

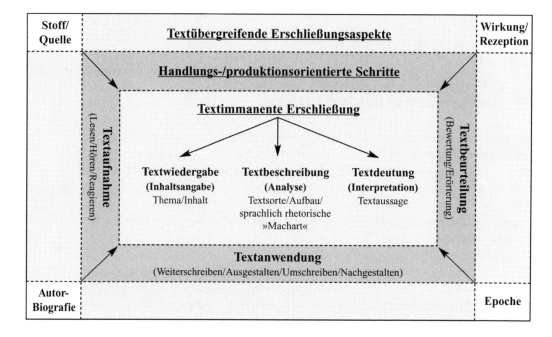

4 Praxisteil: Texterschließung an Beispielen

Inhaltsübersicht
- 4.1 Die Erschließung von Sachtexten (Gebrauchstexte)
- 4.2 Die Erschließung von problemerörternden Texten
- 4.3 Die Erschließung von begriffsdefinierenden und -erläuternden Texten
- 4.4 Die Analyse von historischen Quellentexten
- 4.5 Die Erschließung von appellativen/rhetorischen Texten
- 4.6 Die Erschließung von erzählenden Texten (Kurzprosa)
- 4.7 Die Erschließung von Gedichten
- 4.8 Die Erschließung von dramatischen (szenischen) Texten
- 4.9 Die Auslegung biblischer Texte
- 4.10 Textvergleich
- 4.11 Die sprachlich-stilistische Analyse
- 4.12 Handlungs-, produktions- und rezeptionsorientierter Umgang mit Texten

Hier geht es darum, anhand von Beispielen zu zeigen, wie verschiedene Arten von Texten erschlossen werden können. Grundlage und theoretischen Hintergrund bildet dabei jeweils das in Kapitel 3 vorgestellte hermeneutische Modell mit seinen sechs Schritten. Die Hinweise und Beispiele sind aus der Unterrichtspraxis hervorgegangen und führen zum Teil wörtlich von Schülern erarbeitete Ergebnisse vor.
Zusammenfassende Übersichten, Tabellen und Skizzen erläutern und veranschaulichen das Vorgehen und die erreichten Ergebnisse. So lassen sich die methodisch angebahnten Verstehensprozesse leichter nachvollziehen und auch Schülern vermitteln. Das verwendete Material kann der Einführung und Einübung im Unterricht dienen.

4.1 Die Erschließung von Sachtexten (Gebrauchstexte)

4.1.1 Einführung in die Textsorte

Im Unterschied zu literarischen Texten sind Sachtexte gekennzeichnet durch ihren eindeutigen Bezug zur Realität und durch die Intention, zweckgerichtet Informationen zu vermitteln (vgl. 1.2.3 zur Unterscheidung verschiedener Textsorten). Sie dienen also vor-

wiegend praktischen Zwecken. Bei Sachtexten lassen sich ihrer Funktion nach drei Gruppen von Texten unterscheiden, die alle im schulischen Alltag verwendet werden:
- *informierende Texte*: sie haben zum Ziel, Gegenstände der Wirklichkeit möglichst objektiv, sachlich richtig und verständlich wiederzugeben (z. B. Lexikonartikel, Beschreibungen, Berichte, Begriffsdefinitionen und -erläuterungen)
- *problemerörternde (argumentierende) Texte*: hierbei soll der Leser durch geeignete Argumente und Beispiele von der persönlichen Auffassung eines Autors überzeugt werden (siehe näherhin 4.2)
- *appellative Texte* (z. B. Rede, Werbung, Predigt u. a.): hierbei geht es um Beeinflussung des Lesers im Sinne der Verfasserintention. Dabei spielt die angezielte emotionale Wirkung auf den Leser bzw. Zuhörer eine besondere Rolle (siehe näherhin 4.5)

Hier sollen zunächst die informierenden Texte in den Blick treten, wie sie z. B. im Unterricht der Sekundarstufe II vor allem als Auszüge aus wissenschaftlichen Veröffentlichungen eingesetzt werden.

Bei einer genauen Erschließung dieser Textsorte stehen meist folgende Aspekte im Mittelpunkt der Untersuchung[1]:

> *Thema*
> Der Gegenstand bzw. Stoff und Grundgedanke eines Werkes in seinem besonderen Zuschnitt (Schwerpunkt, besonderes Interesse, Eigenart des Zugriffs).
> *Aufbau*
> die »Struktur des Textes« im Sinne der formalen und/oder inhaltlichen Gliederung (z. B. in Einleitung, Hauptteil, Schluss)
> *gedanklicher Aufbau*
> die innere »Logik« (Folgerichtigkeit der Sinneinheiten; Anteil von Information und Meinung) und der Ablauf der Argumentation
> *Argumentation*
> sprachliches Verfahren, mit dem eine Behauptung, eine Auffassung oder Handlungsweise für andere Menschen erklärt und als richtig begründet werden soll.
> *Argumentationsstruktur*
> *Argumentationsweise*
> Hier geht es um die Frage: »**Wie** wird bei der Darstellung des Problems bzw. der strittigen Frage im Text argumentiert?« Die Kennzeichnung der Argumentation umfasst z. B. die Aspekte:
> Wie deutlich sind die Hauptthesen dargestellt?
> Wie überzeugend sind die Begründungen (Stichhaltigkeit der Argumente, Widerlegung der Gegenargumente)?
> Wie anschaulich und einleuchtend sind die Beispiele?

---

[1] Vgl. W. Winkler, Abiturtraining, Deutsch 1, S. 7

Wie ist die Relation von argumentativen und appellativen Aussagen?
Wie präzise und folgerichtig ist die Beweisführung insgesamt?
Sprachlich-stilistische Darstellungsmittel
Intention
Die konkrete **Absicht**, die ein Sprecher oder Schreiber hat und die er durch sein Sprechen oder Schreiben bei anderen durchsetzen will. Sie entscheidet darüber, in welcher *Situation* welcher *Inhalt* ausgewählt und welche *sprachliche Form* dafür als die wirkungsvollste gewählt wird.
Wirkung

4.1.2 Praxismodell: Arbeitsschritte und Untersuchungsaspekte zur Erschließung von Sachtexten

Das Gesamt-Modell

Einzelschritte
1. Textaufnahme (Lesen/Hören)
2. Spontane Reaktionen auf den Text
3. Formulierung einer Arbeitshypothese (z. B. zum Thema, zur zentralen Fragestellung des Textes, zur vermutlichen Intention des Verfassers)
4. Genaue Textbeschreibung (Analyse) **4.1 Inhaltlichen Textüberblick verschaffen** • Unverstandene Begriffe im Text kennzeichnen und klären (Lehrer fragen bzw. nachschlagen) • die wichtigsten Wörter und Kurzaussagen hervorheben (unterstreichen, umranden, mit Pfeilen Verbindungen zeigen) • den Text in Sinnabschnitte einteilen und mit kurzen Überschriften versehen **4.2 Argumentationsweise verdeutlichen** d. h. den Aufbau und inneren Zusammenhang der Einzelelemente der Argumentation (= Struktur) kennzeichnen und wiedergeben: Thesen – Argumente – Beispiele – Schlussfolgerung/Ergebnis/Lösung/Entscheidung des Verfassers **4.3 Sprachliche Gestaltungsmittel beschreiben und deuten (Auswahl)** **4.4 Intention des Autors begründend feststellen** (in Verbindung mit Schritt 4.3)
5. Textbewertung (Texterörterung)

Ein Beispiel

Wer könnte es stoppen?

Von NORBERT LOSSAU

Dolly, ein kleines blökendes Schaf in Schottland, bewegt gleichermaßen den amerikanischen Präsidenten, israelische Oberrabbiner, katholische Bischöfe, den deutschen Forschungsminister und ungezählte Menschen rund um den Globus. Dolly ist das erste Säugetier auf dem Planeten Erde, das von Menschenhand aus nur einer Zelle ihrer
5 erwachsenen Mutter erschaffen wurde. Das Erbgut dieser beiden Tiere ist identisch. Genforscher sprechen von »geklonten Tieren«. Was die Fantasie so sehr beschäftigt, ist die sich abzeichnende Möglichkeit, dass diese gentechnische Methode auch auf den Menschen übertragbar sein könnte. Gewiss, bewiesen ist dies noch nicht. Doch wer würde angesichts des Fortschritts der modernen Biotechnologie daran zweifeln, dass diese
10 Machbarkeit nicht einfach nur eine Frage der Zeit ist.

»Den geklonten Menschen darf und wird es nicht geben«, ruft Forschungsminister Jürgen Rüttgers; er drückt zweifelsohne die Hoffnung der allermeisten Mitbürger aus. Doch leider lehrt uns die Geschichte, dass die Macht des Faktischen und Möglichen früher oder später doch alle vom menschlichen Gewissen errichteten Dämme eingerissen hat, wenn
15 es nur eine ausreichend starke, zumeist monetäre Motivation gab, dies zu tun. Und schließlich gibt es ja auch noch den raffinierten Gedankengang, ein ethisch umstrittenes Handeln durch das Bewahren »noch höherer Werte« zu rechtfertigen.

Gerade beim Klonen von Menschen dürfte es Befürwortern nicht allzu schwerfallen, tatsächlich solche Argumente zu formulieren. Wenn beispielsweise Eltern ihr Kind durch
20 einen tödlichen Unfall verlieren und ein Labor ihnen dann anbieten könnte, aus einer noch intakten Zelle wieder ein genetisch identisches Kind zu erzeugen – wäre dies dann ethisch verwerflich? Gleichgeschlechtliche Paare oder auch Singles würden wahrscheinlich ihr »Recht« auf ein »eigenes« Kind entdecken. Ensembles von geklonten Menschen würden theoretisch davon profitieren, dass sie sich im Bedarfsfalle mit Transplanta-
25 tionsorganen aushelfen könnten, weil es keine gefürchteten Abstoßungsreaktionen geben würde. Die Liste vermeintlicher Vorteile ließe sich leicht verlängern. Die Zeit wandelt die Werte der Menschen, und wie schnell dies im Falle des Klonens von Menschen geschehen könnte, belegt schon der Kommentar des Oberrabbiners Elijahu Bakschi Doron, der das Verdoppeln von Menschen für unproblematisch hält, solange es
30 keine genetische Veränderung gebe. Dennoch – in überschaubaren Zeiträumen und unter stabilen politischen Verhältnissen wird in den westlichen Demokratien das Klonen von Menschen sicherlich nicht offiziell erlaubt werden. Doch wenn technische Machbarkeit, starke persönliche Egoismen und die Möglichkeit, viel Geld zu verdienen zusammenkommen, wer wollte es dann ausschließen, dass diese drei Komponenten nicht in harmo-
35 nischer Weise zu einem Ausgleich kommen – entweder diskret im Verborgenen oder möglicherweise in Ländern, die das Klonen von Menschen nicht verbieten werden.

Ein kinderloser Milliardär am Zenit des Lebens, der hernach so gerne ein Geschöpf auf Erden wüsste, das exakt seine Gene weiterträgt, würde wohl eine Leihmutter und einen Genexperten finden, die ihm diesen teuren Wunsch erfüllen möchten. Wer wollte dies verhindern, wenn es technisch machbar wäre und diskret hinter irgendwelchen Laborwänden vollzogen werden könnte? Schließlich hatte die Öffentlichkeit ja auch nichts von der sensationellen Kreation der nun schon sieben Monate alten Dolly bemerkt, bis der wissenschaftliche Durchbruch vor einigen Tagen offiziell bekannt gegeben wurde.

Die Gentechnik kommt im Gegensatz zu anderen Technologien mit vergleichsweise einfachen Mitteln und kleinen Labors aus. Man benötigt keine Großanlagen mit Tausenden von Mitarbeitern und keine exotischen Substanzen wie etwa spaltbaren Nuklearbrennstoff zum Bau von Atombomben. Niemand kann in seinem Hobbykeller eine Nuklearwaffe basteln. Doch ein Gentechnologe könnte dort mit dem nötigen Know-how und einfach zu beschaffenden Hilfsmitteln schon Weltbewegendes anstellen.

Wir machen uns derweil Sorgen darüber, dass unberechenbare Diktatoren möglicherweise an der Entwicklung von Atomwaffen arbeiten könnten. Wie viel wahrscheinlicher wäre es da wohl, dass in solchen Ländern die Möglichkeiten des Klonens von Menschen genutzt würden, um dadurch etwa das politische System zu stabilisieren. Und wer wollte und könnte dies verhindern? Das Klonen von Menschen hätte exakt in das weltanschauliche Gedankengebäude Adolf Hitlers gepasst. Und zweifelsohne wäre diese Technologie von ihm intensiv genutzt worden, wenn sie denn seinerzeit zur Verfügung gestanden hätte. Doch der normierte Herrenmensch aus der Retorte blieb der Welt gottlob erspart.

Ganz gleich zu welchen ethischen Einsichten man angesichts von Dolly kommen mag, und ganz gleich welche politischen Forderungen dazu aufgestellt werden – die Entwicklung der Gentechnik lässt sich genauso wenig stoppen wie jeder andere einmal angestoßene Erkenntnisprozess. Und noch keine einmal entwickelte und etablierte Technologie ist im Nachhinein auf politischem Wege wieder von der Erde verschwunden.

Vielleicht sind wir Menschen, wie es uns die Geschichte von der Vertreibung aus dem Paradies ja gleichsam erzählt, wirklich dazu verdammt, mit jeder neuen Erkenntnis immer und immer wieder die Unschuld zu verlieren. Und vielleicht ist das Klonen der Menschen dabei nur einer der letzten Schritte auf dem Weg zum Ende der Evolution.

DIE WELT vom 27. 2. 1997

Lösungshinweise zum Text von Norbert Lossau

Einzelschritte	Textbeispiel
1. Textaufnahme (Lesen/Hören)	**Wer könnte es stoppen?** von Norbert Lossau in: DIE WELT vom 27. 2. 1997
2. Spontane Reaktionen auf den Text	• »Panikmache!« • »Nein! Wichtig, Leuten die Wahrheit zu sagen.« • »Zu negative Sicht, die positiven Möglichkeiten der Gentechnik fehlen« • »Warum überhaupt Tiere klonen zur Artenrettung?«

Einzelschritte	Textbeispiel
3. Formulierung einer Arbeitshypothese (z. B. zum Thema, zur zentralen Fragestellung des Textes, zur vermutlichen Intention des Verfassers)	*»Soll und kann in der modernen Gentechnologie das Klonen von Tieren und Menschen verboten werden?«* *Der Autor will wohl vor dem Klonen warnen.*
4. Genaue Textbeschreibung (Analyse)	Dazu muss der Text noch mehrmals gelesen werden, um die Beobachtungen genauer fassen und belegen zu können.
4.1 *Inhaltlichen Textüberblick verschaffen* • Unverstandene Begriffe im Text kennzeichnen und klären (Lehrer fragen bzw. nachschlagen)	»Klonen« (Herkunft und Bedeutung) »Oberrabbiner«; »monetäre Motivation« »Technologie«
• die wichtigsten Wörter und Kurzaussagen hervorheben (unterstreichen, umranden, mit Pfeilen Verbindungen zeigen)	zum Beispiel im 1. Textsatz: Dolly, erstes Säugetier, von Menschenhand erschaffen, Methode auf Menschen übertragbar
• den Text in Sinnabschnitte einteilen und mit kurzen Überschriften versehen	**Überschriften zu den Textabschnitten**: 1. erstes Säugetier – von Menschen »geklont« 2. Ablehnung des Klonens von Menschen 3. Argumente für das Klonen von Menschen 4. Beispiel »Milliardär« 5. Einfache Technologie für die Gentechnologie 6. Missbrauch des Klonens von Menschen durch Diktaturen 7. Gentechnik lässt sich nicht stoppen 8. Gefahr des Endes der Evolution durch den Menschen siehe die Hinweise zu 4.3 (sprachliche Gestaltungsmittel)
4.2 *Argumentationsweise verdeutlichen* d. h. den Aufbau und inneren Zusammenhang der Einzelelemente der Argumentation (= Struktur) kennzeichnen und wiedergeben: Thesen – Argumente – Beispiele – Schlussfolgerung/Ergebnis/Lösung/Entscheidung des Verfassers	**Beobachtungen zum Text:** • »Beispiele« für die Anwendung des Klonens beim Menschen stehen im Konjunktiv, sind also noch keine Realität, sondern denkbare Möglichkeiten (Abs. 3, 4 und 6). • »Gegenbeispiel« Atombomben-Herstellung soll Leichtigkeit des Klonens und neue Art von Gefährlichkeit verdeutlichen. • Die »Schlussfolgerungen« aus den Beobachtungen werden mit »vielleicht« eingeleitet (letzter Abschnitt), sind also »nur« Vermutungen.
4.3 *Sprachliche Gestaltungsmittel beschreiben und deuten (Auswahl)* **4.4** *Intention des Autors begründend feststellen* (in Verbindung mit Schritt 4.3)	**Intention**: aus konkretem Anlass (Klonen eines Schafs) den Leser über die Möglichkeiten der Gentechnologie informieren; aber vor allem warnen vor den Gefahren des Klonens bei Menschen; zugleich will der Autor Skepsis wecken gegenüber der Durchsetzbarkeit eines solchen Verbots, das er mehr oder minder deutlich für notwendig hält.
5. Textbewertung (Texterörterung)	Auseinandersetzung mit den Textaussagen: • Was überzeugt mich? • Wo denke ich anders? • Wo sind weitere Informationen nötig?

Exkurs: Die Textwiedergabe bei Sachtexten

Praxismodell:
Arbeitsschritte und Untersuchungsaspekte zur Textwiedergabe

Zur Textwiedergabe (Inhaltsangabe) bei Sachtexten

1) Ihre Aufgabe und Funktion

Die *Textwiedergabe* **informiert sachlich, knapp und mit eigenen Worten** über die wesentlichen Informationen und gedanklichen Schwerpunkte eines Textes (in denen die Absicht des Textes besonders deutlich wird). In der Sekundarstufe II dienen als Textgrundlage meist *Auszüge* aus Fachbüchern oder Fachzeitschriften.
Die Textwiedergabe ist in der Regel **Bestandteil einer umfassenderen Aufgabenstellung** (z. B. als 1. Teilaufgabe in einer Klausur) und verlangt hier, die Hauptaussagen eines Textes zu einem Sachverhalt oder Problem inhaltlich zu sichern und damit eine Grundlage für die anschließend geforderte genauere, meist *aspektgeleitete Textbeschreibung (Analyse)* zu bieten (2. Teilaufgabe), auf die schließlich die *Textbewertung* (Auseinandersetzung und Stellungnahme zu den Aussagen des Autors) aufbaut (3. Teilaufgabe).

2) Typische Aufgabenstellungen lauten

- »*Geben Sie den Inhalt des Textes mit eigenen Worten wieder.*«
- »*Fassen Sie die zentralen/wichtigsten Aussagen des Textes zusammen.*«
- »*Arbeiten Sie die Hauptaussagen des Textes heraus.*«
- »*Geben Sie die Hauptgedanken/Hauptthesen des Textes in ihrem Argumentationszusammenhang/ihrer gedanklichen Struktur/ihrem gedanklichen Aufbau wieder.*«

3) Merkmale einer Textwiedergabe

- Die wesentlichen Aussagen des Textes sind kurz und ohne Ausmalung und mit eigenen Worten zusammenzufassen.
  Dabei dürfen Schlüsselbegriffe (z. B. als Fachbegriffe) übernommen werden, jedoch keine ausschmückenden Einzelheiten und nicht wörtlich ganze Sätze oder Teile davon.
- In der Regel kann die im Text vorgegebene Reihenfolge der Aussagen beibehalten werden. Umstellungen sind aber dann sinnvoll, wenn der gedankliche Zusammenhang der Textaussagen dadurch deutlicher hervortritt.
- Dabei ist zu beachten:
  1) die logische Abfolge der zusammengefassten Aussagen muss der Logik des Textes entsprechen,
  2) die Proportionen müssen stimmig sein: die Länge der Zusammenfassung jedes Einzelabschnitts muss dem Umfang und inhaltlichen Gewicht des Abschnitts im Originaltext gerecht werden.

- Die Wiedergabe des Inhalts ist kürzer als der Text selbst. Umfang: etwa ein Drittel des Originals.
- Die Zeitform ist das Präsens, weil der Inhalt »vergegenwärtigt« wird.
- Es wird nicht in der Ich-Form geschrieben, sondern aus der Sicht eines »Berichterstatters« in der Er/Sie-Form.
- Es wird keine wörtliche Rede verwendet.
- Die Darstellung erfolgt in einer sachlich-distanzierten Sprache, d. h. es wird objektiv wiedergegeben, was den Inhaltskern angeht; verzichtet wird auf Kommentierungen und die Äußerung persönlicher Meinungen, Wertungen und Gefühle (keine polemisch abwehrenden Bemerkungen, keine begeisterte Zustimmung usw.).
- Die Inhaltswiedergabe soll sprachlich klar, verständlich und ohne Gedankensprünge den Hauptinhalt wiedergeben; sie soll formal übersichtlich gestaltet sein; deshalb Absätze machen, die Darstellung straffen und Selbstverständlichkeiten weglassen

4) Aufbau einer Textwiedergabe

- **Einleitung**: *Kurzinformationen als Hinführung des Lesers zum Text und seiner Thematik*
  Nennung des Autors, des Titels (Überschrift), der Textart, der Quelle;
  Kurze Vorschau auf das Thema und Problem, d. h. worum es in der Hauptsache im Text geht und welches Ergebnis evtl. vorliegt.

- **Hauptteil**: Zusammenfassende Wiedergabe des Textinhalts
  Vorgehen: die Anzahl der Sinnabschnitte nennen und fortschreitend für jeden Abschnitt den inhaltlichen Schwerpunkt (die Hauptinformation) zusammenfassend formulieren – angereichert evtl. mit streng ausgewählten wichtigen Unteraspekten dieses Sinnabschnitts. Darstellungsform: ein zusammenhängender, vorlesbarer Text in ganzen Sätzen und in eigener Sprache

- **Schluss**: *persönliche Stellungnahme (Textbewertung)*
  eine knappe subjektive Wertung der im Text angesprochenen Problematik, eine Folgerung, Bemerkung zur Aktualität des Themas u. a. oder auch ein kurzer Rückblick. Dieser Abschnitt muss als persönliche Äußerung sprachlich wie optisch (neuer Absatz) deutlich abgehoben sein von den vorausgehenden Aussagen über den Text.

  Danach: Bearbeitung der nächsten Teilaufgabe.

Beispiel einer einfachen Textwiedergabe

Text von Brigitte Schwaiger (Schriftstellerin)	Textwiedergabe
Wenn die Großmutter gesagt hat: »Na, der Herrgott«, dann war das nicht furchtbar. Da war der liebe Gott mehr wie ein Hausfreund. Einer, den sie gut kannte, der fast gemütlich war. *Mein Vater hat vom »Himmelsvater« gesprochen: Schaut Kinder, was für ein schönes Wetter der Himmelsvater heute gemacht hat. Dann war Gott für uns Schönheit der Natur, Himmel, Gras, Vogelzwitschern.* *Aber meine Mutter hat bei mir eigentlich den bösen, unheimlichen Gott herbeigerufen. Einer, der für mich bis heute meine tägliche Gewissensqual ist.* *Später habe ich sie darauf angesprochen. Da hat sie zugegeben: Ja, mit dir wären wir beinahe nicht fertig geworden!* *Religion war also ein Bändigungsinstrument für sie. Sie hat mich unterworfen und besiegt mit dem Wort »Gott«.* Text in: Hubertus Halbfas, Religionsbuch für das 9./10. Schuljahr, Düsseldorf (Patmos) 1991, 50	**Einleitung** (= *wichtige Infos zum Text*) Die Schriftstellerin Brigitte Schwaiger beschreibt in diesem biografischen Textauszug verschiedene Gottesbilder ihrer Kindheit. **Hauptteil** (= *Wiedergabe des Textinhalts*) In drei gedanklichen Schritten (Sinnabschnitten) wird das Thema der in der familiären Erziehung vermittelten Gottesbilder und ihre Auswirkungen entfaltet: Die Großmutter sieht in Gott einen »Hausfreund«. Der Vater wiederum weckt die Vorstellung vom Gott in der Natur. Die Mutter jedoch benützt Gott als erzieherisches Mittel: er soll Angst auslösen und das Kind in Schach halten. **Schluss** (= *persönliche Äußerung/Wertung*) Der Text zeigt, wie hilfreich, aber auch wie gefährlich die in der Erziehung vermittelten Vorstellungen und Bilder von Gott für die Entwicklung unserer Persönlichkeit sind.

4.2 Die Erschließung von problemerörternden Texten

4.2.1 Einführung in die Textsorte/Grundbegriffe und sprachliche Mittel der Argumentation

Problemerörternde Texte gehören zur Gruppe der Sachtexte. Sie sind in Art und Inhalt sehr stark vom Gedanklichen, von der Reflexion geprägt. Sie geben ein geeignetes Material ab, um das Wertbewusstsein zu schärfen und *das Denken* zu trainieren.[2]
H. Hross (269-274) hat einen ganzen Katalog von Aspekten der Denkschulung durch die Arbeit mit Texten dieser Art zusammengestellt und nennt im Einzelnen folgende Zielsetzungen und mögliche Leistungen:
- Schulung des *logischen Denkens* durch Bewusstmachung und Nachvollzug der Art der Textargumentation; Ausbildung einer »operativen« Intelligenz
- Übung des *kombinatorischen Denkens,* indem ein Textauszug oder der Teil eines Textes in Beziehung gesetzt wird zum Textzusammenhang; indem der Funktionswert eines

---
[2] Zur Vertiefung siehe: AbiGuide, Stark, 33 ff.; 47-50; Deutsch Training, Aufsatz 9./10. Klasse, 132 ff.; 149 ff

Textteils ermittelt wird; indem vergleichbare Textstellen gefunden werden; indem gemeinsame Strukturen und Unterschiede erkannt und Schlüsse daraus gezogen werden; – dadurch wird der geistige Horizont erweitert
- Übung des *kritischen Denkens,* indem die Stichhaltigkeit von Argumenten überprüft wird durch Bedenken der Wahl und Art ihrer Verwendung hinsichtlich ihrer Zweckmäßigkeit und Tauglichkeit, durch Überprüfung der Prämissen und der Konklusion; – dadurch wird die geistige Beweglichkeit und Selbstständigkeit gefördert
- Schulung des *dialektischen* Denkens, indem gegenteilige Positionen gegen die Textargumente vorgebracht werden und Vorwissen verwertet wird; – dadurch wächst die Kritikfähigkeit
- Übung des *wertenden Denkens* durch die Beurteilung, ob die Argumentation (in Fragestellung, Durchführung und Ergebnissen) zwingend und damit verpflichtend ist oder ob eventuell zu abstrakt-theoretisch bzw. rigoros-formalistisch verfahren wird; – dadurch wird das Urteilsvermögen geschärft.
- Übung des *selbstständigen* Denkens, indem zu dem im Text aufgeworfenen Problem mögliche Lösungswege von heutiger Sicht her entworfen und von persönlichen Erfahrungen und eigenen Einsichten her gewagt werden; – dadurch wird die Fähigkeit des Weiterdenkens und Übertragens (Transfer) geweckt und gesteigert.

Sowohl bei der Erschließung von problemerörternden Texten als auch bei der eigenen argumentierenden Darstellung mündlicher und/oder schriftlicher Art ist es hilfreich, einige Grundbegriffe und sprachliche Gestaltungsmittel der Argumentation zu kennen, ihre Wirkung abschätzen und bewusst planen zu können.

Was sind Argumente?

Argumente sind Aussagen, mit denen Zuhörer oder Leser dazu gebracht werden sollen, einer These (Behauptung, Meinungsäußerung, Forderung, Appell) zuzustimmen, das heißt: sie für richtig, berechtigt oder wünschenswert zu halten. Argumente bringen also »zustimmungsfähige Belege in einen kausalen Zusammenhang mit der These« (Schlutz: Grundwissen Deutsch 1998, 147)
Im strengen Sinne sind Argumente im Rahmen einer Beweisführung bzw. einer Begründung jener Teil, aus dem sich die Gültigkeit der zu beweisenden oder zu begründenden Behauptung ergibt. Mit einem »schlagenden Argument« wird ein »stichhaltiger Beweis« geliefert, mit dem die Richtigkeit einer Aussage aufgezeigt, begründet (»belegt«) und glaubhaft gemacht werden soll. Argumente bilden die Grundlage für alle Diskussionen, Erörterungen und Stellungnahmen. Zusätzliche argumentative Mittel können zur Unterstützung eines Arguments dienen. So kann es hilfreich sein, um den Leser oder Gesprächspartner nicht zu überfordern, ein etwas allgemein formuliertes Argument noch näher zu entfalten und zu konkretisieren durch Unterargumente. Eine ähnlich unterstützende Funktion haben auch Beispiele.

Haupttypen von Argumenten

* *Faktenargument*: Die These wird gestützt durch eine Tatsachenaussage, die unstrittig und verifizierbar ist und somit regelrechtes Beweismaterial bietet (z. B. Statistiken, Forschungsergebnisse u. a.). Der Vorteil liegt darin, dass Sachverhalte allgemein bekannt oder leicht überprüfbar und einsehbar sind. Ist das Faktum jedoch ein Einzelfall, so kommt dem Argument keine so hohe Beweiskraft zu, weil es eventuell durch einen anderen Einzelfall widerlegt werden kann.
* *Erfahrungsargument*: Die Überzeugungskraft beruht darauf, dass die Angesprochenen die Richtigkeit der Aussagen aus eigener Erfahrung, Beobachtung und persönlichem Erleben kennen. Die Art der Erfahrung muss also für die Adressaten nachvollziehbar sein; die Wirksamkeit des Arguments kann allerdings eingeschränkt sein, wenn die angesprochene Erfahrung allzu subjektiv und einzigartig ist.
* *Autoritätsargument*: Bei der Argumentation wird eine These dadurch untermauert, dass man sich auf die Aussagen und Zitate einer Autorität beruft: z. B. auf Persönlichkeiten, die als Experten auf einem einschlägigen Gebiet in ihrer Kompetenz anerkannt sind (z. B. in der Politik, in Wirtschaft und Kultur). Von hohem Autoritätsanspruch sind für viele Zeitgenossen auch Statistiken. Problem bei dieser Argumentation kann sein, dass es andere Autoritäten geben kann, die eine Gegenposition vertreten.
* *Normatives Argument*: Die These wird dadurch gestützt, dass sich der Autor bzw. Sprecher auf allgemein anerkannte Grundsätze, Normen, gesellschaftliche Konventionen, Wertmaßstäbe, Gesetze (z. B. das Grundgesetz!), Verordnungen u. a. stützt. In der heutigen pluralistischen Gesellschaft sind jedoch kaum noch unumstrittene Normen zu finden, auf die man sich berufen könnte.
* *Analogie-Argument*: Eine These wird dadurch abgesichert, dass sich der Autor auf einen Fall ähnlicher Art, auf parallele Sachverhalte aus anderen Lebensbereichen bezieht, die der Zuhörer/Leser nachvollziehen und auf den aktuellen Sachverhalt übertragen kann. Dies geschieht durch Parallelisierung und in der Form eines Analogie-Schlusses. Problem dabei ist, dass alle Vergleiche »hinken«.
* *Indirektes Argument*: Hier soll der eigene Standpunkt dadurch plausibel gemacht werden, dass die gegenteilige Meinung als in sich widersprüchlich oder wirklichkeitsfremd aufgezeigt und entkräftet wird. So einsichtig diese Argumentation zunächst erscheinen kann, so ist sie jedoch logisch nicht zwingend.
* *Gefühlsargument*: Hierbei soll die These dadurch gestützt werden, dass man sich auf Gefühle beruft (z. B. Befürchtungen, Mitleid). Diese Art der Argumentation kommt dadurch an Grenzen, dass Gefühle als unsachlich abgewehrt werden oder dass sie wegen des subjektiven Charakters nicht von allen Beteiligten nachempfunden werden können.

Was ist eine Argumentation?

Die Argumentation ist ein sprachliches Verfahren der schrittweisen Beweisführung, bei der wir durch einen begründenden Gedankengang anderen Menschen (Gesprächspartnern, Lesern oder Zuhörern) den Sinn oder die Berechtigung von Aussagen, Standpunk-

ten, Handlungsweisen oder Normen genauer erklären, als richtig begründen und einsichtig machen wollen mit dem Ziel, Zustimmung zu einer Aussage oder bestimmten Norm zu ermöglichen oder auch seinen Widerspruch zu wecken.
Eine Argumentation gilt als »schlüssig«, wenn niemand, der den Ausgangssätzen einer Argumentation zugestimmt hat, irgendeinem folgenden Schritt die Zustimmung verweigern kann, ohne einer von ihm schon akzeptierten Aussage oder Norm zu widersprechen (Meyers Enzyklopädisches Lexikon, Bd. 2, 1971, 572).
Die Argumentation greift meist auf bereits bekannte bzw. allgemein anerkannte Tatsachen zurück und schließt von da aus auf Neues. Dabei wird also versucht, die bereits bestehende Zustimmung und Anerkennung einer Sache auf etwas Neues zu übertragen, um dort ebenfalls eine Zustimmung zu erreichen.
Da es jedoch für viele Probleme keine absolut gültige Lösung gibt, soll die Argumentation dazu dienen, strittige Sachverhalte und gegensätzliche Standpunkte auf vernünftige Weise so weit zu klären, dass ein gegenseitiges Verstehen und friedliches Zusammenleben möglich ist.

Haupttypen der Argumentation

♦ **rationale Argumentation**
Sie gilt als die stärkste und überzeugendste Art des Argumentierens und ist gekennzeichnet durch:
- logische Beweisführung (»wenn – dann«; »unter der Bedingung, dass – ist«)
- Verwendung von Daten, Zahlen, Statistiken
- Zitierung von Gesetzen, Verträgen, Bestimmungen
- rationale Bewertung von Alternativen
- Aufweis von Lücken in der Gegenargumentation

♦ **Plausibilitätsargumentation**
Ihre Wirkung beruht darauf, dass sie vielen Menschen einleuchtet. Sie zeigt folgende Eigenart:
- Berufung auf Tradition, Gewohnheit, Herkommen
- Verweis auf den »gesunden Menschenverstand«
- Hinweis auf eine jedermann bekannte bzw. zugängliche Erfahrung
- Verwendung von sprachlichen Einschränkungen wie: meistens, oft, häufig, im allgemeinen, fast immer ...

♦ **moralische Argumentation**
Sie bezieht sich auf Normen und Verhaltensregeln, die positiv bewertet werden und/oder auf Verhaltensweisen, die moralisch abzulehnen sind:
- natürliche menschliche Verpflichtungen wie Mutter – Kind; Jugend – Alter
- Verweis auf Vorbilder großer/bekannter Persönlichkeiten (im Sinne eines Autoritätsarguments)
- Appelle an Anstand und Alltagsmoral
- Hinweis auf das Prinzip der Gerechtigkeit – positiv: wenn einer es schafft, können andere das auch; negativ: wo kämen wir hin, wenn alle das (Schlechte) täten!

♦ **taktische Argumentation**
Hierbei wird versucht, durch die Verwendung bestimmter sprachlicher Mittel und Vorgehensweisen zu überzeugen und Meinungen zu ändern. Dabei kann die Gefahr bestehen, durch die rhetorische Kunst überreden zu wollen statt durch Argumente zu überzeugen! Die taktische Argumentation setzt folgende Mittel ein:
– Vortrag schwacher Gegenthesen, um den eigenen Standpunkt aufzuwerten und abzusichern
– Der eigene Standpunkt wird in seinem weit höheren Wert herausgestellt.
– Vorstellung möglicher Gegenargumente, die als unhaltbar gegenüber der eigenen Auffassung abqualifiziert werden.
– Versuch, die eigenen Argumente als »objektiv« erscheinen zu lassen, indem sie von »neutraler« Warte aus gesehen werden.

In der politischen Auseinandersetzung vor allem gibt es einige Argumentationsweisen, die als **unseriös** zu bezeichnen sind, weil sie sich an die Gefühle der Leser oder Zuhörer richtet und nicht auf der Basis von rationalen Begründungen erfolgen:
Argumentum ad baculum: Die Begründung stützt sich auf Befürchtungen, die der Sprecher bei den Adressaten vermutet.
Argumentum ad misericordiam: Eine Begründung, die auf das Gefühl des Mitleids stützt.
Argumentum ad populum: Eine Begründung, die versucht, die Gefühle einer Masse zu erregen und gleichzeitig die Bildung eines distanzierten, leidenschaftslosen Urteils zu verhindern.

Welche sprachlichen Bausteine verwenden wir bei der Argumentation?

Wenn wir mit anderen diskutieren und dabei argumentieren, setzen wir oft unbewusst ganz unterschiedliche sprachliche Mittel ein, um zu überzeugen oder auch nur um Recht zu behalten! Darauf ist sowohl beim Argumentieren im Gespräch wie auch bei der Analyse und Erörterung von Texten genau zu achten, um die Eigenart und Tragfähigkeit der Argumentation besser durchschauen, beurteilen und selber anwenden zu können. So lassen sich die Aussagen beim argumentierenden Sprechen folgendermaßen unterscheiden und kennzeichnen:

* **BEHAUPTUNG/GEGENBEHAUPTUNG**:
  Eine Aussage, die jeweils für sich beansprucht richtig zu sein – solange sie nicht als falsch widerlegt ist. Bildet sie den Ausgangspunkt einer Argumentation, so kann sie die Funktion einer These übernehmen.

* **THESE** (griech. *thesis* = Setzung, Satz):
  Wird ein knapper Behauptungssatz (z. B. in einer Diskussion) bewusst an den Anfang gestellt und so zum Ausgangspunkt einer Argumentation gemacht, dann

gewinnt er dadurch die Funktion einer These und erfüllt die Aufgabe, alle vorgebrachten Argumente auf sich hin auszurichten und in eine überschaubare Ordnung zu bringen. Bezieht sich die These nicht auf Sachfragen und Sachverhalte, sondern auf Wertfragen; dann nimmt sie die Sprachform der »Bewertung« oder »Handlungsempfehlung« an.

* **ANTITHESE:**
Eine gegensätzliche Aussage (Gegenbehauptung) zu einer aufgestellten Behauptung

* **MEINUNGSÄUSSERUNG:**
Eine Aussage, in der ein Sprecher seine persönliche Einstellung zu einer Sache zum Ausdruck bringt. Meist wird die Äußerung eingeleitet mit Wendungen wie: »Meiner Meinung nach ...«, »Ich glaube ...«, »Ich denke ...«

* **ARGUMENT** (lat. *argumentum* = Gehalt, Beweis):
Eine Aussage, mit der eine These als richtig, berechtigt oder wünschenswert begründet (»belegt«) und gestützt werden soll. Im strengen Sinne ein stichhaltiger Beweis (»schlagendes Argument«) für die Richtigkeit einer Behauptung. Argumente sind die wichtigsten Bausteine für die gedankliche Überzeugungsarbeit in allen Diskussionen, Erörterungen und Stellungnahmen. Sie können sich auf Tatsachen stützen, d. h. regelrechtes Beweismaterial darstellen, oder auch von allgemein anerkannten Normen und Wertvorstellungen abgeleitet sein.

* **UNTERARGUMENTE (SUBARGUMENTE):**
Sie sollen bei schwierigen Gedankengängen das *Haupt*argument für eine These unterstützen, indem eine Begründung in kleineren, überschaubaren Schritten mit einem enger begrenzten Aspekt des Problems versucht wird.

* **BEISPIEL:**
Ein besonders anschaulicher Tatbestand und einleuchtender Einzelfall aus der gemeinsamen Erfahrungswelt aller Beteiligten (Schreiber/Leser/Gesprächspartner) als Mittel der Verdeutlichung und leichteren Erkenntnis eines schwierigen Sachverhalts, Problems, Zusammenhangs oder einer abstrakten Aussage. Insofern ist das Beispiel eine besondere Form des Unterarguments und dient damit der argumentativen Ergänzung und Erhärtung von Aussagen.

* **VERGLEICH/ANALOGIE:**
Wenn Beispiele genau passender Art zur Veranschaulichung und Unterstützung der Argumente *nicht* zu finden sind, kann auf Fälle aus ähnlichen Erfahrungsfeldern zurückgegriffen werden. Allerdings muss bei diesen Vergleichsfällen trotz der Ungleichheit eine innere Entsprechung und hinreichende Ähnlichkeit bestehen im Hinblick auf die zu diskutierenden Sachverhalte, Dinge, Bereiche und Verhältnisse.

* **SCHLUSSFOLGERUNG:**
Die Ableitung einer zusammenfassenden allgemeinen Aussage aus vorausgehenden Sätzen, deren vorgetragene Argumente die Basis für ein abschließendes Urteil bilden. Solche Folgerungen werden immer erst *nach* der Darstellung bzw. dem Anhören von Argumenten gezogen und sind sprachlich erkennbar an bestimmten Konjunktionen wie: »deshalb«, »daher«, »aus diesem Grunde«, »folglich« usw.

* **SYNTHESE:**
Der Versuch eines Mittelwegs (Kompromiss) zwischen den gegensätzlichen Standpunkten (These – Antithese)

Schema zur Verdeutlichung der »Argumentationsstruktur«

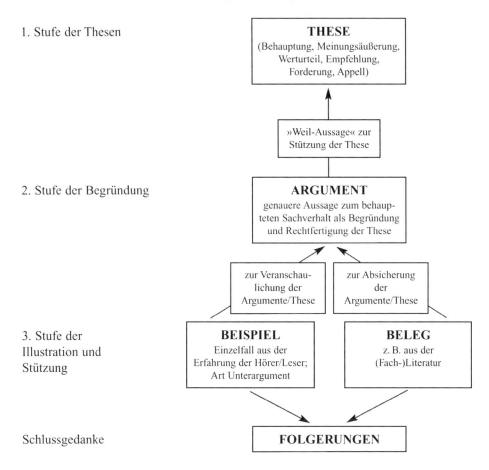

(= auch: Schema einer vollständigen Argumentation in drei Stufen)

4.2.2 Praxismodell: Arbeitsschritte zur aspektgeleiteten Erschließung von problemerörternden Texten

Das Gesamt-Modell

Einzelschritte	Erläuterungen
1. Textaufnahme (Lesen/Hören)	Sofern es die Umstände erlauben, sollte das erste, orientierende Lesen am besten laut erfolgen. Dabei kann es mit einiger Übung bereits gelingen, den Text optisch wenigstens grob aufzubereiten (siehe Schritt 3).
2. Spontane Reaktionen bewusst machen	Beim Lesen oder direkt danach können die Reaktionen, Assoziationen und spontanen Gedanken zum Text stichpunktartig notiert und bewusst gemacht werden. Es zeigt sich, in welche Richtung der Text inhaltlich und sprachlich auf uns wirkt und wie wir ihn vom ersten Eindruck und Gefühl her »verstehen« und werten. Auf dieser Basis kann eine Arbeitshypothese formuliert werden als Grundlage für die Weiterarbeit (Schritt 4).
3. Vorarbeiten auf dem Textblatt 1. Textzeilen durchnummerieren 2. Unverstandene Wörter kennzeichnen und klären 3. Zentrale Begriffe, prägnante Kurzaussagen und Kerninformationen hervorheben	In Verbindung mit weiteren Lesedurchgängen können Unklarheiten geklärt und wichtige Einzelheiten und Beziehungen im Text genauer sichtbar gemacht und gekennzeichnet werden: 1) <u>Unverstandene Fremdwörter, Fachbegriffe, Sachverhalte</u>, die das Verstehen behindern, kennzeichnen, z. B. durch gestricheltes Unterstreichen oder mit einer hochgestellten roten Ziffer fortlaufend nummerieren und auf dem Blattrand oder einem Zettel auflisten, die Bedeutung dazu aus dem Textzusammenhang klären oder im Lexikon nachschlagen und notieren. 2) <u>Zentrale Begriffe und Leit-Wörter</u>, von denen her sich der Sinn und geistige Zusammenhang des Textes aufschlüsseln lässt, durch Umrahmung, Einkreisung und durch verschiedene Arten des Unterstreichens (z. B. einfach, doppelt, mit Farben) markieren. 3) <u>Kerninformationen und semantische Einheiten</u> hervorheben und die Art ihrer inhaltlichen und formalen Beziehung (Verbindung, Gegensätzlichkeit usw.) durch Linien, Pfeile u. ä. im Text oder am Blattrand verdeutlichen.
4. Arbeitshypothese formulieren	Von den ersten »Eindrücken« und Beobachtungen der Spontanphase her (Schritt 2) ergibt sich gutes Ausgangsmaterial für die weiteren Schritte der Texterarbeitung. Zu <u>Thema/Fragestellung, zentralen Aussagen, vermutlicher Intention</u> u. a. des Textes können Vermutungen angestellt und in Form einer vorläufigen Hypothese (versuchsweise auch in mehreren) formuliert werden. Diese Arbeitshypothese muss sich zwar erst noch als richtig erweisen, aber sie vermag bei den weiteren Lesedurchgängen den Blick verstärkt auf die inhaltlichen und sprachlichen Besonderheiten des Textes zu lenken und der genaueren Textuntersuchung eine klare Ausrichtung zu geben: was noch genauer befragt, beobachtet, beschrieben (Schritt 6) und gedeutet (Schritt 7) und bei der Wertung und Auseinandersetzung mit den Textaussagen (Schritt 8) differenzierter aufgegriffen und näher begründet werden sollte. Dabei ermöglicht es die Arbeitshypothese, zwischen den beschriebenen und gedeuteten Einzelaspekten und Elementen inhaltlicher und formaler Art einen tieferen Sinnzusammenhang herzustellen.

Einzelschritte	Erläuterungen
5. Textwiedergabe Wichtige Hilfsmaßnahmen: 1. Den Text in Sinnabschnitte einteilen. 2. Den Inhalt der Sinnabschnitte durch Überschriften zusammenfassen und/ oder kurz ausführen	Hierbei geht es um die knappe Zusammenfassung der Hauptgedanken des Textes mit eigenen Worten, evtl. auch schon unter knapper Verdeutlichung des gedanklichen Aufbaus (vgl. 6). »Sinnabschnitte« = gedanklich-inhaltlich eigenständige Abschnitte, wo inhaltlich etwas Neues beginnt an Gedanken, Ereignissen, Handlungsschritten. Sie können im Text durch ein Absatzzeichen // sichtbar gemacht werden. Anhand der Abfolge der Überschriften zu den Sinnabschnitten können der gedankliche <u>Aufbau und die inhaltliche Gliederung</u> der Textaussagen sichtbar werden.
6. Textbeschreibung [Analyse] 6.1 Argumentationsweise verdeutlichen • Kennzeichnung und Funktion der **Aufbau**elemente: Einleitung, Überleitung, Hauptteil, Höhepunkt, Schlussteil; Einschub, Fragestellung, Zusammenfassung, Auswertung, Lösung usw. • Eigenart und Funktion der **Argumentation**selemente: These (Behauptung), Argument, Gegenbehauptung, Beispiel, Beleg, Schlussfolgerung, Definition, Begriffsklärung, Erläuterung; Voraussetzungen, Konsequenzen, Einschränkungen, Bedingungen usw • Zusammenfassende Kennzeichnung der **Argumentationsstruktur** 6.2 Sprachliche Gestaltungsmittel beschreiben (Auswahl)	Sie zielt auf die inhaltliche und formale Erfassung und Charakterisierung des Textes (Inhalt, gedanklicher Aufbau, Struktur, Form, Textsorte, relevante sprachlich-stilistische Mittel) und schafft die Grundlage für die folgende Textdeutung (Schritt 7). In diesem Schritt ist zu zeigen, auf welche Weise der Autor seine **Argumentation aufbaut, entwickelt und entfaltet** und wie er dabei die ausgewählten Elemente der »Beweisführung« anordnet und verbindet, damit der Leser möglichst überzeugt wird (siehe unten: »Argumentationsstruktur«) Durch die Kennzeichnung von Textteilen mit Hilfe dieser Begriffe lassen sich einzelne Aussagen oder ganze Sinnabschnitte in ihrer Funktion und inhaltlichen Bedeutung für das Textganze und die argumentative Entfaltung des Themas bestimmen. Das gedankliche Verhältnis der Aussagen zueinander verdeutlichen und den inneren gedanklichen Zusammenhang herstellen. Diese Begriffe bezeichnen Bausteine des gedanklichen Aufbaus, mit denen die Eigenart der Argumentation als Verfahren der »Beweisführung« gekennzeichnet werden kann. Der gedankliche Weg (»Gedankengang«) und das gedankliche Verhältnis der Aussagen zueinander kann so in seinen Einzelschritten verdeutlicht und überprüft werden. »<u>Struktur</u>« meint die Beziehung, die Verknüpfung und den inneren <u>Zusammenhang</u> der einzelnen Bestandteile der Beweisführung (siehe vorheriger Schritt). Zu verdeutlichen ist also, wie der Autor vorgeht, wenn er diese Argumentationselemente zu einem <u>Gedankengebäude aus Behauptungen, Begründungen und Beispielen</u> aufbaut und wie er insgesamt die gedanklich-logischen Schritte als Gedankenbewegung entfaltet. Nur eine Auswahl wichtiger <u>Stilmittel</u> als »Bedeutungsträger« mit besonderer Funktion (z. B. für die Erkenntnis der Intention) ist zu untersuchen. Stilmittel sind wichtig, wenn sie quantitativ und/oder qualitativ auffallen, das heißt: • <u>öfter vorkommen</u> (Wiederholungen von Wörtern, Bildern, Satzbau …) und/oder • einen <u>auffallenden sprachlichen Charakter</u> aufweisen (ungewöhnlicher Sprachgebrauch, Wortschöpfungen und Kombinationen …)

Einzelschritte	Erläuterungen
7. Textdeutung [Interpretation]	Sie will auf der Grundlage der Textbeschreibung (Schritt 6) den Sinn des Textganzen erschließen und die Aussage- und Wirkungsabsicht (Intention) begründet feststellen. Dazu ist ein <u>mehrfaches intensives Lesen</u> zum Ende und wieder zum Anfang des Textes hin erforderlich mit einer genauen Überprüfung, inwieweit der Text die aufgestellte Arbeitshypothese (Schritt 4) abdeckt. Ausgegangen wird von den beschriebenen zentralen Worten und Satzaussagen, wobei die Textteile aufeinander bezogen werden. Das Vorgehen erfolgt detailliert entweder in einem linearen Textdurchgang (zeilenweises Vorgehen vom Textanfang bis zum Ende hin) oder aspektorientiert. Die Deutung stützt sich in der Hauptsache auf <u>textimmanente Faktoren</u>, greift aber auch auf textexterne Zusammenhänge zurück: z. B. Einordnung des Textes in den geistesgeschichtlichen Kontext der Entstehungszeit, Stellenwert des Textes im Gesamtwerk des Autors, Wirkung des Textes auf die ursprünglichen und die heutigen Leser (Rezeptionsgeschichte) u. a. Die Intention kann nur auf der Grundlage der Beschreibung der sprachlichen Gestaltungsmittel angemessen erkannt werden (siehe Schritt 6.2) **Fragen zur Intention des Textes bzw. Autors**: • Was will der Autor mit seinem Text bei den Lesern erreichen? • In welcher Hinsicht will er den Leser beeinflussen? (z. B. informieren? Stimmung machen für/gegen etwas? die Einstellung ändern? Handlungen auslösen?)
8. Textbewertung (Texterörterung)	Bei dieser persönlichen Sicht und Stellungnahme zu den Textaussagen geht es um eine begründete Auseinandersetzung mit der im Text vertretenen Auffassung, den Argumenten und Beispielen. Leitfragen sind dabei z. B. • Welche Argumente überzeugen mich? Welche erscheinen anfechtbar? • Wie schätze ich die Zahl, Eigenart und Wirkung der Beispiele ein? • Wo denke ich anders? • Wo benötige ich weitere Informationen? • Wie beurteile ich die Art der Darstellung? die Vorgehensweise? die Angemessenheit zur Erreichung der Absichten?

Wenn wir uns in einem Gespräch oder einer Diskussion mit einer Auffassung, einem Sachverhalt, einem Problem u. a. auseinander setzen und unsere Meinung dazu äußern, dann versuchen wir Zuhörer oder Leser von der Richtigkeit unseres Standpunkts zu überzeugen, indem wir argumentieren, d. h. stichhaltige Argumente und überzeugende Beweise vortragen und durch Beispiele veranschaulichen. Dabei kommt es darauf an, partnerbezogen zu argumentieren, d. h. sich auf einen ganz bestimmten Gesprächspartner einzustellen und ihn zu überzeugen. Argumentationen enden oft in einem Appell (»Ihr müsst euer Wahlrecht wahrnehmen!«) oder ein erfolgter Appell wird durch Argumente begründet (»Unterstützt den Verein durch eine Spende! Denn ...«)

Beim Argumentieren geht es sowohl um die korrekte Anwendung von Regeln der Schlussfolgerung als auch um die Prüfung der Gültigkeit von Prämissen.

Bei der Beweisführung bewährt sich als Dreischritt: These, Argument, Beispiel und Beleg. Es zeigt sich jedoch, dass Beispiele und Belege nicht immer klar voneinander zu trennen sind.

Unter dem Aufzeigen der Argumentationsstruktur wird die Beschreibung der Art und Weise verstanden, wie der Autor in einem Text bei der Darstellung und Erörterung eines Sachverhalts oder Problems die Argumentationselemente These, Gegenthese, Argumente, Beispiele, Lösung (Ergebnis) aufeinander folgen lässt (Aufbau) und miteinander verknüpft (Struktur), um den Leser zu überzeugen.

Dabei geht es

- um die *Eigenart der Textaussagen* als »Behauptungen« (Thesen, Standpunkte), »Begründungen« (Argumente) und »Beispiele« als den Hauptelementen eines argumentierenden Sprechens und
- um die *Anordnung und logische Verknüpfung* dieser Elemente – in welcher Beziehung sie also zueinander stehen (z. B. als Begründung, Folgerung u. a.) und wie sich aus ihnen der Gedankengang entfaltet und zu einem inneren Argumentationszusammenhang fügt und welcher Stellenwert und welche Funktion den einzelnen Elemente im Textganzen zukommt.

In einer (z. B. schriftlichen) Argumentationsanalyse sind diese Elemente, ihre Eigenart, Abfolge und Funktion zu klären und in ihrem Zusammenhang darzustellen.

Zentral sind – integriert in die sechs Schritte zur Erschließung von Texten – die folgenden Prozessmomente bei der Erschließung problemerörternder Texte:

- **Analyse des Argumentationsansatzes**
  Worum geht es in dem Text?
  Klärung der Prämissen/Voraussetzungen (genannte und ungenannte)
- **Analyse der Argumentationsstruktur**
  Beschreibung des Strukturmusters, d. h. der Art und Weise, wie die Argumentationselemente These, Gegenthese, Argumente, Beispiele, Lösung (Ergebnis) aufeinander folgen und verknüpft sind und so den Aufbau der Argumentation ausmachen
- **Argumentierende Stellungnahme** zu den Problemen und Lösungsvorschlägen des Textes in sachbezogener und argumentativer Darstellung

---

Besonders bei appellativen, interessegebundenen Texten, deren Intention und Leserkreis vom Schüler erkannt werden können, bietet sich Gelegenheit zur eigenen Gestaltung und sprachschöpferischen Leistung.

Möglichkeiten:
a) den vorliegenden Text der Intention nach abändern
b) den vorliegenden Text für ein anderes Publikum umschreiben
c) eigenständig Texte verfassen mit einer bestimmten Intention oder/und für einen bestimmten Leser- bzw. Hörerkreis.

Mögliche Arbeitsaufträge:
a) Schreibe den Text mit veränderter Intention und/oder für andere Leser!
b) Verfasse eine Ansprache (Thema angeben!) für verschiedene Hörer (vgl. 3 c)!
c) Stelle eine Erfahrung, Überzeugung usw. (angeben!) für deine jüngere Schwester verständlich und wirksam dar! Oder: für deine Mutter, deinen anders denkenden Freund usw.)

Um eine überzeugende Beweisführung in der Auseinandersetzung mit dem Text und seinen Thesen zu ermöglichen, sollten Schülerinnen und Schüler mit folgenden **Regeln der Argumentation** vertraut sein:

Die *Anführung eines Einzelfalls* kann die Gültigkeit einer These weder unumstößlich beweisen noch widerlegen. Denn jeder andere Einzelfall kann jeweils das Gegenteil bezeugen. Erst die Häufung von Einzelfällen vermag das Typische, Gesetzmäßige, Wahre oder Falsche deutlich zum Ausdruck zu bringen.
Verallgemeinerungen sind beliebt, aber gefährlich. Sie bestehen in der Ausweitung eines Einzeltatbestands oder einiger Fälle zum Regelfall und allgemein-gültigen Prinzip. Sie sind als Argument nur dann brauchbar, wenn ihr Inhalt tatsächlich allgemein als gültig anerkannt ist.
Gegenbehauptungen sind keine Argumente. Sie beweisen nichts und sind ebenso anfechtbar wie die Behauptungen selbst.
Argumente sollen nur von der Sache selbst sprechen und nicht von der Person, die sie vorbringt.
Das *Zitieren* als wörtliche Wiedergabe der schriftlichen oder mündlichen Äußerung anderer zum Zweck der eigenen Argumentation durch Berufung auf eine fremde Autorität hat nur dann Beweiskraft, wenn
- das Zitat unmittelbar ist, d. h. dem Verwendenden im Original vorgelegen hat,
- das Zitat genau ist, d. h. richtig und vollständig angeführt wird, selbst mit inhaltlichen oder orthografischen Fehlern, was durch ein beigefügtes (!) angezeigt werden kann,
- das Zitat in dem Zusammenhang wiedergegeben wird, in dem es verfasst wurde,
- das Zitat sachlich auf den zu beweisenden Tatbestand zutrifft,
- das Zitat zweckentsprechend ist, d. h. den »richtigen« und notwendigen Umfang besitzt,
- der Verfasser als angerufene Autorität tatsächlich für das Problem und Sachgebiet zuständig ist.

Zitate aus der Dichtung können weniger die Richtigkeit einer These belegen als vielmehr durch die Brillanz der Formulierung oder die symbolische Tiefendimension beeindrucken.
Glaubwürdigkeit ist nicht bei jedem Verfasser eines Textes vorauszusetzen.

Mögliche Mängel und ihre Behebung
Die Praxis zeigt, dass bei einer Textauswertung auf Seiten des Schülers die folgenden Mängel auftreten können:

1. Zu starres Festhalten am Wortlaut oder allzu freie Paraphrasierung
a) Fehler: Allzu wörtliches Aufgreifen der Textformulierungen oder vage Umschreibung des Textes bei Schritt 1 (»Referieren«) mangels eigener gedanklicher Durchdringung (wodurch eine kritische Stellungnahme bei Schritt 4 erschwert wird).
b) Hilfe: Bei der mündlichen oder schriftlichen Wiedergabe des Textinhalts auf möglichst selbstständige Formulierungen, eigenen Wortgebrauch und klaren Satzbau drängen. Gut verstanden ist nur das, was man *selbst* in klare Worte fassen kann (ohne den Textsinn zu verfälschen).

2. Die mangelnde Scheidung von Wesentlichem und Unwesentlichem
a) Fehler: Verlagerung der Auseinandersetzung (in Schritt 4) auf unwesentliche Randfragen; die eigene Stellungnahme zum Text schweift vom Thema ab; eine vertiefende Betrachtung wird nicht erreicht.
b) Hilfe: Bei Schritt 1 (»Referieren«) auf klare Erfassung der Leitgedanken und Hauptargumente der These achten! Nötigenfalls Hilfestellung geben (z. B. Tafelskizze über Textgliederung und Gedankenaufbau!). Vor allem die Erkenntnis der Intention als des textorganisierenden Prinzips (dem die einzelnen »Formanten« funktionell zugeordnet sind) hilft, das Wesentliche zu sehen.

3. Die Fehldeutung des Textes
a) Fehler: Der Ausgangspunkt, die Gesamttendenz oder einzelne Stellen des Textes werden nicht erfasst, sodass die Voraussetzung für eine echte Auseinandersetzung mit dem Problem fehlt.
b) Hilfe: Zeigen, wie sich der ganze Text von der richtig angesetzten Deutung her aufschließt, wie sich bei einer Fehldeutung wesentliche Aussagen nicht widerspruchslos in den Zusammenhang und die Gesamttendenz einfügen lassen oder wie Behauptungen aufgrund einer Fehldeutung nicht im Text nachweisbar sind.

4. Das Fehlen eines überzeugenden Ergebnisses
a) Fehler: Unzureichende, einseitige, oberflächliche Betrachtung und Beurteilung des Textes und seiner Probleme
- wegen mangelnder Konzentration
- wegen vorschneller Ablehnung oder Bejahung der Textaussagen oder wichtiger Argumente (Vor-urteil, fehlende Objektivität)
- wegen mangelnder Beweisführung
- wegen fehlenden Sachwissens
- wegen unzureichender Beherrschung der Arbeitsmethode

b) Hilfe:
- Konzentration auf kleine Texteinheiten und Gedankenschritte bei der Erarbeitung einer Inhaltsübersicht (vgl. »Referieren«)
- vor aller Diskussion: klare Darlegung der Thesen und Auffassung des Verfassers ohne Vermischung mit eigenem Kommentar (zustimmender oder ablehnender Art)
- Kenntnis und Verwirklichung (Übung) der Grundsätze eines überzeugenden Argumentierens (vgl. »Argumentieren« …)

- geschickte Vorbereitung auf die Thematik des Textes
- Einordnung der Einzeltexte in einen größeren Zusammenhang: eine ganze Stundenreihe wird im voraus geplant, wobei die Texte nach dem Schwierigkeitsgrad und dem Prinzip der Steigerung angeordnet werden
- schrittweises Erarbeiten der Methode und Technik der Textuntersuchung (vgl. die sechs Arbeitsschritte zur Texterschließung) – etwa im fragend-entwickelnden Verfahren – und selbstständige Übungen an einfachen Beispielen.

5. Schwächen beim Argumentieren und bei gedanklichen Verknüpfungen (Sprachliche Gestaltung)

Beispiele der Erschließung von problemerörternden Texten

Beispiel 1: Ludwig Feuerbach, Das Wesen der Religion (1845)

A Textauszug[3]

Der Mensch glaubt Götter nicht nur, weil er *Fantasie* und *Gefühl* hat, sondern auch, weil er den *Trieb hat, glücklich zu sein*. Er glaubt ein seliges Wesen, nicht nur, weil er eine Vorstellung der Seligkeit hat, sondern weil er selbst selig sein will; er glaubt ein vollkommenes Wesen, weil er selbst vollkommen zu sein wünscht; er glaubt ein unsterbliches
5 Wesen, weil er selbst nicht zu sterben wünscht. Was er selbst nicht ist, aber zu sein *wünscht*, das stellt er sich in seinen Göttern als seiend vor; *die Götter sind die als wirklich gedachten, die in wirkliche Wesen verwandelten Wünsche des Menschen*; ein Gott ist der in der Fantasie befriedigte Glückseligkeitstrieb des Menschen. Hätte der Mensch keine Wünsche, so hätte er trotz Fantasie und Gefühl keine Religion, keine Götter. Und so ver-
10 schieden die Wünsche, so verschieden sind die Götter, und die Wünsche sind so verschieden, als es die Menschen selbst sind. Der Trieb, aus dem die Religion hervorgeht, ihr letzter Grund ist der *Glückseligkeitstrieb*, und wenn dieser Trieb etwas Egoistisches ist, also der *Egoismus*.

Ludwig Feuerbach: Das Wesen der Religion, 1841. Zit. nach der Ausgabe Reclam Verlag, Stuttgart 1969, 53 ff.

B Die Schritte der Erschließung

Die folgende Darstellung greift auf *Unterrichtserfahrungen aus einer Doppelstunde in einem Grundkurs 12* im Rahmen einer Einheit »Gott bestreiten« zurück und zitiert zum Teil Ergebnisse daraus. Dennoch handelt es sich nicht um einen Stundenentwurf im engeren Sinne, bei dem Schritt für Schritt konkret gezeigt würde, wie die hier skizzierten Aspekte und Ergebnisse mit den Schülern zu erreichen sind. Einige der dazu nötigen

---

[3] Textabdruck in folgenden Sammlungen: Akzente Religion 4: Spuren Gottes. Vom Unbedingten reden, hrsg. von Georg Bubolz u. a., Düsseldorf 1995, 38; Forum Religion 5: An Gott glauben, hrsg. von Werner Trutwin, Düsseldorf 1984, 92; Konzepte 2: Gott und Gottesbilder, erarb. von Gebhard Neumüller und Franz W. Niehl, Frankfurt/München 1977, 13.

Arbeitsaufträge, Fragen und Impulse sind zwar genannt, in der Mehrzahl müssen sie aber von den Unterrichtenden selber in Kenntnis ihrer Lerngruppe und im Kontext der beabsichtigten Ziele formuliert werden. Es kam darauf an, die oben theoretisch dargestellten Schritte einer Texterschließung in ihrem Ablauf und inneren Zusammenhang so zu veranschaulichen, dass eine Vorstellung von dem Verstehensprozess möglich wird. Zugleich soll dabei der Blick geöffnet werden für Möglichkeiten der Akzentuierung und Reduktion bei der Erarbeitung eines Textes im Religionsunterricht, um der Befürchtung zu wehren, der Religionsunterricht müsse zum Deutschunterricht werden. Aber ohne einen transparenten, methodisch soliden Zugriff auf Texte unter Anwendung von Fachbegriffen geht es auch im Religionsunterricht nicht.

Das Medium, auf das sich die Ausführungen beziehen, liegt hier als Text*auszug* vor (und dazu noch als ein sehr kurzer), bietet aber einen in sich fassbaren und eingrenzbaren gedanklichen Zusammenhang und Sinngehalt, der sowohl hinsichtlich der inhaltlichen als auch der sprachlich-stilistischen Seite untersucht werden kann.

1 Die Textaufnahme (Lesen/Hören/Reagieren)

Nach dem Vorlesen des nicht vorbereiteten und ohne Überschrift ausgeteilten Textes durch einen Schüler reagiert die Lerngruppe mit spontanen Kommentaren wie: »Da ist was Wahres dran!« – »Gott ist ein menschliches Ideal.« – »Das ist gut nachvollziehbar.« – »Götter entstehen durch Menschen.« – »Die Menschen brauchen Gott zu ihrem Glück.« – »Das ist komisch formuliert: ›Der Mensch glaubt Götter‹.« – »Gott existiert gar nicht wirklich!« – »Das sind doch alles nur Behauptungen!«

Es zeigt sich hier schon, in welche Richtungen der Text auf die Schüler wirkt (z. B. als Bestätigung einer bereits vorhandenen Auffassung), welche inhaltlichen Aspekte sich aufdrängen (Wunschvorstellung, Glückseligkeitstrieb) und auch schon Hinweise auf sprachliche Besonderheiten (»Götter glauben«, Charakter der Aussagen als »Behauptungen«). Von diesen Reaktionen, Eindrücken und Beobachtungen her sollen die Schüler eine *Anfrage an den Text* formulieren, die sie als zentral ansehen und die die weitere Arbeit am Text steuern könnte. Zum Beispiel: »Ist Gott nur eine Einbildung des Menschen?« – »Glauben Menschen nur an Gott, weil sie ihn zu ihrem Glück brauchen?« – »Wird diese Vorstellung von Gott dem christlichen Glauben gerecht, wenn man an die Person Jesu Christi denkt?«

Im Sinne von *Arbeits- bzw. Interpretationshypothesen* wären Formulierung denkbar und festzuhalten wie: »Das Streben nach Glück ist der stärkste Antrieb für den Glauben an Gott« (so ähnlich auch die Überschrift in: Akzente Religion 4, 38). Oder auf die vermutete Intention bezogen: »Feuerbach will die Menschen dazu bringen, die Religion rational zu durchschauen und realistischer zu leben.« Eine interessante Hypothese könnte sich (für leistungsstarke Schülerinnen und Schüler) auf den in der Spontanphase geäußerten Eindruck von der sprachlich-stilistischen Eigenart des Textes stützen: »Der Autor trägt seine Aussagen als Behauptungen vor, bringt aber keine Beweise!?«

Gibt es mehrere Vorschläge, so können sich die Schüler auf eine Hypothese bzw. Frage einigen, die als Leitidee für die folgende Arbeit am Text an der Tafel fixiert werden sollte.

2 Die Textwiedergabe (Inhaltsangabe)

Um eine sachliche Grundlage zu schaffen für die genauere Untersuchung des Textes (Schritt 3 und 4) und die Auseinandersetzung mit den Aussagen (Schritt 5), ist zunächst zu klären, worum es im Text inhaltlich geht. Die Schüler erhalten deshalb den *Auftrag, die Hauptaussagen des Textes in verständlicher Form thesenartig herauszuarbeiten und schriftlich zu sichern.*
Eine im Unterricht vorgelegte Lösung lautet:
1. Götter sind die Wünsche des Menschen, die als »Realität« gedacht werden.
2. Götter sind die Verkörperung der Eigenschaften, die die Menschen gerne hätten, aber nicht haben.
3. Die Vielfalt der Götter beruht auf der Verschiedenartigkeit der (positiven) Wünsche der Menschen.
4. Tiefster Grund für die Existenz der Religion ist der Trieb des Menschen glücklich zu sein; letztlich also der Egoismus.
5. Die Götter sind »entstanden«, beim/durch Glauben der Menschen. (siehe dazu kritisch unter 4)
6. Die Religion ist etwas rein »Menschliches«.

Hier zeigt sich, dass die Thesen als schwerpunktmäßige Zusammenfassung nicht unbedingt in der genauen Reihenfolge ihres Vorkommens im Text folgen müssen. Die letzten zwei Aussagen bieten in ihrer knappen Auswertung des Textes selbstständige, griffige Formulierungen.

3 Die Textbeschreibung (Analyse)

Der Unterricht sollte neben der gedanklichen Struktur auch das eine oder andere Element der sprachlichen Gestaltung des Textes beschreiben und als Bedeutungsträger bewusst machen. Darauf ist bei der Textdeutung (Schritt 4) Bezug zu nehmen.

3.1 Gedankliche Struktur
Der Text formuliert eingangs die These vom Glückseligkeitstrieb des Menschen als Grund des Götterglaubens (Kursivdruck der sinntragenden Formulierungen!). Mit einer Reihung parallel formulierter Beispielsätze gleichen Satzbeginns (»er glaubt«) wird diese Ausgangsthese weiter entfaltet, verstärkt, gesteigert, bis schließlich im Schlusssatz als zusammenfassende Deutung noch einmal der »Glückseligkeitstrieb« (kursiv hervorgehoben!) als tiefste Ursache für die Entstehung von Religion genannt wird. Dieser Gedanke schlägt einerseits den Bogen zum zentralen Stichwort des ersten Satzes (»Trieb, glücklich zu sein«) und spitzt andererseits die Aussage neu zu in der Schlussfolgerung, dass die Religion ihre Wurzel letztlich im »Egoismus« (kursiv gedruckt!) der Menschen habe.

3.2 Sprachlich-stilistische Besonderheiten
Feuerbach lässt ihm zentral erscheinende Aussagen und Schlüsselbegriffe durch *Kursivdruck* hervorheben und leitet so den Leser mit Hilfe dieser optischen Signale über drei gedankliche Stationen durch den Text (siehe 3.1).

Ihrer sprachlichen Form nach erscheinen die Aussagen als Behauptungen, in denen mit Nachdruck eine Überzeugung geäußert wird über den Menschen und ein Urteil abgegeben wird über die Entstehung und Eigenart der Religion. Einige Sätze stehen dabei in der Form von Ist-Aussagen (»die Götter sind ...«; »ein Gott ist ...«), was den Charakter der behaupteten Tatsächlichkeit und den Anspruch der Gültigkeit noch verstärkt. Der Leser soll die Auffassung des Autors übernehmen.

Im ersten Teil des Textes (Z. 1–5) wird für die Aussagen formal eine Begründung mit »weil« gegeben. Diese erscheint zweimal als Doppelbegründung durch die Einbettung in die gepaarte Konjunktion »nicht nur – sondern auch«. Dadurch soll der Begründungscharakter eine besondere Verstärkung erfahren. Der gemeinte Sachverhalt wird jedoch dem Leser nicht näher erläutert oder anhand von nachvollziehbaren Beispielen veranschaulicht und argumentativ gestützt.

Mehrfach wird die seltsame Formulierung verwendet: »Der Mensch glaubt Götter« bzw. »er glaubt ein seliges/vollkommenes/unsterbliches Wesen«. Und nicht wie sprachlich üblich: er glaubt »an« Götter, »an« ein seliges Wesen usw., das als wirkliches Gegenüber angenommen wird. Die gewohnte Verwendung von »glauben« als intransitives Verb (das kein Akkusativobjekt nach sich haben kann) wird aufgegeben: entgegen dem »normalen« Sprachgebrauch erscheint hier »glauben« als transitives Verb mit dem Akkusativobjekt »Götter«. Grammatikalisch gilt das Akkusativobjekt als Zielpunkt der Handlung eines Subjekts, wobei das Objekt durch die Handlung des Subjekts erzeugt wird. »Glauben« in transitiver Funktion bringt damit sprachlich wirkungsvoll zum Ausdruck, dass die Aktivität ganz vom Menschen ausgeht, der als Gattungswesen durch seinen Akt des »Glaubens« die Götter/Gott erst hervorbringt, denen damit keine eigene, vom Menschen unabhängige, absolute (= »losgelöste«) Existenz zukommt.

4 Die Textdeutung (Interpretation)

Auf dem Hintergrund der bisher gewonnenen Erkenntnisse haben die Schüler zunächst Gelegenheit, sich in kreativer Weise an einer selbstständigen Deutung des Textes zu versuchen. Der Auftrag dazu lautet: »*Versuchen Sie die Auffassung Feuerbachs in einer Skizze oder Zeichnung darzustellen!*« Ein Lösungsbeispiel sei hier vorgestellt (s. nächste Seite).

Die Skizze wird auf Folie der Lerngruppe vorgestellt und erläutert. Dabei zeigt sich, dass die wesentlichen Textaussagen aufgegriffen und in einer Weise ins Bild gesetzt sind, dass von einer gelungenen »Interpretation« des Textes gesprochen werden kann. Denn nach Feuerbachs psychologischer Erklärung der Religion erfindet und schafft sich der Mensch (als Gattungswesen) Gott/Götter als vollkommene, unsterbliche, selige Wesen, weil er seine eigene Unvollkommenheit (Unglücklichsein, Sterblichkeit, Unseligkeit) nicht ertragen kann. Gott bzw. die Götter sind »Projektionen«, d. h. als »vorgestellte« Wesen Verkörperungen der »Wünsche« des Menschen und als personifizierte Wunschvorstellungen eine Art ge/erdachter großer »Ideal-Mensch«. Trotz ihrer »Größe« kommt den Göttern/Gott jedoch keine selbstständige, eigene Realität zu als vom Menschen unabhängige »transzendente« absolute (= »losgelöste«) Wesen. Dies wird sprachlich durch die Aktivform des transitiv verwendeten Verbs »glauben« noch verstärkt (siehe 3.2). Die

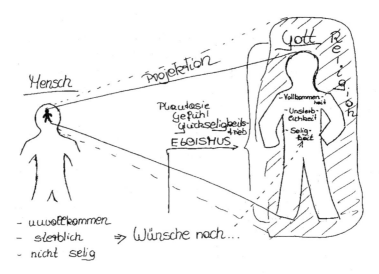

jüdisch-christliche Botschaft von Gott als Schöpfer der Welt und des Menschen wird hier geradezu auf den Kopf gestellt: Gott ist eine Schöpfung des Menschen.

Um besser zu verstehen, wie Feuerbach zu dieser Sicht der Religion und des traditionellen Gottesbildes gekommen ist, erscheinen einige biografische Tatsachen von Bedeutung, die als Schlüssel zum Denken und Werk dieses Mannes angesehen werden können. Gegenüber der bisherigen unmittelbar auf den Text bezogenen »textimmanenten Deutung«, stellen diese Informationen »textübergreifende Erschließungsaspekte« dar (siehe die Übersicht unter Abschnitt 7).

Ludwig Feuerbach wird 1804 in Landshut als Sohn einer Gelehrtenfamilie geboren, katholisch getauft, jedoch protestantisch erzogen. Seine Kindheit und Jugend sind religiös geprägt; während seiner Gymnasialzeit gewinnt er eine tiefe Neigung zur Religion. Dazu schreibt Feuerbach im Rückblick 1846:

»Diese religiöse Richtung entstand aber in mir nicht durch den Religions- resp. Konfirmationsunterricht, der mich vielmehr, was ich noch recht gut weiß, ganz gleichgültig gelassen hatte, oder durch sonstige religiöse Einflüsse, sondern rein aus mir selbst, aus Bedürfnis nach einem Etwas, das mir weder meine Umgebung noch der Gymnasialunterricht gab. In Folge dieser Richtung machte ich mir dann die Religion zum Ziel und Beruf meines Lebens und bestimmte mich daher zu einem Theologen.«[4]

Hierin könnte ein biografischer Schlüssel gesehen werden zu seiner Philosophie. Aufschlussreich erscheint, dass Feuerbach die Religion ganz aus sich selbst heraus als »Bedürfnis«, entdeckt. Er erfährt insofern am eigenen Leib die Eigenart und Macht von

---

[4] Ludwig Feuerbach, Das Wesen der Religion, hrsg. und eingeleitet von A. Esser, Heidelberg 1983, 9 (aus der Einleitung des Herausgebers).

»Bedürfnissen« und ihre Auswirkungen auf das Denken. Aus dieser frühen subjektiven Erfahrung entfaltet er später eine Theorie der Religion, die den Anspruch auf Allgemeingültigkeit erhebt.

Während seiner Gymnasialzeit lernt er Griechisch und Hebräisch und befasst sich mit Bibelexegese. Seinem Wunsch entsprechend, Pfarrer zu werden, beginnt Feuerbach 1823 in Heidelberg ein Studium der protestantischen Theologie, das er jedoch nach zwei Semestern enttäuscht abbricht. Danach studiert er in Berlin Philosophie bei Schleiermacher und Hegel und promoviert mit 24 Jahren mit der Arbeit: »*Über die Einheit, Universalität und Unendlichkeit der Vernunft*«, in der er erstmals Kritik am Christentum übt. Bei seinem Lehrer Hegel erlebt er die Umwandlung des personhaften Gottes in ein geistiges Prinzip und wird mit der Auffassung konfrontiert, dass Gott nicht erkannt wird, wie er »an sich« ist, sondern wie er im Bewusstsein und Denken des Menschen wirkt.

Nach dem Studium lebt er als Privatdozent und veröffentlicht 1830 anonym die Schrift: »*Gedanken über Tod, Sterblichkeit und Unendlichkeit*«, in der er die Unsterblichkeit der Seele leugnet und die Vorstellung eines persönlichen Gottes und den Glauben an die individuelle Unsterblichkeit als egoistisch entlarvt. Durch polizeiliche Ermittlung wird Feuerbach als Autor des Werkes identifiziert. Es wird verboten und Feuerbach muss seine Professorenlaufbahn beenden. Zunächst ohne Einkommen heiratet er 1837 eine wohlhabende Frau, lebt mit ihr zurückgezogen auf Schloss Bruchberg bei Ansbach und ist als Privatlehrer tätig. Im Jahre 1841 veröffentlicht Feuerbach sein Hauptwerk: »*Das Wesen des Christentums*«, in dem er Gott als Projektion menschlicher Sehnsüchte und Wünsche postuliert. Als 1844 seine Tochter mit drei Jahren stirbt, ist er von der völligen Sinnlosigkeit des Todes überzeugt. 1845 erscheint »*Das Wesen der Religion*«, dem unser Textauszug entnommen ist. Nach dem Tod seiner Frau 1860 wird er wegen Erbstreitigkeiten enteignet, was ihn in den Ruin stürzt. Er lebt fortan in Armut bei Nürnberg, bis er 1872 mit 68 Jahren an den Folgen eines Schlaganfalls stirbt.

Feuerbach hat einmal seinen geistigen Weg in dem Satz beschrieben: »*Mein erster Gedanke war Gott, mein zweiter die Vernunft, mein dritter und letzter der Mensch.*«
Hier wird die Entwicklung deutlich, die Feuerbach in verschiedenen Phasen seines Lebens genommen hat (die hier näher zu entfalten nicht der Platz ist): von einer pantheistischen Anfangszeit (1830–1838) über die anthropologisch-psychologisch begründete Theorie der Religion (aus dieser Phase stammt der behandelte Text) bis hin zur Erkenntnis des Individuellen als das einzig Wirkliche, wie es sich in der Wahrnehmung zeigt. An die Stelle der Liebe zu Gott tritt die Liebe zum Menschen, aus Theologie wird Anthropologie.

5 Die Textbewertung (Erörterung/Auseinandersetzung/ Beurteilung/Stellungnahme)

5.1 Zur positiv-klärenden Bedeutung der Religionskritik Feuerbachs:

Feuerbach weist berechtigter Weise auf die Tatsache hin, dass sich Menschen zu allen Zeiten Vorstellungen und Bilder von Gott gemacht haben, in denen Bedürfnisse und

Sehnsüchte biografischer, gesellschaftlicher u. a. Art zum Ausdruck kommen. Beispiele dafür sollten von den Schülern selber gefunden und erläutert werden.
Mit seiner Auffassung bringt Feuerbach zugleich allen Gläubigen heilsam zu Bewusstsein, dass alle »Bilder« von Gott an Grenzen stoßen, dass sie gefährlich sein können, wenn sie als selbst geschaffene Gottesbilder ein Verfügen über Gott bedeuten: Gott ist so und nicht anders als der Mensch ihn sehen, haben und »gebrauchen« will. Ein solcher Gott im Besitz von Menschen wäre aber ein Götze.

5.2 Zu einem möglichen Missverständnis

Es wird von Schülern leicht übersehen, dass Feuerbach in dem Textauszug stets ganz allgemein den Terminus »der Mensch« bzw. »die Menschen« verwendet und nicht etwa vom einzelnen Menschen als Subjekt spricht. Feuerbach versteht hier den Menschen idealtypisch und idealistisch im Sinne von »Menschheit«. Dies hat Konsequenzen für die Beurteilung der Textaussagen: Der Mensch ist sich seiner eigenen *gattungsspezifischen* Wesenheit bewusst. Wenn er als Gattungswesen Mensch etwas aussagt über »Gott« bzw. die »Götter«, so entwirft er von ihnen ein Bild der menschlichen Gattung, das heißt: er spricht der Gottheit jene Eigenschaften zu (Seligkeit, Vollkommenheit, Unsterblichkeit), die in Wirklichkeit auf der Basis des Glückseligkeitstriebs die menschliche Gattung auszeichnen und das wahre Wesen des Menschen ausmachen. Hierin zeigt sich ein Wandel gegenüber Feuerbachs Theismus der Jugendzeit, in dem er Gott noch als selbstständig Seiendes unabhängig von Mensch und Welt gesehen hat.
In diesem Schritt der Textbeurteilung ist deshalb eine leicht vorkommende Fehldeutung der Schüler zu korrigieren, bei Feuerbach würde Gott gleichsam im Moment und Vollzug des »Glaubens« des *einzelnen* Menschen entstehen (siehe oben These 5 der Textwiedergabe!). Analog könnte auch die Schülerskizze gedeutet werden, wenn unter »Mensch« (linke Figur) ein bestimmtes Individuum Mensch gesehen würde.

5.3 Kritische Anfragen an Feuerbach

– *Religionsgeschichte*: Wie lassen sich grausame Götterbilder erklären, wenn der Mensch nur Positives in seinen Wünschen vor Augen hat (z. B. Azteken mit Menschenopfern; Gewalttätigkeit)? Götter sind oft gerade nicht wie Menschen dargestellt (Tier, Fratzen usw.). Werden hier nicht Erkenntnisse aus der Religionsgeschichte vernachlässigt?
– *Weltreligionen und Monotheismus*: Warum gibt es die Vorstellung von *einem* Gott, wenn Menschen so *viele* Wünsche haben? Welche Bedeutung haben Offenbarungsschriften für Religionen?
– *Christliches Gottesbild*: Gott zeigt sich nach dem Zeugnis der Bibel gerade als »anders« als der Mensch, ja als der »Ganz-Andere« (in der Hebräischen Bibel deshalb das Bilderverbot). Er widerstrebt dem, was sich Menschen wünschen und ausdenken würden, so wie er sich in Jesus Christus zeigt (Leben in Armut, Ablehnung, schließlich Tod am Kreuz); insofern ist Gott gerade nicht die Erfüllung menschlicher Wünsche und resultiert nicht aus den Wunschvorstellungen von Menschen.
– *Menschenbild*: der Mensch hat auch negative, destruktive Züge – nicht nur die von Feuerbach als Beispiele genannten positiven Triebe und Wünsche.

– *Erkenntnisproblem*: Können aus Einzelbeobachtungen Erkenntnisse abgeleitet werden mit einem solchen absoluten Wahrheits- und Gültigkeitsanspruch (»Die Götter sind ...«; »Ein Gott ist ...«)? Kann man »Götter« und »Gott« einfach auf eine Stufe stellen?

5.4 Vergleich der Ergebnisse
dieser kritisch wertenden Auseinandersetzung mit den anfangs geäußerten spontanen Eindrücken (Schritt 1): Was ist klarer geworden, was an Fragen noch offen? Hat sich an der spontanen Zustimmung zur Theorie Feuerbachs etwas geändert?

6 Die Textanwendung (Handlungs- und Produktionsorientierung)

Die Schüler können an verschiedenen Stellen des Erschließungsprozesses kreativ tätig werden:
– beim Schritt der Textwiedergabe (2.) oder auch bei der Textdeutung (4.):
 »Verdeutlichen Sie die Auffassung Feuerbachs in einer Skizze!« (vgl. Lösungsbeispiel unter Schritt 4)
– nach dem Schritt der Textbewertung (5.):
 »Schreiben Sie einen Dialog, in dem ein Anhänger Feuerbachs und ein gläubiger Christ über diese religionskritische Auffassung diskutieren.«
– zur vertieften persönlichen Auseinandersetzung als/nach Abschluss der Textbehandlung:
 »Schreiben Sie einen Brief/einen kurzen Essay über Glück und Glaube im christlichen Leben.« (z. B. auf dem Hintergrund persönlicher Erfahrungen, der im Unterricht besprochenen Seligpreisungen usw.)

Beispiel 2: Klausur in der letzten Klasse vor dem Abitur zum Thema »Religionskritik«

Textmaterial 1

Feuerbach hat seinen Atheismus vor allem – und hier hat er am nachhaltigsten gewirkt – psychologisch begründet: Der Gottesbegriff ist ein psychologisches Produkt des Menschen. Die Religion scheint entlarvt, sobald man erkennt, dass »in der Religion keine anderen Kräfte, Ursachen, Gründe wirken und sich vergegenständlichen als in der Anthropologie überhaupt«. Nach Feuerbach gründet die Religion vor allem im Abhängigkeitsgefühl, das aber eine rein innerweltliche und innermenschliche Angelegenheit (Abhängigkeit von der Natur) ist; es gründet ebenso in durchaus begreiflichen menschlichen Wünschen und Bedürfnissen, letztlich im allumfassenden Glückseligkeitstrieb des Menschen: »Was der Mensch vermisst – sei dieses nun ein bestimmtes, darum bewusstes oder unbewusstes Vermissen –, das ist Gott«; oder positiv gewendet: »Was der Mensch zu sein wünscht, das macht er zu seinem Gotte!« So ist die Religion im Grund ein Produkt des menschlichen Selbsterhaltungstriebes, des menschlichen Egoismus. Die Einbil-

dungskraft des Menschen aber ist es, die den Gegenstand dieser Kräfte und Triebe, Bedürfnisse, Wünsche und Ideale real setzt: ihn als ein wirkliches Wesen erscheinen
15 lässt. Aber – der Schein trügt, und die Religion gibt diesen Schein für Wirklichkeit aus. Die Gottesvorstellung ist nichts als menschliche Einbildung.

Aus: Hans Küng, hier zit n.: Werner Trutwin, An Gott glauben. Forum Religion 5, Düsseldorf 1984, 93.

Textmaterial 2

Die gegenwärtige Theologie antwortet auf **Feuerbachs Kritik** im Wesentlichen in einer zweifachen Weise:
- Vornehmlich im Bereich der **katholischen Theologie**, aber keineswegs auf sie allein beschränkt, wird die Frage gestellt, woher im Menschen der Drang nach Unendlich-
5 keit kommt, da er doch ein endliches, begrenztes Wesen ist. Kann der endliche Mensch als solcher Unendliches projizieren? Wäre der Mensch nur endlich, könnte er seine Endlichkeit nicht übersteigen, auch nicht in seinen Wünschen und seinen Projektionen. Er kann Unendliches nur wünschen, wenn in ihm etwas angelegt ist, was ihn über seine bloße Endlichkeit hinaushebt. Natürlich kann aus dem Wunsch nicht
10 gefolgert werden, dass er auch in Erfüllung geht, aus der Frage nicht, dass sie eine Antwort findet. Aber es gilt zu bedenken, wie der endliche Mensch Unendliches überhaupt wünschen kann. Wäre er einfachhin nur endlich, nichts als endlich, ließe sich seine Sehnsucht nach dem Vollkommenen und Absoluten nicht erklären. Eine Wirklichkeit, die mir völlig unzugänglich ist, könnte ich auch nicht wünschen und herbei-
15 sehnen. Im Menschen ist offensichtlich eine Sehnsucht nach Unendlichkeit, die nicht von ihm selbst stammt, die ihn aber dennoch zutiefst bestimmt. Diese Wirklichkeit wird in der Religion angeschaut, und das in menschlichen Formen.
- Vorherrschend ist im **evangelischen Bereich** aber eine andere Argumentationsweise. (…) Im christlichen Verständnis ist Gott nicht die Erfüllung des menschlichen Wun-
20 sches nach Unendlichkeit, er entspricht nicht einfachhin den Sehnsüchten des Menschen, steht nicht in einfacher und geradliniger Korrespondenz zu dem, was im Menschen angelegt ist, sondern durchkreuzt all das, was der Mensch ist und will. Der christliche Gott ist immer der Ganz-Andere. Sein Zeichen ist das Kreuz. Der Gott, der allem widerstrebt, was menschliche Vorstellung von ihm sich ausdenken würde: der
25 im Stall geboren wird, dessen Leben von Ausgestoßenheit, Armut, Erniedrigung und Entäußerung geprägt ist, der am Kreuz stirbt: ein solcher Gott stammt nicht aus den Wunschvorstellungen des Menschen. Angesichts eines solchen Gottes kann er nur Skandal, Wahnsinn und Narrheit vermuten. Dass Gott ganz anders ist, als wir es uns erhoffen und erwünschen, ist ein Grundzug der Bibel, dargestellt in dem Gebot: »Du
30 sollst dir kein Gottesbild machen« (Ex 20,4). Durch den christlichen Gott wird der Mensch nicht einfach bestätigt und in dem, was er ohnehin schon ist und von sich weiß, von oben her abgesegnet; er wird immer auch in Frage gestellt, seine Pläne werden immer auch durchkreuzt.

Aus: Peter Neuner, Die Frage nach Gott als Frage des Menschen. In: Funkkolleg Religion. Studienbegleitbrief 2. Weinheim/Basel 1983, 36 f.

Aufgaben:
1. Stellen Sie die (hier von Küng wiedergegebene) Auffassung Feuerbachs mit Ihren eigenen Worten dar.
2. Setzen Sie sich unter Verwendung des Textmaterials 2 aus theologischer Sicht mit Feuerbachs Theorie auseinander.
3. Begründen Sie, welcher der beiden Argumentationen des Textmaterials 2 Sie bei einem Vergleich den Vorzug geben.

Unkorrigierte Aufgabenlösungen von Schülerinnen:

Vorbemerkung: Die folgenden Klausuren verdeutlichen, wie schwierig und langwierig sich das Erlernen von Texterschließungsverfahren in der Schulpraxis darstellt. Die Arbeiten können im Fachseminar oder in Fortbildungen eine Grundlage bieten, um sich über Darstellungsleistungen und ihre Bewertungen zu verständigen.

Eine erste Schülerin

Aufgabe 1: In dem Text gibt Hans Küng die Religionskritik von Feuerbach wieder. Er schreibt, dass Feuerbach seine atheistische Theorie hauptsächlich auf der psychologischen Ebene begründet hat (Z. 1 f.). Feuerbach gehe vom Abhängigkeitsgefühl, von menschlichen Wünschen und Bedürfnissen sowie letztlich vom Glückseligkeitstrieb des Menschen aus; diese stellen sozusagen den Ausgangspunkt für die Erschaffung von Göttern dar. Weiter ist Gott alles, was der Mensch vermisst und was er »zu sein wünscht«, wobei sich dies sowohl im Bewusstsein als auch im Unterbewusstsein des Menschen abspielt (Z. 9 f.). Daraus folgert Küng, dass »die Religion im Grund ein Produkt des menschlichen Selbsterhaltungstriebes, des menschlichen Egoismus« ist. Die Projektion auf ein göttliches Wesen ist dann dadurch möglich, dass der Mensch durch seine Einbildungskraft die Möglichkeit dazu hat (Z. 12 f.). Das psychologische Produkt Religion scheint entlarvt zu sein, wenn ein jeder erkennt, dass es keine überirdisch wirkenden Kräfte und Gewalten gibt und alles Göttliche und Religiöse durch den Menschen hervorgerufen wird. Weiterhin spricht Küng davon, dass Religion nichts als eine Scheinvorstellung darstellt, was sie »gefährlich« macht, da die Religion diese Scheinvorstellung als Wirklichkeit ausgibt (Z. 15 f.).
Im letzten Satz gibt Küng Feuerbachs atheistische These noch einmal in komprimierter Form wieder: »Die Gottesvorstellung ist nichts als menschliche Einbildung.«

Aufgabe 2: Feuerbach beschreibt in seiner Religionskritik, dass Gott/Götter nur ein rein menschliches Produkt ist/sind, hervorgerufen durch die Wünsche und Sehnsüchte des Menschen. Daraus lässt sich schlussfolgern, dass, wenn der Mensch wunschlos und sehnsuchtslos glücklich wäre, er auch keinen Gott mehr bräuchte, auf den er seine Wünsche projizieren kann, da er schließlich gar keine Wünsche hat, womit dann nicht nur Gott, sondern auch die gesamte Religion aus seinem Leben verschwinden würden. Gegen diese Argumentation bringen sowohl die katholische Theologie als auch die evangelische Theologie massive Einwände vor. Die katholischen Theologen halten Feuerbach die Frage entgegen »woher im Menschen der Drang nach Unendlichkeit kommt, da er doch ein endliches, begrenztes Wesen ist«, und dass etwas Endliches doch wohl etwas Unendliches nicht projizieren kann. Die katholische Kirche begründet dieses Streben nach Unendlichkeit damit, dass diese Sehnsucht durch einen anderen (Gott) hervorgerufen wird. Ich denke, dass Feuerbach durch diese Argumentation in die Enge getrieben wird, denn anthropologisch kann er die Sehnsucht des endlichen Menschen nach Unendlichkeit nicht begründen. An dieser Stelle stellt sich mir auch die Frage: warum gibt es dann in der Religion das Fegefeuer und Paradies, das einen jeden nach dem Tod erwartet? Die Projektion des Paradieses könnte vielleicht noch darin begründet werden, dass der Mensch nach Vollkommenheit, Frieden und Liebe strebt und sich – da er es im irdischen Leben nicht erlangen kann – mit dem Gedanken, es nach dem Tod zu erlangen, vertröstet. Doch warum soll sich der Mensch vorstellen, in einem Fegefeuer Qualen zu erleiden?

Eine weitere Diskrepanz besteht dann zwischen dem Leben Jesu, welches uns das Neue Testament übermittelt, und dem Gedanken Feuerbachs, dass ein göttliches Wesen einen perfekten Menschen darstellt. Doch der Sohn Gottes war weder perfekt noch unverletzlich. Warum sollten die Menschen einen menschgewordenen Gott erfinden und ihn nicht nach ihren Idealen »schneidern«? An dieser Stelle tritt Feuerbach in Konflikt mit den evangelischen Theologen, die sich auf eben diese Argumentation stützen. Denn Feuerbach vertritt die These:

»Was der Mensch zu sein wünscht, das macht er zu seinen Gotte!« Oder anders gesagt: das Leiden des erfundenen Jesus widerspricht dem Glückseligkeitstrieb – und damit dem Egoismus – des Menschen.

Aufgabe 3: Bei einem Vergleich würde ich mich für die Argumentation der katholischen Theologen entscheiden, denn ihre Argumentation ist umfassender und greifbarer als die der evangelischen Theologen, denn die katholische Stellungnahme geht eingehender auf die Kritik Feuerbachs ein. So gehen die Theologen auch von der psychologischen Ebene aus an die Widerlegung der Feuerbachschen Theorie heran und versuchen von dort aus zu begründen, warum es doch ein überirdisches Wesen geben muss. Sie geben konkrete Voraussetzungen für die Erschaffung des Unendlichen in den Köpfen der Menschen an, doch berufen sie sich nicht auf irgendwelche Stellen der heiligen Schrift, sondern bleiben auf der psychologischen Ebene, die von Gott beeinflusst wird.

Aus (strenger) theologischer Sicht wäre ein Vergleich zwischen Feuerbach und der evangelischen Theorie wahrscheinlich angebrachter, da die Evangelien versuchen, auf dem theologischen Weg Feuerbach gegenüber zu treten. Sie stützen sich auf die heilige Schrift und versuchen dadurch die Widersprüchlichkeit zwischen dem Wunschdenken der Menschen und denen nach Feuerbach verschriftlichten Wünschen darzustellen. Zu kritisieren wäre allerdings, dass sie von der Existenz Gottes ausgehen und sie erst gar nicht hinterfragen. Für sie ist Gott der Allgegenwärtige, der Allwissende, der die Gedanken der Menschen durchkreuzt und dadurch ist der Mensch gar nicht in der Lage einen Gott zu projizieren, da er da ist.

Eine zweite Schülerin

Aufgabe 1: Hans Küng gibt in seinem Text Feuerbachs atheistische Auffassung wieder. Nach Feuerbach ist Gott aus der menschlichen Psyche entstanden. Der Mensch lebt in bestimmten Abhängigkeitsverhältnissen. Aus dieser Situation heraus hat er verschiedene Bedürfnisse und Wünsche. Diese projiziert er auf Gott, sodass Gott letztendlich ein perfekt gedachter Mensch ist, der alles hat und alles kann. Die Einbildungskraft des Menschen setzt die Wünsche und Bedürfnisse in die Wirklichkeit um, und lässt Gott (bzw. die Wünsche) als wirkliches Wesen erscheinen. Daraus abgeleitet ist die Religion, die ebenfalls aus Wünschen heraus entstanden ist, ein Produkt des menschlichen Egoismus. Da es nach Feuerbach keinen richtigen Gott gibt, ist auch die Religion nur menschliche Einbildung. Feuerbach vertritt also die Auffassung, dass Gott und somit auch die Religion nicht mehr ist als projizierte und real geglaubte Wünsche, die aus der jeweiligen Situation des Menschen entstanden sind. Das bedeutet aber auch, dass jeder Mensch eine andere Vorstellung von Gott hat, da jeder Mensch andere Bedürfnisse und Wünsche hat. Somit ist Gott keine feste Vorstellung, sondern individuell verschieden.

Aufgabe 2: Feuerbachs Auffassung wird in der katholischen und evangelischen Religion unterschiedlich einbezogen. In der katholischen Theologie stellt man zuerst die Frage, woher der Mensch den Wunsch nach Unendlichkeit hat, wenn er selbst ein endliches Wesen ist. Auf dieser Ausgangsfrage basierend wird daraus abgeleitet, dass der Mensch etwas Unendliches haben muss (Seele), um den Wunsch zu begründen. D. h., dass jeder Mensch etwas Unendliches hat und der Wunsch nach Unendlichkeit nicht von den Menschen individuell entwickelt wurde. Die katholische Theologie geht davon aus, dass der Wunsch nach Unendlichkeit den Menschen bestimmt. Die Religion ist hier durch den Wunsch nach Unendlichkeit veranschaulicht und wird in menschlichen Formen, also von Gott, angeschaut. In der katholischen Theologie wird also auch wie bei Feuerbach von den Wünschen des Menschen ausgegangen. Anders dagegen ist aber die Herkunft dieser Wünsche. Hier wird auf den Wunsch nach Unendlichkeit besonders geachtet. Es wird davon ausgegangen, dass dieser Wunsch auf einem unsterblichen Teil des Menschen, seiner Seele, basiert. Die Seele ist ein Teil jedes Menschen. Wenn sie also der Grund für den Wunsch ist, so haben alle den gleichen Wunsch und dieser stammt auch nicht von den Menschen selbst. Bei Feuerbach hat der Mensch viele verschiedene Wünsche, die individuell verschieden sind, sodass sich verschiedene Gottesvorstellungen ergeben.
Bei der evangelischen Theologie wird davon ausgegangen, dass Gott nicht der Wunschvorstellung der Menschen entstammt, sondern dass er bereits existiert. Dass er nicht aus Wünschen entstanden sein kann, wird damit begründet, dass er in einem Stall geboren, ein Leben in Armut und voller Erniedrigungen führte und am Kreuz starb. Ein solcher Gott kann nicht aus der menschlichen Wunschkraft entstanden sein. Gott entspricht also nicht den Wünschen der Menschen, sondern stellt diese immer wieder in Frage und durchkreuzt seine Pläne. Und weil Gott anders ist, als er von den Menschen erhofft wird, soll sich der Mensch kein Gottesbild machen. Die evangelische Theologie geht also nicht davon aus, dass Gott aus den Wünschen der Menschen entstanden ist. Gott existiert ohne menschliche Hilfe und entspricht auch nicht den menschlichen Vorstellungen.
Während Grundzüge von Feuerbachs Auffassung in der katholischen Theologie zu finden sind, weisen die evangelische Theologie und Feuerbachs Theorie keine Gemeinsamkeiten auf.

Aufgabe 3: Bei einem Vergleich der beiden Argumentationen würde ich der katholischen Theologie den Vorzug geben. Hier wird von der Seele des Menschen ausgegangen, die ihm einen Wunsch nach Unsterblichkeit diktiert. Weitere Wünsche und Bedürfnisse können auf Gott projiziert werden. Meiner Meinung nach existiert der Wunsch nach Unsterblichkeit in jedem Menschen, auch wenn er nicht bei jedem Menschen gleich stark ausgeprägt ist. Dieser Wunsch existiert auch schon bei vielen Kleinkindern, die nach ihrem Leben in den Himmel kommen möchten um bei Gott weiter zu existieren. Die Berücksichtigung der Wünsche ist besonders wichtig, da Gott und die Religion somit allen Menschen zugänglich gemacht werden. Die evangelische Theologie geht davon aus, dass Gott eigenständig existiert und die Pläne des Menschen durchkreuzt. Das würde bedeuten, dass das Leben unter göttlicher Führung verläuft und der Mensch unter seinem Einfluss steht. Diesen Aussagen kann ich nicht ganz zustimmen, da es durchaus Dinge gibt, die ohne Probleme verlaufen. Außerdem kann man nicht alle ungeplanten Situationen auf Gott schieben, der gerade dann wieder Einfluss auf den Menschen ausübt. Deshalb würde ich mehr der katholischen Theologie zustimmen. Mir erscheint ein Gott, auf den man seine Bedürfnisse und Wünsche projizieren kann und der aus dem Wunsch auf ein Leben nach dem Tod entstanden ist, wesentlich positiver, besonders in Notsituationen, als ein Gott, der mein Leben ständig beeinflusst. Denn wenn mein Leben der göttlichen Führung unterliegen würde, müsste ich mich stets für mein Handeln rechtfertigen müssen und es könnten leicht Schuldgefühle entstehen, aus Angst dem »allmächtigen« Gott nicht zu entsprechen. Das Leben würde einer ständigen Kontrolle unterliegen, der sich der Mensch bewusst wäre.

Eine dritte Schülerin
Aufgabe 1: Hans Küng stellt in diesem Text die Auffassung Feuerbachs im Bezug auf die menschliche Gottesvorstellung und Religion dar. Feuerbach ist als Atheist davon überzeugt, dass die Bilder von Gott ein rein psychologisches Produkt des Menschen sind. Sie entstehen aus dem Abhängigkeitsgefühl, den Wünschen, den Bedürfnissen und somit dem allumfassenden Glückseligkeitstrieb heraus. Der Mensch erfindet diese Götter, indem er ihnen bestimmte Fähigkeiten und Eigenschaften zuschreibt, die er selbst gern hätte, aber nicht haben kann.
So macht er alles, was er nicht ist oder nicht besitzt, zu einem Gott. Aus diesem Gott lässt sich ein absolut ideales und perfektes Wesen erkennen, das sich durch Eigenschaften wie Unsterblichkeit oder Vollkommenheit auszeichnet – eben Dinge, die der Mensch niemals haben kann! Aufgrund dieser Tatsache beginnt er, seine Götter anzubeten und zu bewundern. Für ihn sind es Abbilder von dem, was er selbst gerne sein will. Auf diese Weise steigert er sich immer mehr in diese Einbildungen und Illusionen hinein. Je mehr er dieses tut, desto realer erscheinen ihm seine Götter. Ja, sie sind tatsächlich nur ein Produkt menschlicher Einbildung. Nur durch diese Illusionen werden sie »wirklich« und scheinen das zu sein, wofür der Mensch sie hält – vollkommene, bewundernswerte und ideale Wesen, die so sind, wie jeder einzelne Mensch zu sein wünscht. Feuerbach behauptet, dass die Religion diesen Schein als absolute Wirklichkeit ausgibt, obwohl die gesamte Gottesvorstellung nichts ist, als ein geistiges Produkt des menschlichen Selbsterhaltungs- und Glückseligkeitstriebs und somit auch des menschlichen Egoismus!

Aufgabe 2: In Material 2 versuchen sowohl die katholische als auch die evangelische Theologie Feuerbachs Auffassung von Gott und Religion zu widerlegen. Die katholische Theologie stellt zu Anfang die Frage: woher kommt im Menschen der Drang nach Unendlichkeit, obwohl er doch selbst ein endliches Wesen ist?
Die Erklärung dafür ist aus katholischer Sicht die Tatsache, dass der Mensch unendlich sein muss! Nur diese Eigenschaft macht es ihm überhaupt möglich, über die Grenze des Endlichen hinauszudenken und sich etwas Unendliches zu wünschen. Wäre er nur ein endliches Wesen, so könnte er über diese Grenze gar nicht hinausgehoben werden, da ihm die Unendlichkeit nicht bekannt wäre und somit überhaupt nicht für ihn existieren würde. Da jeder Mensch dennoch eine Sehnsucht nach Ewigkeit und Unendlichkeit empfindet, so muss daraus geschlossen werden, dass er selbst ebenfalls unendlich sein muss. Diese Sehnsucht stammt nicht von ihm selbst, bestimmt ihn aber dennoch zutiefst. Die Religion hat einen Bezug zu dieser unendlichen Wirklichkeit. Auf diese Weise gelingt es ihr, einen Bezug und Kontakt zum Menschen aufzubauen. Die Gläubigen sind von einem ewigen Leben überzeugt und haben somit auch einen Bezug zur Religion, die ihnen diese Wirklichkeit näher bringt.
Die evangelische Theorie stellt Gott als ein Wesen dar, das nicht immer den Wunschvorstellungen der Menschen entspricht. Er ist keineswegs jemand, der die Wünsche und Sehnsüchte der Menschen erfüllen will und ein perfekter Gott ist. Nein, er lässt sich nicht von den Menschen festlegen oder einschränken. Er ist nicht, wie sie es sich wünschen, sondern er ist immer »der Ganz-Andere«! Er durchkreuzt ihre Sehnsüchte und Pläne und ist somit stets anders als er eigentlich gewollt wird. Sein Zeichen ist das Kreuz. Es symbolisiert das »Ganz – Anders – Sein« Gottes. Er wurde im Stall geboren, war arm und litt viel Not in seinem Leben. Gerade dies ist eben nicht die Wunschvorstellung der Menschen. Sie machen sich ein Bild von einem mächtigen, reichen und perfekten Wesen, das ihre Wünsche und Bedürfnisse erfüllt und nach ihren Vorstellungen existiert. Aus diesem Grund erinnert die evangelische Theologie an das Gebot: »Du sollst dir kein Gottesbild machen«. Der Mensch soll von Gott ja nicht nur in dem bestätigt werden, was er schon ist, sondern seine Wünsche und Pläne werden oftmals auch durchkreuzt und nicht einfach so von Gott hingenommen, wie der Mensch es sich vielleicht erhofft hat. Diese Eigenart macht Gott aus, denn er lässt sich niemals durch den Menschen festlegen und existiert nicht nur nach dessen Idealvorstellungen.

Aufgabe 3: Ich persönlich empfinde beide Theorien als logisch und sinnvoll, würde aber bei einem Vergleich eher die katholische Theorie vorziehen. Sie begründet meiner Meinung nach am besten den Bezug zwischen Gott und dem Menschen. Die Tatsache, dass der Mensch aufgrund seiner Sehnsucht nach Unendlichkeit selbst unendlich sein muss, klingt einleuchtend, da er sonst ja gar nicht von der Existenz einer Wirklichkeit jenseits der Grenze des Endlichen wüsste. Er sehnt sich dieses »ewige Leben« herbei und weiß also im Grunde, dass es ein »ewiges Leben« gibt. Daraus kann er weiterhin schließen, dass es einen Gott gibt, der ihm dieses »ewige und unendliche Leben« ermöglicht. Gott ist also keine Einbildung und Illusion des Menschen, sondern er lässt sie aufgrund der Tatsache erklären, dass der Mensch unendlich ist und sich nach einem Leben nach dem natürlichen Tod sehnt! Wenn der Mensch unendlich ist, so gibt es meiner Meinung nach auch einen Gott. Da der Mensch tatsächlich von einer Wirklichkeit nach der Grenze des Endlichen weiß, muss er selbst also auch unendlich sein.

Eine vierte Schülerin
Aufgabe 1: Laut Feuerbachs Theorie ist Gott ein psychologisches Produkt des Menschen. Der Grund für die Religion liegt sowohl in der Abhängigkeit von der Natur als auch in den Wünschen und Bedürfnissen der Menschen. Feuerbach sieht Gott als den »perfekten Menschen«. Die Religion ist also ein Produkt des Selbsterhaltungstriebs, also des Egoismus der Menschen, und entsteht durch den Glückseligkeitstrieb.

Aufgabe 2: Der zweite Text beschäftigt sich mit dem Unterschied zwischen der katholischen und der evangelischen Gottesvorstellung.
Im katholischen Glauben hätten die Menschen den Drang nach Unendlichkeit. Der Mensch sei aber nicht nur endlich, sonst könne er sich die Unendlichkeit nicht wünschen. Die Sehnsucht nach Unendlichkeit stamme nicht vom Menschen selbst, bestimme ihn aber zutiefst.
Die evangelische Gottesvorstellung besagt, dass Gott ganz anders sei, als wir es wünschten. Gott durchkreuze alles, was der Mensch sei und wolle (daher auch das Kreuzsymbol). Der Mensch werde von Gott in Frage gestellt, seine Pläne immer durchkreuzt.
Beide Bereiche, sowohl der katholische, als auch der evangelische, stimmen nicht mit Feuerbachs Religionstheorie überein. Die evangelische Auffassung ist der totale Gegensatz zu Feuerbachs Theorie: Feuerbach ist der Meinung, dass Götter dadurch entstehen, dass die Menschen ihre Wünsche auf ein höheres Wesen projizieren, dass Götter die »perfekten Menschen« sind. Die evangelischen Theologen gehen davon aus, dass Gott ganz anders ist, als sich der Mensch ihn wünschen würde.
Die katholische Vorstellung unterscheidet sich von Feuerbachs Theorie dadurch, dass sie davon ausgeht, dass der Mensch nicht nur endlich ist. Der Glaube an einen unendlichen Gott ist nicht in seinen Wünschen gegründet, sondern in einer Anlage, die ihn über das Endliche hinaushebt.
Auch untereinander unterscheiden sich die beiden Auffassungen. Die katholische Gottesvorstellung ist eher positiv, die evangelische eher negativ.

Aufgabe 3: Die katholische Argumentation, die sich mit der Sehnsucht der Menschen nach Unendlichkeit beschäftigt, macht selbst die Einschränkung, dass Wünsche nicht immer in Erfüllung gehen. Sie begründet die Sehnsucht darin, dass der Mensch nicht nur endlich sein kann, da sonst sein Wunsch gar nicht existieren könne. Die evangelischen Theologen beweisen ihre Auffassung glaubhaft durch die Bibel: Gott ist anders, weil er in armen Verhältnissen geboren und aufgewachsen ist, weil sein Leben nicht immer einfach war, und weil er den schlimmsten Tod erfahren hat. Allerdings ist nicht nachvollziehbar, dass Gott die Pläne der Menschen durchkreuzt und ihn immer in Frage stellt. Die Begründung dafür, dass das Kreuz Zeichen für Gott ist, scheint etwas weit hergeholt. Auch die Bibelstelle Ex 20, 4 kann nicht als Beleg dafür gelten, dass Gott anders ist, als wir uns erhoffen und erwünschen.
Deshalb würde ich der katholischen Theologie den Vorzug geben.

4.3 Die Erschließung von begriffsdefinierenden und -erläuternden Texten

4.3.1 Einführung in die Textsorte

In »Begriffen«, sagen wir aus, was wir von der äußeren und inneren Welt, die wir erleben, »begriffen« haben. Mit Hilfe von Begriffen können wir uns mit anderen Menschen verständigen.
Die Welt mit ihren Dingen, Eigenschaften und Beziehungen wird mit Hilfe von Begriffe erkannt, geordnet und für unser Denken und Sprechen geistig verfügbar gemacht. Begriffe helfen uns dabei, die Wirklichkeit in ihrem Sinn aufzuschließen, sie von verschiedenen Gesichtspunkten her zu betrachten, zu ordnen und in ihrem Wert oder Unwert besser zu erkennen. Durch klare Begriffe können wir undurchschaubare Situationen, schwierige Probleme u. a. mit rationalen Mitteln auf den Grund gehen und dadurch geheime Ängste, Vorurteile und problematische Einstellungen abbauen.

Sinn von Begriffsbildung

Begriffe gelten als grundlegende Bausteine des rationalen Denkens und spielen in den Wissenschaften und in der Philosophie eine große Rolle. Durch Begriffe wird das »Wesentliche« einer vorgegebenen Wirklichkeit, eines Textes, eines Bildes usw. unter einem besonderen Aspekt erkannt. Je intensiver die Begegnung mit dem »Gegenstand« ist, je deutlicher im Bewusstsein sich eine Vorstellung von der »Sache« mit ihren wesentlichen Merkmalen aufbaut, je klarer die Einsicht in das Wesen und die Funktion des Gegenstands gelingt, desto prägnanter und wirksamer können im Begriff das Wesen und die Merkmale der begriffenen Sache geistig verfügbar sein. Steht uns für unsere vielfältigen Erfahrungen, Regungen, Empfindungen, Verhaltensweisen und Normen kein akzeptierter Begriff zur Verfügung, so können wir nicht mit anderen darüber reden. Eine Begriffsarmut bedeutet zugleich eine Armut des Denkens und des Wahrnehmens.
Dabei dürfen die Begriffe nicht ihren konkreten »Sitz im Leben« verlieren: sie sind auf ihre Herkunft und Entstehungssituation zu beziehen, auf dahinterstehende Erfahrungen und ursprüngliche Intentionen zu befragen und in ihren heutigen Anwendungs- und Sinnerschließungsmöglichkeiten zu reflektieren.

Erfahrungsgemäß haben Missverständnisse Fehldeutungen, Meinungsverschiedenheiten, unfruchtbare Streitereien und überflüssige Diskussionen besonders im Bereich der Politik, der Religion und der Weltanschauung ihre Ursache oft in der Anwendung von unklaren bzw. ungeklärten Wortinhalten und Begriffen. Streitigkeiten scheinen nicht selten weit weniger auf sachlich begründeten und begründbaren Gegensätzen zu beruhen als auf unklaren Vorstellungen, auf dem Gebrauch von Schlagworten, Vorurteilen und vor allem auf Reduktionen, die als solche nicht erkannt, sondern unreflektiert absolut gesetzt werden im Sinne von Behauptungen wie: »Dies oder das ist nichts anderes als …«.
Mit Begriffen können wir die Wirklichkeit ergreifen und begreifen, wir können sie aber auch durch Begriffe verfälschen oder verfehlen. Daher ist zu beachten:

Grenzen der Wirklichkeitserfassung durch Begriffe

- Begriffe entstehen durch abstrahierende Reduktionen und geben deshalb die Wirklichkeit nicht vollständig und adäquat wieder.
- Durch Verabsolutierung einer Reduktion wird die Wirklichkeit verfälscht.
- Durch die Reduzierung des Begriffsapparats und die Fixierung auf wenige, schlagwortartig gebrauchte Begriffe werden das Denken, die Wahrnehmungsfähigkeit und die Lebensentfaltung eingeengt.

Daher ist es wichtig, die jeweilige Reduktion als notwendige Bedingung menschlicher Erkenntnis und wissenschaftlichen Vorgehens bewusst zu machen und die Grenzen dieser Wirklichkeitserfassung zu verdeutlichen. »Definitionen sind ihrem Wesen nach weder ›richtig‹ noch ›falsch‹, sondern nur mehr oder weniger brauchbar. Deshalb hat es wenig Sinn, über sie zu streiten. Bei widersprüchlichen Definitionen ein und derselben Sache hat es jedoch durchaus Sinn, sie auf ihre Brauchbarkeit hin zu prüfen.«[5]

So unentbehrlich Abstraktion und rationales Denken für die Begriffsbildung und die Erkenntnis sind, sie vollbringen (erkenntnistheoretisch gesehen) doch nie die erste und grundlegende Leistung. Denn alle Erkenntnis erwächst auf der Grundlage von Wahrnehmungen und Erfahrungen äußerer (sinnlicher) und innerer Art.

Vor allem Begriffe aus dem Bereich der Religion, der Theologie und des Glaubens dürfen nicht ihren konkreten »Sitz im Leben« verlieren, sondern sind auf ihre Herkunft und Entstehungssituation zu beziehen, auf dahinterstehende Erfahrungen und ursprüngliche Intentionen zu befragen und in ihren heutigen Anwendungs- und Sinnerschließungsmöglichkeiten zu reflektieren. Dabei ist den jungen Menschen auch die Grenze von Begriffen und Definitionsversuchen im Hinblick auf das Geheimnis Gottes bewusst zu machen und ein Zugang zu eröffnen für die ganz andere Art des Sprechens in Bildern und Gleichnissen, wie sie in der Hebräischen Bibel überliefert und im Neuen Testament von Jesus selbst erzählt und bezeugt sind. Diese Bilder und Gleichnisse vom Reich Gottes lassen sich nicht in die »geheimnisleere Sprache unserer Begriffe und Argumentationen« auflösen, sondern sind zu schützen als Ausdruck unserer Sehnsucht und Hoffnung auf die Verheißungen Gottes.

Konsequenzen für schulisches Lernen

Gegenüber der zunehmenden Verwissenschaftlichung aller Lebensbereiche heute und der berechtigten Wissenschaftspropädeutik schulischen Lernens mit ihrer Betonung des Rationalen ist zugleich auch Raum zu geben für die Symbolsprache der Dichtung, für die Sprache des Mythos und des Märchens. Neben der Begriffsbildung sind in der Schule auch die imaginativen und emotionalen Kräfte zu entfalten und handlungsbezogene sowie gestalterische Kräfte zu wecken, die unter anderem in Fantasie, Kreativität, sprachlicher und bildlicher Sensibilität, Symbolverständnis, Meditation und Stille ihren Grund und Ausdruck finden.

---

5 Peter L. Berger, Zur Dialektik von Religion und Gesellschaft, Frankfurt 1988, Fischer TB 6565, 165.

> **Was ist eine Definition?**
>
> Eine Definition bestimmt und klärt in größtmöglicher Knappheit, Eindeutigkeit und Übersichtlichkeit
> - die *sprachliche Bedeutung und Herkunft* eines Wortes (= Etymologie, **Wort**erklärung, Nominaldefinition)
> - das *Wesen* der im Wort genannten »*Sache*« (= Wesensbestimmung, **Sach**erklärung, Realdefinition)

Erläuterung:

Die **Worterklärung** (Nominaldefinition) als Klärung der *sprachlichen Herkunft und Bedeutung* (Etymologie) eines Wortes gehört in das Gebiet der Sprachwissenschaften. Geklärt wird dabei nicht die mit dem Begriff gemeinte »Sache« selbst, sondern die Eigenart der »Bezeichnung« der Dinge.

Die **Sacherklärung** (Realdefinition) sagt demgegenüber aus, *was ein Ding ist*. Sie gibt eine Charakteristik des genannten Gegenstands und legt so das »Wesen« fest. Eine Realdefinition geschieht *in einem* Satz und muss mindestens enthalten:
1. den zu bestimmenden **Begriff** (das »*definiendum*«)
2. den dazu gehörigen **Oberbegriff** (die Angabe der nächst höheren Gattung: das »*genus proximum*«)
3. die Angabe der wesentlichen **Merkmale**, die den Gegenstand von naheliegenden anderen Begriffen unterscheiden und eingrenzen (der »artbildende Unterschied«, der die Gattung festlegt: die »*differentia specifica*«)

Beispiele:

zu definierender Begriff	Oberbegriff	unterscheidende Merkmale
Stuhl	Sitzmöbel	mit vier Beinen und einer Rückenlehne
Hocker		
Sessel		
Sofa		
Bank		
Hose		

> **Was ist eine Begriffserläuterung?**
>
> Sie geht über die Knappheit einer strengen Realdefinition hinaus und beabsichtigt *eine ausführlichere Entfaltung und Klärung des Begriffsinhalts und -umfangs*. Zu diesem Zweck werden Beispiele herangezogen und konkrete Situationen betrachtet, um dadurch die wesentlichen Merkmale der »Sache« zu gewinnen. Eine Erläuterung von Begriffen ist vor allem da notwendig, wo eine knappe Definition im strengen Sinne nicht möglich ist: z. B. bei Begriffen, die die Eigenart des Menschen betreffen, sein Handeln, seine Wertmaßstäbe usw.
>
> Ziel von Erläuterungen ist es, einen Begriff nicht »trocken« stehen zu lassen, sondern dahinter eine lebendige Wirklichkeit in ihrer Vielfalt zu veranschaulichen- bei aller Schwierigkeit einer exakten Eingrenzung des Gemeinten.

Beispiele:

»Gedächtnis, allg. der Sachverhalt, dass Mensch und Tier einen Teil der Eindrücke, die sie aus der Umwelt empfangen, sich einprägen und zu behalten vermögen und dass diese Eindrücke später wieder bewusst werden oder für die Gegenwart nutzbar gemacht werden können.« (Brockhaus Enzyklopädie Bd. 7, 1969, 5)

»Schule«, öffentliche oder private Einrichtung, in der Kindern und Jugendlichen durch planmäßigen Unterricht Wissen und Bildung vermittelt wird.« (Schüler-Duden Bedeutungswörterbuch, Mannheim ²1986)

Definitionen und Begriffserläuterungen sind »Sprachgebrauchsvorschläge«. Das heißt: sie sind ihrem Wesen nach weder »richtig« noch »falsch«, sondern nur mehr oder weniger brauchbar. Deshalb hat es wenig Sinn, über sie zu streiten. Bei widersprüchlichen Definitionen ein und derselben Sache ist es jedoch sinnvoll, sie auf ihre Brauchbarkeit hin zu überprüfen.

4.3.2 Praxismodell: Arbeitsschritte und Untersuchungsaspekte zur Erschließung von begriffsdefinierenden und -erläuternden Texten

> **Arbeitsschritte zur Analyse von begriffserläuternden Texten**[6]
>
> **Vorfragen klären:**
>
> - Geht es um einen »Sach«-Begriff (z. B. Tisch) oder um einen »Wert«-Begriff (z. B. Liebe)?

---

6 Gerhard Röckel, Die Arbeit mit Texten im Religionsunterricht, Stuttgart/München 1973, 119-128 – ergänzt.

- Handelt es sich um eine Definition im strengen Sinne oder um eine Erläuterung des Begriffs?

Worterklärung:
- Wird die sprachliche Herkunft des Begriffs angegeben? Aus welcher Sprache kommt er?
- Wird die ursprüngliche Wortbedeutung geklärt?
- Zeigt sich in der heutigen Verwendung ein Wandel in der Bedeutung des Begriffs?

Beobachtung des Wortfelds:
- Wie lautet der Oberbegriff?
- Wie der Gegenbegriff?
- Wie lauten bedeutungsverwandte Begriffe? (Synonyme)
- Welche Wortzusammensetzungen gibt es mit dem Begriff?

Sacherklärung (bestimmende Merkmale als eigentliche Definition):
- Welche Wesensmerkmale zeigt die im Begriff gemeinte »Sache«?
- Wie ist der Begriffsinhalt: wird etwas über die Entstehung/Aufgabe/Beschaffenheit//Wirkungsweise/Folgen … des Gegenstandes gesagt?

Veranschaulichung:
- Gibt es Beispiele zur Veranschaulichung des im Begriff Gemeinten?

Auseinandersetzung und Vertiefung:
- Wie ist der Begriff historisch einzuordnen (Entstehung, Verwendung)?
- Welche Bedeutung(en) und Geltung hat der Begriff heute?
- Ist die Definition umfassend genug und genau genug gegenüber den heutigen Erfahrungen mit der »Sache«?
- Versuche eine eigene Definition bzw. Erläuterung des Begriffs.

4.4 Die Analyse von historischen Quellentexten

4.4.1 Einführung in die Textsorte

Als »Quellen«, bezeichnet die Geschichtswissenschaft alle Materialien und Zeugnisse, aus denen wir Kenntnisse über die Vergangenheit gewinnen können. Quellen über historische Ereignisse erschließen die Geschichte durchaus nicht so, wie sie gewesen ist. Sie sind stets aus einer bestimmten Perspektive heraus geschaffen worden und sind interpretationsbedürftig.

Quellenarten: [7]

Text als schriftliche Quellen	Bildquellen	Historische Gegenstände	bis heute erhaltene Einrichtungen, Gebräuche, Sitten
Briefe, Urkunden, Verträge, Tagebücher, Geschichtsdarstellungen, Literatur, Flugblätter, Zeitungen, religiöses Liedgut, Gebete usw.	Kunstwerke, Karikaturen, usw.	Kleidung, Gewänder, Grabsteine, Münzen, Wegkreuze	Kirchen, Ordensgemeinschaften, Liturgie, Gebete, Buß- und Beichtübungen, Wallfahrten, Prozessionen usw.

Quellen geben als »historisches Material« Aufschluss über die Vergangenheit (Geschichte). Dabei kann es um Gegenstände (z. B. Bauwerke, Gräber, Münzen ...) gehen, aber auch um schriftliche Quellen (Texte). Zu unterscheiden ist zwischen:
- *Traditionsquellen*, die bewusst angefertigt wurden, um etwas Bestimmtes an die Nachwelt zu überliefern, und
- *Überrest-Quellen*, die Informationen enthalten, die für spätere Leser aufschlussreich sind, aber eher nebenbei mit überliefert wurden (sie bilden jedenfalls nicht den Hauptinhalt der Quelle).

4.4.2 Praxismodell: Arbeitsschritte und Untersuchungsaspekte zur Erschließung von historischen Quellentexten

Bei der Erschließung historischer Quellen empfehlen sich bestimmte Schritte:

Schritte einer Quelleninterpretation

1. Erster Überblick: Wer, Wann, Was, Wie? Daraus Ableitung einer Fragestellung zum Herangehen an die Quelle.

2. Kurze Quellenbeschreibung
(Quellenkritische Einordnung)

2.1 Quellenart und Überlieferungsform
2.2 Entstehungszeit und -bedingungen
2.3 Ort der Entstehung, Fund- und Aufbewahrungsort
2.4 Verfasser
2.5 Adressat (An wen geschrieben? Für wen noch gedacht?)
2.6 Thema
2.7 Sachklärung (Nachschlagen: unbekannte Wörter, Begriffserklärungen, unbekannte Personen, Ereignisse)
2.8 Überlegungen zur Zuverlässigkeit der Quelle (Text bearbeitet? gekürzt? verfälscht?)

---

[7] Vgl. besonders: Edith Verweyen-Hackmann/Bernd Weber, in: rhs 5/1995, 307 und 313 (M 3).

3. **Immanente Interpretation**
(Quelle »aus sich selbst heraus verstehen«)
3.1 Die *Struktur* der Quelle (Aufbau, Gliederung, Gedankenfolge; Vorarbeit: Text in Sinnabschnitte einteilen und dazu Überschriften formulieren)
3.2 Die *Kernaussage* des Textes (Worum geht es inhaltlich?) auf der Grundlage der Sinnabschnitte und Überschriften (siehe 3.1)
3.3 *Detailanalyse* (im erneuten Textdurchgang: genauere Klärung des Inhalts der einzelnen Abschnitte mit Hilfe der Fragen: wer, was, wie, wann, warum? Tieferes Verständnis mit Hilfe der Fragen: Was bedeuten die Aussagen? Welche Hintergründe sind erkennbar? Gibt es Widersprüche? ...
3.4 *Fazit* formulieren (vertieftes Textverständnis aus Ergebnissen des Aufbaus (3.1) und der Detailanalyse (3.3); Klärung der Motive (»Wozu überliefert«?), der Absicht des Autors und der historischen Bedeutung der Quelle)

4. **Externe Interpretation**
(von außen an die Quelle herangehen, Ergebnisse aus 3 historisch einordnen, präzisieren, vergleichen und evtl. in Frage stellen durch andere Quellen und Fachliteratur)
4.1 Eingrenzung des Aussagebereichs:
 – *Entstehungszusammenhang*: Aus welchem Anlass, welcher Situation/Tradition?
 – *Intention des Verfassers*: Wer hat die Quelle mit welchem Ziel verfasst?
 – *Standort* von Verfasser, Quelle, Adressaten damals und innerhalb einer Entwicklung? Aus welcher Schicht? Für wen/gegen wen?
 – *Wirkungsgeschichte der Quelle*: Wie verbreitet? Von wem benutzt? Folgen?
4.2 Einordnung des Aussagebereichs:
 – Konfrontation mit anderen Quellen
 – Einordnung in den sozio-ökonomischen Kontext
4.3 Bestimmung des Erkenntniswerts für die eigene Fragestellung (Resultate, Problematisierung, Kontroverse, neue Hypothesen)

Wolfgang Emer/Uwe Horst: Interpretation historischer Quellen, in: U. Horst/K. P. Ohly (Hrsg.): Lernbox Lernmethoden – Arbeitstechniken, Friedrich Verlag 2000, 92-95

4.5 Die Erschließung von appellativen/rhetorischen Texten

Texte, die für etwas werben, uns überzeugen, überreden und zu etwas auffordern wollen, begegnen uns jeden Tag in schriftlicher oder mündlicher Form als Werbung, Flugblätter, Aufrufe oder Reden in Zeitungen, Zeitschriften und vor allem im Fernsehen. Vor allem, wenn es bei Debatten um politische, wirtschaftliche, soziale oder kulturelle Fragen geht, wäre es hilfreich, solche rhetorischen Texte darauf hin durchschauen zu können, welche psychologischen Strategien, sprachlichen Mittel und rhetorischen Tricks sie einsetzen, um uns in unserem Denken, Fühlen und Handeln zu beeinflussen.

4.5.1 Einführung in die Textsorte

Bei appellativen/rhetorischen Texten (z. B. Reden, Briefe, Gebete, Psalmen u. a.), die sich in der Regel an einen bestimmbaren Adressatenkreis wenden mit der Absicht, eine Reaktion, d. h. eine Einstellungs- und/oder Verhaltensänderung zu erreichen, hat sich das bekannte »**Kommunikationsmodell**« als Analyseinstrument besonders bewährt. Es beruht auf der berühmten von H. D. Lasswell/B.L.Smith 1948 formulierten »Kommunikationsformel«, die für alle Arten der zwischenmenschlichen Kommunikation gilt: »*Who says what in which channel to whom with what effect?*« (siehe Kap. 1.1.4).
Leitfrage für die systematische Untersuchung solcher Texte kann sein: »Wer sagt was wie zu wem mit welcher Absicht und Wirkung?«
Demnach steht jeder Text in einer Kommunikationssituation und wird dabei von vier Seiten her konstituiert und in seiner Eigenart bestimmt: Es gibt einen *Sprecher* (Verfasser/Autor), der den *Angesprochenen* (Leser/Zuhörer als Adressaten/Publikum) etwas Bedeutsames und Wahres über die »Wirklichkeit« (die Welt, die äußere oder innere Situation usw.) als im Text *Besprochenes* (Gegenstand, Inhalt, Sachbezug) möglichst wirkungsvoll mit Hilfe der *Sprache* (Medium, Darstellungsform) nahe bringen will.

Zum theoretischen Hintergrund des Kommunikationsmodells und zu seiner Eigenart: siehe Kap. 1.1.4 und Kap. 2.2.

Leitfragen zur Beschreibung (Analyse) appellativer Texte
(Reihenfolge freigestellt):

- **Wer spricht hier?**
  Was kann über die Persönlichkeit, Eigenart, Rolle und Biografie des Sprechers erschlossen werden?
  Was sagt er über sich selbst (Selbstbild)?
- **Wen spricht der Sprecher an?**
  Welches Bild vom angesprochenen Leser oder Hörer wird deutlich?
  Welche Absichten und Erwartungen ihnen gegenüber sind aus dem Text zu erschließen?
- **Worüber wird gesprochen?**
  Welches Thema, welche Ereignisse, Gegenstände, Wirklichkeitsbereiche, Wertvorstellungen usw. werden behandelt und stehen inhaltlich im Mittelpunkt?
- **Wie wird gesprochen?**
  Welche Darstellungsform wird gewählt und welche besonderen sprachlichen Mittel werden eingesetzt?
  Wie wirken sie? Welche Absichten und Ziele stehen dahinter?
  Auf dem Textblatt können alle zu einer bestimmten Frage passenden Aussagen mit derselben *Farbe* unterstrichen werden (z. B. blau = Sprecher, gelb = Angesprochene, rot = Besprochenes, grün = Sprache). So wird nichts Wichtiges übersehen und die anschließende *zusammenfassende Deutung* kann auf der Basis dieses Materials systematisch erfolgen.

Diese Fragen können das Unterrichtsgespräch strukturieren, stellen aber auch bewährte Arbeitsaufträge für Stillarbeit, Partner- oder arbeitsteilige Gruppenarbeit dar. Sie konzentrieren den Blick unmittelbar auf den Text und seine Eigenart und helfen das gefundene Material sachlich zu gliedern und übersichtlich anzuordnen. So können z. B. bei einer Gruppenarbeit die Ergebnisse zu jeder Frage gesondert auf einem Folienteil erfasst werden; alle vier Teile lassen sich dann bei der Vorstellung schrittweise zu einem Ganzen zusammenfügen).

Für eine umfassende rhetorische Analyse sind neben diesen unmittelbar auf den Text bezogenen Leitfragen auch textexterne Faktoren heranzuziehen, um ein differenziertes Gesamtverständnis zu gewinnen.

Durch die rhetorische Analyse soll ein differenziertes Gesamtverständnis der Rede gewonnen werden. Da bei der Erarbeitung des Textes jedoch eine Fülle von Beobachtungen anfällt, ist es wichtig, sich auf ein *zusammenfassendes Bild von der rhetorischen Gestaltung und Wirkung* zu konzentrieren. Ein abschnittsweises Vorgehen ist dabei weniger zu empfehlen, weil es dadurch zu Wiederholungen kommen wird und die Fülle der Einzelheiten eher verwirrt. Zu vermeiden ist auch das bloße Aufzählen rhetorischer Mittel. Wie bei jeder sprachlich-stilistischen Untersuchung geht es um eine *Auswahl der quantitativ und/oder qualitativ relevanten rhetorischen Mittel* als »Bedeutungsträger« mit besonderer Funktion und Wirkung (z. B. für die Erkenntnis der Intention). Zu untersuchen sind also:

- Gestaltungsmittel, die *öfter vorkommen* (Wiederholungen von Wörtern, Bildern, Satzbau ...) und/oder
- einen *auffallenden sprachlichen Charakter* aufweisen (ungewöhnlicher Sprachgebrauch, Wortschöpfungen und Kombinationen ...)

4.5.2 Praxismodell: Arbeitsschritte zur aspektgeleiteten Erschließung appellativer/rhetorischer Texte

Hauptschritte	Einzelaspekte und Fragen	Erläuterung
1 Redesituation und Intention	Wie ist der historisch-politisch-soziale Kontext der Rede? • Der konkrete Anlass für die Rede? • Ort, Zeitpunkt der gehaltenen Rede; besondere Umstände? • Die Person und Persönlichkeit des Redners (In welcher Funktion spricht er? Wie schätzt er sich selbst ein?)? • Die Zuhörer (Einschätzung und Art/Grad des Einbezogenwerdens durch den Redner, z. B. Anrede)? • Die Absichten und Ziele (von einer Sache überzeugen, emotionale Beeinflussung, Motivation zum Handeln, Verhaltensänderung)? • Die sprecherische Eigenart des Redners und sein Verhältnis zum Publikum:	Hierbei geht es um eine **Beschreibung der Situation und Absicht der Rede:** • Was wir in der Rede bzw. aus anderen Informationsquellen über den historischen und situativen Zusammenhang erfahren und wissen. • Was zum Verständnis der Rolle des Redners wichtig ist: z. B. Herkunft, Beruf, politische Bindung, Wertvorstellungen usw. • Welches Verhältnis der Redner zu den Zuhörern einnimmt (wird oft nicht ausdrücklich in der Rede gesagt!)

Hauptschritte	Einzelaspekte und Fragen	Erläuterung
	– *Sprechweise*: Aussprache, Tonfall, Sprechtempo, Lautstärke, Betonungen; Pausen? – *Körpersprache*: Gestik und Mimik; Körperhaltung, Hände, Blickkontakt?	• Worin die »eigentliche« Intention des Redners besteht (bleibt häufig ungenannt, nur angedeutet oder wird bewusst verschleiert)
2 Inhalt und Aufbau (Gesamtkomposition)	**Worin besteht der Inhalt der Rede? Wie ist sie aufgebaut?** • Wie lautet das Thema? Wovon handelt die Rede? • Welche wichtigen inhaltlichen Aussagen werden gemacht? Worin bestehen die Kerngedanken? • In welcher Reihenfolge und Verknüpfung werden die Aussagen vorgetragen? (Aufbau der Einzelteile/Gliederung der Rede; Eigenart von Anfang und Schluss; Steigerungen, Spannungspunkte, Höhepunkt) • Ist der Aufbau übersichtlich und für den Zuhörer transparent? • Werden deutliche Akzente gesetzt (Wichtiges besonders hervorgehoben)? • Werden konkrete Zielvorstellungen genannt?	Hierbei geht es zunächst um die Zusammenfassung des Gedankengangs der Rede (Textwiedergabe) und die Verdeutlichung des gedanklichen Aufbaus. Die Aufgabe lautet hierzu oft: *»Fassen Sie den Gedankengang der Rede zusammen.«*

3 Rhetorische (= rednerische) Mittel und Strategien	**Welche sprachlich-stilistischen Mittel setzt der Redner ein? In welchem Ton? Mit welcher Wirkungsabsicht?**
	
	* Gibt es rhetorische Fragen (auf die der Hörer keine Antwort erwartet)?
	* Sind die rhetorischen Mittel geeignet für diese Zuhörer? Wirkungsvoll? ansprechend? zu emotional? zu nüchtern?
	* Ist die Rede um Verständlichkeit und Anschaulichkeit bemüht?
	  – Wird das Thema genannt?
	  – Gliederung/Aufbau/Vorgehen vorgestellt?
	  – Satzbau: kurze, überschaubare, einfach gebaute Sätze?
	  – Bekannter Wortschatz? Fachbegriffe geklärt?
	  – Anschauliche Bilder, Vergleiche, Beispiele?
	  – Bekannte Redewendungen
	* Welche Wertungen und Deutungen werden vorgenommen?
	* Wiederholung gleicher Satzanfänge? (Anapher) Steigerungen? Zitate?
	* Welche Wirkungen erreicht die Rede bei den Zuhörern? (evtl. protokollierte Reaktionen zugänglich? Unmittelbar beobachtbar? Erschließbar aus dem Verhalten des Redners?)
		Zu untersuchen sind auf jeden Fall Stilmittel, die sich bemerkbar machen durch: mehrfache *Wiederholung* und/oder *eigenwilligen Sprachcharakter*
		
		Diese wichtigen rhetorischen Mittel sind zu nennen und in ihrer **Wirkung** zu beschreiben.
		Die Aufgabe lautet hier oft:
		
		»Beschreiben (analysieren) Sie, mit welchen rhetorischen Mitteln der Redner versucht, seine Absichten durchzusetzen.«
		
		Darauf erfolgt auf der Basis dieser Beschreibung oder in unmittelbarer Verbindung mit ihr eine genauere *Deutung*, die klären muss, welche **Funktion** diesen sprachlichen Mitteln im Kontext der Redesituation (siehe 1) und für die Erreichung der **Absichten** (Intention) und Ziele der Rede/des Redners zukommt.
		Die Aufgabenstellung kann zusammenfassend lauten:
		
		»Beschreiben (analysieren) und deuten Sie, mit welchen rhetorischen Mitteln der Redner versucht, seine Absichten durchzusetzen.«

Hauptschritte	Einzelaspekte und Fragen	Erläuterung
4 die Argumentation	Mit welcher Argumentation begründet der Redner seine Absichten? Wie überzeugend ist seine Argumentation? • Welche *Behauptungen* werden aufgestellt? • Werden sie mit *Begründungen* (Argumenten) belegt? Ohne Belege als Tatsachen ausgegeben? • Erfolgt eine differenzierte Argumentation mit Für und Wider? • Wird einseitig Stellung bezogen? • Wird rational argumentiert – oder eher emotional aufgepeitscht? • Logische Beweisführung? • Dient die Argumentation der Klärung von Sachverhalten und Problemen? • Gibt es *unausgesprochene Voraussetzungen*? (Sie lassen sich erkennen durch folgende Probe: »Der Satz xxx stimmt, wenn man Folgendes xxx voraussetzt.«). • Wie folgerichtig und begründet sind die Aussagen? • Wie wahrhaft und glaubwürdig ist die Rede/der Redner einzuschätzen hinsichtlich der Wirklichkeitsauffassung, der ethischen Grundsätze, der vertretenen Werte, der Schlussfolgerungen insgesamt usw.	In der Art des Argumentierens wird die **Intention** des Redners besonders deutlich. Hier zeigt sich, ob er die Zuhörer argumentativ überzeugen oder eher überreden (manipulieren) will. Zu überprüfen ist, welche Typen der Argumentation überwiegend verwendet werden: – Rationale Argumentation – Plausibilitätsargumentation – Moralische Argumentation – Taktische Argumentation
5 Zusammenfassung und Wertung	Begründete Gesamtbeurteilung und Wertung hinsichtlich: * Zielsetzung * Angemessenheit und Zweckerfüllung * Inhalt * Wirkung * Überzeugungskraft * Evtl. auch: Vergleich der Wirkung der Rede auf die ursprünglichen Zuhörer und die Zuhörer/Leser heute (mögliche Ursachen der Wirkungsdifferenz?)	Zum Abschluss kann die gesamte Rede mit eigenen Worten noch einmal ganz kurz gekennzeichnet und auf der Basis der Analyseerkenntnisse aus 1-4 eigenständig beurteilt und bewertet werden. Die Aufgabe kann hierzu lauten: *»Beurteilen Sie die Angemessenheit und Überzeugungskraft der Rede.«* Es kann durchaus sein, dass eine Rede zwar als »rhetorisch geschickt und wirkungsvoll«, beurteilt werden kann und zugleich in ihrer Zielsetzung und Tendenz als »inhuman« und moralisch verwerflich erscheint!

Das Vorgehen bei der Textanalyse kann sich leiten lassen von den genannten Aspekten 1-5. Dabei ist jedoch zu beachten:

* Die Reihenfolge dieser Aspekte 1-5 ist nicht festgelegt.
* Sie sollen jedoch nicht einfach nacheinander und getrennt für sich abgehandelt werden, sondern sind sinnvoll so aufeinander zu beziehen und miteinander zu verbinden, dass ihr innerer Zusammenhang deutlich wird.

* Der Überschaubarkeit und Klarheit der Darstellung wegen sollen diese Aspekte auch nicht willkürlich und wild miteinander gemischt werden.
* Eine bloße Aufzählung von beobachteten rhetorischen Mitteln ohne Beachtung und Deutung ihrer Funktion und Wirkung wäre wenig hilfreich.

Häufig lautet die Aufgabenstellung für die Analyse einer Rede:
Führen Sie eine rhetorische Analyse durch und beurteilen und bewerten Sie die Rede.

Analyse eines Redetextes[8]

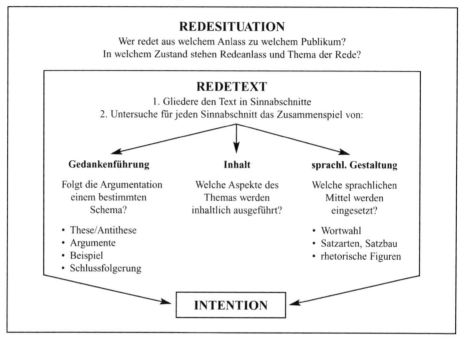

4.6 Die Erschließung von erzählenden Texten (Kurzprosa)

Das Grundmodell der Texterschließung in sechs Schritten (siehe Kapitel 3.4) behält auch bei dieser Textsorte seine Gültigkeit, wenn von gattungsspezifischen Besonderheiten her einige weitere differenzierende Konkretisierungen hinzukommen.

4.6.1 Einführung in die Gattung Epik

Das Besondere der Epik (griech. *epos* = Wort, Erzählung, Gedicht) ist, dass ein Erzähler vielfältige – zumeist fiktive – Geschehnisse der äußeren und/oder inneren Welt einem

---

8 Leicht verändert aus: Punktum 9/10. Das Sprachbuch, Hannover 1995, 209.

Leser oder Hörer anschaulich als in der Vergangenheit geschehene Vorgänge, Entwicklungen und Zustände im Wort vergegenwärtigt. Da vom Standpunkt des Erzählers aus die erzählten Ereignisse schon vergangen sind, legt sich als die natürliche Zeitform seines Erzählens das Präteritum nahe.

»*Die Geschichte Hans Castorps, die wir erzählen wollen, (...) ist sehr lange her, sie ist sozusagen schon ganz mit historischem Edelrost überzogen und unbedingt in der Zeitform der tiefsten Vergangenheit vorzutragen.*« (Thomas Mann, Der Zauberberg, Frankfurt a. M. 1960, 9)

Die in Erzählungen häufig verwendete Zeitstufe (Tempusform) des Präteritums ist zugleich in der Lage, die fiktive *Gegenwärtigkeit* und damit die *Zeitlosigkeit* der Situation der Figuren auszudrücken, von denen der Text erzählt.
Beispiele:
- »Dann *war* Weihnachten, und der Schnee fiel in dichtem Gestöber.« (Ereignis der Vergangenheit – vom Leser als »gegenwärtig« empfunden)
- »Jetzt *war* Weihnachten.« (Gegenwart)
- »Morgen *war* Weihnachten.« (Zukunft)

Das epische Präteritum vermag also über die gewohnten Zeitstufen hinweg im Leser das Bewusstsein von Zeitlosigkeit zu bewirken.
Die Deutung des Textes muss beachten, dass es sich beim epischen Präteritum also nicht um die Bezeichnung einer Vergangenheit in unserer Realität, nicht um die rückblickende Wiedergabe eines vergangenen Geschehens historischer Art (= »historisches Präteritum«) handelt, sondern dass das epische Präteritum ein Signal der Fiktionalität darstellt, mit dessen Hilfe das erzählte Geschehen in unserer Fantasie als gegenwärtig erscheinen kann.
Die Bandbreite des Erzählens ist groß: Oft wird ausführlich (»in epischer Breite«) erzählt, wobei etwa ein ganzer Kulturkreis zum Gegenstand der Darstellung gemacht werden kann und die Handlung mit vielen Personen, Schauplätzen und Verwicklungen entfaltet wird (z. B. im Roman). Es kann aber auch – wie in der Kurzgeschichte – nur ein kleiner Ausschnitt aus der Alltagswirklichkeit gezeigt oder – wie in der Anekdote – ein Mensch in einer knappen Situation charakterisiert werden.

Aspekte bei der Erschließung epischer Werke
- Was geschieht? (Handlung)
- Wer handelt? (Figuren und ihre Konstellation)
- Wer sieht was? (Eigenart und Rolle des Erzählers, Erzählperspektive)
- Wo und wann geschieht etwas? (Raum- und Zeitgestaltung; Schauplatz: Örtlichkeit, historische Zeit, soziale Umstände)

Neben der Lyrik und Dramatik ist die Epik eine der drei grundlegenden literarischen Gattungen und nach Goethe eine der »drei Naturformen« der Dichtung. Die Epik umfasst alle Formen des schriftlichen oder mündlichen Erzählens und Berichtens – meist in Prosa, manchmal auch in Versen. Neben Großformen wie Epos, Sage oder Roman und Klein- oder Kurzformen wie Novelle, Kurzgeschichte, Anekdote oder Parabel gehören auch so genannte einfache Formen wie Märchen, Rätsel und Witz zur Epik.

4.6.2 Praxismodell: Arbeitsschritte und Untersuchungsaspekte zur Erschließung erzählender Texte (Das Verfahren der Strukturanalyse/narrativen Analyse)

Der Erzähltext baut eine Wirklichkeit eigener Art auf, führt eine eigene »Welt« vor Augen. Handelnde Personen, Begebenheiten und die verfließende Zeit stehen im Mittelpunkt dieses Erzählens, das sich in vielerlei epischen Formen artikuliert. Der Leser sollte sich zunächst unbefangen auf diese erzählte Welt einlassen, sich mit den Akteuren darin bewegen, sie begleiten und beobachten und das Geschehen mit offenen Sinnen in allen Einzelheiten wahrnehmen. Vgl. auch 4.9.3.

Als hilfreiches Verfahren hat sich dabei die Untersuchung der Kategorien (Strukturelemente) »Raum«, »Zeit«, »Personenkonstellation«, »Werte« und »Erwartungen« erwiesen. Das Erzählen erwächst aus der Spannung der beiden Zeitdimensionen »Erzählzeit« und »erzählte Zeit«. Insofern ist auch der Aspekt der Erzähltechnik und der sprachlichen Gestaltung von Bedeutung.

Die folgende Übersicht zum Verfahren eignet sich auch als zusammenfassende methodische Hilfe für Schüler der Sekundarstufe II. Sie sind schon nach relativ kurzer Einübung in der Lage, mit Hilfe dieser Methode selbstständig biblisch-erzählende Texte zu erschließen. Die **Strukturelemente** unterstützen das genaue Sehen und tiefere Verstehen dieser erzählten Wirklichkeit, ordnen die komplexe Welt der biblischen Erzählung, gliedern die Fülle der Beobachtungen und erleichtern ihre Beschreibung.

Übersicht: Strukturanalyse bei erzählenden (auch biblischen) Texten

Erzählende Texte bauen eine Wirklichkeit eigener Art auf, eine besondere »Welt«. Diese lässt sich unter folgenden Gesichtspunkten (»Strukturelementen«) ordnen und beschreiben:

- **Der Raum:** Wo spielen die Ereignisse?
  Die räumliche Dimension wie: Orte, Wege, Landschaften (z. B. Wüste, Berge, See), Nähe/Ferne, oben/unten, rechts/links, Vordergrund/Hintergrund; Anordnung der Personen im Raum

- **Die Zeit:** Wann und wie lange finden die Ereignisse statt?
  Die zeitliche Dimension des Früher/Später (Stunden, Tage, Jahre), der knappen und

gedehnten Zeit (Zeitraffung/Zeitdehnung), Tageszeiten, Jahreszeiten; Zeitdauer, Zeitlosigkeit; sprachliche Hinweise: damals, dann, nach einiger Zeit, in jener Zeit, als …

- **Die Akteure und ihre Beziehung zueinander**: Welche Personen kommen vor, wie verhalten sie sich und wie stehen sie zueinander?
Handelnde oder Figuren, an denen gehandelt wird: Menschen (einzelne/Gruppen), Gott, himmlische oder dämonische Mächte, unpersönliche Kräfte (z. B. Naturgewalten);
Beziehungen: Gegnerschaft, Zuwendung/Ablehnung, Vorgesetzter/Untergebener, Partnerschaft, Freundschaft u. a.

- **Die Werte:** Was halten die Personen für gut oder schlecht?
Orientierung der Akteure an Verpflichtungen, Zielen und Maßstäben wie Gut/Schlecht/Böse, Schönes-Hässliches, Nützliches/Schädliches u. a.

- **Die Erwartungen:** Was erwarten und wünschen die Personen von/für sich und von anderen?
Die Einstellung der Akteure zum Geschehen und den daran Beteiligten: Erwartung von Möglichem/Unmöglichem, Wahrscheinlichem/Unwahrscheinlichem, Notwendigem/Zufälligem; Reaktion der Überraschung, Enttäuschung, Hoffnung, des Umdenkenmüssens und der Verhaltensänderung u. a.

- **Erzähltechnik und Sprache:** Wie ist das Geschehen erzählt und sprachlich gestaltet?
Erzählperspektive; Entwicklung der Handlung; ungewöhnliche oder sich wiederholende sprachliche Mittel;
Wirkung und tiefere Bedeutung dieser Gestaltungsmittel (z. B. zur Kennzeichnung der Personen, des Geschehens …)

Nach: Hans Zirker, Bibel-Lesen. Zur Methode. In: Zugänge zu biblischen Texten, Neues Testament, Düsseldorf (Patmos) 1980, 17-28; abgeändert und ergänzt von G.R.

Die aspektgeleitete Untersuchung erzählender Texte
(selbstständiges Vorgehen – z. B. bei einer Klausur)

Einzelschritte	Erläuterung
1. Einleitung: Kurzinformation	Hier können zwei bis drei der folgenden Aspekte als Einleitung bei einer schriftlichen Textuntersuchung als **knappe Hinweise** verwendet werden, aber ohne schon näher am Text begründet zu werden: **Autor, Textart** (z. B. Kurzgeschichte, Roman, Textauszug usw.), **Titel/Thema, Aussage/Sinn, Wirkung, Gestaltungsmittel (Form)**

Einzelaspekte	Erläuterungen
2. Textwiedergabe (kurz)	In einer knappen **Inhaltsübersicht** den Grundriss der Handlung (= die wichtigsten Stationen des Handlungsablaufs) zusammenfassen und in zusammenhängender Form darstellen (nicht bloß Ereignisse aufzählen/auflisten). Zweck: Das Geschehen für sich selber und für den Leser der Arbeit überschaubar machen (vgl. Inhaltsangabe/Textwiedergabe bei erzählenden Texten).
3. Hinweise zum Gesamtsinn und zur Intention	Hier handelt es sich nur um eine erste **Vermutung** [= sog. »Hypothesenbildung«] zu Sinn/Bedeutung der Geschichte insgesamt (»Sinnvermutung«) und zur möglichen Intention des Autors auf der Basis erster Eindrücke vom Text. An dieser Stelle sind noch keine näheren Begründungen für die Vermutungen nötig! Dies geschieht erst in Schritt 4: Textbeschreibung und Schritt 5: Textdeutung, wo diese Hypothese durch genaue Analyse des Textes überprüft, nachgewiesen, belegt wird (durch Zitate und ihre Auswertung).
4. Textbeschreibung (Analyse) *Reihenfolge der Aspekte nach freier Wahl und nicht stur vollständig!*	Es geht um eine Textbeschreibung, bei der *nur eine Auswahl* wesentlicher Inhaltsaspekte und Gestaltungsmittel aufgegriffen werden kann! Diese sind *nicht aufzuzählen*, sondern in ihrer **Bedeutung** für den Inhalt (Geschehen, Personendarstellung …), die Aussage (Sinn) und Wirkung der Geschichte zu *erschließen* und zu *belegen*.
4.1 Eigenart des Erzählens/Erzählers	Es geht um die Verdeutlichung der **Erzählperspektive**. Dabei ist der »Erzähler« einfach identisch mit dem Schriftsteller selbst! * »Ich-Erzähler«: erzählt in der Ich-Form, sehr direkt. * »allwissender Erzähler«: überschaut alles, erklärt und kommentiert das Geschehen * »personaler Erzähler«: erzählt aus der Sicht einer bestimmten Person
4.2 Aufbau des Textes (inhaltliche Struktur)	Text in **Sinnabschnitte** einteilen (d. h. in inhaltlich eigenständige Abschnitte; Einschnitte sind da, wo inhaltlich/handlungsmäßig etwas Neues beginnt) * Wie entwickelt sich das Geschehen (Stationen)? * Wo wird es spannend (Spannungsmomente, Höhepunkt)? * Wie wird Spannung erzeugt? (Verbindung zur sprachlichen Gestaltung beachten: siehe 4.6)
4.3 Ort/Schauplatz des Geschehens	* Ortschaften, Städte, Wege, Landschaft, Natur, öffentliche Plätze, Land/Meer, Gebäude, Innenräume/Außenwelt * Wie sind die Personen am Schauplatz verteilt? Standort in Bezug auf die anderen, Verhalten? * Bedeutung des Schauplatzes für den Sinn der Geschichte?
4.4 Zeit des Geschehens	* Wie lange dauert das erzählte Geschehen? * Wie wird deutlich, dass Zeit »vergeht«, vergangen ist, bevorsteht? * Bedeutung der Zeit (z. B. Tageszeit, Jahreszeit …) für das Geschehen?
4.5 Die Personen und ihre Beziehung zueinander	* Wie ist ihr Äußeres? * Wie verhalten sie sich? Wie sprechen sie? * Was wird durch das Reden und Tun über ihren Charakter bzw. über einzelne Charaktereigenschaften deutlich? * Was halten die Personen von sich selbst? Wie sehen andere sie? * Was ist ihnen wichtig und wertvoll? Nach welchen Werten richtet sich ihr Verhalten?

Einzelaspekte	Erläuterungen
	* Welche Erwartungen, Hoffnungen, Sehnsüchte und Ängste haben sie? * Wie gehen die Personen miteinander um – in Worten und Taten? * Zwischen welchen Personen ändert sich die Beziehung? Zwischen welchen nicht? Warum? * Wie stehen die Personen zur Natur? zu Kulturbereichen (Politik, Staat, Gesellschaft, Religion ...)
4.6 Sprachliche Gestaltung des Erzählten	* Wo wiederholen sich sprachliche Mittel und/oder sind ungewöhnlich? (bildhafte Ausdrücke, Schlüsselwörter, Leitmotive, Wortwahl, Satzbau, Zeitformen) * Welche Wirkung und Bedeutung haben sie? * Wie wird Spannung erzeugt (siehe auch 4.2)?
4.7 Bedeutung des Titels	* Was ist dabei schon über die Geschichte zu erfahren? * Ist der Titel klar? geheimnisvoll? bildhaft? alltäglich? * Welche Bedeutung gewinnt er nach der genauen Analyse des Textes?
4.8 Bezug zwischen Anfang und Ende der Geschichte	* Bilden Anfang und Ende (bzw. Anfangs- und Schlusssatz, -abschnitt) einen Rahmen um das Geschehen? * Sind Beginn und Ende »offen«?
5. Textdeutung (Interpretation)	In der Regel genügt die Textanalyse bis Schritt 4! Hinzukommen kann aber auch noch die zusammenfassende Verdeutlichung von: * Zusammenhang zwischen den sprachlichen Mitteln der Gestaltung und dem Inhalt (Personen, Ereignisse) * Bedeutung des Titels * Blick auf die ersten Eindrücke: waren sie richtig? wichtig? von tieferer Bedeutung?
6. Textbewertung	Zum Abschluss und Ausklang der schriftlichen Arbeit kann eine kurze Stellungnahme erfolgen: Eine Aussage darüber, ob und warum die Geschichte gefallen hat oder nicht.

Textwiedergabe bei literarischen Texten

Die literarische Textwiedergabe (Inhaltsangabe/Textzusammenfassung) hat die Aufgabe, den Handlungsverlauf einer Kurzgeschichte, eines Romans, eines Dramas usw. mit den Hauptereignissen, Hauptpersonen, Schauplätzen und Zeitabläufen kurz und sachlich zusammenzufassen und deren inneren Zusammenhang zu verdeutlichen. Auf dieser Basis kann dann – sofern in der Aufgabenstellung gefordert – eine genauere Textbeschreibung und -deutung angeschlossen werden.

Hilfe dazu:

die Geschehnisfolge (Handlung) in Abschnitte unterteilen und den Inhalt dieser Sinnabschnitte knapp zusammenfassen (in Form einer Überschrift oder eines kurzen vollständigen Satzes); aus den gewonnenen Formulierungen eine zusammenhängende Textzusammenfassung formulieren.

Merkmale einer Textwiedergabe (bei literarischen Texten)
- konzentrierte Wiedergabe der Hauptereignisse und Personen mit eigenen Worten (und nicht eng an den Textformulierungen entlang, das wäre »Nacherzählung«) und so, dass die wichtigsten Stationen des Handlungsverlaufs deutlich werden
- in der Regel wird die chronologische Reihenfolge der Ereignisse und der inhaltliche Aufbau der Handlung (Gliederung) beibehalten; abgewichen werden kann, wenn die Handlung dadurch knapper und übersichtlicher vermittelt wird bzw. wenn Rückblenden in der Geschichte eine neue Anordnung der Ereignisse sinnvoll machen
- auf Einzelheiten, Zitate, wörtliche Rede und Kommentare verzichten
- Intention: informieren, d. h. der Leser soll den Inhalt eines Werkes kennen lernen und eine Vorstellung von der Handlung und den Personen gewinnen, auch wenn er den Originaltext nicht kennt
- die Hauptfiguren, ihre Eigenart, Charaktermerkmale und Motive in kennzeichnenden Begriffen zusammenfassen
- Stil: knapp, sachlich-nüchtern, mit Distanz zum erzählten Geschehen, objektiv – d. h. ohne eigenen Kommentar und persönliche Wertung
- Handlungsabläufe längerer Art nicht ausführlich beschreiben, sondern möglichst knapp in einem allgemeinen, zusammenfassenden Begriff kennzeichnen (Streit, Konflikt, Spannung, Freundschaft, Feindschaft, Kampf ...)
- konsequente Beibehaltung des Präsens/Perfekt, auch wenn die Geschichte im Präteritum geschrieben ist (im Unterschied zur Nacherzählung, die in der Vergangenheitsform steht)
- für die Wiedergabe von Handlungselementen, die der Haupthandlung vorausgehen, kann das Perfekt verwendet werden
- formale Gestaltung: handelt es sich um eine umfangreiche Inhaltsangabe, so sollten Absätze gemacht werden, um den Text sichtbar zu gliedern und so den Aufbau zu verdeutlichen
- in die Handlung mit einigen Vorinformationen einführen (Einleitung)
- eigene Meinung und subjektive Wertung nur im Schlussteil

Aufbau einer literarischen Textwiedergabe (als selbstständige Darstellungsform)

1. **Einleitung:** Erste Hinführung zum Werk (in 2-3 Sätzen)
- Nennung von Autor, Textsorte, Titel und Entstehungszeit
- kurzer Hinweis zum Hauptthema u. Inhalt des Textes
- erster Eindruck vom Text (ohne Begründung!)

2. **Hauptteil:** Inhaltszusammenfassung
- Vorstellung der wichtigsten Schauplätze und Personen (Charakter, Motive)
- Zusammenfassung der wesentlichen Ereignisse und Handlungen
  – nach dem zeitlichen Ablauf des Geschehens (vorher – nachher)
  – nach Ursache und Wirkung (Konjunktionen beachten)

3. **Schlussteil:** persönliche Wertung
(Oft genügt als Ausklang der Darstellung ein Satz mit einem kurzen subjektiven Hinweis auf einen Aspekt des Inhalts, der Form, der Sprache, der Wirkung usw.)

Beispiel zur Strukturanalyse in einer Klasse 10

Joh 7,53 – 8,11

Jesus aber ging zum Ölberg.

[2] Am frühen Morgen begab er sich wieder in den Tempel. Alles Volk kam zu ihm. Er setzte sich und lehrte es.
[3] Da brachten die Schriftgelehrten und die Pharisäer eine Frau, die beim Ehebruch ertappt worden war. Sie stellten sie in die Mitte [4] und sagten zu ihm: »Meister, diese Frau wurde beim Ehebruch auf frischer Tat ertappt. [5] Mose hat uns im Gesetz vorgeschrieben, solche Frauen zu steinigen. Nun, was sagst du?«
[6] Mit dieser Frage wollten sie ihn auf die Probe stellen, um einen Grund zu haben, ihn zu verklagen.
Jesus aber bückte sich und schrieb mit dem Finger auf die Erde.
[7] Als sie hartnäckig weiterfragten, richtete er sich auf und sagte zu ihnen: »Wer von euch ohne Sünde ist, werfe als erster einen Stein auf sie.«
[8] Und er bückte sich wieder und schrieb auf die Erde.
[9] Als sie seine Antwort gehört hatten, ging einer nach dem andern fort, zuerst die Ältesten. Jesus blieb allein zurück mit der Frau, die noch in der Mitte stand.
[10] Er richtete sich auf und sagte zu ihr:
»Frau, wo sind sie geblieben? Hat dich keiner verurteilt?«
[11] Sie antwortete: »Keiner, Herr.«
Da sagte Jesus zu ihr:
»Auch ich verurteile dich nicht.
Geh und sündige von jetzt an nicht mehr!«

Sacherläuterungen zum besseren Verständnis des Textes:

»Ehebruch« ist in der Hebräischen Bibel der Geschlechtsverkehr eines Mannes mit einer Frau, die verheiratet oder verlobt war. Die Frau in der Erzählung war also verheiratet und ließ sich mit einem Mann ein. (Ein verheirateter Mann konnte durchaus Verkehr mit einer Frau haben, ohne als Ehebrecher zu gelten – sofern diese Frau nur nicht selber verheiratet oder verlobt war!)
Auf Ehebruch stand die Todesstrafe durch Steinigung. So war es in der Tora (d. h. im »Gesetz«) vorgesehen (Lev 20,20). Das heißt: es wurden so lange Steine auf eine Verurteilte geworfen, bis sie tot war.

Die »**Pharisäer**« und Schriftgelehrten bildeten eine religiöse Partei im Judentum zur Zeit Jesu. Sie waren keine Priester, hatten genaue Kenntnis der heiligen Schriften und besaßen ein großes Ansehen. Sie forderten die Befolgung aller religiösen Gebote und Bestimmungen (also hier: die Todesstrafe, weil sie in der Tora so vorgesehen war). Jesus ist ihr Gesprächspartner, achtet ihre Überlegungen, kritisiert diese aber auch, wenn sie bei der Befolgung der Gebote und Verbote Herzensgüte vermissen lassen. Viele Pharisäer werden Anhänger Jesu.

Aufgabe für die Gruppenarbeit:

1. **Zeit:** Wann finden die Ereignisse statt?
2. **Raum:** Wo spielen die Ereignisse?
3. **Personenkonstellation:** Welche Personen kommen vor? Wie stehen sie zueinander?
4. **Erwartungen:** Was erwarten die Personen von sich und anderen?
5. **Werte:** Was halten die Personen für gut oder schlecht?
6. **Erzähltechnik und Sprache:** Wie ist das Geschehen erzählt und sprachlich gestaltet?

Eine Schülerlösung:

1. **Zeit:** »am frühen Morgen« ...
2. **Ort:** Das Tempelgelände in Jerusalem
3. **Personenkonstellation**

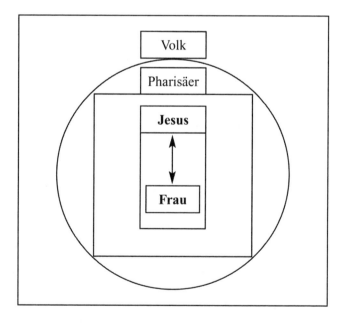

Das Verhältnis Jesu zur Frau:
* unbefangen
* nicht entrüstet o. Ä.
* gegenseitiger Respekt

Verhältnis Jesu zu den in der Perikope auftretenden Pharisäern:
* Er will sie zur Einsicht in ihre eigene persönliche Schuld bringen, auf dass sie es aufgeben, einen anderen Menschen voller Selbstgerechtigkeit zu verurteilen und hinzurichten

4. Werte
* Die Pharisäer vertreten das Gesetz Moses, nach dem die Schuld entsprechend bestraft werden muss.
* Jesus setzt die Einsicht in die Schuld, den Wert der Selbsterkenntnis und den Willen zur Besserung höher an als die Bestrafung.
* Für Jesus ist Barmherzigkeit menschlicher und damit wichtiger als »Gerechtigkeit« nach dem Gesetz.
* Trotzdem: er will nicht die Gültigkeit des Gesetzes aufheben!

5. Erwartungen
* Die Frau erwartet die Todesstrafe. Sie darf sich wohl Hilfe von Jesus erhoffen.
* Die Pharisäer erwarten, dass Jesus sich klar an das Gesetz Moses hält – wenn nicht, dann könnten sie ihn selber anklagen wegen Gesetzesverstoßes.
* Jesus erwartet, dass niemand es wagen wird, die Frau zu steinigen.

4.7 Die Erschließung von Gedichten

4.7.1 Einführung in die Gattung Lyrik

Als Gedicht ist ein lyrischer Text in bildhafter Sprache zu bezeichnen, der ganz oder teilweise aus Versen besteht, aber auch in freier Form gestaltet sein kann. Wichtige Erkennungszeichen sind Metrum (Versmaß), Rhythmus, Reim und die Gliederung in Strophen, aber diese Merkmale müssen nicht notwendigerweise vollständig gegeben sein. So werden in der zeitgenössischen Lyrik Gedichte vom Leser oft nicht mehr als Gedichte empfunden, weil ihnen solche »klassischen« Erkennungszeichen wie Reim, Metrum und das lyrische Ich fehlen. Auch die seit dem 19. Jahrhundert aufkommende Gleichsetzung des Gedichts mit dem »lyrischen« Gedicht bedeutet eine irritierende Engführung: denn Gedichte können nicht nur »lyrisch«, sondern auch »dramatisch« oder »episch« geprägt sein.

Definition

Als sprachliche Gebilde weisen Gedichte ein hohes Maß an Strukturiertheit auf:

»Ein Gedicht (...) lässt sich als ein besonders reich und dicht strukturierter Text beschreiben, bei dem die normalsprachliche syntaktisch-semantische Kodierung von der metrischen, also der Versifikation [= das In-Verse-Bringen], noch einmal überformt ist. (...)

> ›Reichtum‹ und ›Dichte‹ kommen durch einen Wechselbezug der Elemente zustande, zu denen neben den klanglichen Faktoren (Lautmalerei, Lautsymbolik, Rhythmus) die evokative Wortwahl, unkonventionelle sprachliche Bilder, Durchbrechung stilistischer und grammatischer Gewohnheiten und andere Abweichungen von der Alltagssprache gehören. (...) Im Übrigen können alle Faktoren bis auf das Metrum nicht nur im ›Gedicht‹, sondern in jedem sprachlich anspruchsvollen, bewusst gestalteten Text auftreten...«
> (Hassenstein, 622)

Dadurch dass im Gedicht Stimmungen, Gefühle und Gedanken nicht einfach direkt benannt werden, sondern in bildhafte Sprache gekleidet sind, wird die vordergründige wörtliche Bedeutung der Wörter überstiegen und überlagert von weiteren Bedeutungen und Bezügen (Konnotationen), die beim Leser verschiedene Assoziationen wecken und dem Gedicht dadurch eine faszinierende Vieldeutigkeit verleihen.

Ursprünglich bezog sich der Begriff auf alles, was schriftlich abgefasst war (althochdeutsch »*tihton*« = schreiben) und wurde erst im 18. Jahrhundert eingeengt auf den poetischen Bereich. Allmählich setzte sich dann die Bedeutung von Gedicht als »freie schöpferische Erfindung eines Dichters« durch.

Merkmale lyrischer Gestaltung

Wesentliche Elemente und typische Merkmale traditioneller lyrischer Gestaltung:

1 Form:
Gestalt, Klang, Rhythmus (und Fachbegriffe klären)
2 Sprachstil:
Satzbau, Wortwahl, Bildlichkeit
3 Inhalt:
Thema, Titel, Kontext
4 Sprecher:
Perspektive, lyrisches Subjekt, Autor

In der Lyrik (versgebundene Texte) tritt als Träger und Vermittler der Aussage ein »lyrisches Ich« gleichsam als vom Leser wahrnehmbare »Stimme« im Text in Erscheinung und äußert als »Sprecher« seine subjektive »Befindlichkeit« und innere oder äußere Situation. Dieses Ich »spricht«, entweder direkt in der »Ich-Form« oder es tritt völlig hinter die Aussagen zurück und kann dann implizit erschlossen und »herausgehört« werden als jemand, der die Aussagen dem Leser/Hörer gegenüber macht und insofern »spricht«. Das lyrische Ich ist jedenfalls ein fiktives »Rollen-Ich« und damit Teil der dichterischen Fiktion. Es darf nicht mit der realen Person des Autors gleichgesetzt werden.

Der in einem Gedicht vom Leser gleichsam als »Stimme« wahrnehmbare »Sprecher« (bzw. Sprecherin) verleiht in einer bestimmten Sprechsituation, von einem bestimmten Standort her und aus einer bestimmten Perspektive und Haltung heraus auf ganz individuelle Weise seinem inneren und äußeren Zustand (subjektive Gefühlslage, Erfahrungen, Erkenntnisse, gedankliche Positionen) Ausdruck und vermittelt seine Beziehung zur Wirklichkeit (Auffassung von der Welt, von der Natur und den Menschen usw.). In einer

»Selbstaussage« teilt sich das lyrische Ich so dem Leser als sprechende, empfindende, beobachtende, wertende, handelnde usw. »Person« mit. Da das lyrische Ich im Gedicht die Verkörperung einer vom Autor erfundenen bzw. angenommenen »Rolle« ist, darf es nicht einfach mit ihm selber identisch gesetzt werden (s. o.). Die Beziehung zwischen »Ich« und »Autor« kann allerdings unterschiedlich nah oder auch distanziert sein.

Der Sprecher *kann* als empfindende, sprechende, handelnde Person eines in der Ich-Form geschriebenen Gedichts deutlich werden, *muss* nicht immer als »Ich« in Erscheinung treten. Er kann auch die zweite oder dritte Person benutzen oder auch im Plural sprechen. Stets handelt es sich jedoch um eine »Instanz«, von der her die Perspektive des Gedichts geprägt und bestimmt wird (ähnlich dem Erzähler in einem epischen Werk).

Aus der jeweiligen Beziehung dieses Ich zur Wirklichkeit ergibt sich eine bestimmte »Bewegung« im Gedicht und ein reizvolles Ineinander von Anschauung, Emotionen und Gedanken. Um die Thematik und Aussageabsicht eines Gedichts genauer zu erfassen, muss die Sprechsituation, Rolle und Eigenart des lyrischen Ich erschlossen werden.

So sehr dies alles im Autor selber grundgelegt ist, so ist das lyrische Ich doch nicht einfach mit dem Autor des Gedichts identisch und stimmen die Aussagen dieses »Ich« nicht unbedingt mit den Ansichten des Autors überein. Das lyrische Ich besitzt als Aussagesubjekt in seiner Wirklichkeitserfahrung und -darstellung eine weitgehende Eigenständigkeit gegenüber dem Ich des Autors. Die sprachkünstlerische Gestaltung und symbolische Verdichtung dieser Aussagen durch das formulierende lyrische Ich eröffnet Dimensionen der Wirklichkeit (Liebe, Natur, Tod usw.), die über das subjektive Erleben des Autors, seine biografische Situation und individuelle Erfahrung der Wirklichkeit hinausgehen können. Für den Leser bieten sich damit Identifikationsmöglichkeiten an. Allerdings ist es manchmal nicht möglich, eine genaue Unterscheidung zwischen dem persönlichen, autobiografischen Ich des Autors und dem lyrischen Ich als Rolle in einem Gedicht zu unterscheiden.[9]

4.7.2 Praxismodell: Arbeitsschritte und Untersuchungsaspekte der Erschließung von Gedichten

Wenn wir Gedichte genauer verstehen wollen, müssen wir das **Zusammenspiel von Inhalt und sprachlich-stilistischen Gestaltungsmitteln** untersuchen, um daraus **die Wirkung und die Aussageabsicht** bestimmen zu können. Die Grundlage für die Textdeutung (Interpretation) bildet eine genaue Textbeschreibung (Analyse).

---

9 Fragen (Kategorien) zur Charakterisierung des »lyrischen Ich«: siehe E. Hermes, Abiturwissen Lyrik, (Klett) Stuttgart 1986, 26.

Arbeitsschritte	Untersuchungsaspekte
1. Textaufnahme (erste Eindrücke; erster Verstehensansatz; Arbeits- und Interpretationshypothese)	* Welche Wirkung löst das Gedicht insgesamt beim ersten Lesen/Hören bei mir aus? * Welche auffallenden Besonderheiten sind mir im Gedächtnis geblieben? * Worum scheint es in dem Gedicht zu gehen? (Thema) * Was möchte es wohl vermitteln (vermutliche Intention des Textes)? Daraus eine Arbeits- und Interpretationshypothese aufstellen!
2. Textwiedergabe	**Thema und Inhalt** (»**Was** ist dargestellt?«) Inhalt/Aufbau/(Gliederung)/Struktur (dargestellte Situation in den einzelnen Strophen kurz benennen/kennzeichnen)
3. Textbeschreibung (Analyse)	**3.1 Form** (»**Wie** ist die Darstellung von Thema und Inhalt?«) * Anzahl der Strophen * Gedichtform (einteilig, mehrteilig, Quartette, Terzette …) * Metrum (Versform) und Rhythmus * Reimformen * Rahmen (optisch/inhaltlich?) **3.2 Sprache/sprachliche Besonderheiten** (»**Womit**/mit welchen besonderen sprachlichen Mitteln ist das Thema/der Inhalt gestaltet?«) * Wortschatz (besondere Substantive, Verben?) * Satzbau (Zeilensprünge?) * Bilder (Metaphern): z. B. Personifizierungen? * Ungewöhnliche, auffallende Formulierungen * Wiederholungen * Klangbild durch Vokale und Konsonanten (Musikalität)
4. Textdeutung (Interpretation)	**4.1 Textimmanente Aspekte** Wirkung und Sinn des Materials aus 2 und 3 (in Auswahl) im Zusammenhang deuten **4.2 Textexterne Bezüge** * Geschichtlicher Hintergrund der dargestellten Vorgänge * Der Einfluss der Entstehungszeit auf Thema und Inhalt des Gedichtes * Persönliche Situation zur Zeit der Abfassung * Stellenwert des Gedichts im Rahmen der Gattung? der literarischen Epoche? im Gesamtschaffen des Autors? * Gibt es literarische Vorbilder? **4.3 Aussageabsicht (Intention) des Autors** (»**Wozu** sind Thema und Inhalt des Textes gerade **so** dargestellt?«)
5. Textbewertung	Persönliche Stellungnahme/wertende Sicht bzgl. Inhalt, Gestaltung, Autor u. a.
6. Textanwendung	Eine eigene literarische Verarbeitung des Gedichtthemas versuchen u. a.

Ein Beispiel für Gedichterschließung

Bertolt Brecht: »Laßt euch nicht verführen!« (1918)

»Unter den Schriftstellern des 20. Jahrhunderts hat sich kaum ein anderer so entschieden vom christlichen Gottesglauben distanziert und zugleich das biblische Erbe des Christentums (vor allem der Lutherbibel) so extensiv seinem literarischen Schaffen amalgamiert wie Bertolt Brecht (1898–1956)« (Gellner 553).

Bekannt ist folgende Episode: Als Brecht im Oktober 1928 von dem Ullstein-Magazin »Die Dame« gefragt wurde, welches Buch auf ihn den stärksten Eindruck gemacht habe, gab er die ebenso überraschende wie provozierende Antwort: »Sie werden lachen: die Bibel!«

Diese Prägung von der Welt und Sprache der Bibel bestätigt sich auch im vorliegenden Gedicht »Laßt euch nicht verführen!«, das ein Beispiel seiner frühen Lyrik (1918) darstellt. Der bibelfeste Atheist und sprachgewaltige Marxist Brecht vermag dabei eine Dynamik eigener Art zu entfalten. Im Religionsunterricht reicht die Palette der Reaktionen auf diesen christentumskritischen Text von spontaner Zustimmung über Irritiertsein bis zur vehementen Ablehnung des vertretenen Standpunkts.

Die Erschließung des Gedichts geschieht nach dem hermeneutische Verfahren in sechs Schritten (vgl. Kap. 3.4). Dazu erfolgt eine Anregung, wie das Gedicht nach dem Konzept eines »handlungs- und produktionsorientierten Umgangs mit Texten« (vgl. dazu Kapitel 4.12) von der Lerngruppe kreativ »angeeignet« werden könnte. Zum Abschluss wird auf thematische Einbindungsmöglichkeiten in unterrichtliche Zusammenhänge (hier: des Religionsunterrichts der Oberstufe) hingewiesen.

A Der Text des Gedichts

Gegen Verführung

Laßt euch nicht verführen!
Es gibt keine Wiederkehr.
Der Tag steht in den Türen;
Ihr könnt schon Nachtwind spüren;
Es kommt kein Morgen mehr.

Laßt euch nicht betrügen!
Das Leben wenig ist.
Schlürft es in vollen Zügen!
Es wird euch nicht genügen
Wenn ihr es lassen müßt!

Laßt euch nicht vertrösten!
Ihr habt nicht zu viel Zeit!

Laßt Moder den Erlösten!
Das Leben ist am größten:
Es steht nicht mehr bereit.

Laßt euch nicht verführen
Zu Fron und Ausgezehr!
Was kann euch Angst noch rühren?
Ihr sterbt mit allen Tieren
Und es kommt nichts nachher.

Bertolt Brecht: Werke. Große kommentierte Berliner und Frankfurter Ausgabe Band 11. Hrsg. von Werner Hecht u. a., Gedichte I. Sammlungen 1918–1938, 116. Auch in: Brecht, Bertolt: Ges. Werke Bd. VIII, Gedichte 1, Werkausgabe Edition Suhrkamp, Frankfurt a. M. 1967, 260.

B Die Erschließung des Gedichts

Der Prozess des Verstehens von Gedichten ist sehr komplex. Bei den im Folgenden gewählten Schritten der Erschließung handelt es sich nicht um einen gradlinigen Weg, sondern um einen Vorgang des ständigen Umkreisens des Textes, um seine Eigenart aus der Wechselwirkung zwischen dem Ganzen und seinen Einzelelementen immer genauer und tiefer zu erfassen. Es kommt zu einem Vor- und Zurückgehen, zu zahlreichen »Rückkopplungsprozessen«, in denen bereits gelesene Textelemente von später aufgenommenen her neu gedeutet werden. Insofern sind Rückverweise, Wiederholungen, weiterführende Einordnungen usw. von Textelementen notwendiger Bestandteil dieses Erschließungsprozesses.

I. Textaufnahme (Hören, Lesen, Reagieren)

Das Gedicht wird am besten laut vorgelesen, um die inhaltlichen, formalen und klanglichen Besonderheiten akustisch stärker zur Geltung zu bringen. Die spontanen gefühls- und/oder verstandesmäßigen Reaktionen der Schülerinnen und Schüler können sich z. B. auf Schlüsselbegriffe wie etwa das »Verführen« und seinen Sinn beziehen, auffallende sprachliche Formulierungen betreffen (z. B. »Fron und Ausgezehr«), auf den Unterschied zur christlichen Botschaft vom ewigen Leben verweisen u. a.

Als weitere Möglichkeit der Textdarbietung kann das Gedicht auch von mehreren Sprechern nacheinander vorgetragen werden; die Unterschiede in der akustischen Umsetzung verweisen dabei auf unterschiedliche Verstehensansätze und bieten Fragen und Anstöße für eine genauere Erschließung des Textes. So subjektiv und selektiv der Text auch auf dieser Ebene zunächst erlebt und wahrgenommen wird, es entsteht dabei doch schon eine erste Vorstellung von der formalen und inhaltlichen Eigenart des Textganzen.

Von dieser Basis her kann von den Schülern eine **Arbeits- bzw. Interpretationshypothese** für die systematische, genauere Erschließung des Gedichtes abgeleitet werden. Denkbar sind etwa:

- *»Das Gedicht enthält viele Ausrufe und Aufforderungen, die den Leser zu einer bestimmten Auffassung drängen wollen.«*

- Oder: »Die Auffassung über das irdische Leben steht im Widerspruch zur christlichen Auffassung vom ewigen Leben.«

Eine solche selbstgewählte Hypothese dient der Lerngruppe als Steuerungsmittel, um in den folgenden Schritten der Texterschließung den Verstehensprozess zu leiten und die Vielfalt der möglichen Aspekte sinnvoll zu bündeln.

II. Textwiedergabe (Inhalt und Aufbau)

Das Thema des Gedichtes (Textart) ist die *Frage* nach dem richtigen Leben angesichts des Todes. Die Aussagen zeigen in vier Strophen in einem Wechsel von Appell und These folgenden *Aufbau:*

1. Strophe
a) Appell: sich nicht »verführen«, d. h. vom Weg abbringen, in die Irre führen lassen.
b) These: Das Leben ist unwiederholbar.

2. Strophe
a) Appell: sich nicht »betrügen«, d. h. über die Wirklichkeit täuschen lassen.
b) These: Das Leben ist dürftig.

3. Strophe
a) Appell: sich nicht »vertrösten«, d. h. hinhalten und abhalten lassen vom irdischen Leben.
b) These: Das Leben ist kurz.

4. Strophe
a) Appell: sich nicht »verführen« lassen zu hartem Verzicht und Schinderei.
b) These: Nach diesem Leben kommt »nichts« mehr.
Konsequenz und verstärkter Appell in der letzten Strophe: Genießt das Leben ohne Einschränkung, solange noch Zeit ist, und habt keine Angst.

III. Textbeschreibung (Analyse)

1. Strophenform, Reimschema, Versmaß und Rhythmus

Es handelt sich um die seltene *Form der 5-zeiligen* Strophe (W. Kayser nennt sie »eine verkannte Schönheit«: Kleine dt. Versschule, Dalp TB 306, 44). Die *Reimfolge* ist dabei a b a a b, wobei die fünfte Zeile (Reim b) jeweils sehr »gewichtig ist und kräftig abschließt« (Kayser a. a. O.). Das führt zu einer starken Betonung gerade der *negativen* Aussagen an den Strophenenden (z. B. »Es kommt kein Morgen mehr.« – »Und es kommt nichts nachher.«). Das *Versmaß* ist jambisch (∪ /). Nur die Anfangszeilen der Strophen setzen ohne Auftakt wuchtig mit einer Hebung ein (»**Laßt** euch **nicht** verführen!«), sodass der Appellcharakter der Aussage ohne Verzögerung voll zur Geltung kommt. Der *Rhythmus* wirkt einhämmernd und vorwärtsdrängend (denn die kurzen Zeilen enthalten keine Pause), gelegentlich durch Unregelmäßigkeiten in der Betonung auch unruhig belebt (z. B. die 2. Zeile der 1. Strophe; die 3. Zeile der 2. Strophe)

2. Auffallende Stilmittel

Es findet sich eine Häufung von Appellen (Auf- und Ausrufen) – sichtbar gekennzeichnet durch acht Ausrufezeichen, wodurch der Text in seinem Aufforderungscharakter eine geradezu aufdringlich wirkende Dynamik erhält. Dadurch dass der Appell der 1. Zeile jeweils zu Beginn der Strophen 2 und 3 wenngleich in leicht abgewandelter Form wiederholt wird, erhält die warnende Aufforderung eine einhämmernde Wirkung. Wörtlich taucht dieser Appell zu Beginn der letzten Strophe wieder auf und wirkt insofern wie ein Rahmen, der allerdings durch die Erweiterung auf zwei Zeilen (»Laßt euch nicht verführen/zu Fron und Ausgezehr«) ein noch größeres Gewicht erhält.

In der Regel stimmen Satz- *und Zeilenende* überein, wodurch die Aussagen überschaubar bleiben und einen einhämmernden Charakter erhalten. Zur Verstärkung der Wirkung wird als klangliches Mittel der Stabreim verwendet: »Tag ... Türen« (1. Str.); »Es kommt kein Morgen mehr.« (1. Str.).

Mit dem Mittel der Paradoxie wird auf die Eigenart des menschlichen Lebens hingewiesen und in der scheinbaren Widersprüchlichkeit eine tiefere Wahrheit verdeutlicht: Im Hinblick auf den notwendigerweise eintretenden Tod ist das Leben »wenig« (2. Strophe); aber gegenüber einer bloßen Vertröstung auf das Jenseits ist das Leben auf Erden »am größten« (3. Strophe). Sprachliche Mehrdeutigkeiten verleihen den Aussagen zugleich einen geheimnisvoll-zwiespältigen Charakter:

»Der Tag steht in den Türen.« – Er will scheiden, vergehen oder: Er ist voll da!

»Es kommt kein Morgen mehr. – Kein morgiger Tag! Oder: keine morgendliche Frühe, kein Beginn!

»Es steht nicht mehr bereit.« – Betonung des »mehr«? Oder: Das Leben hat längst begonnen, d. h. die Chance des Beginnens ist bereits vertan!?

3. Aufbau

Zur Strophenfolge und ihrem »Inhalt«: vgl. II

Auffallend ist die Korrespondenz zwischen Strophe 1 und 4 mit dem jeweils gleichen Appell in Zeile 1, wobei aber eine deutliche Steigerung hinsichtlich der negativen Aussage in der letzten Zeile des Gedichts eintritt: »kein *Morgen* mehr« – »*nichts* nachher«.

4. Satzbau, Satzarten und Wortstellung

Das Gedicht besteht aus sehr einfachen und knapp konstruierten *Hauptsätzen* (Ausnahmen: ein Satzgefüge in Strophe 1; eine Satzreihe in Strophe 4), deren Aussagen thesenhaften verkürzt erscheinen und dadurch eine z. T. schlagwortartige Wirkung haben (»Laßt Moder den Erlösten!«). Die Inversion als *Umkehrung* der normalen Wortfolge (»Das Leben wenig ist.«) erfolgt hier zwar »des Reimes wegen«, aber die Wirkung ist dennoch beunruhigend, vor allem durch die Kargheit und Nüchternheit der Aussage.

5. Wortwahl

Auffallend ist die Häufung von *Negationen* im Text (10 mal »nicht« und »kein«), worin durchgehend die ablehnende, verneinende Haltung des Sprechers unüberhörbar zum Ausdruck kommt. Es finden sich nur wenige *Adjektive* (bzw. Numerale), die aber eine Steigerung und Gegensätzlichkeit ausdrücken: »wenig« – »schnell« – »am größten« – »alle«. Die *Substantive* stehen im Zusammenhang mit der beängstigenden Vergänglichkeit (Zeitbegriff) und bilden als Leitbegriffe in den einzelnen Strophen ein dicht verwobenes Motiv-Netz:

1. Strophe: (keine) Wiederkehr – Tag – Nachtwind – (kein) Morgen
2. Strophe: Leben – (schnelle) Züge
3. Strophe: Zeit – Moder – Erlöste – Leben
4. Strophe: Fron – Ausgezehr – Angst – Tiere

Ein altertümlicher, kirchlich-barock wirkender Wortschatz (Bilder) prägt das Gedicht: »Moder« – »Fron« – »Ausgezehr«. Durch das Aufgreifen und Spielen mit solchen religiösen Sprach- und Formkonventionen deutet Brecht ironisch auf den veralteten Charakter der christlichen Botschaft in Inhalt und Form hin. Dabei klingen Sinnbezüge an, die vielen heutigen Lesern nicht mehr auf Anhieb zugänglich sein dürften: So bedeutet »Fron« einerseits die einem Grundherrn zu leistende Zwangsarbeit des Leibeigenen, die nicht etwa eine Strafe war, sondern legitim zu fordernde Leistungen als Bestandteil eines Wirtschaftssystems. Für uns heute ist jedoch »Fronarbeit« massiv mit Konnotationen verbunden wie erzwungen, hart, mühsam, unmenschlich. Insofern kann die letzte Strophe auch als Aufruf gelesen werden, sich gegen wirtschaftliche Ausbeutung und Unterdrückung zu wehren. Andererseits gewinnt der Ausdruck »Fron« im Zusammenhang mit der hier kritisierten kirchlichen Verkündigung noch einen weiteren Bedeutungsgehalt, der für Brecht offenbar noch als makabre Erfahrung zugänglich war und mit dem er hier spielt: In allen (alten) kath. Kirchen stand und steht der sog. »Fronaltar« (von ahd. *fro* = Herr; mhd. »*vron*« = heilig, herrschaftlich, den Herrn betreffend, ihm gehörig), ein »Hochaltar«, von dem aus der Priester bis zur Liturgiereform des II. Vaticanum die Messe »zelebrierte«, mit der Gemeinde zugewandtem Rücken. Mit »Fron« in diesem religiösen Sinne werden demnach im Gedicht die von den Gläubigen *sub specie aeternitatis* von der Kirche verlangten Leistungen des »Opfers« und »Verzichts« assoziiert, die bis zum »Ausgezehr«, d. h. zum geistigen und körperlichen Ruin führen können.

6. Sprachliche Gestaltungsmittel und ihre Funktion

Die Aussagen des Gedichts bestehen weitgehend aus apodiktischen Behauptungen, Ermahnungen und Appellen. Der Leser (Hörer) soll mit eindringlichen rhetorischen Mitteln, durch die Kraft der Sprache und das »aufklärerische Pathos« (Küng 39) beeindruckt und gefühlsmäßig mitgerissen werden. Für Überzeugungsarbeit bleibt keine Zeit. Die appellative Sprechweise will beim Leser eine veränderte Einstellung zur kirchlichen Verkündigung (massive Ablehnung – vgl. Häufung der Negationen!) und einen atheistisch-nihilistischen Standpunkt bewirken. So lauten die letzten Worte des Gedichts bezeichnenderweise: »*nichts* nachher«!

Zusammenfassung der Analyseergebnisse hinsichtlich der Intention des Textes:
Die im ersten Schritt (Textaufnahme) formulierten Arbeits- und Interpretationshypothesen haben durch den zweiten Schritt der Textwiedergabe an Klarheit und Gewissheit gewonnen und finden durch die genauere Textbeschreibung in diesem dritten Schritt ihre Begründung und Bestätigung: Der Verfasser hat offensichtlich die *Intention,* die Leser dazu zu bringen, sich über ihre Situation von niemandem etwas vormachen zu lassen, sondern im irdischen Leben den höchsten Wert zu sehen und deshalb ihr Leben – vor dem endgültigen Ende und Nichts – voll zu genießen und bis zum letzten auszukosten. In einer stark appellierenden, das Gefühl ansprechenden Darstellungsweise will er die Leser insbesondere vor der christlichen Verkündigung warnen, deren Lehre von Tod und ewigem Leben als »Verführung«, d. h. Täuschung, Irreführung und Vertröstung auf ein nicht existierendes Jenseits abqualifiziert wird. Letztlich soll eine antikirchliche, atheistischen Einstellung beim Leser geweckt werden.

IV. Textdeutung (Interpretation)

Bert[olt] Brecht, am 10. 2. 1898 in Augsburg geboren, studierte in München einige Semester Literatur und Medizin. In dieser Zeit entsteht das Gedicht »Laßt euch nicht verführen« (1918), zu dem offensichtlich einige Ereignisse und Erfahrungen von Tod und Sterben innerhalb desselben Jahres den Anstoß gegeben haben. So findet im März 1918 in einer Augsburger Kneipe eine persönliche Totenfeier für den deutschen Dramatiker, Lyriker und Erzähler Frank Wedekind (24. 6. 1864–9. 3. 1918) statt. Im Herbst 1918 leistet Brecht als Sanitäter in einem Augsburger Seuchenlazarett mit Verkrüppelten seinen Kriegsdienst ab. Angesichts dieser Erlebnisse – Tod eines verehrten Dichters und sinnloses Leiden und Sterben im Ersten Weltkrieg – stellt der zwanzigjährige Brecht den Lebenden in wuchtigen Appellen seine Botschaft vor Augen: sich der Kürze des Lebens bewusst zu werden, sich ohne Angst vor dem Tod auf den Genuss des irdischen Lebens zu konzentrieren und sich nicht auf ein Jenseits vertrösten zu lassen. Mit dieser Negation christlicher Auferstehungshoffnung liegt er inhaltlich und formal mit der von ihm bekämpften christlichen Verkündigung »über Kreuz«: Er warnt die Leser und Zuhörer vor »Verführungen, die sie *in diesem Leben* teuer zu stehen kommen«, so wie die Leute »von der Geistlichkeit vor den Verführungen gewarnt (wurden), welche sie in einem zweiten *Leben nach dem Tode* teuer zu stehen kommen würden« (Benjamin 313). Aus dem Text spricht ein nihilistisch-atheistischer Standpunkt – verbunden mit einem materialistischen Menschenbild: Der Mensch bedarf keiner »Erlösung«: er lebt und stirbt »mit allen Tieren«.
In diesem Beispiel der frühen Lyrik Brechts spiegelt sich (wie in seinen frühen Stücken) einerseits der geistige und gesellschaftliche Umbruch des Ersten Weltkrieges wider, in dessen Folge sich Brecht auch von seiner protestantischen Herkunft löst. Ausdruck verschafft sich aber andererseits auch das anarchisch-vitale Lebensgefühl des jungen Schriftstellers, dem es ein kämpferisches Anliegen wird, sich von den Zwängen des Glaubens zu befreien und die »bürgerliche« Religion und Gesellschaftsmoral zu entlarven. Das Gedicht ist insofern Ausdruck einer lebensgeschichtlich einschneidenden Ablösung vom Bürgertum, dessen verinnerlichte Werte er abbauen will, an die er aber unbewusst noch gebunden ist (Pietzcker).

Zu diesen ein Leben lang wirksamen Werten der protestantischen Herkunft gehört für Brecht offenbar auch die Bibel, deren religiöse Sprache und bildkräftigen Botschaften er kennt und aufgreift. Aber nicht um ihrer selbst willen, sondern um sie anschließend in virtuoser Provokation zu verfremden. So verblüfft die thematisch-inhaltliche und sprachliche Nähe des Gedichts zu Aussagen des Apostels Paulus im 1. Brief an die Gemeinde in Korinth (1 Kor 15,32) über die Auferstehung und das Leben angesichts des Todes: »*Wenn die Toten nicht auferstehen, dann laßt uns essen und trinken; denn morgen sind wir tot!*‹[Zitat aus Jes 22,13]. *Laßt euch nicht verführen!*«

Der wortgetreu aufgegriffene biblische Appell »Laßt euch nicht verführen!« wird von Brecht auf dem Hintergrund seiner Deutung und Ablehnung jeglicher Transzendenz als »Verführung« und »Vertröstung« in einen anderen Kontext gestellt und in der Intention verfremdet: Der ursprüngliche Sinn und das religiöse Anliegen des Apostels, sich nicht zu einem Leben ohne Hoffnung auf Auferstehung »verführen« zu lassen, wird von Brecht in sein Gegenteil »verkehrt«.

Von Bedeutung ist auch ein überlieferungsgeschichtlicher Aspekt: Brecht hat dieses 1918 entstandene Gedicht später in die 1927 erschienene Sammlung »*Bertolt Brechts Hauspostille*« aufgenommen, ein Zyklus von liedhaften und balladesken Gedichten, in denen er auf parodierende, ja satirisch-blasphemische Weise die Fragwürdigkeit religiöser und moralischer Lehren entlarven will. Schon der gewählte Titel der Sammlung stellt die ironische Verfremdung eines ursprünglich im Bereich der Theologie und der kirchlichen Verkündigung beheimateten Begriffs dar: »Postille« (lat. *post illa* = nach jenen Worten der Schrift) bezeichnet hier die abschnittsweise Auslegung eines Bibeltextes oder steht auch für die Erklärung biblischer Bücher überhaupt; sodann ist damit die schriftauslegende Predigt gemeint. Postillen hatten ihren Platz im Gottesdienst oder dienten später auch der häuslichen religiösen Erbauung. Brecht benutzt damit die bekannte literarische Gattung der christlichen Erbauungsliteratur für seine eigenen »Verkündigungs-Zwecke« und funktioniert religiös vorgeprägte literarische Textsorten um: So finden sich »Choräle« (an Baal!), »Hymnen« (an Gott), »Psalmen«, »Epistel« (über den Selbstmord!) in dieser Sammlung, die auch das Gedicht »Laßt euch nicht verführen!« enthält.

Von diesem Kontext her erfahren die bereits erwähnten Beobachtungen zur Eigenart und Intention des Gedichts (vgl. Schritt III) eine weitere Stütze: Brecht greift biblische Traditionen und Aussagen (hier: des Apostels Paulus) auf, dreht sie um und zerstört sie so, er benutzt vertraute literarische Formen (hier: das Lehrgedicht und die Postille) für seine ganz anderen Inhalte, verfremdet sie so und macht sie dadurch für viele Leser neu zugänglich und zum Gegenstand des Nachdenkens.

V. Textbewertung (Texterörterung)

Ein Gedicht ist keine Abhandlung; deshalb ist es nicht verwunderlich, dass die These (es gibt kein Weiterleben nach dem Tod) nicht mit Argumenten belegt wird. Seine Auffassung stellt einen *Glaubensstandpunkt* dar, der mindestens ebenso subjektiv ist und sprachlich appellativ dargestellt wird wie es seiner Auffassung nach die nicht direkt angesprochenen, aber gemeinten christlichen Verkündiger tun. Die ausgesprochenen Warnungen und Ermahnungen sind »nicht weniger feierlich gehalten als die der Geistlichkeit« (Benjamin 313). Der Verfasser will »gegen Verführung« angehen, – und versucht selbst zu »verführen« – mit der suggestiven Macht der Sprache. Die starken *Vereinfachungen* (»Das Leben wenig ist.« – »Ihr sterbt mit allen Tieren.«) und die Häufung massiver Appelle wirken einhämmernd, das Gefühl ansprechend, mahnend und warnend; sie sollen eher zu einer bestimmten Einstellung überreden als überzeugen. Brechts Appelle und Thesen werden zwar im Ton der absoluten Gültigkeit vorgetragen, können aber trotz der Ernsthaftigkeit seines persönlichen Standpunkts keine tiefere Legitimation und größere Glaubwürdigkeit beanspruchen als die der abgelehnten kirchlichen Verkündigung.

So realitätsnah der Standpunkt Brechts von vielen Zeitgenossen (auch von etlichen Schülern) empfunden wird, es bleibt für viele Leser zugleich ein Unbehagen angesichts der Konsequenzen dieses nihilistischen Standpunkts für das eigene Leben. »Verführt« dieser atheistische »Glaubens«standpunkt zu einem hektischen Umgetriebensein und zu hemmungsloser Genusssucht aus dem Drang heraus, nur ja nichts in diesem kurzen Leben »zu verpassen«? Was wird aus den vielen Ungerechtigkeiten dieser Welt? Was aus den zerstörten Hoffnungen und geraubten Lebensmöglichkeiten von Menschen? Bleiben sie für immer und ewig ungesühnt und ohne gerechten Ausgleich?

Der Text greift diese Fragen nicht auf. Der Sprecher formuliert aber – auf dem Höhepunkt des Gedichts als Mittelpunktzeile der letzten Strophe – seine »*Lösung« des Problems* Angst vor dem Tod und vor dem sicheren Nichts in Form einer Frage (der einzigen im Gedicht!): »Was kann euch Angst noch rühren?« Ob die darauf gegebene Antwort: »Ihr sterbt mit allen Tieren ...« wirklich geeignet ist, Menschen die Angst zu nehmen und intensives, humanes Leben angesichts des Todes zu ermöglichen, bleibt fraglich.

Es kann im Unterricht nicht darum gehen, dieser makabren Botschaft des Textes den christlichen Glauben als (ver)tröstendes Allheilmittel gegen alle Ängste entgegensetzen zu wollen. Gefordert ist aber im Unterricht und darüber hinaus, »jedem Rede und Antwort zu stehen, der nach der Hoffnung fragt, die euch erfüllt« (1 Petr 3,15). Was der junge Brecht aufgrund seiner persönlichen Lebenserfahrungen an Einstellung gewonnen hat und als Wahrheit für alle »verkündet«, steht in krassem Widerspruch zur Auferstehungsbotschaft des christlichen Glaubens, die zwar nicht beweisen, aber über die Jahrtausende hin bezeugen kann: In Tod und Auferstehung Jesu Christi hat Gott selbst die Hoffnung begründet, dass wir uns für immer in seiner Liebe geborgen wissen dürfen, der einmal »alle Tränen abwischen« wird (Offb 7,17). Um mit Paulus zu sprechen: »Ich bin gewiss: Weder Tod noch Leben (...) können uns scheiden von der Liebe Gottes, die in Jesus Christus ist, unserem Herrn« (Röm 8,38 f.). Diese Hoffnung ist nicht »Opium des Volkes«, sondern treibende Kraft zur Veränderung der Welt zugunsten der von Gott geliebten Menschen, besonders der Ärmsten und Geringsten. Christliches Hoffen ist deshalb gerade nicht Verführung zur Passivität, Betrug an bereichernden Lebensmöglichkeiten und törichte Vertröstung auf ein nicht existentes »Jenseits«. Die christliche Hoffnung bezieht ihre Dynamik von den Verheißungen Gottes her und hat eine einfache praktische Konsequenz: »Hoffen geschieht im Tun des nächsten Schrittes« (Karl Barth) – trotz aller Enttäuschungen und Widerstände, trotz Schuld und Versagen.

Keiner kann der »existentiellen Alternative« (Küng 287) zwischen Sinn und Sinnlosigkeit entrinnen. Die Entscheidung zwischen dem großen Entweder – Oder, dem Glauben an das »Nichts-nachher« (Brecht) und dem »vertrauenden Sich-Einlassen auf einen letzten Sinn der gesamten Wirklichkeit und unseres Lebens, auf den ewigen Gott, auf ein ewiges Leben« (Küng 105) entscheidet auch fundamental darüber, welche Einstellung zum Leben wir gewinnen und welche Lebenspraxis wir verwirklichen möchten. Zumindest hinsichtlich dieser Konsequenz sollte man sich nicht selber betrügen oder von anderen billig vertrösten oder zu leicht konsumierbarem Sinn-Ersatz verführen lassen. Das wollte der Apostel Paulus schon um die Mitte des ersten Jahrhunderts der jungen Christengemeinde in Korinth mit seinem Appell ans Herz legen.

VI. Textanwendung

Für einen vertieften Zugang zu dem Brecht-Gedicht bietet die aktuelle didaktische *Konzeption eines handlungs- und produktionsorientierten Umgangs mit Texten* anregende Möglichkeiten.
Die Schülerinnen und Schüler können die Aufgabe erhalten: *Schreibt ein Gedicht in möglichst enger sprachlich-stilistischer Anlehnung an den Brecht-Text, verändert aber dabei die Aussage und Intention der Vorlage in ihr Gegenteil.*
Ein solcher kreativer Schreibansatz bringt die persönlichen Gefühle, Gedanken und Standpunkte der Schreibenden mit ins Spiel und ruft eine besondere affektive Wirkung hervor. Aus dem Zusammenspiel von eigener Fantasie und Austausch mit den Mitproduzenten kann eine ungewöhnlich intensive »Sinnaktualisierung« und persönliche Auseinandersetzung mit einem Text und seiner Aussage erwachsen. Ein Vergleich der eigenen Gestaltung mit dem Ausgangstext hilft zudem, die inhaltlichen und formalen Besonderheiten des Originaltextes und seine Aussage genauer wahrzunehmen und besser zu verstehen und aufmerksam zu werden für die Tatsache, dass sich Produktion und Interpretation von Texten immer vor dem Hintergrund eines geschichtlich-gesellschaftlichen Kontextes ereignen und von persönlichen Lebenserfahrungen und -einstellungen geprägt sind, die sich auswirken, besonders wenn ein Text schon Jahrzehnte oder gar Jahrhunderte alt ist.
Es gibt bereits ein prominentes **Lösungsbeispiel** zu dem Brecht-Gedicht. Hans Küng hat es vor längerer Zeit vorgelegt und kennzeichnet seine kreative Umgestaltung als theologische »respektvolle Umkehrung« der Brechtschen Aussage »ohne Verrat an dessen Ernst und Würde«. Dabei gelingt es ihm, die sprachlichen und formalen Merkmale des Gedichts weitestgehend beizubehalten:

>Laßt euch nicht verführen!
>Es gibt eine Wiederkehr.
>Der Tag steht in den Türen;
>Ihr könnt schon Nachtwind spüren:
>Es kommt ein Morgen mehr.
>
>Laßt euch nicht betrügen!
>Das Leben wenig ist.
>Schlürft nicht in schnellen Zügen!

> Es wird euch nicht genügen
> Wenn ihr es lassen müßt!
>
> Laßt euch nicht vertrösten!
> Ihr habt nicht zu viel Zeit!
> Faßt Moder die Erlösten?
> Das Leben ist am größten:
> Es steht noch mehr bereit.
>
> Laßt euch nicht verführen
> Zu Fron und Ausgezehr!
> Was kann euch Angst noch rühren?
> Ihr sterbt nicht mit den Tieren
> Es kommt kein Nichts nachher.

Hans Küng: Ewiges Leben? München 1982, 63 f.

Ein Vergleich mit dem Brechtschen Original lohnt sich im Unterricht allemal, wenn Schüler sich scheuen, selber produktiv zu werden.

4.8 Die Erschließung von dramatischen (szenischen) Texten

4.8.1 Einführung in die Gattung Drama

Definition Als Drama (griech. *drama* = Handlung, Schauspiel) wird ein zur Aufführung bestimmtes literarisches Werk bezeichnet, in dem ein fiktives Geschehen durch die daran beteiligten Personen (Figuren) in Rede und Gegenrede (Dialog und Monolog) für Zuschauer (Publikum) auf der Bühne durch Schauspieler als Rollenträger unmittelbar als zwischenmenschliches Handeln gegenwärtig gesetzt wird.

Bei dem in sich abgeschlossenen dramatischen Geschehen tritt bei der Aufführung zum dramatischen Wort, der Figurenrede, noch die Mimik (Miene und Gebärden) hinzu, durch die der Schauspieler die Gefühle und Gedanken der jeweils dargestellten Person zum Ausdruck bringt. Der Zuschauer kann so die Handlung direkt miterleben. Im Mittelpunkt des Dramas steht der dramatische Konflikt. Informationen über den Ort, die Zeit und die Handlung ergeben sich für den Zuschauer bzw. Leser neben dem Szenenbild aus dem kommunikativen Handeln der Personen.

Die Personen als Träger der dramatischen Handlung können Charaktere im Sinne individueller Persönlichkeiten sein, feste Typen darstellen oder als Vertreter bestimmter Ideen, Weltanschauungen usw. erscheinen.

Die Bezeichnung Drama stammt bereits aus der griechischen Antike. Wegen der Aufführung des Geschehens durch Schauspieler auf der Bühne vor Zuschauern wird das Drama auch »Schauspiel« genannt.

Die Gattung Drama umfasst mehrere Arten und Formen: *Arten und Formen*
* In der **Tragödie** geht es um den sichtbar gemachten Kampf äußerer oder innerseelischer Art zwischen gegnerischen Kräften, Charakteren und gegensätzlichen Haltungen, bei dem der Held in einem schicksalhaften, tragischen Konflikt scheitern muss und untergeht.
* In der **Komödie** (Lustspiel) werden menschliche Unzulänglichkeiten auf heitere, lustige Weise dargestellt und alle Verwicklungen mit einem guten Ende gelöst.
* In der **Tragikomödie** durchdringen sich tragische und komische Elemente wechselseitig und wirken so zusammen, dass die Tragik durch eine komische Sichtweise gemildert wird oder die reine Komik vertieft wird durch tragische Aspekte.
* Im **Schauspiel** wird der tragische Konflikt abgemildert, sodass es nicht zur Katastrophe kommt, sondern durch den Charakter der Personen oder durch besondere Umstände eine Lösung des Konflikts gefunden wird.

Dramen lassen sich nach verschiedenen Gesichtspunkten einteilen: *Einteilung/ Systematisierung*
* *nach der Ursache des Konflikts:*
Schicksalsdrama, Milieudrama, Charakterdrama, Ideendrama
* *nach dem dramatischen Aufbau:*
analytisches Drama, Zieldrama
* *nach der Stoffwahl:*
Bürgerliches Trauerspiel, Ritterdrama, Osterspiel
* *nach den Trägern der Dichtung:*
Jesuitendrama

Dramen sind in größere Handlungsabschnitte eingeteilt, die Akte (»Aufzüge«) genannt werden; diese wiederum bestehen aus mehreren Szenen (»Auftritte«).
Im »dramatischen Konflikt«, in den die Personen geraten, ist der Konflikt als Auseinandersetzung oder Streit zwischen Parteien oder Interessengruppen zu verstehen, bei dem gegensätzliche Haltungen und Urteile, Ziele und Wünsche, Machtinteressen, Motive und Wertvorstellungen aufeinanderprallen, die sich gegenseitig ausschließen. Die Personen gehören unterschiedlichen Gruppen und Gruppierungen an, was zu äußeren Auseinandersetzungen mit einer Gegenmacht (Intriganten, Schicksal u. a.) und/oder zum inneren Zwiespalt führt. Beides treibt die Handlung zur Katastrophe bzw. zur Entscheidung oder Lösung und erzeugt im Zuschauer Spannung.

Beim dramatischen Konflikt sind zu unterscheiden:
* **äußerer Konflikt:** der sichtbare, gewalttätige Zusammenstoß (Auseinandersetzung, Streit, Kampf) verschiedener Personen und Parteien aufgrund gegensätzlicher Interessen.
* **innerer Konflikt**: der im Charakter der Figuren angelegte Zwiespalt und Kampf im Inneren einer Person als Widerstreit von Motiven, gegensätzlichen Werten und tatsächlich oder nur scheinbar unvereinbaren Prinzipien und sittlichen Anforderungen (z. B. Pflicht und Neigung; Liebe und Ehre; Freiheit und Gehorsam), zwischen denen sich die Person entscheiden muss.

* **tragischer Konflikt**: Hier steht die Selbstverantwortung des Individuums im Vordergrund, das sich entscheiden muss, wobei der Konflikt zugleich als grundsätzlich unlösbar erscheint. Die »Lösung« der dramatischen Situation besteht darin, dass der Held auf tragische Weise untergeht und scheitert (Katastrophe), während die Widersprüche des Lebens ungelöst weiter bestehen bleiben. Diese Sichtweise hat ihre Grundlage letztlich in einer dualistischen Sicht der Welt.
* **Scheinkonflikt**: besonders in der Komödie vorkommende komische, heitere oder ungleichgewichtige Konflikte bzw. solche, die sich am Ende in Wohlgefallen auflösen.

Dramatische Konflikte (insbesondere innerer Art) prägen vor allem das klassische Drama (Tragödie).

Untersuchung eines dramatischen Konflikts

1. **Ursache und Entstehung des Konflikts**
   Worin bestehen die unterschiedlichen Machtinteressen, Ideale und Wertvorstellungen als tiefere Ursachen für den Konflikt?
2. **Entwicklung des Konflikts**
   Was erreichen und verändern die Figuren im Fortgang der Handlung? Welche Normen setzen, beachten oder verletzen sie? Wie begründen die Figuren ihr Handeln?
3. **Lösung des Konflikts**
   Wie ist die Lösung des Konflikts am Ende unter dem Gesichtspunkt moralischer Prinzipien zu bewerten? Wie rechtmäßig ist das Handeln der Hauptfiguren (z. B. unter staatspolitischen, privaten …) Gesichtspunkten?

4.8.2 Praxismodell: Arbeitsschritte und Untersuchungsaspekte zur Erschließung von Dramen-Texten

Handlungsüberblick	1. Akt	2. Akt	3. Akt	(…)
Wo spielt das Geschehen?				
Wann geschieht etwas Wichtiges?				
Welche **Personen** treten auf?				
Welches sind die wesentlichen **Textstellen** (Szenen)				
Schwerpunktmäßiger Inhalt der Szenen bzw. des Aktes?				
Bedeutung für das Folgende bzw. das gesamte Drama?				

> **Einzelszenen des Dramas erschließen**
> 1 **Stellung der Szene im gesamten Handlungsverlauf**
> (Einbettung der Szene in die Gesamthandlung des Stückes; Hinweise auf spätere Entwicklungen (Vorausdeutungen) z. B. durch sprachliche Andeutungen, besondere Requisiten, Bühnengestaltung ...?)
> 2 **Inhalt und Aufbau der Szene**
> (Welche wichtigen Abschnitte/Handlungsschritte liegen vor? Wovon handelt die Szene insgesamt? Um welches Thema geht es?)
> 3 **Die Figuren und ihr Verhältnis zueinander** – erschlossen aus Selbstaussagen und aus Äußerungen und Verhaltensweisen anderer Figuren (Charakterisierung; Figurenanalyse) (*soziale Situation*: Herkunft, Beruf, gesellschaftliche Stellung; wirtschaftliche Lage; *psychische Situation und Eigenart*: Interessen, Vorlieben und Abneigungen, Gedanken und Gefühle; *Handlungsmotive, Absichten und Wertvorstellungen* (leitende, offensichtliche und verschleierte)
> 4 **Die Bedeutung der Szene für das ganze Theaterstück**
> (Wie wird das Thema des ganzen Stückes in dieser Szene gestaltet bzw. entfaltet? Welche Bedeutung kommt der Szene für die Charakterentwicklung der Hauptperson zu? Stellt die Szene für die Hauptperson eine Situation der Entscheidung dar? Welche Bedeutung (Stellenwert) hat die Szene im Handlungsverlauf des ganzen Stückes?)

4.9 Die Auslegung biblischer Texte

4.9.1 Zur Eigenart biblischer Texte

Die Bibel ist genau genommen nicht *ein* einheitliches Buch, sondern besteht aus einer ganzen Bibliothek von unterschiedlichen Einzelschriften, die sich nach Alter, Umfang, Inhalt, Form und Gattung stark unterscheiden. Sie sind über einen Zeitraum von mehr als tausend Jahren entstanden (etwa 1200 v. Chr. bis ca. 130 n. Chr.), wurden für den Gottesdienst und die christliche Belehrung immer wieder abgeschrieben, bis schließlich seit dem christlichen Altertum nach und nach in der Kirche die zwei großen Sammlungen (»Kanon«) vorlagen: das sog. »Alte Testament« (besser: das »Erste Testament«) mit 45 Büchern und das »Neue Testament« mit 27 Schriften. So wurde aus der ursprünglich mündlich überlieferten »Ur-Kunde« die schriftliche »Urkunde« des Glaubens.
Bei Juden und Christen lebt die Überzeugung, dass die Verfasser ihre Schriften unter dem besonderen Einfluss Gottes geschrieben haben (Inspiration). So verschieden die Arten und Inhalte der Bücher auch sind, so stimmen sie überein in dem großen Thema der »Geschichte Gottes mit den Menschen«:
* Nach Überzeugung von Juden und Christen hat sich Gott dem Volk Israel in einzigartiger Weise gezeigt und mitgeteilt (»geoffenbart«). Er griff in die Geschichte ein und bediente sich besonderer Menschen als Boten und Vermittler (z. B. die Propheten), die in seiner Vollmacht redeten und handelten. Das »Erste Testament« (auch: Hebräische

Die Bibel als Bibliothek

Bibel) ist gleichsam ein Gespräch Gottes mit dem Volk Israel, in dem immer deutlicher wurde, wer Gott ist. Das Volk Israel lernte dabei sich selbst und seine besondere Beziehung zu Gott immer besser kennen und fand Antworten auf die tiefsten Fragen der Menschheit: Woher kommen wir, wohin gehen wir, was ist der Sinn des Lebens?

* Nach christlicher Überzeugung hat Gott durch Jesus Christus das entscheidende »Wort« an die Menschheit gerichtet:
»Auf vielfache Weise hat Gott in der Vergangenheit zu unseren Vätern gesprochen, aber jetzt, am Ende der Zeit, hat er zu uns durch seinen Sohn gesprochen« (Hebr 1,1).

Im Neuen Testament begegnen wir dem Wort und Schicksal Jesu Christi und dem Glauben der ersten Zeugen und frühen Jünger sowie der Grundaussage (»Ur-Kerygma«) von der Heilsbedeutung des Todes und der Auferstehung Jesu Christi. Die Kirche wählte im Laufe der Zeit 27 der zwischen 50 und 130 nach Christus entstandenen Schriften als »göttlich inspirierte« aus und bewahrt diese Sammlung von Einzelschriften (vier Evangelien, Apostelgeschichte, Briefe, Apokalypse) als »Neues Testament« in Ehrfurcht als Grundlage ihrer Glaubensverkündigung.

Interpretationsgeschichte

Die Bibel wurde bis zum 16. Jahrhundert in all ihren Aussagen wörtlich für wahr genommen. Es dauerte lange, bis man erkannte, dass die Bibel kein Sachwissen vermitteln will, sondern Lebenswissen. Sie ist kein Sachbuch, sondern ein Lebensbuch. Sie ist Gottes Wort und zugleich Werk menschlicher Verfasser. Als Gotteswort in Menschenwort spiegeln die Schriften der Bibel das Wissen, das Weltbild und das Lebensgefühl der Menschen wider, die sie geschrieben haben, und auch der Menschen, für die sie geschrieben wurden. Bei der Auslegung (Deutung) der Bibel ist daher die jeweilige historische und kulturelle Umgebung der Verfasser und der damaligen Leser mit zu bedenken.

Die Bibel ist das mit Abstand am meisten übersetzte Buch der Welt. Sie lag um das Jahr 2000 ganz oder in Teilen in 2.220 Sprachen für Menschen von heute vor. In immer neuen Übersetzungen wird versucht, den religiösen Gehalt der Bibel in den modernen Erfahrungshorizont und Sprachgebrauch der verschiedenen Völker und Kulturen hinein zu vermitteln. Da jede Übersetzung zugleich eine Interpretation darstellt und mit der literarischen Eigenart auch der theologische Gehalt der biblischen Texte transponiert werden muss, ist die Bibelübersetzung zum Musterfall für das hermeneutische Verstehen geworden; sie förderte die Entwicklung einer kritischen Übersetzungstheorie und führte zu vielfältigen Methoden der Textauslegung.

Aktualität

Der Reichtum an biblischen Geschichten und sprachlichen Bildern übt einen starken Einfluss auf die Entwicklung der Sprache und Literatur der Völker aus. In der Literatur des 20. Jahrhunderts werden häufig biblische Gattungen und literarische Formen aufgegriffen (z. B. besonders gern die Psalmen), oder auch bekannte Personen (Mose, Hiob, Jeremias, Jesus, Maria, Judas, Paulus u. a.) und spannende Stoffe und Motive verfilmt (Zehn Gebote, Apokalypse). Dabei gilt allerdings die Bibel für viele Schriftsteller und Regisseure nicht mehr als Offenbarung und Wort Gottes, sondern häufig »nur« als »Ideenfundgrube« und als »Material« für die eigene literarische oder filmische Gestaltung, mit denen oft ganz andere Intentionen verbunden sind (vgl. z. B. den Film: »Das Leben des

Brian«). Dennoch zeigt sich auch in positivem Sinne: »*Die Bibel ist für viele Autoren der Gegenwart ein großes Warn- und Erinnerungsbuch, ein Gedächtnisspeicher der Menschheit, in dem die komplexen Lebens- und Leidensgeschichten der Menschen aufbewahrt sind*« (Karl-Josef Kuschel, Wörterbuch des Christentums, 1988, 147).

4.9.2 Historisch-kritische und andere Methoden der Bibelauslegung

Um die biblischen Texte besser zu verstehen, wurden eine ganze Reihe von wissenschaftlichen Methoden entwickelt. Die moderne Exegese begann mit der Einführung der historisch-kritischen Forschung im 17. Jahrhundert. Die wichtigsten heute vertretenen Methoden der Bibelauslegung sind:

a) die **Textkritik** versucht aus der Fülle der überlieferten Handschriften und alten Übersetzungen die älteste erreichbare Textgestalt (den Urtext) zu rekonstruieren.
Frage: *Haben wir genaue, gut überlieferte Texte der Bibel?*

b) die **Literarkritik** fragt nach der schriftlichen oder mündlichen Vorgeschichte des biblischen Textes, erforscht also die literarischen Quellen und die Entstehungsgeschichte, die Eigenart und Struktur der Texte.
Frage: *Sind die biblischen Texte einheitlich? Welche Quellen wurden benutzt?*

c) die **formgeschichtliche Methode**: sie untersucht die Gattung eines Textes unter Beachtung des sozio-kulturellen Kontextes und sucht nach dem »Sitz im Leben« – also nach einer typischen Entstehungs- und Überlieferungssituation dieser Gattung.
Frage: *Welche Textsorten liegen vor? Was ist die Aussageabsicht? Worin besteht der Sitz im Leben?*

d) die **Redaktionsgeschichte** verbindet alle Einzelmethoden zur Erforschung eines Einzeltextes und befasst sich mit der Geschichte des Textes von seiner ersten greifbaren Fassung bis zu seiner Endgestalt. Geklärt werden soll die theologisch-historische Erscheinung und Eigenart, die literarische Form und die Intention des Textes.
Frage: *Wie haben spätere Bearbeiter die Texte verändert?*

e) die **Literatursoziologie** geht der Frage nach: *In welchen Gruppen, unter welchen sozio-kulturellen Bedingungen entstanden die Texte?*

f) die **Textlinguistik** erforscht den Bibeltext unter sprachlichen und begriffsgeschichtlichen Aspekten und bezieht dabei moderne Methoden der Sprachwissenschaften (Linguistik) ein.
Frage: *Welchen Regeln und Gesetzmäßigkeiten folgen die Texte?*

g) die **Religionsgeschichte** untersucht und vergleicht zum besseren Verständnis die biblischen Texte mit entsprechenden Texten aus der Umwelt.
Frage: *Welche Bedeutung haben Einflüsse aus dem religiösen Umfeld auf die Eigenart des biblischen Textes?*

h) die **Tiefpsychologie** geht der Frage nach: *Welche unbewussten Bilder und Motive sind in den biblischen Texten lebendig?*

Tiefenpsychologische vs. historisch-kritische Hermeneutik

Aus der zuletzt genannten Richtung kommt die schärfste Kritik an historisch-kritischer Exegese. Es heißt da etwa: »So unerlässlich die historisch-kritische Methode als Verfahren einer objektiven Erkenntnis des historischen Befundes eines Textes auch ist und so wichtig sie war, um die Bibelauslegung aus der Starre des kirchlichen Dogmatismus zu lösen, so sehr muss sie, wenn es um *religiöse* Erkenntnis gehen soll, durch Auslegungsmethoden ergänzt werden, die den subjektabhängigen Anteil des Verstehens hinreichend zur Geltung bringen, und hier ist in unserem Jahrhundert die Tiefenpsychologie mit ihren symbolischen und einfühlenden Deutungsverfahren die Methode der Wahl. Auch die Tiefenpsychologie besitzt dabei keinen Monopolanspruch oder Wert an sich; aber sie ist (heute!) unerlässlich, um etwas äußerst Wichtiges zu erreichen: dass der latent atheistische Graben sich schließt, der aus der Subjekt-Objekt-Spaltung des neuzeitlichen Wissenschaftsmodells folgt: der Graben zwischen Wissen und Glauben, Historie und Mythos, Denken und Fühlen, Wirklichkeit und Symbol, Mensch und Gott – historisch gewendet: zwischen der Gestalt Jesu von Nazareth und dem Christus der christlichen Verkündigung« (Eugen Drewermann, Das Markusevangelium. Erster Teil: Mk 1,1 bis 9,13, Olten 1987, 106.)

Der Blick zurück: Vor der Aufklärung gebräuchliche Methoden der Schriftauslegung

Vorkritische Methoden

Unter der bereits in der Antike bekannten **Allegorese** (griech. *allegoreuein* = etwas anderes sagen, anders reden) ist ein Verfahren der Textauslegung zu verstehen, bei der das Gegebene nicht vordergründig nur als solches genommen, sondern als verhüllte Darstellung eines tieferen geistigen Sinnes aufgefasst wird. Aufgezeigt werden soll in der Allegorese die hinter dem Wortsinn (*sensus litteralis*) eines Textes sich verbergende (also nicht unmittelbar evidente) tiefere theologische, moralische u. a. Bedeutung.

So wurden in Griechenland die alten Göttermythen allegorisch gedeutet (bes. von der stoischen Philosophie), während im Judentum diese Deutungsweise auf die hebräische Bibel (Altes Testament) angewandt wurde. Auch im Neuen Testament ist die allegorische Deutung vorhanden, wenn auch in geringem Umfang (vgl. Gal 4,22 f.; Mt 13,36 ff.). In der Exegese war die allegorische Schriftdeutung von den Kirchenvätern an bis zur Reformation vorherrschend. Dabei wurden dem Text neue, über seinen Buchstabensinn hinausgehende Bedeutungen zuteil, die auf mehreren Ebenen zustande kamen.

Bei der allegorischen Deutung von Bildern erfolgt in der Regel im Anschluss an die bildliche Darstellung eine genaue Auslegung auf die gemeinte Sache hin. Dabei wird für den Betrachter jedes einzelne Bildelement Zug um Zug in seiner Bedeutung entschlüsselt und aufgelöst. Im Bereich der Literatur zeigt sich, dass häufig ganze Texte so gestaltet sind, dass sie vom Leser eine allegorische Entschlüsselung verlangen (besonders im Mittelalter und im 17. Jahrhundert: Barock). Im 20. Jahrhundert wird die Allegorie in der Literatur verwendet, um etwas Unwirkliches, Unfassbares oder in den tiefen des Unbewussten Schlummerndes darzustellen (z. B. bei Franz Kafka).

Die mittelalterliche Schriftauslegung (Exegese) vertrat das **Prinzip des mehrfachen Schriftsinnes** eines biblischen Textes. Dabei ergaben sich zwei Hauptebenen für das Verstehen der Texte:

- *sensus litteralis*: der buchstäbliche, wörtliche Sinn und
- *sensus spiritualis*: der dreifach gegliederte religiöse Sinn der Texte
  - allegorischer Sinn: verweist auf den Glauben
  - tropologischer Sinn: verweist auf die christliche Glaubenslehre/Moral
  - anagogischer Sinn: verweist auf die Letzten Dinge.

»*So ist z. B. Jerusalem dem Wortsinn nach die Stadt in Judäa, dem tropologischen (auf die Glaubenslehre bezogenen) Sinn nach die Kirche, dem moralischen (auf die Sittenlehre bezogenen) Sinn nach die Seele und dem anagogischen (auf das Jenseits bezogenen) Sinn nach der Himmel*« (Grabois 35).

Die **Typologie** (griech. *typos* = Schlag, Gestalt, Vorbild; *logos* = Lehre) ist ein in der Bibelexegese verwendete Auslegungsart, bei der das Alte Testament von Christus her verstanden wird und alt- und neutestamentliche Szenen nach heilsgeschichtlichen Gesichtspunkten einander zugeordnet werden, zum Teil im Sinne der Steigerung, manchmal aber auch nach recht allgemeinen oder äußerlichen Assoziationsmerkmalen. Über den Literalsinn (= der buchstäbliche, wörtliche Sinn) hinaus werden Personen, Dinge und Ereignisse der Hebräischen Bibel als »Vorherbilder« (Präfigurationen) neutestamentlicher Offenbarung genommen, als »Urbild« und Typus, die im NT als dem Antitypus zur Erfüllung gelangt sind. Diese Anschauung beruht auf der Voraussetzung, dass das Erste Testament heilsgeschichtlich auf das Neue Testament hingeordnet und daher voll verhüllter Hinweise auf das Neue ist, in dem es zur Erfüllung und Vollendung gelangt und mit ihm eine Einheit der Offenbarung bildet (»*Concordantia veteris et novi testamenti*«).

Bereits im NT wird diese Methode angewandt: So sieht z. B. Jesus selber in der Jonageschichte einen Typus seiner eigenen Auferstehung (Mt 12,40); Paulus nennt Adam den Typos Christi (Röm 5,12). In der alten Kirche (bes. bei den Kirchenvätern) war diese Methode beliebt und danach im Mittelalter wegen Joh 5,39 und 1 Kor 10,11 und vielen anderen Stellen sehr verbreitet, ja selbstverständlich. Von den Reformatoren wegen ihrer starken Betonung des buchstäblichen Sinns (Literalsinn) der Schrift nur noch begrenzt angewandt, wird sie seit dem Rationalismus ganz abgelehnt.

Im Mittelalter hatte die typologische Darstellung in der Kunst ihren Höhepunkt. So wird z. B. gegenübergestellt: Elias im feurigen Wagen und die Himmelfahrt Christi; das Passahmahl beim Auszug aus Ägypten und das Abendmahl Christi usw.

Bedeutsame Werkbeispiele mit diesem Verfahren sind u. a. die französische *Bible moralisée* (13. Jahrhundert), das *Speculum humanae salvationis* (1324 Straßburg) und die *Biblia pauperum*.

4.9.3 Wundererzählungen des Neuen Testaments (Strukturales Verfahren)

1. Einführung in die Textsorte Wundererzählungen

»Zeichen« und »Machttaten« sind die in der Bibel verwendeten Ausdrücke für Wunder, in denen sich die Größe Gottes offenbart. Die Autoren des Neuen Testaments bestehen geradezu auf der Tatsache, dass Gott sich mit seinem Heilshandeln in Jesus Christus in der Geschichte verwirklicht und ausspricht. Die Wundergeschichten um Jesus sind typisch für seine Person und sehr menschlich und stehen in völliger Übereinstimmung mit seiner Botschaft, wie sie das Neue Testament überliefert. Sie werden im Unterschied zu apokryphen Darstellungen auffallend nüchtern erzählt, einfach und ohne Übertreibungen. Demgegenüber wirken die Erzählungen um die heidnischen Wundertäter geradezu marktschreierisch, exhibitionistisch und abstoßend wegen der hemmungslosen Gewinnsucht der Akteure.

2. Praxismodell: Arbeitsschritte und Untersuchungsaspekte zur Erschließung von biblischen Erzählungen/Wundererzählungen

Was oben zur Eigenart biblischer Texte gesagt wurde (4.9.1), gilt auch speziell für Erzählungen der Bibel. Im Zentrum des verstehenden Bemühens steht der unmittelbare biblische Erzähltext als ein selbstständiges literarisches Gebilde, das eine Wirklichkeit eigener Art aufbaut, eine eigene »Welt« vor Augen führt. Der Leser sollte sich zunächst unbefangen auf die erzählte Welt einlassen, sich mit den Akteuren darin bewegen, sie begleiten und beobachten und das Geschehen mit offenen Sinnen in allen Einzelheiten wahrnehmen. Ziel ist nicht die abstrahierende Reduktion der Textaussage auf einen »Glaubensgehalt«, es geht auch nicht um eine wertende Stellungnahme aus historisch-kritischer Sicht. (Solche Schritte können später folgen, wenn sie sich als notwendig erweisen.) Es geht vielmehr in erster Linie um eine möglichst unvoreingenommene, anschauliche Begegnung des Lesers mit der in der Bibel auf spezifische Weise dargestellten »Welt« und ihren Akteuren (Menschen, Gott).

Als hilfreiches Verfahren hat sich dabei die Untersuchung der Kategorien (Strukturelemente) »Raum«, »Zeit«, »Personenkonstellation«, »Erwartungen« und »Werte« erwiesen, die hier auf einige Besonderheiten neutestamentlichen Erzählens hin zu konkretisieren sind. Wie bei allen erzählenden Texten erwächst auch das biblische Erzählen aus der Spannung der beiden Zeitdimensionen »Erzählzeit« und »erzählter Zeit«. Insofern ist auch der Aspekt der Erzähltechnik und der sprachlichen Gestaltung von Bedeutung.

Die folgende Übersicht zum Verfahren (vgl. auch 4.6.2) eignet sich auch als zusammenfassende methodische Hilfe für Schüler der Sekundarstufe II. Sie sind schon nach relativ kurzer Einübung in der Lage, mit Hilfe dieser Methode selbstständig biblisch-erzählende Texte zu erschließen. Die **Strukturelemente** unterstützen das genaue Sehen und tiefere Verstehen dieser erzählten Wirklichkeit, ordnen die komplexe Welt der biblischen Erzählung, gliedern die Fülle der Beobachtungen und erleichtern ihre Beschreibung.

> **Der Raum**
> Das Geschehen vollzieht sich in räumlichen Dimensionen: Orte, Wege, Landschaften (z. B. Wüste, Berge, See) und Gebäude sind Schauplatz von Ereignissen, bilden den Handlungsraum für die Akteure und charakterisieren sie damit zugleich; die Anord-

nung der Personen im »Raum« (z. B. Zentrum/Peripherie) oder Perspektiven wie oben/unten (Himmel-Erde), Nähe/Ferne, Vordergrund/Hintergrund u. a. sind von Bedeutung für das Geschehen, für die Eigenart der Beziehung zwischen den Personen und für das Verhältnis Gott-Mensch.

Die Zeit
Zu achten ist auf die zeitliche Dimension der Ereignisse im Sinne eines Früher/Später (»in jener Zeit«), eines Gegenwärtig/Zukünftig, evtl. auch des Zeitlos-Ewigen. Zeitliche Orientierungspunkte im Ablauf des Geschehens sind des öfteren ganz unauffällig gesetzt (»dann«, »nach einiger Zeit«, »als«). Bedeutungsträger können auch die Tageszeiten (z. B. Morgen, Abend, Nacht) und Jahreszeiten sein (z. B. Zeit der Aussaat und Ernte), in denen sich die äußeren Vorgänge vollziehen und die nicht selten auch Spiegelbild der inneren Situation der Personen sind. Zu beachten sind neben den genannten Zeitebenen (Gegenwart, Vergangenheit, Zukunft) auch die Zeiträume (Stunden, Tage, Jahre, Jahrtausende), über die sich die Ereignisse erstrecken, wobei mit den Mitteln der Zeitraffung, Zeitdehnung oder auch des Zeitsprungs Akzente gesetzt werden können, die Auskunft geben über die Bedeutung des Geschehens und die Eigenart der beteiligten Akteure. Aufschlussreich kann sein, wo streng in chronologischer Reihenfolge erzählt oder wo die Chronologie durchbrochen wird, wo die Handlung (zumindest streckenweise) kontinuierlich dahinfließt und wo das Geschehen stockt, ein erwartetes Ereignis sich verzögert oder Unerwartetes plötzlich geschieht. Als häufig verwendetes sprachliches Mittel zur Verdeutlichung der erzählten Zeit dient die unauffällige Konjunktion »und«, wie sie aus der Art des reihenden Erzählens von Kindern (»und dann«) bekannt ist, um den Beginn oder Fortgang eines Geschehens zu signalisieren. Dieses »und dann«, stellt gleichsam die »Grundform alles Erzählens« dar (Simon 240).

Die Akteure und ihre Beziehung zueinander (Personenkonstellation)
»Akteure« sind meistens Menschen (einzelne, Gruppen, Völker) als handelnde Personen, aber auch Gott selbst oder himmlische/dämonische Mächte; auch unpersönliche Kräfte wie die Natur können zum Handlungsträger werden (z. B. Nacht, Sturm, Blitz und Donner, Wolken …). **Grundlegende Konstellationen** und Beziehungen der Akteure zueinander sind z. B. Gegnerschaft/Freundschaft, Zuwendung/Ablehnung, Vorgesetzter/Untergebener (Herr – Knecht, Herrscher – Untertan, Befehlender – Gehorchender), ausgeglichene gleichberechtigte Beziehung. **Besondere Situationen** sind zu beachten: wie die Personen dabei miteinander umgehen, welche Eigenart ihrer Beziehung dabei deutlich wird. Aufschlussreich sind Hinweise auf Entstehung, Veränderung, Verstärkung, Verlust usw. von Beziehungen.

Werte
Wo Menschen handeln, gibt es Gutes/Schlechtes, Schönes/Hässliches, Nützliches/Schädliches und Steigerungen zum Positiven wie zum Negativen hin. Zu beachten ist, an welchen unterschiedlichen Werten, Zielen und Verpflichtungen sich die Personen orientieren. Diese Wertordnungen sind meist nur zu erschließen aus den unmittelbaren Hand-

lungen der Personen; aus ihren aufbauenden oder zerstörenden Aktionen ergeben sich Hinweise auf ihre Einschätzung des Erlaubten oder Verbotenen. Die versteckten Wertvorstellungen der Akteure lassen sich auch ablesen an den Hoffnungen, Wünschen und Befürchtungen, die sie äußern.

Erwartungen
Wie die Menschen im Leben haben die Akteure in der erzählten »Welt« unterschiedliche Einstellungen zu dem, was um sie herum und mit ihnen geschieht: Manches halten sie für wahrscheinlich oder für unwahrscheinlich, für möglich oder unmöglich, für notwendig oder nur zufällig. Ihre spezifische Einstellung und Beziehung zur (erzählten) »Wirklichkeit« kann daran abgelesen werden. Im Hinblick auf Akteure und Ereignisse gibt es Bestätigung von Erwartungen, aber auch Enttäuschung von Hoffnungen; Rechnungen gehen nicht auf, die Wirklichkeit zeigt sich anders als erwünscht oder gar vorausberechnet. Solche Erfahrungen mit Menschen, Mächten und Ereignissen zwingen zum Umdenken, zur Entscheidung, zur Verhaltensänderung, was Kraft und oftmals großen Mut erfordert. Von entscheidender Bedeutung ist in biblischen Erzählungen die besondere Begegnung zwischen den Akteuren Gott ↔ Jesus ↔ Menschen.

Erzähltechnik und Sprache
Die Erkenntnisse zum »Inhalt« der Erzählung (Nr. 1-5) blieben oberflächlich, wenn nicht die Eigenart des Erzählens und der sprachlichen Gestaltung des Erzählten beachtet würde. Deshalb ist immer auch zu fragen:
- Aus welcher Perspektive wird die Geschichte erzählt?
- Wie ist der Aufbau der Erzählung? Wie entwickelt sich die Handlung? Gibt es einen Höhepunkt?
- Wo sind sprachliche Mittel ungewöhnlich und/oder wiederholen sich?
  (bildhafte Ausdrücke, symbolhafte Schlüsselwörter, Leitmotive; Auffälligkeiten in Wortwahl und Satzbau)
- Welche Wirkung und tiefere Bedeutung haben die sprachlichen Mittel zur Kennzeichnung der Personen und des Geschehens?

Hans Zirker, Bibel-Lesen. Zur Methode, in: Zugänge zu biblischen Texten. Eine Lesehilfe zur Bibel für die Grundschule. Neues Testament, Düsseldorf (Patmos) 1980, bes. 18-25.; veränderte Fassung G.R.

Ein Beispiel: Markus 2,1-12

¹Und als er nach Tagen wieder nach Kapharnaum kam, wurde bekannt, dass er zu Hause sei. ²Da strömten viele zusammen, sodass nicht einmal vor der Türe Platz war. Und er sprach zu ihnen das Wort. ³Da kamen Leute und brachten einen Gelähmten zu ihm, der von vieren getragen wurde. ⁴Und weil sie ihn wegen der Menge nicht bis zu ihm hinbringen konnten, deckten sie das Dach ab, wo er war, machten eine Öffnung und ließen die Bahre hinab, worauf der Gelähmte lag. ⁵Als Jesus ihren Glauben sah, sprach er zu dem Gelähmten: »Kind, deine Sünden sind dir vergeben.« ⁶Es saßen aber einige von den Schriftgelehrten dort und dachten in ihrem Herzen: »Was redet dieser so? Er lästert. ⁷Wer kann Sünden vergeben als Gott allein?« ⁸Doch Jesus erkannte sogleich in seinem Geiste ihre Gedanken und sprach zu ihnen: »Was denkt ihr da in euren Herzen? ⁹Was ist leichter, zu dem Gelähmten zu sagen: Deine Sünden sind dir vergeben, oder zu sagen: Steh auf, nimm deine Bahre und geh umher? ¹⁰Damit ihr aber wisst, dass der Menschensohn Macht hat, auf Erden Sünden zu vergeben – sprach er zu dem Gelähmten –: ¹¹ich sage dir, steh auf, nimm deine Bahre und geh heim.« ¹²Und der stand auf, nahm seine Bahre und ging sofort vor aller Augen hinaus, sodass alle (vor Staunen) außer sich waren, Gott priesen und sagten: »Noch nie haben wir solches gesehen.«

Aufgabe:
Deuten Sie den Text unter den Aspekten Raum, Zeit, Personenkonstellation, Erwartungen, Werte.

Anmerkung zum Text
»*Menschensohn*« (V. 10): In den Evangelien Mt, Mk und Lk verwendet Jesus diesen Ausdruck, um damit seine eigene Person zu bezeichnen. Diese Bezeichnung wird nie von jemand anderem als Anrede oder Aussage über Jesus gebraucht. Damit wird im vorliegenden Text seine »Hoheit« und besondere Vollmacht zum Ausdruck gebracht, die von Gott herkommt.

Hinweise zur Lösung
Als *Räumlichkeit* des Geschehens wird genannt: a) Kapharnaum am See Gennesaret; dieser Ort stellt den Mittelpunkt des galiläischen Wirkens Jesu dar, bei dem er massiv mit dem Problem des Glaubens und Unglaubens konfrontiert wird (vgl. auch Mt 11,23); b) der engere, unmittelbare Schauplatz der Handlung ist das »Haus«, in dem sich Jesus aufhält, wodurch das Geschehen eine persönliche, familiäre Note bekommt. Die räumlichen Verhältnisse sind insofern Bedeutungsträger als sie mit dazu dienen, den starken Glauben der »Leute« (die den Gelähmten bringen) zu verdeutlichen: sie lassen sich durch kein Hindernis davon abhalten, zu Jesus als dem »Heiland« vorzudringen und verschaffen sich eine Lücke durch das Dach des Hauses. Die *Zeitangaben* sind dagegen recht allgemein (»nach Tagen«) und lassen keine nähere Einordnung in Jahres- und Tageszeit zu. Dies könnte den Gedanken einer »über-zeitlichen« Geltung des Geschehens nahe legen.

Durch die **Konstellation der Personen** wird deutlich, dass Jesus im Mittelpunkt der Anwesenden und des Geschehens steht, dass es um seine einzigartige Stellung, um sein wirkmächtiges Sprechen und Handeln geht. Dies wird durch verschiedene kontrastive Erzählelemente deutlich:
- »Viele«, die zusammenströmen, um Jesus zu hören (sein Wort). Jesus ist also bereits bekannt.
- »Leute«, die den Gelähmten bringen, weil sie darauf vertrauen, dass Jesus ihn heilt.
- Die »Schriftgelehrten«, die Jesus als Gotteslästerer ablehnen. Sie trennen zwischen

der Welt bzw. den Fähigkeiten des *Menschen* und der Macht *Gottes*. Für sie ist Jesus »nur« ein sündiger Mensch wie alle anderen auch.
- Jesus steht im Mittelpunkt des Geschehens: er zeigt durch Wort und Tat, dass in ihm diese Polarisierung der Schriftgelehrten aufgehoben ist: Er ist als *Mensch* auf der Erde und vertritt zugleich in Vollmacht den *Anspruch Gottes*. Er bittet nicht – wie jeder andere Mensch – um Vergebung, sondern er vergibt selber.

Die Erzählung spielt deutlich mit dem Aspekt der *Erwartung*: Die »Leute« bringen den Gelähmten und erwarten (in festem »Glauben«), dass Jesus ihn heilt. Aber Jesus geht zunächst nicht auf diese Erwartungen ein, sondern durchbricht sie scheinbar durch eine für die Anwesenden völlig überraschende Handlung: er vergibt dem Kranken die Sünden. Die Erzählung erhält so zwei verschiedene thematische Aspekte (körperliche Heilung – »inneres«/«seelisches« Gesundwerden), die zunächst scheinbar nichts miteinander zu tun haben. Erst Jesus ordnet sie einander zu: die Heilung äußeren Gebrechens als Zeichen seiner Vollmacht, von Schuld heilen zu können. Theologisch könnte man als Jesusbild formulieren: Er ist derjenige, der heilt, aber nicht nach menschlichen Maßstäben »berechenbar« erscheint. Er akzentuiert die *Werte* anders als es üblicherweise Menschen tun (zeigt sich in vielen anderen Jesusgeschichten auch, bes. in den Gleichnissen). Deutlich wird dies auch daran, dass Jesus als »Heilbringer« den Zusammenhang/die Einheit von »Körper« und »Seele«, betont, das heißt: die Ganzheitlichkeit des Menschen. Dabei geht es ihm aber nicht mehr um eine traditionelle jüdische Sicht, dass die »Sünde« die Ursache für die Krankheit ist. Als weiterer »Wert« steht im Mittelpunkt der Aussage: die Bedeutung des Glaubens als Voraussetzung der Heilung (V. 5) und zugleich die Bestärkung des Glaubens durch die vollzogene Heilung (vgl. V. 12: alle »priesen« Gott) u. a.[10]

Ein Beispiel: Die Heilung des blinden Bartimäus (Mk 10,46-52) (Abitur)

> *[46] Sie kamen nach Jericho. Als er mit seinen Jüngern und einer großen Menschenmenge Jericho wieder verließ, saß an der Straße ein blinder Bettler, Bartimäus, der Sohn des Timäus. [47] Sobald er hörte, dass es Jesus von Nazaret war, rief er laut: »Sohn Davids, Jesus, hab Erbarmen mit mir!« [48] Viele wurden ärgerlich und befahlen ihm zu schweigen. Er aber schrie noch viel lauter: »Sohn Davids, hab Erbarmen mit mir!« [49] Jesus blieb stehen und sagte: »Ruft ihn her!« Sie riefen den Blinden und sagten zu ihm: »Hab nur Mut, steh auf, er ruft dich«. [50] Da warf er seinen Mantel weg, sprang auf und lief auf Jesus zu. [51] Und Jesus fragte ihn: »Was soll ich dir tun?« Der Blinde antwortete: »Rabbuni, ich möchte wieder sehen können.« [52] Da sagte Jesus zu ihm: »Geh! Dein Glaube hat dir geholfen.« Im gleichen Augenblick konnte er wieder sehen, und er folgte Jesus auf seinem Weg.*

---

10 Ergänzbar ist der Aspekt »Erzähltechnik und Sprache«.

Erläuterung zum Text

Vers 47: David, Davidssohn
David war der bedeutendste altisraelitische König (um 1000 v. Chr.). Im Judentum zur Zeit Jesu war man teilweise der Auffassung, dass der erwartete Retter und Heilbringer ein Nachkomme (»Sohn«) Davids sein und dessen Reich wieder herstellen werde. Auf diesem Hintergrund wird »Sohn Davids« später bei den Christen zu einem Titel für Christus.

Vers 51: Rabbuni
Wörtlich übersetzt bedeutet diese Anrede »mein Meister«. Gegenüber der üblichen Anrede »Rabbi« kommt dadurch die das »normale Maß« überschreitende große Ehrfurcht und Verehrung zum Ausdruck, die der Sprecher Jesus entgegenbringt.

Aufgabenstellung
1. Untersuchen Sie die neutestamentliche Erzählung unter den Aspekten Raum und Zeit, Personen und ihr Verhalten, Erwartungen und Werte.
2. Nach dem evangelischen Theologen Walter Schmithals ist die Erzählung ein Bild für »das Verhalten und die Aufgabe der Kirche«.
   Erläutern und beurteilen Sie – unter Berücksichtigung Ihrer Ergebnisse aus 1 und anhand von Beispielen – ob bzw. inwieweit die Markus-Erzählung Hinweise und Anstöße geben kann für das »Verhalten und die Aufgabe der Kirche« heute.

Das Zitat ist entnommen:
W. Schmithals, Das Evangelium nach Markus. Kapitel 9,2-16. Reihe: Ökumenischer Taschenbuch-Kommentar zum Neuen Testament, Band 2/2, Gütersloh 1979 (Siebenstern Taschenbuch 504), 476.

Konkrete Beschreibung der zu erwartenden Schülerleistung
(Erwartungshorizont des Lehrers)

Aufgabe 1: Strukturanalyse des Textes

Die im Folgenden methodisch getrennt erläuterten Strukturelemente des Textes bilden innerlich und bedeutungsmäßig eine enge Einheit. Insofern ist es ein besonderes Leistungsmerkmal, in welchem Umfang es bei der Lösung der Aufgabe gelingt, Wiederholungen und Redundanzen zu vermeiden und die Beobachtungen möglichst wirkungsvoll unter dem am besten geeigneten Aspekt darzulegen.

Raum:
Das Motiv des Auf-dem-Weg-seins Jesu (nach Jerusalem); Jericho als unscheinbarer Ort des Geschehens, der aber zugleich für den betroffenen Bartimäus zum Ort der Heilung und damit eines verwandelten Lebens wird. Bedeutungsvoll ist auch die räumliche Perspektive von Bartimäus (sitzend/passiv, am Straßenrand) und der »Menschenmenge« (aufrecht gehend/aktiv, in Bewegung).

Zeit:
Ein kurzer, unscheinbarer Zeitraum des Geschehens; das Ereignis geschieht gleichsam im Vorübergehen. Aber die Wirkung geht über den zeitlichen Augenblick hinaus und bestimmt die Zukunft des vormals Blinden: er folgt Jesus nach (V. 52).

Personen und ihr Verhalten:
Die Initiative (Aktion) geht zunächst vom Blinden aus; er löst dadurch unterschiedliche Reaktionen aus (Menschenmenge, Anhänger Jesu, Jesus). Danach ist Jesus der Aktive: er lässt den Blinden holen; es erfolgt ein Wechselgespräch; deutlich wird, dass der Blinde angenommen wird von Jesus – trotz seiner Krankheit und seines körperlichen Mangels. Verhältnis des Hoffens und Vertrauens Jesus gegenüber. Danach Verhältnis von Jünger und Meister im zukünftigen Mit-Gehen des Weges Jesu (»Nachfolge«). Der Wandel vollzieht sich jedoch nicht als ein »magisches« Geschehen an dem Blinden, sondern dessen Einstellung und Wollen (V. 51: »ich möchte wieder sehen können«) wird ausdrücklich von Jesus erfragt und ernst genommen.
Die Zuschauer verhalten sich zunächst abwehrend dem Blinden gegenüber. Ihre Motive werden nicht genannt, lassen sich aber vermuten: in ihrem religiösen Weltbild stören Kranke, weil Krankheit als Strafe Gottes galt für Vergehen und Sünden. Vor solchen Leuten soll Jesus bewahrt werden! Ihr Bild von Jesus ist sehr einseitig: er soll sich nur den »Reinen« und »Frommen« zuwenden und diese als Anhänger um sich scharen.

Erwartungen:
Der Blinde erwartet die Wiedererlangung seiner Sehfähigkeit durch Jesus. Dabei wird als Bild von Jesus deutlich: er wird erwartet/erhofft als der Retter und Heilbringer/Heiland (»Sohn Davids«), der das »Heil« eines jeden Menschen will, ihn annimmt und ihn in die Nachfolge ruft.

Werte:
Im Mittelpunkt der Geschichte steht der Aspekt »Glaube«, der ganz anschaulich als beharrliches Rufen nach Jesus, als Bitte um Hilfe, wo kein Mensch mehr helfen kann, als Hoffnung und Sehnsucht nach einem geheilten Leben in Gemeinschaft mit anderen und in der frei gewollten Nachfolge Jesu (Weg-Motiv).

Aufgabe 2: Der Bezug zur Kirche

Als Deutungsaspekte und Bezugspunkte sind denkbar:
- Die Anhänger Jesu/die Kirche sind nicht immer die wirklich »Sehenden«.
- Es gibt auch in der Kirche heute noch Situationen des »Blindseins« im Sinne des Nichtverstehens oder des nicht konsequenten Lebens der Botschaft und des Anspruchs Jesu (z. B. Umgang mit Angehörigen diverser »Problemgruppen«, auch kritischen Theologen, und daraus resultierende seelische oder gar Existenznöte).
- Die Erzählung ist eine Mahnung an die christlichen Kirchen auch heute noch: Jesus, sein Leben und Sterben für die Menschen ernst nehmen, niemand von der Nachfolge und Gemeinschaft der Glaubenden ausschließen usw.

- Als Grenze einer solchen aktualisierenden Deutung der Erzählung könnte gezeigt werden, dass nicht alle Einzelheiten des Textes sinnvoll zu übertragen sind.

4.9.4 Gleichnisse und Parabeln

1. Einführung in die literarische Form der Gleichnisse

Die Geschichte der Gleichnisauslegung führte zur Erkenntnis einer Reihe von Elementen, Merkmalen und Hintergründen, die bis heute für die Deutung wichtig sind.
So entdeckt Adolf Jülicher (1857–1938) die metaphorische Sprache der Gleichnisse und hebt diese ab von der Allegorie und der allegorischen Deutung. Sein grundlegendes Werk »Die Gleichnisreden Jesu« (2 Teile, 1888–1899, Tübingen ²1910) wird von großem Einfluss auf die wissenschaftliche Auseinandersetzung und auf die didaktische Konzeption in Schulbüchern bis in unsere Tage.

Grundlegend für die Auslegung der Gleichnisse (auch im Unterricht) wird seine Unterscheidung von »**Bildhälfte**« und »**Sachhälfte**«, die beide in einem »**tertium comparationis**« aufeinander bezogen und miteinander verbunden sind. Es komme entscheidend darauf an, diesen Vergleichspunkt herauszuarbeiten, weil er als Einstieg in das Verständnis des Gleichnisses dient. Jülichers Sicht, die Gleichnisse Jesu seien »rhetorische« nicht »poetische« Formen, wird heute als einseitig empfunden. Die heutige Exegese betont demgegenüber als Merkmal der jesuanischen Gleichnisse »die verfremdenden Sinneinbrüche oder Überzeichnungen in Handlung und Sprache (…) und deutet sie (…) als poetische Zeichen« (Theo Elm, in: Killy Literaturlexikon 14, 193). Nach Paul Ricoeur gründet die Unerhörtheit und geistige Sprengkraft der Botschaft Jesu in ihrer »poetischen Extravaganz«, das heißt: »in der Unübersetzbarkeit und Auslegungsunendlichkeit metaphorischen Sprechens als dem poetologischen Kern der Parabel« (Theo Elm 193).

Geschichte der Gleichnisauslegung

Ein neuer Schritt der Gleichnisauslegung erfolgt mit der Erkenntnis von Joachim Jeremias, Eta Linnemann u. a., dass alle Gleichnisse einen bestimmten historischen Ort im Leben Jesu haben und auf eine geschichtliche Situation Bezug nehmen. So ist für die Auslegung die Erkenntnis wichtig, dass Jesus die Gleichnisse überwiegend zu seinen Gegnern gesprochen hat. Daher ist hinsichtlich der Ursprungssituation sowohl zu reflektieren, welche Gedanken der Erzähler Jesus mit dem Gleichnis verbunden hat, als auch welche Ideen, Vorstellungen und Wertungen in den Zuhörern damals wirksam waren, welche Botschaft das Gleichnis in der konkreten Situation den Zuhörern vermittelte und wie sie wirkte.

Der literarischen Form nach handelt es sich beim Gleichnis um einen zur Erzählung ausgestalteten Vergleich, bei dem ein schwieriger Gedanke, Vorgang oder Zustand (Sachsphäre) dem Leser oder Hörer dadurch veranschaulicht, verdeutlicht und zugänglich gemacht werden soll, dass er in Beziehung gesetzt wird zu einem anderen Bereich, dem Lebensbereich des Menschen, der konkret und sinnlich wahrnehmbar ist (Bildsphäre). Vorausgesetzt wird dabei, dass zwischen den beiden zu vergleichenden Bereichen eine Ähnlichkeit besteht, ihnen also ein drittes Element als gemeinsames Merkmal und als Vergleichspunkt zukommt (das sog. tertium comparationis = »das Dritte der Vergleichung«), in dem sich beide berühren.

Durch den direkten Texthinweis, dass etwas »so« ist »wie« wird der Leser bzw. Hörer ausdrücklich aufgefordert, in einem besonderen Deutungsverfahren die tiefere Wahrheit des anschaulich-bildlich Erzählten (»Bildhälfte«) durch Analogieschluss zu enträtseln, indem er das im Text Dargestellte (in der Regel eine alltägliche Erfahrung) mit der außersprachlichen Realität (»Sachhälfte« als dem »eigentlich« religiös Gemeinten) kontrastierend vergleicht. Besser geeignet wäre allerdings die Begrifflichkeit »Sinnhälfte« – statt »Sachhälfte«

Gleichnisse und Parabeln gibt es offenbar in allen Kulturen und zu allen Zeiten. Verbindungen reichen u. a. bis zur antiken lateinischen und griechischen Literatur (besonders zu Homer), zu alt- und neutestamentlichen Gleichnisreden, zur rabbinischen Gleichnisliteratur sowie zu anderen orientalischen Quellen. In Gleichnissen zu sprechen ist eine beliebte Technik religiöser und insbesondere mystischer Texte.

Ein besonderer Höhepunkt des gleichnishaften Sprechens stellen die Gleichnisse Jesu dar. Nach Überzeugung der Exegeten kommen wir Jesus in dieser seiner charakteristischen Redeform historisch gesehen am nächsten (sog. »Urgestein der Überlieferung«) und können den »Inhalt« seiner Verkündigung am sichersten erfassen (TRE 15, 1986, 201).
In seinen Gleichnissen stellt Jesus zwei Wirklichkeiten nebeneinander, die Wirklichkeit Gottes (die »religiöse Sache«, um die es geht; die »Sachhälfte«) und eine aus dem vertrauten, unmittelbar zugänglichen Lebensbereich des Menschen genommene, bildhaft erzählte Wirklichkeit (»Bildhälfte«), von der her die religiöse Botschaft erschlossen werden soll. Die Gottesherrschaft (Reich Gottes) ähnelt dem, was in der Erzählung jeweils geschieht. Aber diese Ähnlichkeit beinhaltet zugleich immer auch eine Unvergleichlichkeit, wie sie Gott zukommt. Jesus macht deutlich, dass es bei seiner Gleichnisrede nicht um bildhafte Einkleidungen von Sachverhalten geht, die auch »direkt« in »eigentlicher Rede« aussagbar wären, sondern dass die Welt Gottes, die er den Menschen nahe bringen will, gar nicht anders als in metaphorischem Sprechen zur Sprache gebracht werden kann. (Lindemann 201)
Da dieses »Reich Gottes« nicht eine unmittelbar objektivierbare Wirklichkeit bezeichnet, ist es dem Menschen weder direkt zugänglich noch auf eine definitorische Weise exakt zu bestimmen. »Reich Gottes« ist vielmehr selber ein Bild und Gleichnis und kann daher nur auf bildhaft-symbolische Weise als erzählte Welt zur Sprache kommen. Folgenschwer ist dabei die Tatsache, dass der Sinn der Gleichnisse nicht unmittelbar mit ausgesprochen wird. Daher kommt dem Hörer bzw. Leser die Aufgabe zu, selber den Wahrheitsanspruch des Gleichnisses zu erkennen und den Handlungsappell einzulösen.
Jesus will seine Zuhörer nicht einfach über die Welt Gottes in Lehrsätzen »informieren« oder ein bestimmtes Bild von Gott »zur Diskussion stellen«. Hinter seinen erzählten Gleichnissen steht vielmehr der Anspruch, dass in seiner Person und durch ihn selbst die Wirklichkeit Gottes autoritativ und mit Vollmacht zur Sprache kommt. Gottes Herrschaft ist in Jesu Verkündigung und Lebenspraxis hier und jetzt schon angebrochen, letztlich aber hinsichtlich ihrer Vollendung durch Gott im Eschaton noch ausstehend. »Die Gleichnisse (...) führen den Hörer in eine erzählte Zukunft, die freilich im Vollzug der Gleichnisrede selbst schon zur Gegenwart wird« (A. Lindemann).

Das Reich Gottes ähnelt dem, was in der Erzählung jeweils geschieht. Durch die Vielfalt der Geschichten wird das, was das Symbol »Reich Gottes«, bedeutet, in seiner spannungsvollen Eigenart deutlicher. Die Gleichnisse sagen nicht so sehr aus, was das »Reich Gottes« *ist*, als vielmehr, womit es sich in der menschlichen Erfahrung vergleichen lässt. Zugleich beinhaltet diese Vergleichbarkeit immer auch eine Unvergleichlichkeit, wie sie Gott zukommt. Man spricht deshalb von einer »**Kontrasterfahrung**« der Gleichnishandlung und ihrer überraschenden »Lösung« gegenüber der Normalität unseres Alltags: das Geschehen im Gleichnis stört empfindlich unsere gewohnten Maßstäbe, ja verfremdet sie. (Paul Ricoeur; in: Christl. Glaube in mod. Gesellschaft, Bd. 2, Freiburg 1981, 99-104; B. Weber, Methodenkompetenz 56-59) Die Gleichnisse Jesu dienen als Medium zur Erhellung tieferer, göttlicher Wahrheiten und vermitteln eine religiöse Glaubensbotschaft. Sie können als Modelle angesehen werden, Wirklichkeit neu zu beschreiben.

In den synoptischen Evangelien ist die »Gottesherrschaft« das zentrale Thema der Predigt des irdischen Jesus. Im Neuen Testament ist die »Gottesherrschaft« ein eschatologischer Begriff, der die »endzeitlich-endgültige Herrschaft Gottes bzw. Christi«, meint (Lindemann a. a. O.).

Nach1 neuerer Gleichnisforschung lassen sich in der Gleichnisrede Jesu hauptsächlich drei Formen unterscheiden:

Die neue Sicht

* **Gleichnis im engeren Sinn:** episch-fiktionaler Text, der einen Vergleich zu einer kleinen Erzählung ausweitet, in der ein häufig vorkommender Vorgang oder bekannter Zustand aus dem Alltagsleben oder der Natur (z. B. Saat- und Wachstumsvorgänge) ohne Dialogpartien dargestellt wird, der verglichen werden soll mit einer anderen, religiösen Wirklichkeit, die nicht direkt aussagbar und zugänglich ist.
  Beispiel: Schatz im Acker (Mt 13,44); Sämann (Mk 4,3-8)
* **Parabel:** eine größere fiktive Erzählung von einem ungewöhnlichen Ereignis mit manchmal sonderbaren Einzelzügen – interessante Fälle, die einmalig sind oder nur selten vorkommen. In diesen Geschichten gibt es mehrere Akteure, ausgeführte Dialogpartien und eine Szenenfolge, deren Aufbau nach dem Prinzip der dramatischen Steigerung auf einen überraschenden Höhepunkt hin konzipiert ist. Parabeln zeigen fast immer einen Aufbau in drei Akten: 1) Ausgangssituation, 2) Krise, 3) Lösung.
  Beispiel: Zehn Jungfrauen (Mt 25,1-13); Liebender Vater (Lk 15,11-32).
* **Beispielerzählung:** Ein religiös-sittlicher Gedanke wird durch einen Einzelfall beleuchtet. Dabei liegt der Schwerpunkt auf dem Appell zum rechten Tun.
  Beispiel: Barmherziger Samariter (Lk 10,30-37); Pharisäer und Zöllner (Lk 18,9-14).

Zur Form der Parabel sind als Charakteristika konzise festzuhalten:
In den Evangelien nehmen die Parabeln (griech. *paraballein* = nebeneinander stellen; *parabole* = Vergleichung) Jesu eine herausgehobene Stellung ein. Eine Wahrheit, eine allgemeine Einsicht oder Verhaltensregel soll anhand eines bildhaften Geschehens (beispielhafte Handlung) aus einem anderen Lebens- und Vorstellungsbereich veranschaulicht werden. Dabei ist das Gesagte nicht im wörtlichen, sondern im übertragenen Sinn zu verstehen. Das eigentlich Gemeinte muss der Leser durch den Denkvorgang der Analogie finden und erschließen. Darin besteht der Appellcharakter des Textes. Das

gewählte Beispiel muss jedoch nicht in allen Einzelzügen mit dem tatsächlich gemeinten Gegenstand übereinstimmen, sondern es genügt ein gemeinsamer zentraler Aspekt.
Das lehrhafte, veranschaulichende Erzählen verfolgt die Intention, den Leser bzw. Hörer zum Denken aufzufordern und ihn zur Suche nach der Wahrheit zu motivieren im Sinne einer Erkenntnis des sinnvollen Handelns. Hierin steht die Parabel der rhetorisch-appellativen Fabel nahe, distanziert sich jedoch von deren normativen Kriterien und der Stereotypie der Figuren und ihres Verhaltens mit den sich daraus ergebenden Handlungsschemata. Gemeinsames Merkmal von Parabel und Fabel ist das »uneigentliche« gleichnishafte Sprechen, das heißt: das Gesagte ist nicht identisch mit dem Gemeinten.
Im Rahmen einer rezeptionsästhetischen Sicht (Ziesenis, Taschenbuch DU 2, 566 ff) wird besonders die beziehungsreiche, deutungsoffene und bewusstseinsirritierende Bildlichkeit als konstitutives Merkmal der Parabel herausgestellt (bes. von Theo Elm). Was dabei (nach Wolfgang Iser) im Rahmen der Rezeption literarischer Texte allgemein gilt, nämlich die »Leer- und Unbestimmtheitsstellen« zu füllen und den Sinn selber zu konstituieren und zu konkretisieren, wird bei der Parabel in besonderer Weise provoziert: Der Leser bzw. Hörer hat die Aufgabe, aus der Bildlichkeit, der spezifischen Wirkungsstruktur und dem appellativen und dialektischen Charakter der Parabel selbst den tieferen »Sinn« zu entdecken, sich kritisch damit auseinander zu setzen und der Textaufforderung nachzukommen, sich selber dabei genauer zu erkennen und Entscheidungen abzuleiten im Sinne einer Verhaltensänderung.

Auf die Gleichnisse Jesu bezogen ergeben sich aus dieser literaturwissenschaftlichen Sicht der Parabeln besondere Akzente.

Es lassen sich verschiedene **Typen der Parabel** unterscheiden:
- die biblische bzw. religiöse Parabel (als Gleichnis vor allem des Neuen Testaments: »Gleichnis vom gütigen Vater«)
- die didaktische Parabel (z. B. Lessing: Ringparabel)
- die verrätselte Parabel der Moderne (z. B. bei Kafka)
Sie »entzieht sich der herkömmlichen, auf Eindeutigkeit und Lehrhaftigkeit ausgerichteten Zweckbestimmung. Parabel ist sie vor allem inso weit, als dem Leser ein Modell des Denkens und der Selbstreflexion angeboten wird, das auf Analogiebildung beruht. Der Leser ist dazu aufgefordert, das Erzählte vergleichend auf die eigene Wirklichkeit zu beziehen und die Leerstellen des Textes mit eigenen konkreten Erfahrungen und Weltdeutungen zu füllen. Die Möglichkeit der Übertragung wird vom Autor oft nur angedeutet oder gar dem Leser vollständig überlassen. In dieser offenen Form drückt sich ein Kennzeichen der literarischen Moderne aus.« (KennWort 11, 153)
- die politische Parabel (z. B. bei B.Brecht)
»In den Dramen Brechts, Frischs und Dürrenmatts ist der Zuschauer oder Leser dazu aufgefordert, Beziehungen zwischen dargestellter Wirklichkeit (Bild oder Fallbeispiel) und Realität (Sache oder Theorie) herzustellen, um das Stück überhaupt verstehen zu können.« (KennWort 11, 153; siehe kritisch ergänzend: Theo Elm, in: Killy Literaturlexikon 14, 192)

2. Praxismodell: Arbeitsschritte und Untersuchungsaspekte zur Erschließung von Gleichnissen

1. Bestimmung der Art/Form der Gleichniserzählung

Unterscheidung:
- **Gleichnis**:
  im engeren Sinne: narratives, erzählerisches Miniaturstück ohne Dialogteile
- **Parabel**:
  große Gleichniserzählung mit mehreren Personen/Akteuren und Dialogteilen, die sich dramatisch auf eine Lösung am Schluss hin zuspitzt

Zur <u>Kennzeichnung:</u> nicht das Alltägliche, sondern *das Ungewohnte, Auffällige und Überraschende* bildet den Stoff der Parabel!

2. Kennzeichnung des Aufbaus/der Gliederung der Gleichniserzählung/Parabel

In Parabeln findet sich fast immer eine *Szenenabfolge in drei Akten:*
- Ausgangssituation
- Krise
- Lösung

Anhand dieser drei Strukturelemente lässt sich die Parabel deuten. Die Lösung ist stets ungewohnt – sie ist der springende Punkt der Parabel.

Aufgabe:
Bestimmen Sie die Szenenfolge durch Kennzeichnung der Abschnitte im Text (Haken), und nennen Sie zu jedem Abschnitt eine Überschrift.

3. Nähere Betrachtung der Handlung/der Figuren und ihres Verhaltens

Fast immer geht es in Parabeln um *drei Personen* in einer besonderen Konstellation zueinander:
- eine überlegene Hauptfigur im Mittelpunkt des Geschehens
- zwei einander gegenüberstehende Personen oder Gruppen, die in einem spezifischen Verhältnis zur Hauptfigur stehen

Leitfragen zur Auslegung von Gleichnissen
- Wie stehen die Personen zueinander?
- Welche Erwartungen haben sie?
- Welche Person steht im Mittelpunkt?
- Welche Werte werden deutlich?
- Wie wird der Lösungsvorschlag in der Geschichte begründet (Argumente der Handlungsträger)?

4. Beschreibung und Erläuterung der Kontrasterfahrung

Worin besteht das Besondere/der Gegensatz zu der/zu unserer Alltagserfahrung?

Die Normalität, das Gewohnte wird gestört. Darauf kommt es Jesus an!
Wir haben die Tendenz, unseren gewohnten Alltagserfahrungen und -maßstäben zu entsprechen.
(So werten wir häufig beim Gleichnis von den »Arbeitern im Weinberg«: »Und ungerecht ist es doch!«)

5. Deutung der Botschaft Jesu vom »Reich Gottes« von der Kontrasterfahrung her

6. Übertragung der Personen und Handlungsmotive in unsere Zeit

Gibt es in unserer Lebenswelt/Alltagserfahrung Beziehungen zu der Geschichte und ihrer überraschenden Lösung?

Durch die Übertragung der Parabel in unsere Zeit und Lebenswelt wird deutlich, wie »unmöglich« die Lösung ist. Erkenntnis: Gott legt andere Maßstäbe an, Gott ist anders!!

Vertiefung: Wie können Christen heute diese Erfahrungen, die Jesus von Gott erzählt, so weitergeben, dass sie auch heute noch herausfordern/provozieren?

Ein Beispiel: Die Parabel von den Arbeitern im Weinberg Mt 20,1-15

Mit der Gottesherrschaft verhält es sich wie mit einem Hausherrn, der gleich in der Frühe ausging, Arbeiter für seinen Weinberg zu dingen. ²Er kam mit den Arbeitern überein auf einen Denar pro Tag und schickte sie in seinen Weinberg. ³Als er um 9 Uhr (wieder) ausging und andere auf dem Markt ohne Arbeit herumstehen sah, ⁴sagte er zu jenen: »Geht auch ihr in den Weinberg, und was recht ist, werde ich euch geben.« ⁵Sie aber gingen hin. Wiederum ging er um 12 Uhr und um 15 Uhr und tat ebenso. ⁶Als er aber um 17 Uhr ausging, fand er andere herumstehen und sagt zu ihnen: »Was steht ihr hier den ganzen Tag ohne Arbeit?« ⁷Sie sagen ihm: »Niemand hat uns gedungen.« Er sagt zu ihnen: »Geht auch ihr in den Weinberg!«

⁸Als es aber Abend wurde, sagt der Herr des Weinberges zu seinem Verwalter: »Rufe die Arbeiter und zahle den Lohn aus, indem du bei den letzten anfängst bis (hin) zu den ersten!« ⁹Da kamen die um 17 Uhr Angeworbenen und erhielten je einen Denar. ¹⁰Und die ersten kamen und nahmen an, dass sie mehr erhalten würden; und auch sie erhielten je einen Denar. ¹¹Als sie ihn aber erhielten, begehrten sie auf gegen den Hausherrn

> *und sagten:* ^{12}*»Diese letzten hier haben nur eine einzige Stunde gearbeitet, und du hast sie uns gleich gemacht, die wir die Last des ganzen Tages und die Hitze ertragen haben.«* ^{13}*Er aber antwortete einem von ihnen und sagte: »Freund, ich tue dir nicht unrecht. Bist du nicht um einen Denar mit mir übereingekommen?* ^{14}*Nimm das Deine und geh hin! Ich will aber diesen letzten geben wie auch dir. Darf ich mit dem, was mein ist, nicht tun, was ich will?* ^{15}*Oder ist dein Auge böse, weil ich gut bin?«*[11]

1. Bestimmung der Art/Form der Gleichniserzählung

Es handelt sich um eine **Parabel**, d. h. eine große Gleichniserzählung mit mehreren Personen/Akteuren und Dialogteilen, die sich dramatisch auf eine Lösung am Schluss hin zuspitzt. Nicht das Alltägliche, sondern *das Ungewohnte, Auffällige und Überraschende* bildet den Stoff der Parabel.

2. Kennzeichnung des Aufbaus/der Gliederung der Parabel

In der vorliegenden Parabel findet sich eine *Szenenabfolge in drei Akten:*
- Ausgangssituation: Lohnvereinbarung und Einstellung von Arbeitern zu unterschiedlichen Tageszeiten
  Ein Weinbergbesitzer stellt Arbeitssuchende zu unterschiedlichen Zeiten ein. Mit den zuerst Gekommenen wird der Tagessatz von 1 Denar vereinbart, d. h. ein Betrag, der es einer Familie ermöglicht, einen Tag zu leben. Den anderen wird zugesagt, dass sie erhalten, was »gerecht« ist.
- Krise: Die Auszahlung: gleicher Lohn für alle Arbeiter – alle werden zu Ersten
  Die zuletzt Gekommenen, die nur wenig gearbeitet haben, werden zuerst entlohnt. Sie erhalten als »gerechten« Lohn den Betrag, der mit denen vereinbart war, die den ganzen Tag geschuftet haben: 1 Denar. Diejenigen, die den gesamten Tag gearbeitet haben, nehmen nun an, dass sie – gemäß der erbrachten Leistung – entsprechend mehr erwarten dürfen. Sie erhalten aber denselben Lohn. Es kommt Unmut über solche »Ungerechtigkeit« auf.
- Lösung: Die Motivation des Weinbergbesitzers: Anstoß zum Nachdenken
  Der Arbeitgeber weist den Vorwurf der Ungerechtigkeit zurück und verweist auf die Lohnabmachung, die getroffen wurde. Als Motiv seines Handelns wird Güte genannt, die er nicht weiter zu rechtfertigen braucht. Es wird appelliert, die Missgunst fallen zu lassen.

Anhand dieser drei Strukturelemente lässt sich die Parabel deuten. Die Lösung ist stets ungewohnt – die Güte ist der springende Punkt der Parabel.

---

11 Übersetzung nach: Hans Weder, Die Gleichnisse Jesu als Metaphern, Göttingen³ 1984, 220-223.

3. Nähere Betrachtung der Handlung/der Figuren und ihres Verhaltens

In dieser Parabel geht es um *drei Personen/Personengruppen* in einer besonderen Konstellation zueinander:
eine überlegene Hauptfigur im Mittelpunkt des Geschehens: der Weinbergbesitzer (1.), dessen unerwartetes Handeln bei den ganztägig Arbeitenden (2.) zu Widerspruch führt, bei den gütig behandelten zuletzt eingestellten Arbeitern (3.) allerdings angenommen wird. Dabei bleibt die Spannung zwischen den beiden Personengruppen der Arbeiter noch zu überwinden: die von Anfang an Arbeitenden sollen die Güte angesichts der Bedürftigkeit der letzten Arbeiter ohne Missgunst anerkennen und somit erfassen, dass hier die Gnade alles menschliche Kalkulieren übersteigt – das ganze im Gleichnis geschilderte Geschehen deutet darauf hin, wie es – im Sinne Jesu als Erzähler der Parabel – bei Gott zugeht. Die Parabel wirbt um Einverständnis mit dieser Sicht.

4. Beschreibung und Erläuterung der Kontrasterfahrung

Die gleiche Entlohnung der Arbeiter für unterschiedlich schwere und lange Arbeit entspricht nicht einem verbreiteten Gerechtigkeitsempfinden. Darin besteht das Besondere/der Gegensatz zu der/zu unserer Alltagserfahrung. Die Normalität, das Gewohnte wird gestört. Darauf kommt es dem Gleichniserzähler jedoch an. Schüler bleiben häufig beim Gleichnis von den »Arbeitern im Weinberg« dabei: »Und ungerecht ist es doch!«

5. Deutung der Botschaft Jesu vom »Reich Gottes« als Kontrasterfahrung

Die Parabel von den Arbeitern im Weinberg kann exemplarisch zweierlei aufzeigen: zum einen ist der Gott Jesu der »gerechte« Gott, der seine Vereinbarungen und Zusagen einhält. Darin erschöpft sich allerdings nicht die »Gerechtigkeit« Gottes, dass er jedem das Vereinbarte auch zukommen lässt. Die »Gerechtigkeit Gottes« ist nicht ohne Güte und Barmherzigkeit zu denken. Denn der Gutsbesitzer – von Gott ist implizit die Rede – weiß um die Sorgen und Nöte der Arbeiter. Wenn er nur nach menschlicher Gerechtigkeit geben würde, kämen die recht spät Anfangenden und ihre Familien zu kurz und würden weiterhin Not leiden. Darum gibt er ihnen mehr, als sie nach menschlichen Maßstäben »verdient« haben. Entscheidend ist die **Güte** des Weinbergbesitzers, die menschliche Erwartungen durchkreuzt. Die Parabel befreit so von Leistungslohnvorstellungen und wird so selbst zu einem »Ereignis der Güte Gottes« (Hans Weder).
Die Interpretation der Parabel mit dem Bezug des geschilderten Geschehens zum Reich Gottes verdeutlicht zudem, wie hier das Narrative als »eigentliche Gottessprache« (Dorothee Sölle) jeglichem dogmatischen Lehrsatz überlegen ist, da der Spannungsreichtum beim Reden vom Unbegreifbaren gewahrt bleibt. Theologie steht nach Dorothee Sölle ja in der Gefahr, durch ihre Rede von Gott in *dogmatischen* Formeln diesen eher statisch zu sehen, seine Dynamik und Lebendigkeit hinter den fixen Formulierun-

gen der traditionellen Glaubensbekenntnisse verschwinden zu lassen. Sölle nennt »Gebet« und »Erzählung« daher die *eigentlichen* Sprachformen, wie von Gott angemessen geredet werden darf. In ihnen wird Gott als »Ereignis« deutlich, nicht als Substanz. So kann verständlich werden, was an und mit Menschen geschieht, wenn von Gott bzw. von der Basileia Gottes die Rede ist.[12]

Die ersten Rezipienten des Gleichnisses werden sich mit den ganztägig Arbeitenden identifiziert haben (Leistungslohnvorstellungen). Die »Güte« des Weinbergbesitzers, die mit Gottes Handeln identifiziert wird, ist wohl als Kontrasterfahrung der »Ungerechtigkeit« in aller Anstößigkeit verstanden worden.

6. Übertragung der Personen und Handlungsmotive in unsere Zeit

Durch die Übertragung der Parabel in unsere Zeit und Lebenswelt wird deutlich, wie »unmöglich« die Lösung ist. <u>Erkenntnis</u>: Gott legt andere Maßstäbe an, Gott ist anders. Und es bleiben Fragen: Wie kann dieses Anderssein Gottes überhaupt verständlich zur Sprache gebracht werden? Können Christen heute diese Erfahrungen, die Jesus von Gott erzählt, selbst so verstehen und weitergeben, dass sie auch heute noch herausfordern/provozieren?

4.9.5 Die Erschließung von Psalmen

1. Einführung in die Gattung Psalm

Die Psalmen (griech. *psalmos* = das zum Saitenspiel vorgetragene Lied) sind 150 religiöse **Lieder Israels**, die spätestens im 2. Jahrhundert vor Christus aus älteren Teilsammlungen hervorgegangen sind, die wiederum Lieder enthielten, die bis in die Zeit des Königs David (1000–960 v. C.) zurückgehen. Alle Psalmen sind Gedichte (Lyrik), die teils für den persönlichen Gebrauch teils für die Verwendung in der Gemeinde bestimmt sind. Ihr **poetischer Charakter** ist auch bei einer Übersetzung ins Deutsche noch unüberhörbar, wenngleich sich diese Art der Poesie von der bei uns gewohnten europäischen Lyrik unterscheidet:
Begriffserläuterung

Die entscheidende Rolle spielt der **Akzent** (= Wortbetonung). Jede **Sinnzeile** ist durch Akzente (Wortbetonungen) geformt und enthält entweder 3 und 3 oder 3 und 2 Betonungen. Je zwei oder drei Sinnzeilen bilden eine **Verseinheit**. Der Reim ist unbekannt; dafür gibt es andere beliebte Stilmittel wie z. B. die Alliteration, das Wortspiel und als besonderes Merkmal der hebräischen Poesie den **Parallelismus**, der darin besteht, dass in der zweiten Zeile ein ähnlicher Gedanke wie in der vorausgehenden Zeile zur Verstärkung wiederholt wird.
Literarische Besonderheiten

Die Psalmen sind inhaltlich und sprachlich so vielfältig, dass es schwer fällt, sie bestimmten »Gattungen« zuzuordnen und damit festzulegen. Die formgeschichtliche Methode versucht unter formalen und inhaltlichen Aspekten die Fülle der Psalmentexte
Klassifizierungsversuch

---

12 Vgl. Dorothee Sölle, Gott denken. Einführung in die Theologie, Stuttgart ²1990.

nach typischen Gattungen zu klassifizieren. Dabei wird auch nach der Funktion und dem »Sitz im Leben« (Ursprungs- und Überlieferungssituation) der Texte gefragt. So wenig erschöpfend diese Einteilung auch ist und so sehr auch Abweichungen und Mischformen auftreten können: die Kenntnis und Beachtung der literarischen Grundform ist für das Verstehen eines Psalms wichtig.

Erläuterung einiger Gattungen:

Beispiele für Gattungen

- Der **Hymnus** ist ein für den Gottesdienst bestimmter feierlicher Lob- und Preisgesang, der Gottes Wesen und seine Eigenschaften (Macht, Herrlichkeit, Gerechtigkeit, Güte usw.) aufgrund seines Wirkens in der Natur und Geschichte feiert, z. B. als Schöpfer der Welt (Ps 19; 65), als Herrscher der Geschichte (Ps 107), als König von Jerusalem (Ps 47) usw. Ein Hymnus zeigt oft folgenden Aufbau:
  Einleitung: Aufforderung zum Lobpreis Gottes,
  Hauptteil: Feststellung und Begründung der Preiswürdigkeit Gottes, Aufzählung einzelner Machttaten.
  Schluss: Rückgriff auf die Einleitungsformel oder seltener: Äußerung eines Wunsches bzw. einer Bitte.
  Der Beter verbindet in der Regel mit diesem Loblied keine Bitte – weder für sich selbst noch für die Gemeinde. Es fehlt auch meist eine direkte Gottesanrede.

- Die am häufigsten vorkommende Gattung ist das **Klagelied**, zu dem etwa ein Drittel der Psalmen gehören. Sie preisen nicht Gottes Herrlichkeit, sondern wenden sich flehend an ihn. Dabei sind zu unterscheiden:
  a) Klagelieder eines Einzelnen: in einer persönlichen ausweglosen Not- und Krisensituation (Todesgefahr, Verfolgung durch Feinde, Alter, Krankheit, Verleumdung usw.) klagt und bittet ein Einzelner Gott in direkter Du-Anrede um Erlösung (z. B. Ps 3 und 77). Von einem einzelnen Beter oder für einen einzelnen verfasst, bezeugen diese Klagelieder einen persönlichen Glauben an Gott und sind Ausdruck des Vertrauens auf Gott in Notsituationen.
  b) Klagelieder des Volkes: Bittgesänge in nationaler Gefahr und Not (z. B. Psalm 137), wobei es sich um Situationen von Unglück, kriegerischer Niederlage, Zerstörungen usw. handeln kann, die das ganze Volk betreffen. Daraus erwächst die Bitte um Rettung und Wiederherstellung des Volkes.

Struktur eines Klageliedes

Der Aufbau der Klagelieder ist folgender:
Einleitung: bittende Anrufung Gottes – als Hilferuf oder Ausruf des Vertrauens.
Hauptteil: Versuch, Gott zum Eingreifen zu bewegen; dazu erfolgt zunächst eine allgemeine Situationsschilderung zur Notlage des Beters (aber oft in so formelhaft erstarrten Bildern, dass unklar bleibt, um welche konkrete Not es sich handelt) und eine Aufzählung der Argumente, die Gottes Eingreifen notwendig machen.
Schluss: Öfters bezeugt der Beter seine Erhörungsgewissheit, manchmal legt er ein Dankgelübde ab. Mit diesen Liedern – teilweise wurden sie im Tempel als Gebetsformulare gebraucht – bringen Einzelne oder die Gemeinschaft ihre jeweilige Not vor Gott.

- Das **Vertrauenslied** (z. B. Ps 23) entspricht in seinem Bekenntnis der Zuversicht dem Klagelied des einzelnen, doch es betont die unerschütterliche Geborgenheit und Zuversicht des Beters, der sich inmitten aller Gefahren und Anfechtungen der persönlichen Fürsorge und Führung Gottes gewiss ist und sich im Tempel und in der Nähe seines Gottes sicher fühlt.

Weitere Beispiele

- Im individuellen **Danklied** schildert der Beter die Not, in die er geraten war und berichtet dann über die glückliche Rettung, die er Gottes Eingreifen verdankt. Dankpsalmen sind in Aufbau und gedanklichem Gehalt mit den Klageliedern verwandt (auch dort kann das Lied mit einem Dank an Gott für das erhörte Gebet ausklingen).
  Bei den Dankliedern sind zu unterscheiden:
  a) Danklieder des Volkes: als Dank für Befreiung aus Gefahr, für Erntesegen, Beistand usw.
  b) Danklieder des Einzelnen: Erinnerung eines Beters an eine ausgestandene Not und Gottes Erhörung, Ausdruck des Dankes und Aufforderung an die Gläubigen, in seinen Dank mit einzustimmen und ebenfalls Gott zu preisen.
  Die Dankpsalmen waren zumeist für den Gottesdienst bestimmt und enthalten öfter lehrhaft unterweisende Elemente.

Weitere Gattungen der Psalmen sind:

- Das **Königslied** (z. B. Ps 72 und 110) besingt
  a) in hymnischer Form das Königtum Jahwes: »Jahwe ist König«
  b) den Gesalbten, den König, und einzelne Stationen seines Lebens: Hochzeit, Thronbesteigung, Krieg, Sieg, Niederlage.
- Im **Zionslied** wird Jerusalem gepriesen und der Tempel auf dem Berg Zion. Meist wird Jerusalem idealisiert und mit Blick auf die Endzeit als Stadt aller Völker geschildert.
- Der Israelit war gehalten, am Pessach-, Pfingst- und Laubhüttenfest das Heiligtum aufzusuchen. Mit diesen religiösen Wanderungen verknüpfen sich die **Wallfahrtslieder**, die möglicherweise auch zum Ritual des Empfangs einer Pilgergruppe durch die Leviten am Tempeltor gehören.
- Das **Lehrgedicht** war vermutlich in den Schulen im Gebrauch, in denen Priester und Leviten ausgebildet wurden. Es beschäftigt sich hauptsächlich mit Vorschriften des göttlichen Gesetzes.
- Wie das Lehrgedicht hat auch das **Weisheitslied** seinen Ort nicht im Kult, sondern im Schulwesen. Anders als dieses beschäftigt es sich mit allgemein weisheitlichen Themen und Überlegungen.

Aus der Eigenart der Gattung, des Inhalts, Aufbaus und der sprachlichen Gestaltung können Rückschlüsse gezogen werden auf den bzw. die Sprecher, seine/ihre Beziehung zu Gott und die ursprüngliche oder spätere Verwendung des Textes z. B. als privates Gebet in einem persönlichen Anliegen; als gemeinsames Gebet im Gottesdienst; als Sorge um den Staat und das Königtum usw.).

Zum Sprecher

Ihrem Charakter als Gebete entsprechend sind die Psalmen gleichzeitig Ausdruck einer **Begegnung des Sprechers mit Gott** und einer Begegnung mit sich selbst (Erkenntnis und Klärung der eigenen Lebenssituation). Die Beter sind Menschen, die in einer sehr persönlichen Weise Gott als »Du« anreden (vgl. Ps 25,1), zu ihm rufen (Ps 28,1), ihm Klagen vortragen, ja in ihrer Not auch zu ihm schreien (Ps 22,2) und ihn um ein mächtiges Eingreifen gegen Feinde bitten.

Nicht alle Texte im Psalter sind leicht verständlich. Nicht alle Psalmen – zum Beispiel die sog. Fluchpsalmen, die eine eigene Ursprungssituation widerspiegeln – sind mit dem christlichen Menschenbild übereinstimmend. Doch ist der Psalter, das Gebetbuch des ersten Gottesvolks (der Juden), auch das Gebetbuch der Christen geworden und geblieben.

Wie bei jedem Text steht auch am Anfang der Psalmen ein Mensch, den es dazu drängt, seine in bestimmten Lebenssituationen gemachten Erfahrungen anderen mitzuteilen, sie an seiner Suche nach Erklärung und Sinn teilhaben zu lassen. Mögen seine Erfahrungen noch so individuell erscheinen, für ihn als Betroffenen jeweils etwas Einmaliges bedeuten, für andere Menschen kann sich unter ähnlichen Bedingungen durchaus Vergleichbares ereignen, wobei auch sie nach Sinn und Verstehen suchen, nach Worten ringen, um sich anderen mitzuteilen, sei es klagend oder dankend, murmelnd oder schreiend, lobend, fluchend oder vor Freude tanzend. Manche sind in der Lage, eigene Worte zu finden. Spätere Zeiten erkennen sich wieder in den Erfahrungen von Freude, Not und Angst, wie sie in den Psalmen überliefert sind. Manche Beter übernehmen dankbar (z. B. in Zeiten überwältigender Not) diese Worte anderer, um »sich auszudrücken« – in dem Gefühl, dass sie ihre eigene Situation treffen und kennzeichnen. Sie sprechen die Worte anderer nach, wandeln sie ab, dichten sie nach, füllen sie mit ihrem Leben, ihren persönlichen Freuden und Leiden. Wenn und weil sich in den privaten Texten eines einzelnen zugleich menschlich-typische Situationen und Grunderfahrungen widerspiegeln, können sie zugleich zu Texten einer Gemeinschaft und damit zum Gemeingut werden.

Mit den Psalmen ist dies geschehen. Obwohl wir die Verfasser im einzelnen nicht mit absoluter Sicherheit bestimmen können, so sind ihre Texte doch zu Modellen des Verhältnisses Gott – Mensch geworden und können sowohl privat als auch im offiziellen Gottesdienst von vielen gesprochen werden.

Exemplarisches Die Psalmen erlauben einen Einblick in die **innere Struktur der Offenbarung** und zeigen, dass »Offenbarung« nicht »monologisches Sprechen« und Handeln Gottes bedeutet, sondern sich als dialogisches Geschehen ereignet, also in einem Kommunikationszusammenhang steht. Gott hat sich im Volk Israel einen Partner erwählt, zu dem er spricht und der seinerseits antwortet im Sprechen und Mithandeln. Wie das Volk Israel diesen Dialog mit Gott aufnimmt und mitgestaltet, davon zeugen – wie keines der anderen biblischen Bücher – die Psalmen in eindrucksvoller Weise. Sie sind gleichsam die lobpreisende Antwort des auserwählten Volkes auf das offenbarende Wort ihres Gottes, die im gottgemäßen Kult ihren Ausdruck findet.

Wegen dieses in mehrfachem Sinne »partnerbezogenen«, »dialogischen« Sprechens in den Psalmen ist gerade das Kommunikationsmodell gut geeignet, der Besonderheit dieses Sprechens auf den Grund zu gehen.

»Die zwischen Poesie und Prosa, Musik und Sprache stehenden Gedichte haben als kanonische Gebetstexte von Juden und Christen und als eindrucksvoll archaische Lyrik eine erhebliche Wirkung auf die abendländische Dichtung ausgeübt.« (Helmut Galle, in: Literatur Lexikon, hrsg. von W. Killy, Bd. 14, S.235)

Wirkungsmächtigkeit bis heute

Auch moderne Dichter greifen auf das **Vorbild** der Psalmen zurück. Bertolt Brechts »Psalmen« (teilweise in der »Hauspostille« von 1927 veröffentlicht) knüpfen an die biblische Form der Psalmen an; er gibt ihnen aber weltliche Inhalte. Nach 1945 kommen eine Reihe deutscher Lyriker auf die Psalmen als hebräische Lyrik zurück (z. B. Nelly Sachs, Paul Celan, Ingeborg Bachmann u. a.), weil sie angesichts der Erfahrung des Holocaust mit dem Sprachverlust nach Auschwitz nach einem angemessenen Ausdruck der Klage und des Gedenkens für die jüdischen Opfer suchen.

2. Praxismodell: Arbeitsschritte und Untersuchungsaspekte zur Erschließung von Psalmen

Bei der Erschließung von Psalmen als einer appellativen Textsorte hat sich das bekannte »**Kommunikationsmodell**« als Analyseinstrument bewährt (siehe 1.1.4 und Kapitel 3.4: Textbeschreibung). Es ist überschaubar und lässt sich als Verfahren leicht vermitteln, sodass die Lerngruppe es schon nach kurzer Einübung selbstständig anwenden kann. Das Vorgehen orientiert sich an dem folgenden **Untersuchungsraster mit seinen Leitfragen** (Reihenfolge ist freigestellt):

Das Kommunikationsmodell als Analyseinstrument

- **Wer spricht hier?**
  Was kann über die Persönlichkeit, Eigenart, Rolle und Biografie des Sprechers erschlossen werden? Was sagt er über sich selbst (Selbstbild)?

- **Wen spricht der Sprecher an?**
  Welches Bild vom angesprochenen Leser oder Hörer wird deutlich? Welche Absichten und Erwartungen ihnen gegenüber sind aus dem Text zu erschließen?

- **Worüber wird gesprochen?**
  Welches Thema, welche Ereignisse, Gegenstände, Wirklichkeitsbereiche, Wertvorstellungen usw. werden behandelt und stehen inhaltlich im Mittelpunkt?

- **Wie wird gesprochen?**
  Welche Darstellungsform und besondere sprachliche Mittel werden eingesetzt? Wie wirken sie? Welche Absichten stehen dahinter?

Diese Fragen stellen bewährte Arbeitsaufträge für Stillarbeit, Partner- oder Gruppenarbeit dar; sie können aber auch bei einer im Plenum erfolgenden Texterschließung das Unterrichtsgespräch überschaubar strukturieren. Die vier Fragestellungen konzentrieren den Blick unmittelbar auf den Text und seine Eigenart und helfen das gefundene Material sachlich zu gliedern und übersichtlich anzuordnen.

Die Kursteilnehmer werden in vier Arbeitsgruppen eingeteilt. Jeder Schüler erhält den Psalmtext in der Fassung der Einheitsübersetzung: Pro Gruppe wird ein vom Lehrer vorbereitetes Foliensegment mit einem der Stichworte »Sprecher«, »Angesprochener«, »Besprochenes« und »Sprache« als Überschrift verteilt. Die Ergebnisse der 15minütigen Gruppenarbeit sollen von einem Protokollanten auf die Folie geschrieben werden. Die Platzbeschränkung zwingt dazu, sich kurz zu fassen und in Stichworten zu formulieren. Bei der Erarbeitung können die Schüler auf die oben genannten »Leitfragen« und Hinweise zurückgreifen.

Zur Arbeitserleichterung können vorbereitend auf dem Textblatt alle zu einer bestimmten Frage passenden Aussagen mit derselben *Farbe* unterstrichen werden (z. B. blau = Sprecher, gelb = Angesprochene, rot = Besprochenes, grün = Sprache). So wird nichts Wichtiges übersehen und die anschließende *zusammenfassende Deutung* im Plenum kann auf der Basis dieses Materials systematisch erfolgen.

Die einzelnen Folienteile werden nacheinander auf dem Tageslichtprojektor vorgeführt und von der Arbeitsgruppe erläutert. Dabei ergänzen sich die Foliensegmente fortschreitend zu einem Ganzen und verdeutlichen sowohl den jeweiligen Schwerpunkt dieser aspektgeleiteten Analyse des Psalms als auch die Wechselbeziehung und innere Verbindung zwischen den Teilbeobachtungen, die sich zum Teil wörtlich – wenngleich aus anderer Perspektive – wiederholen. So wird auf einfache Weise sichtbar, wie die Einzelfaktoren in ihrer Verzahnung den Psalmtext in seiner Eigenart konstituieren.

Beispiele für die Erschließung von Psalmen

Psalm 8

²*Herr, unser Herrscher, wie gewaltig ist dein Name auf der ganzen Erde; über den Himmel breitest du deine Hoheit aus.* ³*Aus dem Mund der Kinder und Säuglinge schaffst du dir Lob, deinen Gegnern zum Trotz; deine Feinde und Widersacher müssen verstummen.* ⁴*Seh' ich den Himmel, das Werk deiner Finger, Mond und Sterne, die du befestigt:* ⁵*Was ist der Mensch, dass du an ihn denkst, des Menschen Kind, dass du dich seiner annimmst?*

⁶*Du hast ihn nur wenig geringer gemacht als Gott, hast ihn mit Herrlichkeit und Ehre gekrönt.* ⁷*Du hast ihn als Herrscher eingesetzt über das Werk deiner Hände, hast ihm alles zu Füßen gelegt:* ⁸*All die Schafe, Ziegen und Rinder und auch die wilden Tiere,*

> die Vögel des Himmels und die Fische im Meer, alles, was auf den Pfaden der Meere dahinzieht.
>
> [10]Herr, unser Herrscher, wie gewaltig ist dein Name auf der ganzen Erde!

Die Ergebnisse einer Gruppenarbeit in der Jahrgangsstufe 11
(auf vier Folienschnipseln; zum Verfahren siehe oben unter 2.)

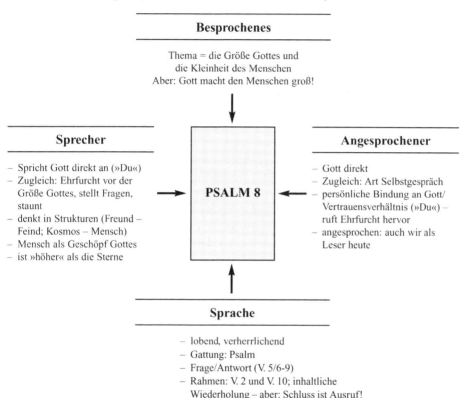

Versuch einer Zusammenschau der Einzelaspekte zu Psalm 8
(Gesamtdeutung)

Sind die einzelnen Gruppenarbeitsergebnisse vorgestellt worden, so sollte eine Zusammenfassung und Integration erfolgen, bei der die gewonnenen Teilaspekte in ihrer Wechselbeziehung und ihrem inneren Zusammenhang verdeutlicht werden. Auf einer leeren Folie, die über den auf Folie kopierten Text gelegt wird, können dazu Besonderheiten der Struktur und Aussagen des Textes noch deutlicher bewusst gemacht und optisch veranschaulicht werden.

Als Fazit der Gruppenarbeit und der optischen Veranschaulichung mit Hilfe der Foliensegmente könnte sich etwa die folgende *Gesamtdeutung des Psalms 8* ergeben:

Das *Thema des Besprochenen* ist die absolute Größe und Schöpfermacht Gottes und die unbegreifliche »Größe« des Menschen als sein Geschöpf.

Der *Sprecher* spricht Gott direkt als »Du« an, ist sich der Nähe Gottes als eines Ansprechpartners bewusst, der aber als *Angesprochener* zugleich den Menschen unvergleichlich durch seine Größe, Schöpfermacht und absolute Anerkennung (V. 2b und 3) überragt. Ehrfurcht überkommt den Sprecher, er staunt beim Anblick der Dimensionen des Kosmos als Schöpfung Gottes (V. 4). Aus dem Staunen erwächst die zentrale Frage nach der Eigenart, Rolle und Bedeutung des Menschen als Teil dieser Schöpfung (V. 5). Der Mensch erfährt sich angesichts der Hoheit Gottes und der Dimensionen seiner Schöpfung (Kosmos, Natur) als klein; und zugleich erlebt er, dass dieser Gott dem Menschen nahe sein will, ihn teilhaben lässt an seiner Schöpfung, ja geradezu die göttliche Macht und Größe mit dem Menschen teilen will. Diese Erfahrung ist so überwältigend, dass der Sprecher in einer emphatischen, gefühlsgeladenen *Sprache* seinem überwältigten Inneren in geradezu sprudelnden Worten Luft verschafft und kaum ein Ende finden kann vor Begeisterung über den gottgeschenkten Reichtum an Lebensbereichen und Lebensmöglichkeiten (V. 6-9 als längster Textabschnitt mit dem längsten Satz und langer Reihung von Aufzählungen/Nomen).

Der vom Sprecher an erster Stelle und unmittelbar mit »Du« Angesprochene ist im Text der mächtige Schöpfergott. Zugleich gewinnt der Leser bzw. Hörer den Eindruck, einer Art Selbstgespräch und Selbstreflexion beizuwohnen, durch die sich der Sprecher seiner Situation vor Gott bewusst wird. Seine Erkenntnisse und reflektierten Erfahrungen sind gleichzeitig von der Art, dass sie auch von gläubigen Lesern und Hörern späterer Jahrhunderte nach-gedacht und nach-gesprochen werden können.

Beim ersten Hören drängt sich die inhaltliche Wiederholung von Vers 2 und Vers 10 im Sinne eines Rahmens auf, der die zwei Textblöcke des Mittelteils umgibt. Bei näherem Hinsehen entdeckt man im Text der Einheitsübersetzung einen unscheinbaren formalen Unterschied zwischen den beiden Versen, der sich als feinsinniger Bedeutungsträger erweist: Während Vers 2 als Aussagesatz erscheint (Abschluss mit einem Punkt) und damit wie eine feststellende Beobachtung wirkt, handelt es sich bei Vers 10 um einen »Ausrufesatz«, wie das Satzzeichen zeigt. Die scheinbar identische inhaltliche Wiederholung erweist sich so aufgrund einer unterschiedlichen Sprecherhaltung als verschiedenartige Aussagen. Die Ursache für das veränderte, zum Schluss hin stärker emotionsgeladene Sprechen im Sinne eines staunenden Ausrufs gegenüber dem Anfangssatz liegt offensichtlich in dem begründet, was der Sprecher im Mittelteil des Textes (Vers 3-9) durch sein reflektierendes Sprechen an vertiefter Erfahrung gewinnt und artikuliert: Ausgangspunkt ist zunächst das Bewusstwerden einer immer wieder möglichen *sinnlichen Wahrnehmung* (Beobachtung des Kosmos) und ihrer Deutung (Welt als Werk Gottes), wodurch dem Sprecher die absolute Größe Gottes bewusst wird. Daraus entspringt die *Frage nach* der Eigenart und der Rolle des Menschen angesichts dieser Größe der Welt und ihres Schöpfers (Was ist der Mensch?). Die staunende *Reaktion und Antwort* auf die reflektierte Erfahrung des gottgeschenkten Reichtums (s. o.) gipfelt schließlich im *Aus-*

ruf des letzten Satzes, der als Lob und Verherrlichung dieses Schöpfergottes unmittelbar aus dem Herzen kommt.

In der zweimal verwendeten Formulierung »Herr, unser Herrscher« (Vers 2 und 10) zeigt sich in unüberbietbarer Kürze die Eigenart des Verhältnisses Gott – Mensch, wie es vom Sprecher erlebt wird: einerseits wird die Distanz des unvergleichlich Mächtigen betont (»Herr« und »Herrscher«) und zugleich wird seine Nähe und persönliche Beziehung zum Menschen deutlich (»unser«). Hier kommen letztlich die zwei Seiten religiöser Erfahrung zum Ausdruck, die aus der Religionsgeschichte bekannt und an so vielen Stellen des Alten Testaments bei Begegnungen mit dem Göttlichen bezeugt sind: das Phänomen des *tremendum* und des *fascinosum*.

Diese in Psalm 8 durch den Sprecher bezeugte Beziehung zwischen Gott und den Menschen ist zugleich Ausdruck des besonderen Gottesverhältnisses Israels: Gott ist der Schöpfer allen Seins, und zugleich dürfen es Menschen wagen, diesen Gott direkt als »Du« anzusprechen. Dem Anspruch Gottes durch seine Schöpfung entspricht die Antwort des Menschen durch bekennendes Lobpreisen – sei es im persönlichen Gebet oder als gemeinsames Sprechen (ursprünglich: Singen) im Gottesdienst.

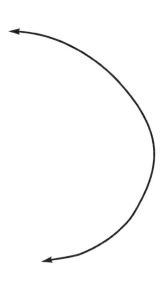

Verdeutlichung der Struktur des Psalms 8

²Herr, unser Herrscher, wie gewaltig ist dein Name auf der ganzen Erde; über den Himmel breitest du deine Hoheit aus. ³Aus dem Mund der Kinder und Säuglinge schaffst du dir Lob, deinen Gegnern zum Trotz; deine Feinde und Widersacher müssen verstummen. ⁴Seh' ich den Himmel, das Werk deiner Finger, Mond und Sterne, die du befestigt: ⁵Was ist der Mensch, dass du an ihn denkst, des Menschen Kind, dass du dich seiner annimmst?

⁶Du hast ihn nur wenig geringer gemacht als Gott, hast ihn mit Herrlichkeit und Ehre gekrönt. ⁷Du hast ihn als Herrscher eingesetzt über das Werk deiner Hände, hast ihm alles zu Füßen gelegt: ⁸All die Schafe, Ziegen und Rinder und auch die wilden Tiere, ⁹die Vögel des Himmels und die Fische im Meer, alles, was auf den Pfaden der Meere dahinzieht.

¹⁰Herr, unser Herrscher, wie gewaltig ist dein Name auf der ganzen Erde!

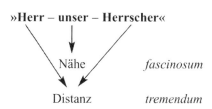

Verhältnis Gott – Mensch   »Herr – unser – Herrscher«

Nähe   *fascinosum*

Distanz   *tremendum*

Weitere Aspekte für eine Auseinandersetzung mit dem Psalm 8

Die Ergebnisse der Gruppenarbeit und Strukturanalyse stellen eine gute Basis dar für weiterführende Fragen und Besprechungsgegenstände, zum Beispiel:

– Vergleich von Gen 1,1-2,4a und Psalm 8. Der Psalm als poetischer Reflex auf die Schöpfungstheologie: Lobpreis Gottes des Schöpfers aus Freude über die Größe seines Schöpfungswerkes und die Herrlichkeit seiner Geschöpfe
– Genauere Erläuterung einzelner Textstellen, wie z. B. die Bedeutung des »Namens« (V. 2).
– Vergleich mehrerer Übersetzungen des Psalms 8, zum Beispiel bezüglich der Schwierigkeit der Übersetzung von Vers 3 (»Lob«) und Vers 6 (»Gott«)

Ein Klausur-Beispiel zu Psalm 139
(Aufgabenstellung und Schülerlösungen Sekundarstufe II)

Im Folgenden werden zur Analyse des Psalms 139 einige Arbeiten aus der Jahrgangsstufe 11 vorgestellt, die von den Schülern in einer Klausur selbstständig geleistet wurden.

Psalm 139

[1] Herr, du hast mich erforscht und du kennst mich. [2] Ob ich sitze oder stehe, du weißt von mir. Von fern erkennst du meine Gedanken. [3] Ob ich gehe oder ruhe, es ist dir bekannt; du bist vertraut mit all meinen Wegen. [4] Noch liegt mir das Wort nicht auf der Zunge – du, Herr, kennst es bereits. [5] Du umschließt mich von allen Seiten und legst deine Hand auf mich.

[6] Zu wunderbar ist für mich dieses Wissen, zu hoch, ich kann es nicht begreifen. [7] Wohin könnte ich fliehen vor deinem Geist, wohin mich vor deinem Angesicht flüchten? [8] Steige ich hinauf in den Himmel, so bist du dort; bette ich mich in der Unterwelt, bist du zugegen. [9] Nehme ich die Flügel des Morgenrots und lasse mich nieder am äußersten Meer, [10] auch dort wird deine Hand mich ergreifen und deine Rechte mich fassen. [11] Würde ich sagen: »Finsternis soll mich bedecken, statt Licht soll Nacht mich umgeben«, [12] auch die Finsternis wäre für dich nicht finster, die Nacht würde leuchten wie der Tag, die Finsternis wäre wie Licht.

[13] Denn du hast mein Inneres geschaffen, mich gewoben im Schoß meiner Mutter. [14] Ich danke dir, dass du mich so wunderbar gestaltet hast. Ich weiß: Staunenswert sind deine Werke. [15] Als ich geformt wurde im Dunkeln, kunstvoll gewirkt in den Tiefen der Erde, waren meine Glieder dir nicht verborgen. [16] Deine Augen sahen, wie ich entstand, in

deinem Buch war schon alles verzeichnet; meine Tage waren schon gebildet, als noch keiner von ihnen da war. [17]*Wie schwierig sind für mich, o Gott, deine Gedanken, wie gewaltig ist ihre Zahl!* [18]*Wollte ich sie zählen, es wären mehr als der Sand. Käme ich bis zum Ende, wäre ich noch immer bei dir.*

[19]*Wolltest du, Gott, doch den Frevler töten! Ihr blutgierigen Menschen, lasst ab von mir!* [20]*Sie reden über dich voll Tücke und missbrauchen deinen Namen.* [21]*Soll ich die nicht hassen, Herr, die dich hassen, die nicht verabscheuen, die sich gegen dich erheben?* [22]*Ich hasse sie mit glühendem Hass; auch mir sind sie zu Feinden geworden.*

[23]*Erforsche mich, Gott, und erkenne mein Herz, prüfe mich, und erkenne mein Denken!* [24]*Sieh her, ob ich auf dem Weg bin, der dich kränkt, und leite mich auf dem altbewährten Weg!*

<u>Aufgabe</u>:
Analysieren Sie den Psalm mit Hilfe der vier Aspekte des »Kommunikationsmodells«!

Hinweise für die Schüler zum Vorgehen

Die Textuntersuchung kann sich an den vier Aspekten des Modells ausrichten, wobei die Reihenfolge freigestellt ist.

1. <u>Vorarbeiten auf dem Textblatt</u>:
   Unterstreichen Sie alle Aussagen, die zu einem bestimmten Aspekt passen, mit derselben **Farbe** (z. B. blau = Sprecher, gelb = Angesprochene, rot = Besprochenes, grün = Sprache). So wird nichts Wichtiges für die Deutung (Nr. 3) übersehen.

2. <u>Geordnete Stoffsammlung</u>:
   Sammeln und sortieren Sie danach das im Text unterstrichene Material auf einem neuen Blatt nach den vier Aspekten. Schreiben Sie stichwortartige Deutungen dazu.

3. <u>Zusammenhängende Gesamtdeutung</u>:
   Formulieren Sie dann aus diesen Hinweisen (Nr. 2) eine **zusammenhängende Deutung** des Textes. Da die 4 Untersuchungsaspekte innerlich zusammenhängen, werden sich immer (!) inhaltliche Überschneidungen ergeben. Überlegen Sie, wo Sie eine Textbeobachtung am ehesten als Schwerpunkt unterbringen möchten, um unnötige Doppelungen und Wiederholungen zu vermeiden. Anderseits können Sie auch Deutungsschwerpunkte mehrfach vorbringen und sich gegenseitig verstärken lassen!

Lösungsbeispiel 1:

In diesem Psalm 139 spricht ein Sprecher zu Gott. Er ist dem Herrn ergeben und spricht voller Dank zu ihm. Er dankt ihm deshalb, weil Gott ihn erschaffen und gestaltet hat. (Vers 13/14)

Für den Sprecher ist Gott unfassbar und unbegreiflich. Dieses wird deutlich an den Versen 6 und 17: »Zu wunderbar ist für mich dieses Wissen, zu hoch, ich kann es nicht begreifen« und »Wie schwierig sind für mich, o Gott, deine Gedanken, wie gewaltig ist ihre Zahl!«

Der Sprecher verteidigt Gott gegen alles Böse und nimmt die Denk- und Verhaltensweise des Herrn an. So sind zum Beispiel Gottes Feinde auch zu seinen Feinden geworden: »Soll ich die nicht hassen, Herr, die dich hassen, die nicht verabscheuen, die sich gegen dich erheben? Ich hasse sie mit glühendem Hass; auch mir sind sie zu Feinden geworden.« (Verse 21/22)

Für den Sprecher steht Gott über allem, ist überall und weiß alles. Das wird besonders deutlich im zweiten Abschnitt des Psalms (Vers 6-12), der sich mit der Allgegenwärtigkeit Gottes beschäftigt. Der Herr ist der Ursprung jedes Lebens, aus ihm ist alles entstanden bzw. von ihm wurde alles erschaffen. So hat er auch den Sprecher dieses Psalms erschaffen. Für ihn war schon alles vorgezeichnet und vorbestimmt, ehe er überhaupt auf die Welt kam. Vers 16: »Deine Augen sahen, wie ich entstand, in deinem Buch war schon alles verzeichnet; meine Tage waren schon gebildet, als noch keiner da war.«

In den Augen des Sprechers kann man vor Gott nicht entfliehen und kann ihm nicht entweichen, eben weil er allgegenwärtig ist. So ist er zum Beispiel im Himmel und in der Unterwelt (Vers 8) und im äußersten Meer (Vers 9). Durch ihn wird die Nacht leuchten wie der Tag und die Finsternis wird wie Licht. (Vers 12: »… auch die Finsternis wäre für dich nicht finster, die Nacht würde leuchten wie der Tag, die Finsternis wäre wie Licht.«

Es scheint, als ob der Schreiber möchte, dass Gott merkt, dass er ihm wichtiger ist als alles andere. Es macht auch den Eindruck, als wenn er von Gott kontrolliert werden möchte. Er will von ihm geprüft, erforscht und erkannt werden. Diese Bedürfnisse werden besonders im letzten Abschnitt dieses Psalms verdeutlicht: »Erforsche mich, Gott, und erkenne mein Herz, prüfe mich, und erkenne mein Denken!« (Vers 23)

Im Mittelpunkt dieses Psalms stehen zwei Themen. Zum einen geht es um die Erschaffung des Menschen (in diesem Fall um die Erschaffung des Sprechers) und dessen Dankbarkeit Gott gegenüber, und zum anderen geht es um die Allgegenwärtigkeit und die Unfassbarkeit Gottes.

Der erste und der zweite Abschnitt dieses Psalms geht um die Unfassbarkeit und Allgegenwärtigkeit des Herrn. Gott ist überall und kennt alle Gedanken und Taten des Sprechers.

Der dritte Abschnitt handelt – im Gegensatz zur ersten und zur zweiten Strophe – von der Entstehung des Sprechers, bzw. seine Erschaffung durch Gott. Für ihn ist durch Gott alles vorherbestimmt und vorgezeichnet. In diesem Abschnitt wird auch seine Dankbarkeit Gott gegenüber ausgedrückt (Vers 14)

Auch werden einige Stilmittel in diesem Psalm eingesetzt. So gibt es zum Beispiel eine Auflistung von Gegensätzen am Ende des zweiten Verses: »Nacht würde leuchten wie der Tag« und »Finsternis wäre Licht«. Auch weist der Psalm einen Parallelismus im Vers 21/22 auf: »Soll ich die nicht hassen, Herr, die dich hassen? Ich hasse sie mit glühendem Hass ...«

Deutlich wird bei diesen Versen auch die häufige Wiederholung des Wortes »Hass«, was auf eine starke emotionale Betroffenheit des Sprechers hinweisen könnte. Dem Sprecher ist es anscheinend wichtig, seine Gedanken zu diesem Thema zu verdeutlichen und seine Gefühle deutlich herauszukristallisieren, damit keine Zweifel an der Wahrheit seiner Worte aufkommen können.

I. B.

Leistungsbewertung: Die Note und ihre Begründung

Deine Kennzeichnung des Sprechers und seines Bildes von Gott ist zutreffend. Es gelingen dir auch gute Feststellungen zur sprachlichen Eigenart des Textes; allerdings werden die richtig erkannten Stilmittel nur aufgezählt und nicht in ihrer Wirkung und Funktion verdeutlicht. Das ist schade!

Kommentar unter der Arbeit

Zur Darstellungsform der Arbeit insgesamt ist zu sagen: Es wirkt etwas umständlich und redundant, wenn du Textstellen erst mit deinen eigenen Worten umschreibst bzw. deutest und danach nochmals die vollen Zitate bringst! Hier würde es entweder genügen, die Angabe der Versnummern in Klammern beizufügen, oder das Zitat müsste noch viel genauer analysiert werden! Darauf bitte bei der nächsten Klausur achten!

Es kommt insgesamt gesehen in der Arbeit mehrfach zu inhaltlichen Wiederholungen von Aussagen, ohne dass ein Erkenntnisfortschritt deutlich würde. Hier wäre es sinnvoll, genauer zu überlegen, an welche Stelle und unter welchem Aspekt eine Beobachtung *sachlich* am ehesten hingehörte und/oder wo die Aussage für den *Leser* am wirkungsvollsten wäre. Das Vorgehen wird sonst nicht einsichtig (z.B. wenn du bei der Kennzeichnung des Textaufbaus zwischen verschiedenen Abschnitten »springst«). Der Schluss enthält eine gute Beobachtung und ist wirkungsvoll formuliert.

Note: gut / 10 Punkte

Lösungsbeispiel 2:

Der Psalm 139 beinhaltet vierundzwanzig Verse, die in fünf Abschnitte gegliedert sind. Als Sprecher tritt in diesem Psalm ein Einzelner auf, der in einer sehr persönlichen Weise zu Gott spricht: »Herr, du hast mich erforscht und du kennst mich« (Vers 1).

So richtet er sein Wort in Abschnitt 1 an Gott, seinen »Herrn«, und stellt fest, dass dieser allwissend ist. Nichts scheint ihm verborgen zu bleiben. Der Sprecher bezieht diese Allwissenheit auf sich und erkennt, dass all seine Gedanken und Taten von Gott bemerkt und durchschaut werden noch bevor der Sprecher sie selbst ausgeführt hat: »Noch liegt mir das Wort nicht auf der Zunge – du, Herr, kennst es bereits« (Vers 4).

Dieses Bewusstsein von der Macht Gottes steigert sich weiter in Abschnitt 2.
Der Sprecher realisiert, dass das Wissen über Gottes Fähigkeiten zu hoch ist und er es nicht begreifen kann (Vers 7). Er bezeichnet es zwar als »wunderbar« (Vers 6), spricht aber darauf folgend mit Wörtern wie »fliehen« oder »flüchten« von der Allgegenwärtigkeit seines Herrn. So scheint er ihm weder im »Himmel« noch in der »Unterwelt« entkommen zu können, »überall bist du zugegen« (Vers 8). Jeglicher Versuch ist sinnlos, selbst die Bitte nach Finsternis hätte nur Licht zur Folge.
Im darauf folgenden Abschnitt dankt der Sprecher Gott, dass er ihn »so wunderbar gestaltet« hat (Vers 14). Seine Schöpfung erscheint ihm als so kunstvoll und »staunenswert«, dass er sich erneut mit dem Problem konfrontiert sieht Gottes Gedanken zu begreifen: »Wie schwierig sind für mich, o Gott, deine Gedanken, wie gewaltig ist ihre Zahl!«
(Vers 17).
Der vorletzte Abschnitt enthält eine Erwartung, eine Forderung, die der Sprecher an seinen Herrn richtet. Er fordert ihn auf, die Frevler zu töten, da sie über Gott »voll Tücke« reden und seinen Namen missbrauchen. Er scheint sich von ihnen bedrängt zu fühlen und weiß nicht, wie er sich ihnen gegenüber verhalten soll. So richtet er an Gott die Frage, ob er ihnen Hass entgegen bringen soll, und bezeichnet sie als Feinde Gottes.
Der letzte Abschnitt enthält erneut Forderungen und Bitten an Gott. Auffällig ist jedoch, dass sich deren Inhalt genau mit den Feststellungen im ersten Abschnitt deckt. Während der Sprecher im ersten Abschnitt sicher zu sein scheint, dass Gott ihn kennt, bittet er in Abschnitt 5 um eine Prüfung Gottes, um ihn wieder auf den »altbewährten Weg« zu bringen (Vers 24). Bei Abschnitt 1 und 5 scheint es sich also um eine Art Rahmen zu handeln, der die anderen drei Abschnitte umschließt. Auf Grund des Rahmens und auffälliger Anzeichen im Psalm erscheint die Schlussfolgerung möglich, dass der Sprecher sich in einem Zwiespalt befindet. Er ist sich einerseits der Herrlichkeit Gottes bewusst und bringt ihm Dankbarkeit entgegen, andererseits fühlt er sich von Gottes Macht völlig überfordert und zum Teil kontrolliert. Dies wird besonders deutlich, da er zunächst meist seine Bewunderung und Dankbarkeit ausdrückt, darauffolgend aber erkennt, dass er unfähig ist, das Werk Gottes zu begreifen: »Zu wunderbar ist für mich dieses Wissen, zu hoch, ich kann es nicht begreifen« (Vers 6). Jegliche Möglichkeit Gottes Augen zu entgehen scheint ihm sinnlos und jeder mögliche Fehler würde bemerkt werden. Diese Hilflosigkeit mit der Situation fertig zu werden beängstigt ihn und da er die Zweifel, die in ihm entstehen, alleine nicht bewältigen kann, bittet er Gott um Hilfe und Rat. Es erschreckt ihn, dass er möglicherweise vom richtigen Weg Gottes abgekommen ist und fleht Gott an ihn wieder auf den »altbewährten Weg« zu leiten (Vers 24).

M. K.

Leistungsbewertung: Die Note und ihre Begründung

Kommentar unter der Arbeit

Es ist ein Genuss, die Arbeit zu lesen!
Du schreibst in einem hocheleganten Stil, beherrschst sehr gut die schriftsprachlichen Regeln und gliederst die Aussagen klar.

Als Ordnungsprinzip für deine Ausführungen nimmst du den Textaufbau in seinen Einzelabschnitten, die begrifflich präzise gekennzeichnet werden. Du könntest aber der besseren Übersichtlichkeit halber deinen eigenen Aufbau auch optisch deutlicher machen, indem du die Aussagen nach Sinnabschnitten gliederst und diese durch Leerzeilen abtrennst.

Auch die Funktion von Abs. 1 und 5 als »Rahmen« wird gut begründet. Schade ist nur, dass du nicht näher auf den überraschenden Abschnitt 4 eingehst, wo der Sprecher seinen »Hass« auf die »Frevler« äußert! Darf man um so etwas »beten«? Wie passen außerdem des Sprechers *Frage* an Gott und die *Feststellung* seines Hasses (also gelebte Tatsache, wozu dann noch fragen?) zusammen? Aber insgesamt gesehen ist die Situation und Eigenart des Sprechers und sein Bild von Gott wirklich gut herausgearbeitet.

Interessant ist, dass du auf dem Textblatt mit Hilfe von Farben die vier Aspekte des Modells richtig angewandt und verdeutlicht hast! Dennoch hast du dich für ein anderes Vorgehen entschieden!?

Note: gut / 12 Punkte

Lösungsbeispiel 3:

In dem Psalm 139 geht es um die Allmacht Gottes. Der »Sprecher« des Psalms ist ein Verehrer Gottes, der Gott in diesem »Gespräch« direkt anspricht. Sein Bild von Gott beruht auf persönlichen Erfahrungen und seinem Glauben. Er bezieht viele Dinge, die in seinem Leben geschehen, auf Gott. Der Sprecher spricht Gott ehrfürchtig mit »Herr« an, benutzt aber sonst immer die persönliche und intimere Anrede »Du«. Er fühlt sich von Gott beschützt und ist ihm deshalb dankbar (Vers 5). Er ist »dem Herrn« untergeben, er bewundert ihn (Verse 6 und 14). Für ihn ist Gott allmächtig, aber auch schwer begreifbar. Doch diese Tatsache behindert ihn nicht in seinem Glauben.
Der Sprecher hält alle Menschen, die nicht an Gott glauben, die sich von der Religion abwenden, für Frevler und sieht sie als seine Feinde an, da sie sich gegen Gott stellen. Durch dieses Verhalten fühlt er sich persönlich kritisiert und er hasst diese Menschen (Vers 22). (Dies wird auch in seiner Sprache deutlich, da er die »blutgierigen Menschen« direkt anspricht.)
Der Beter ist Gott für seine Entstehung dankbar und ist in dem Glauben, dass Gott sein Leben beeinflusst (Vers 16).

Der Psalm ist in 5 Abschnitte gegliedert.
Im ersten Abschnitt (Vers 1-5) wird die Begleitung und der Schutz Gottes beschrieben. Hierbei werden die Gegensätze gehen – stehen, gehen – ruhen als Verdeutlichung benutzt. Im dritten Vers wird auch die Allwissenheit Gottes klar. Er weiß schon, was der Mensch sagen wird, obwohl dieser es selbst noch nicht weiß. Die Metapher »Du umschließt mich von allen Seiten und legst deine Hand auf mich« (Vers 5) wird vom

Sprecher gebraucht, um bildlich darzustellen, dass Gott immer um den Menschen ist. Er befindet sich in seiner Nähe und begleitet ihn.

Im zweiten Abschnitt (Vers 6-12) lobt der Verfasser Gott. Ihm wird klar, dass man Gott nicht entfliehen kann, ihm wird das »Unbegreifbare« an Gott bewusst (Vers 6). Auch hier wird erneut die Verstärkung des Gegensatzes verwendet: Himmel – Unterwelt, Nacht – Tag, Finsternis – Licht.

Dieses Lob geht im dritten Abschnitt (Vers 13-18) in Dankbarkeit über. Der Anbeter Gottes besitzt die Ansicht, dass Gott derjenige ist, der sein Innerstes erschaffen hat. Er bewundert ihn, obwohl er ihn eigentlich nicht begreifen kann. Aber vielleicht ist dieses »Unheimliche« auch der Schüssel für die Allmacht Gottes.

Zwischen dem dritten und dem vierten Abschnitt kommt es zu einer Wendung. Bisher hat der Sprecher Gott nur gelobt und ausschließlich positive und schmeichelnde Ausdrücke verwendet. Nun aber wird diese Stimmung geändert. Der Verfasser ist aufgebracht und wütend. Er bittet Gott um Hilfe gegen die Menschen, die sich gegen Gott stellen. Der Sprecher spricht nun diese »blutgierigen« Menschen direkt an. Er versichert Gott, dass er sie hasst und sie verabscheut. Er wünscht ihnen den Tod (Verstärkung: glühender Hass, Vers 22).

Im letzten Abschnitt hat der Verfasser eine Bitte an Gott. Er möchte, dass er ihn auf den richtigen Weg leitet. Der Sprecher will Gott nicht verletzen und hofft, seine Erwartungen zu erfüllen.

Der Sprecher hat ein außergewöhnlich hohes Bild von Gott und eine starke Bindung an ihn. Er ist gegen alle Menschen, die nicht genauso fühlen wie er. Der Sprecher ist »erfasst« von dem Wunsch, immer bei Gott zu sein und diesem seine Dankbarkeit zu zeigen.

C. B.

Leistungsbewertung: Die Note und ihre Begründung

Kommentar unter der Arbeit

Es ist schade, dass die vielen richtigen Beobachtungen zum Sprecher und seinem Gottesbild am Anfang nur aneinandergereiht werden und so wenig abwechslungsreich denselben Satzbeginn aufweisen (vgl. S. 1: »Er bezieht …«. »Er spricht …«. »Er fühlt …«. »Er ist …«. »Er hält …«). Die Qualität der sprachlichen Darstellung wird jedoch danach zusehends besser!

Es gelingt dir, ausführlich und genau den äußeren Aufbau mit den 5 Abschnitten und zugleich den inneren gedanklichen Zusammenhang des Textes zu kennzeichnen sowie zur sprachlichen Gestaltung eine Menge richtiger Beobachtungen vorzustellen (wie sonst keiner in der Gruppe!). Dabei zeigst du einen guten Blick für die Eigenart, Funktion und Wirkung sprachlich-stilistischer Mittel (Du-Anrede Gottes und der Feinde, Metaphern, Gegensätzlichkeiten).

Es wäre schön gewesen, wenn du noch etwas näher auf deine Kennzeichnung des Psalms als »Gespräch« (so mit Anführungszeichen!) eingegangen wärst oder den Gegensatz in der Anrede etwas differenziert hättest: »Herr« – »Gott« (ab V. 17), vor allem in Verbindung mit der durchgehenden Anrede »du«.

Aber insgesamt gesehen ist es – auf den Inhalt und die Form des Textes bezogen – eine ergebnisreiche, gelungene Arbeit!

> **Note: gut / 12 Punkte**

4.10 Textvergleich

Zum sinnvollen Vergleich von Texten gehören zwei Bedingungen: *Voraussetzungen*
a) Die Texte müssen etwas gemeinsam haben und
b) Sie müssen sich in mindestens einem Aspekt voneinander unterscheiden.

Als Vorgehen bietet sich an: *Bearbeitungsmöglichkeiten*
a) Ausgangspunkt ist zunächst die Beantwortung der Frage: Was haben beide Texte gemeinsam?
b) Erst danach ist nach den Unterschieden der Texte zu fragen.

Für die Bearbeitung gibt es zwei Möglichkeiten:
1. der *lineare Textvergleich*: hier wird jeder Text in einem vollständigen Durchgang im Hinblick auf Aspekte der Aufgabenstellung untersucht (z. B. Thema, Welt- und Menschenbild, Motive, Symbolik, Bilder, Aufbau …)
2. der *vernetzte Textvergleich*: beide Gedichte werden abschnittsweise parallel nach den in der Aufgabenstellung geforderten Vergleichsaspekten (Aufgabenstellung!) untersucht.

Aufbau eines linearen Textvergleichs (1)
(Einzeldurchgang der Texte – nacheinander)

1. **Einleitung**: Autoren, Titel, Textsorten, Entstehungszeit/-ort
2. **Einstieg** in die Thematik:
   2.1 vorläufige Formulierung der Thematik
   2.2 vorläufige Formulierung des beiden Texten Gemeinsamen
3. **Textbeschreibung:**
   3.1 isolierte Beschreibung des 1. Textes
   3.2 isolierte Beschreibung des 2. Textes
4. **Vergleich** beider Texte
   4.1 Ausgangspunkt: das Gemeinsame der zwei Texte
   4.2 Ausarbeitung: die zentralen Unterschiede und besonderen Schwerpunkte der Texte im Hinblick auf die Aufgabenstellung bzw. die grundlegende Thematik
5. **Zusammenfassung** und Reflexion der wesentlichen Ergebnisse im Sinne einer Gesamtdeutung
6. **Schluss**: persönliche Würdigung

Aufbau eines vernetzten Textvergleichs (2)
(Parallele Behandlung der Texte – abschnittweise nach Aspekten der Aufgabenstellung)

1. **Einleitung**: Autoren, Titel, Textsorten, Entstehungszeit/-ort
2. **Einstieg** in die Thematik:
   2.1 vorläufige Formulierung der Thematik
   2.2 vorläufige Formulierung des beiden Texten Gemeinsamen
3. **Vergleich** der Aussagen beider Texte hinsichtlich der Aspekte der Aufgabenstellung
   3.1 Untersuchungsaspekt 1:
      – das Gemeinsame
      – die Unterschiede
   3.2 Untersuchungsaspekt 2:
      – das Gemeinsame
      – die Unterschiede
   3.3 Untersuchungsaspekt 3:
      …
      …
4. **Bewertung** der Texte
   4.1 das in beiden Texten Übereinstimmende; Wertung
   4.2 die wesentlichen Unterschiede beider Texte; Wertung
   4.3 noch offene Fragen
5. **Schluss**: eigene Position; persönliche Würdigung

Bei einem *Vergleich von erzählenden Texten* lassen sich die genannten Aufbauelemente folgendermaßen konkretisieren:

Vergleich erzählender Texte

A. Einleitung: Autoren, Titel, Textsorten, Entstehungszeit/-ort
B. Hauptteil: Textvergleich
1. die **Einzelinterpretation** der Texte – unabhängig von der Deutung der anderen Texte
   1.1 Textwiedergabe: Text 1, danach Text 2
   1.2 Textbeschreibung: wichtige Textstrukturen in Text 1, danach in Text 2
      (z. B. Aufbau des Textes; bei Erzähltexten: zentrale Figuren – ihre Eigenart, Motive, Beziehung zu anderen; Aspekte der sprachlichen Gestaltung: Wortwahl, Satzbau, Aufbau des Textes, auffallende Verweise innerhalb des Textes …)
   1.3 Gesamtdeutung Text 1, danach Text 2
2. die **Gemeinsamkeiten** der Texte unter bestimmten Vergleichsaspekten (Aufgabenstellung)
   2.1 Inhaltliche Aspekte: z. B. die beteiligten Figuren (Eigenschaften, Verhaltensweisen)

2.2 Aspekte der Gestaltung (Gestaltungsmerkmale): Motive, sprachlich-stilistische Mittel (Wortwahl, Satzbau ...); zentrale sprachliche Bilder
2.3 dargestelltes Grundproblem bzw. zentrales Thema
3. die **Unterschiede** grundlegender Art
4. der **Vergleich der Thematik**: Was wird in beiden Texten ähnlich gesehen? Was zeichnet den einzelnen Text in seiner Besonderheit gegenüber dem anderen Text aus?

C. **Schluss**: persönliche Würdigung

Vergleich von Gedichten

A. **Einleitung**: z. B. Autorennamen, Titel, Thema, Motive
B. **Hauptteil**: Gedichtvergleich

1. Erstes Gedicht
- Inhalt
- Aufbau und Form
- Sprachlich-stilistische Gestaltung
- Deutung (Interpretation)

2. Zweites Gedicht
- Inhalt
- Aufbau und Form
- Sprachlich-stilistische Gestaltung
- Deutung (Interpretation)

3. Vergleich der Gedichte
- Thematik
- Intention
- Einordnung in die Epoche

C. **Schluss**: z. B. eigene Gedanken zum Thema, vergleichende Hinweise zu Motiven

---

Als Beispiel sei auf 4.7.2 verwiesen: Bertolt Brecht: »Laßt euch nicht verführen!« (1918) im Kontrast zu dem Gedicht von Hans Küng.

4.11 Die sprachlich-stilistische Analyse
(Rhetorische Mittel, Stiluntersuchung)

Rhetorische Mittel/Figuren sind besondere, oft vom normalen Sprachgebrauch abweichende Darstellungsmittel, die benutzt werden, um eine besondere Wirkung beim Sprechen oder Schreiben zu erzielen. Sie haben die Funktion, durch die kunstvolle Ausschmückung einen Gedanken hervorzuheben oder einer Aussage besonderen Nachdruck zu verleihen, um so den Leser zu fesseln durch eindrucksvolle, anschauliche und oft gefühlsbetonte Gestaltung des Textes.

Begriffserläuterung

Blick in die Geschichte — Solche Mittel der sprachlichen Gestaltung haben eine lange Tradition. In der Antike lehrten und perfektionierten eigene Rhetorikschulen den Gebrauch rhetorischer Figuren. Sie wurden von Rednern und Schriftstellern dazu verwendet, um ihrem Rede- oder Schreibstil eine größere Wirkung zu verleihen. An dieser Funktion hat sich bis heute nichts geändert.

Terminologische und fachliche Voraussetzungen — Wer die in einem Text verwendeten rhetorischen und stilistischen Mittel feststellen will, muss Kenntnisse über Stilfiguren haben und die Fachausdrücke zu ihrer Benennung kennen.

Folgende Arten werden unterschieden:
* *Wortfiguren* (sogenannten Tropen) als bewusste Abweichung vom direkten Wortsinn: z. B. Wiederholung von Worten oder Wortfolgen, Abwandlung oder Häufung von Wörtern desselben Bedeutungsbereichs oder Wortfolgen mit gleicher oder ähnlicher Bedeutung.
* *Gedanken- oder Sinnfiguren*: vom Satzbau geprägte Strukturen wie z. B. Antithese, Parallelismus; sie beziehen sich auf Inhalt und Gliederung eines komplexen Gedankens, der semantisch erweitert oder verdeutlicht werden soll.
* *grammatische Figuren*: als Abweichungen vom normalen, syntaktisch korrekten Sprachgebrauch oder der üblichen Wortstellung, z. B. Ellipse
Klangfiguren: sie entstehen durch das Spiel mit den besonderen lautlichen Möglichkeiten der Sprache, um durch die Gestaltung Teile einer Satzperiode z. B. durch Reim oder Alliteration hervorzuheben. Siehe auch: Lautmalerei, Anapher

Zur Vertiefung: Einzelne lexikalische Stichworte

Rhetorik

Zum Thema »Rhetorik« — Redekunst und Anleitung zu ihrem Erlernen und praktischen Anwenden. Ziel ist u. a. die wirkungsvolle Gestaltung des Redens durch ➝ rhetorische Figuren als Mittel der Beeinflussung von Zuhörern und Lesern, etwas Bestimmtes zu tun oder zu denken.

Rhetorische Figuren/Mittel

Besondere, oft vom normalen Sprachgebrauch abweichende Darstellungsmittel, die bewusst eine besondere Wirkung beim Sprechen oder Schreiben erzielen wollen. Sie haben die Funktion, einen Gedanken hervorzuheben oder einer Aussage besonderen Nachdruck zu verleihen, um so den Leser zu fesseln durch eindrucksvolle, anschauliche und oft gefühlsbetonte Gestaltung des Textes.

Bereits in der Antike wurden rhetorische Mittel von den Rednern und Schriftstellern verwendet und in Rhetorikschulen eingeübt, um den Rede- und Schreibstil wirkungsvoller zu gestalten und den Aussagen größeren Nachdruck zu verleihen. Dabei wurden folgende Arten unterschieden:
* *Wortfiguren* (sogenannten Tropen) als bewusste Abweichung vom direkten Wortsinn: z. B. Wiederholung von Worten oder Wortfolgen, Abwandlung oder Häufung von Wörtern desselben Bedeutungsbereichs oder Wortfolgen mit gleicher oder ähnlicher Bedeutung.

* *Gedanken- oder Sinnfiguren*: vom Satzbau geprägte Strukturen wie z. B. → Antithese, → Parallelismus; sie beziehen sich auf Inhalt und Gliederung eines komplexen Gedankens, der semantisch erweitert oder verdeutlicht werden soll.
* *Grammatische Figuren*: als Abweichungen vom normalen, syntaktisch korrekten Sprachgebrauch oder der üblichen Wortstellung, z. B. → Ellipse
* *Klangfiguren*: sie entstehen durch das Spiel mit den besonderen lautlichen Möglichkeiten der Sprache, um durch die Gestaltung Teile einer Satzperiode z. B. durch → Reim oder → Alliteration hervorzuheben. Siehe auch: → Onomatopöie, → Anapher.

Es gibt unterschiedliche Systematisierungen der Stilmittel (s. Rhetorische Figuren):
Möglichkeit a:
1. sprachliche Mittel der **Wortfügung** (Art der Gestaltung mehrerer Wörter)
2. sprachliche Mittel des **Wortersatzes** (eine besonders gestaltete Formulierung ersetzt eine übliche; sog. Tropen)

Sie umfassen im Einzelnen:
Zu 1: Alliteration, Anapher, Anrede, Antithetik, Chiasmus, Ellipse, Inversion, Klimax, Oxymoron, Paradoxon, Parallelismus, Parenthese, Refrain, rhetorische Frage, Wiederholung, Zeugma
Zu 2: Allegorie, Anspielung, Archaismus, Beispiel, Euphemismus, Hyperbel, Litotes, Metapher, Metonymie, Periphrase, Personifikation, Synekdoche, Synonym, Wortspiel

Möglichkeit b:
– Stilfiguren des Ersatzes, z. B. Litotes, Personifizierung, Ironie, Vergleich, Allegorie, Hyperbel
– Stilfiguren der Hinzufügung (d. h. ein Ausdruck wird durch weitere Ausdrücke präzisiert), z. B. Antithesen, Wiederholungen im Satzbau (z. B. Parallelismus, Chiasmus), Rahmung, Pleonasmus
– Stilfiguren der Auslassung: Anakoluth
– Stilfiguren der besonderen Anordnung: Stellung des Verbs am Anfang

Möglichkeit z:
– klangliche Mittel
– syntaktische Figuren (Satzbau)
– semantische Figuren (Wortbedeutung)
– gedankliche/gestalterische Mittel

Möglichkeit d:
– Wortfiguren (1. Figuren der Umschreibung, 2. Figuren der Wortwiederholung)
– Satzfiguren (1. Weglassungsfiguren, 2. Anordnungsfiguren)
– Gedankenfiguren (1. Publikumsbezogene Figuren, 2. Gegenstandsbezogene Figuren)

Möglichkeit e:
- Wortfiguren (Hyperbel/Übertreibung, Litotes/Untertreibung, Periphrase/Verhüllung, Hendiadyoin/Doppelung, Emphase/Nachdrücklichkeit, Archaismen/veralteter Ausdruck
- Satzfiguren (Ellipse/Verkürzung, Parallelismus/Gleichlauf, Inversion/Umstellung, Klimax/stufenweise Steigerung, Parenthese/Einschub)
- Gedankenfiguren (rhetorische Frage, Antithese/Gegensatz, Paradoxon/Sinnwidrigkeit, Ironie, Vergleich, Sentenz/Sinnspruch)
- Klangfiguren (Wiederholung, Wortspiel, Stabreim)

Rhetorische Figuren[13]

- Bei *Wortfiguren* (sogenannten Tropen) weicht man bewusst vom direkten Wortsinn ab, z. B. durch Wiederholung, Abwandlung oder Häufung von Wörtern oder Wortfolgen mit gleicher oder ähnlicher Bedeutung.
- *Gedanken-* oder *Sinnfiguren* betreffen Inhalt und Gliederung eines komplexeren Gedankens mit dem Ziel, ihn semantisch zu erweitern oder zu verdeutlichen.
- *Grammatische Figuren* beinhalten Abweichungen vom syntaktisch korrekten Sprachgebrauch oder der üblichen Wortstellung.
- *Klangfiguren* schließlich spielen mit den lautlichen Möglichkeiten der Sprache, um Teile einer Satzperiode z. B. durch Reim oder Alliteration (siehe unten) hervorzuheben.

Eine Auswahl der häufigsten rhetorischen Figuren zeigt die folgende Übersicht:
Alliteration, auch **Stabreim:** Hervorhebung mehrerer aufeinander folgender Wörter durch gleichen Anlaut. Beispiele sind etwa »Bei *W*ind und *W*etter« oder »Mit *K*ind und *K*egel«.

Allegorie (griech. *allegorein:* anders sagen): bildliche Darstellung eines abstrakten Begriffs oder Vorgangs, oft in Form der Personifikation. Im Unterschied zum »sinnfälligen« Symbol enthält die A. eine gedanklich-konstruktive Beziehung zwischen Dargestelltem und Gemeintem.

Anapher (von griech. *anaphora:* das Emportragen, Beziehung): die eindrucksteigernde Wiederholung eines Wortes am Anfang einander folgender Satzglieder, z. B. »Das Wasser rauscht, das Wasser schwoll« (Goethe).

Antiklimax (von griech. *anti:* gegen und *klimax:* Leiter): Das Gegenteil der Klimax (siehe unten). Stufenfolge von Gedanken, deren Bedeutung oder Gewicht zum Ende eines Satzes oder Textabschnitts hin abnimmt, üblicherweise mit satirischer Wirkung, da statt der erwarteten Steigerung ein plötzlicher Abfall eintritt: »Die großen Errungenschaften von Benito Mussolinis Regime beinhalteten, dass ein starkes Nationalbewusstsein wiedererstand, das italienische Reich ausgeweitet wurde und die Züge pünktlich fuhren.«

---

13 Vgl. u. a. »Rhetorische Figuren«, *Microsoft*® Encarta® Enzyklopädie 2000. © 1993-1999 Microsoft Corporation

Antithese (von griech. *anti:* gegen und *thesis:* Behauptung): Gegenüberstellung zweier Wörter, Begriffe, Satzteile oder Sätze, die sich im Sinn der klassischen Dialektik in ihrer Bedeutung widersprechen, wodurch ein gegensätzlicher Gedanke besonders hervorgehoben wird. Ein Beispiel für eine Antithese: »Irren ist menschlich, Vergeben göttlich.«

Apostrophe (griech. *apostrophé:* das Abwenden): überraschende Abwendung eines Schauspielers von seinem Publikum oder eines Schriftstellers von seinem Leser, um eine Person, die im Allgemeinen abwesend oder verstorben ist, ein unbelebtes Objekt oder eine abstrakte Vorstellung anzusprechen. Der englische Dichter John Milton beschwört z. B. in seinem Gedicht *Il Penseroso* den Geist der Melancholie mit folgenden Worten: »Oh göttlichste Melancholie, dein überirdisches Antlitz ist zu hell, als dass es das menschliche Auge erblicken kann.«

Archaismus (griech.: *archaios*, ursprünglich, alt): Gebrauch alter Wörter und Wendungen, die in der zeitgenössischen Sprache nicht mehr geläufig sind. Archaisierende Sprache – mit ironischem Unterton – begegnet z. B. bei Thomas Mann.

Ausruf: Stilmittel des Affekts, das in Form eines plötzlichen Aufschreis oder Zwischenrufs eine Gefühlsregung wie Furcht, Trauer oder Hass ausdrücken kann und zur Belebung dient. Ein anschauliches Beispiel findet sich etwa in William Shakespeares Drama *Macbeth,* wo Lady Macbeth ruft: »Fort, verdammter Fleck! Fort …!«, oder im *Hamlet,* wo der Prinz ruft: »O Schurke! lächelnder, verdammter Schurke!«

Chiasmus (X-förmige Kreuzung nach dem griech. Buchstaben Chi –X): Stilfigur mit der Stellung über kreuz, besonders die Folge von Satzgliedern nach dem Schema ab ba, z. B. »Er war der Guten Hort, der Schrecken der Bösen«.

Ellipse (griech.: Mangel): Weglassen eines Wortes, das aus dem Sinnzusammenhang erschlossen werden kann, z. B. »Ende gut, alles gut.«

Euphemismus (griech. *euphemein:* glückbringende Worte gebrauchen): Das Ersetzen eines Begriffs oder Ausdrucks, der grobe, schmutzige oder auf andere Weise unangenehme Assoziationen erweckt, durch eine taktvollere, beschönigende Wendung, wie z. B. »Klo« durch »Toilette« und »sterben« durch »vergehen«.

Hendiadyoin (griech.: »eins durch zwei«): meint zumeist die Verwendung von zwei bedeutungsgleichen Substantiven zur Ausdruckssteigerung, z. B. »Hilfe und Beistand«.

Hyperbel (griech. *hyperbole:* das Darüberwerfen, Übermaß): Form der Übertreibung, mittels derer eine Sache besser oder schlechter, größer oder kleiner dargestellt wird, als sie tatsächlich ist. Ein Beispiel für eine Hyperbel findet sich in einem Essay des englischen Schriftstellers Thomas Babington Macaulay: »Dr. Johnson trank ein ganzes Meer von Tee.« (Vergleiche auch *Litotes,* siehe unten.)

Inversion (lat.: Umkehrung): Umlehrung der gewöhnlichen Folge Subjekt – Prädikat, im Deutschen z. B. im Fragesatz »Willst du kommen?« statt »Du willst kommen« im Aussagesatz.

Ironie (griech. *eironeia:* Verstellung): Verspotten oder Lächerlichmachen eines dem Anschein nach ernsthaften Gedankens mit dem Ziel, das Gegenteil des scheinbar Gesagten auszudrücken (siehe auch *Litotes,* unten). Ein Beispiel für Ironie mit Hang zum schwarzen Humor ist der Vorschlag des englischen Satirikers Jonathan Swift in seinem *Modest Proposal,* die armen Leute in Irland sollten sich aus ihrer Armut befreien, indem sie ihre Kinder an die Reichen zum Essen verkaufen.

Klimax (griech. *klimax:* Leiter): Anordnung von Wörtern, Satzteilen oder Sätzen, die sich in ihrer Aussagekraft oder Bedeutung steigern, ausgehend vom schwächsten Glied. Beispiel: »Es ist eine Beleidigung, einen römischen Bürger in Fesseln zu legen; es ist ein Verbrechen, ihn auszupeitschen; es grenzt an Vatermord, ihn zu töten; doch ihn zu kreuzigen – wie soll ich dies nun nennen?« (Das Gegenteil der Klimax ist die *Antiklimax,* siehe oben.)

Konzetto (Plural *Konzetti;* von ital. *concetto:* Einfall): Geistreich-witziges Gedanken- oder Wortspiel, das häufig eine ausgefeilte, oft überspannte, weit hergeholte *Metapher* (siehe unten) beinhaltet und als Stilmittel seit der italienischen Spätrenaissance besonders gern in der Barockdichtung fast aller europäischen Länder verwendet wurde. In einem seiner Gedichte vergleicht z. B. der englische Dichter John Donne die menschliche Seele mit einem Kompass.

Litotes (griech.: Einfachheit): Hervorhebung einer Aussage durch die Verneinung ihres Gegenteils. So beinhaltet der Satz »Dieser Schriftsteller besitzt eine nicht unbeträchtliche Ausdruckskraft«, dass er ein ausgezeichneter Schriftsteller ist. (Vergleiche auch *Hyperbel,* siehe oben.)

Metapher (von griech. *metapherein:* übertragen): Bildhafter Ausdruck für einen Gegenstand oder einen abstrakten Begriff, der eigentlich einen verkürzten Vergleich beinhaltet und von den Eigenschaften dieses Gegenstands ausgeht, z. B. Fluss*arm.* Die Psalmen nennen etwa Gottes Gesetz »Ein Licht für seine Füße und eine Lampe für seinen Weg«. Weitere Beispiele für häufig verwendete Metaphern: »Sein Redefluss war nicht zu bremsen« oder »Die Sonne geht auf«. (Siehe auch *Vergleich.*)

Metonymie (griech. *metonymia:* Umbenennung): Ersetzung eines Wortes oder Ausdrucks durch ein anderes, das in räumlicher, logischer, kausaler oder irgendeiner anderen Beziehung dazu steht. Beispiele: »Er war ein begeisterter Leser von Chaucer« – gemeint sind Geoffrey Chaucers Gedichte; »Das Restaurant hat eine ausgezeichnete Küche« – gemeint ist, es bietet ein gutes Essen. (Vergleiche auch *Synekdoche,* unten.)

Onomatopöie (griech. *onoma:* Name; *poiein:* machen): Lautmalerische Nachahmung; Klangmalerei. Beispiele für Lautmalerei sind etwa: »der *Kuckuck*«, »das *gackernde* Huhn«, »der *Zisch*laut« oder »der *brummende* Kreisel«.

Oxymoron (griech.: scharf[-sinnig-]dumm): die Verbindung von sich eigentlich widersprechenden Begriffen: »beredtes Schweigen«, »bittersüß«.

Paradoxon (griech. *para:* gegen, *doxa:* Meinung, Erwartung): Aussage oder Ansicht, die im Widerspruch zum gesunden Menschenverstand zu stehen scheint. Beispiele für

Paradoxa sind die Parole »Rüsten für den Frieden« oder die Formulierung »ein wohlbekannter Geheimagent«.

Parallelismus (von griech.: gleich laufend): eine gleich gerichtete Wortfolge in entsprechenden und benachbarten Wortgruppen. Bei tautologischem P. sagen die syntaktisch parallelen Satzglieder das Gleiche aus. Bei antithetischem P. wird Ungleiches gegenübergestellt. Der P. findet sich besonders häufig in der hebräischen (und der germanischen) Dichtung, z. B. »Gott schuf den Menschen als sein Abbild; als Abbild Gottes schuf er ihn« (Gen 1, 27).

Parenthese (griech.): den Gedankenablauf eines Satzes unterbrechender Redeteil (auch die ihn kennzeichnenden Satzzeichen).

Periphrase (griech.): die rhetorische P. umschreibt den eigentlichen Begriff durch Angabe von Eigenschaften, Umständen, Wirkung (z. B. »Das Auge des Gesetzes«).

Personifikation (lat. *persona:* Person, *facere:* machen): Form der Metapher (siehe oben), bei der leblose Gegenstände oder abstrakte Vorstellungen als handelnde Personen dargestellt werden. Beispiele für Personifizierungen sind »Der Wunsch ist Vater des Gedankens«, »Der dürre Hunger zog durchs Land« oder »Die Nacht hüllte die Stadt in ihre tiefschwarzen Schwingen«.

Pleonasmus (griech.): überflüssige Wiederholung (z. B. »ich wiederhole nochmals«); kann als Redefigur nachdrücklicher Veranschaulichung dienen

Rhetorische Frage: Frage, die nicht den Zweck hat, Informationen oder Antwort zu erhalten, sondern zum Nachdenken anregen soll, indem der offensichtlichen Antwort besonderer Nachdruck verliehen wird. Beispiele: »Hast du mir geholfen, als ich Hilfe brauchte? Hast du auch nur einmal angeboten, mir zu helfen? Hast du irgendetwas getan, um meine Last zu verringern?«

Synekdoche (griech. *syn:* zusammen; *ekdoche:* Übernahme, Verstehen), auch **Pars pro toto** (lat.: ein Teil für das Ganze): Bildhafte Redewendung, in der ein Teil einer Sache für die ganze Sache steht, z. B. ein Einzelmerkmal für eine Gesamtvorstellung, eine Gattung für eine Art, ein engerer Begriff für einen umfassenderen usw. So steht beispielsweise in dem Ausdruck »eine 50-köpfige Mannschaft« das Wort »Kopf« als Synekdoche für einen ganzen Menschen oder in dem Satz »Er gebrauchte seine grauen Zellen« der Ausdruck »graue Zellen« für das Gehirn und dieses wiederum für die Denkfähigkeit eines Menschen. (Vergleiche auch *Metonymie,* siehe oben.)

Vergleich: Stilmittel zur Veranschaulichung, das sich einer gemeinsamen Eigenschaft zweier Begriffe bedient, um einen davon mit Hilfe des anderen anschaulicher darzustellen. Vergleiche werden meist durch »so – wie« eingeleitet. Beispiele: »Das Christentum strahlte wie ein Leuchtfeuer in der schwarzen Nacht des Heidentums« oder »Die Vernunft verhält sich zum Glauben wie das Auge zum Teleskop«. (Vergleiche oben *Metapher)*

Zeugma (griech.: Verbindung): grammatikalische Figur, bei der ein Prädikat auf mehrere Subjekte bezogen wird, während es nur zu einem passt, z. B. »Die Augen des Herrn sehen auf die Gerechten und seine Ohren auf ihr Schreien« (Luthers Bibelübersetzung); ferner die Vermischung von eigentlichem und bildhaftem Wortgebrauch, z. B. »Er roch die Gefahr und nach Knoblauch«.

Rhetorische Figuren/Stilfiguren haben einen unterschiedlich großen Wirkungskreis:
1. Wortfiguren – betreffen den Sinn und die Bedeutung von einzelnen Wörtern.
2. Satzfiguren – haben Auswirkung auf den Bau des Satzes.
3. Gedankenfiguren – umfassen Textteile oder ganze Texte.
4. Klangfiguren – beziehen sich auf die Lautgestalt von Wörtern.

Stil

Zum Thema »Stil«

Allgemein: die charakteristische Art und Weise einer Darstellung auf dem Gebiet der Sprache und Kunst, in einem erweiterten Sinn auch von Lebensformen (Lebensstil, Mode u. a.), Sportarten (Laufstil) usw.

Bereich der Sprache und Kunst: Die unverwechselbare, eigenständige, verhältnismäßig einheitliche sprachliche Ausdrucks- und Darstellungsweise, die aus einer geistigen Grundhaltung (Weltanschauung und Formgefühl) erwächst und Ergebnis einer bewussten Entscheidung und Gestaltung ist, bei der bestimmte sprachliche Variationsmöglichkeiten für bestimmte Aussageabsichten wiederholt ausgewählt werden. Der Stil eines Werkes wird durch die verschiedenen Schichten des Werkes (Inhalt, Form) hindurch als »stimmiger« Gesamteindruck deutlich, als Zusammenklang und innere Einheit der entscheidenden sprachlich-stilistischen Mittel (Wortwahl, Satzbau, Satzverknüpfungen, Textstruktur, klangliche Elemente, Sprachrhythmik usw.) und zugrundeliegenden Stoffe. Aus den stilistischen Merkmalen des Werkes lässt sich wiederum die spezifische Stilhaltung (Stilarten, Stilrichtung) erschließen, aus der das Kunstschaffen gespeist wird. Der Stil eines Textes hängt wesentlich davon ab, welchen Zweck der Text erfüllen soll, ob zum Beispiel erzählt, argumentiert, informiert, angeklagt usw. werden soll.

Stilmittel (Ausdrucksmittel)
Einzelne sprachliche Ausdrucksformen im Rahmen eines stilistischen Zusammenhangs zur Erzielung bestimmter Wirkungen, z. B. als besondere syntaktische Fügungen, als charakteristischer Wortschatz, rhetorische oder metaphorische Ausformungen, Betonung klanglicher Formen usw. Zum Stilmittel kann jede sprachliche Erscheinung werden, wenn sie in einem Text mehrfach (nicht zufallsbedingt) vorkommt und/oder einen normabweichenden auffallenden Charakter besitzt, sodass sie zum Bedeutungsträger wird und eine erkennbare Funktion erfüllt.

Bei der Verwendung von Stilmitteln kann unterschieden werden:

Der **Individualstil** (Personalstil) ist der ganz persönliche Stil eines einzelnen Autors und letztlich eines jeden Menschen, den er im Laufe seines Lebens entwickelt und der besonders im konkreten Fall des Schreibens von literarischen Texten am stärksten ausgeprägt in Erscheinung tritt. In schöpferischer Auseinandersetzung mit den herrschenden Stilnormen seiner Zeit trifft der Autor aus den vorhandenen sprachlichen Mitteln eine persönliche Auswahl für sein Werk und erfindet sogar neue Ausdrucksformen, so dass sich sein Individualstil von anderen Stilen unterscheidet. Der Individualstil eines Autors, Künstlers usw. kann verschiedene Entwicklungsstufen durchlaufen (z. B. Altersstil).

Der **Epochenstil** (Zeitstil/Epochalstil): die überindividuellen, viele Autoren und Werke kennzeichnenden gemeinsamen Stileigentümlichkeiten eines historischen Zeitabschnitts, in denen sich das Profil einer Epoche zeigt (z. B. Barockstil)

Der **Gattungsstil** (Genrestil) bezeichnet die überindividuelle, in verschiedenen Epochen gleichermaßen auftretende stilistische Gleichartigkeit und die Gesamtheit der gemeinsamen charakteristischen Stilmittel in Werken derselben literarischen Gattung.

Stiluntersuchung (Stilanalyse, Sprachuntersuchung)
Sie richtet sich vorwiegend auf den Individualstil eines Autors (siehe Stilmittel) bzw. Werkes und will die besondere sprachliche Gestaltung und formale Eigenart des Textes erfassen und verstehen.
Sie hat die Aufgabe:
* die bevorzugten und für einen Text eigenartigen sprachlich-stilistischen Gestaltungs- und Ausdrucksmittel festzustellen, zu benennen und zu beschreiben (*Analyse*) und
* ihre Funktion und Wirkung im sprachlichen Gefüge des Textganzen zu bestimmen und zu verdeutlichen (*Synthese*).

Dabei reicht es im schulischen Alltag aus, nur eine *Auswahl wichtiger Stilmittel* zu untersuchen, die als »Bedeutungsträger« eine besondere Funktion erfüllen (z. B. für die Erkenntnis der Intention) und für das Textganze von Bedeutung sind.
Wichtige Stilmittel sind daran zu erkennen, dass sie quantitativ und/oder qualitativ auffallen, das heißt:
* Sie kommen öfter vor (Wiederholungen von Wörtern, Bildern, Satzbau ...) und/oder
* sie haben einen auffallenden sprachlichen Charakter (vom normalen Alltagssprachgebrauch abweichende Verwendung, z. B. mit neuen Wortschöpfungen und Kombinationen; Stilfiguren)

Bei dem komplexen Vorgang der Stiluntersuchung kommen in einem Prozess der Analyse und Synthese folgende Aspekte in den Blick:

1. Analyse
* Wortwahl: z. B. bestimmte Sachgebiete; zentrale Wörter (Leitwörter), bevorzugte Verwendung bestimmter Wortarten, konkrete/abstrakte usw. Wörter, Fremdwörter, Begriffe aus Fachsprachen, Wörter mit übertragener Bedeutung, Wortneuschöpfungen, veraltete Wörter. Frage: *Ist die Sprache eher argumentativ? appellativ? sachlich beschreibend?*

* Stilebene (Stilarten): dichterisch, gehoben, umgangssprachlich, grob usw. Frage: *In welchem Verhältnis stehen Sprache, Intention und Adressatenbezug?*
* Satzarten und Satzbau: z. B. Haupt-/Nebensätze, Parataxe oder Hypotaxe, Länge, Verbindung und Struktur der Sätze. Frage: *Wie passt der Satzbau zur inhaltlich-gedanklichen Eigenart des Textes?*
* Stilmittel: Aufzählungen, Wiederholungen, Antithesen, rhetorische Figuren usw. Frage: *Wirken die Stilmittel »stimmig«, d. h. werden sie der Textintention, der Textsorte und dem Adressaten gerecht?*
* Modus- und Tempusgebrauch, Tempuswechsel. Frage: *Werden diese Mittel variabel eingesetzt, passen sie zu den Aussagen des Textes?*
* Erzählhaltung: neutral, emotional, kritisch usw.
* Bildlichkeit: Bilder, Metaphern, Symbole, Personifikationen usw.
* rhythmisch-metrische Gestaltung: Strophen, Versmaße, Reimformen; Rhythmus und Textgliederung usw.
* phonetischer Befund: Klangbild, Lautsymbolik, Wortspiele usw.

2. Synthese
* Kennzeichnung der Stilwerte und Stilzüge
* Interpretation des Verhältnisses zwischen Darstellungsabsicht, inhaltlicher Aussage (Gehalt) und stilistischer Form
* Einbeziehung der inhaltlichen und gehaltlichen Deutung des Textes

Dann können folgende grundlegende Schritte vollzogen werden:
1. Feststellung und Beschreibung der quantitativ und/oder qualitativ auffallend verwendeten und damit relevanten sprachlich-stilistischen *Gestaltungsmittel* (Textformanten) im Text
2. Klärung der *Wirkung* (»Eindruckswert«) dieser Stilmittel beim Leser oder Hörer durch Analyse der (gemeinsamen) Spontanreaktionen
3. Bestimmung des *Stellenwerts* und der *Funktion* dieser Stilmittel (»Ausdruckswert«) innerhalb des Textganzen und Klärung der Folgen für den Inhalt
4. Feststellung der aus den Gestaltungsmitteln erkennbaren *Grundhaltung und Intention* (damit auch Erklärung der vom Autor vorgenommenen Auswahl und der Eigenart der verwendeten Stilmittel zur Erreichung bestimmter Absichten beim Leser)

Hilfreich sind dabei folgende Beobachtungsfragen:
* »Welche sprachlichen Mittel kommen in mehrfacher Wiederholung vor?«
* »Welche Abweichungen vom alltäglichen, normalen Sprachgebrauch zeigen sich?«
* »Welche Stilmittel erweisen sich als charakteristisch im Vergleich zu anderen Texten mit ähnlicher Thematik?«

Die sprachliche Analyse sollte sich stets auf einen der folgenden Untersuchungsaspekte stützen:
* Welche Bezüge lassen die sprachlichen Mittel zur Intention des Autors, zur Textsorte und zum Adressatenkreis erkennen?

* Welche Wirkung will der Autor mit diesen Stilmitteln beim Leser erzielen?
* Wie passen die sprachlich-rhetorischen Mittel zum inhaltlichen Textgehalt und -zusammenhang (d. h. zum dargestellten Sachverhalt oder Vorgang)?

Eine Anwendung der Stiluntersuchung auf *Textauszüge* ist nur sinnvoll, wenn die Stileigentümlichkeiten des Textes durchgehend einheitlich sind (einzelne Zitate sind dafür kaum geeignet).

Stilarten/Stilebenen
(lat. *genera dicendi*, die Arten des Ausdrucks)
Ein schon aus der antiken Rhetorik (z. B. bei Cicero) stammendes Einteilungsschema unterscheidet bei der Verwendung von schmückenden Stilmitteln in Reden drei verschiedene »Höhen« und ordnet diese Ebenen jeweils bestimmten Absichten, Zwecken und Inhalten zu.

* der »leichte« Stil: Er ist eine einfache Nachahmung und schmucklose Anwendung der gewöhnlichen Umgangssprache zum Zweck der bloßen Mitteilung oder der sachlichen Belehrung (Funktion: *docere*)
* der »mittlere« Stil: Er verwendet rhetorische Figuren als »Schmuckmittel« mit dem Ziel, durch eine gefällige, klare Ausdrucksweise angenehm zu unterhalten, also mehr zu leisten als eine bloße Mitteilung und Belehrung (Funktion: *delectare*).
* der »erhabene«, schwere Stil: Er ist anspruchsvoll und mit reichen Mitteln des Redeschmucks versehen, um eine möglichst tiefe Gemütsbewegung und emotionale Erschütterung auszulösen (Funktion: *movere*). Im Barock war diese Stilebene nur bei »erhabenen« Stoffen gestattet und konnte auch in »Schwulst« und Übertreibung ausarten.

Der hier vorausgesetzte Begriff von Stil sieht von der Individualität des Autors ab und versteht Stil als »objektive« Gegebenheit.

In vereinfachter Form können diese 3 Stilebenen in der Praxis noch weiter differenziert werden, wie am Beispiel des Wortgebrauchs von »sterben« und »Gesicht« deutlich wird. Wenngleich die unterschiedlichen Sprachgewohnheiten keine exakte Zuordnung und allgemein verbindliche Festlegung auf eine bestimmte Stilart zulassen, so gibt die Wahl eines bestimmen Wortes aus dem weiten Feld sinnverwandter Wörter (sog. Wortfeld) Aufschluss darüber, wie der Sprecher innerlich zu der genannten Sache steht und sie subjektiv bewertet:

dichterisch: feierliche, poetische, oft auch etwas altertümliche Ausdrucksweise (»sein Leben aushauchen«; »Angesicht«; »Antlitz«)
bildungssprachlich: eine gebildete, Wissen verratende Ausdrucksweise, oft mit Fachbegriffen und Fremdwörtern (»Physiognomie«; »Exitus«)
gehoben: eine gepflegte, nicht alltägliche Ausdrucksweise, die in der mündlichen Sprache des Alltags allerdings »gespreizt« wirken kann (»das Zeitliche segnen«)
umgangssprachlich: lockere, zwanglose Ausdrucksweise, wie sie meist mündlich verwendet wird (»dran glauben müssen«)

familiär: Ausdrucksweise im engeren Familien- und Freundeskreis (»für immer die Augen zumachen«)
salopp: nachlässige, lockere, oft emotionale Ausdrucksweise in der mündlichen Sprache (»den Löffel abgeben«; »Visage«)
derb: grobe und gewöhnliche Ausdrucksweise (»krepieren«; »Fratze«)
vulgär: anstößige, unanständige Ausdrucksweise; Gossensprache (»den Arsch zukneifen«; »Fresse«)

Stilblüte
Eine sprachliche Äußerung, die unfreiwillig doppelsinnig ist und unbeabsichtigt komisch wirkt. Die Ursache kann ein Denkfehler sein oder eine sprachliche Nachlässigkeit (z. B. ungeschickte Wortwahl, Weglassen eines Wortes oder Satzteils, unzulässige Wortstellung)
Eine besondere Art der Stilblüte ist die Katachrese, bei der zwei Redewendungen oder Sprichwörter mit ihrem Bildbereich zusammengebracht werden, was nicht »passt« (z. B. »Alle Mann an Bord der Wahlurne«).

Stilbruch
Die Durchbrechung einer bestimmten Stilebene (Stilart) durch Verwendung von Wörtern und Wendungen aus einer anderen Stilschicht – sei es einer höheren oder niedrigeren. Solche unerwarteten Wechsel der Stilebenen bzw. ihre unmotivierte Vermischung können sowohl aus Ungeschicklichkeit und künstlerischem Unvermögen des Autors entstehen als auch bewusst eingesetzt werden, um besondere Wirkungen zu erzielen: z. B. groteske oder komische. Siehe auch: Stilblüte.

Stilisierung
Im Bereich der Literatur: die Überhöhung der in der Umgangssprache gegebenen normalen sprachlichen Möglichkeiten der Wortwahl und Syntax zum Erlesenen und Feierlichen hin. Die Darstellung als bewusste Formung eines Gegenstands oder Textes wirkt leicht formelhaft, bevorzugt einen reduzierten oder symmetrischen Satzbau oder in der Lyrik strenge Vers- und Strophenformen u. a. und neigt zur Vereinfachung, Abstraktion und Reduktion auf wesentliche Grundzüge.

4.12 Handlungs-, produktions- und rezeptionsorientierter Umgang mit Texten

4.12.1 Eigenart und Grenzen produktiven Umgangs mit Texten

Während in der Literaturwissenschaft nach dem Zweiten Weltkrieg bis in die 60er Jahre hinein der dichterische Text als in sich geschlossene Sinneinheit galt, die gleichsam unantastbar war und im Mittelpunkt des Erkenntnisinteresses und Verstehens der werkimmanenten Methode stand (vgl. Kap. 2.3), hat inzwischen ein Paradigmenwechsel stattgefunden, der sich auch im Literaturunterricht bemerkbar macht. *Paradimenwechsel*

Mit der *Konzeption eines handlungs- und produktionsorientierten Umgangs mit Texten* liegt heute eine Fülle von Anregungen vor, auf literarische Texte mit eigenen Texten zu antworten, dadurch einen persönlichen Zugang zu dem Werk (gleich welcher »Sorte«) zu finden, die besondere Wirkung und Leistung literarischer Formen und Gestaltungen zu erproben und durch den Vergleich der eigenen Produktion mit dem Originaltext (z. B. eines berühmten Dichters) dessen inhaltliche und formale Besonderheit klarer zu erkennen und aktiv handelnd zu verstehen. *Neuere Entwicklungen*

Der Leser soll Literatur nicht nur reproduktiv nachvollziehen, sondern wird ausdrücklich dazu ermutigt, auf unvoreingenommene, spontane Weise durch eigene Textproduktion einen Zugang zu ihr finden, indem er sich aktiv und kreativ mit diesen Werken auseinandersetzt und sie sich fantasievoll zu eigen macht. Der spielerische Umgang mit dem Text durch das eigenproduktive Tätigwerden bedeutet: in den Text eingreifen, ihn erweitern oder verkürzen, einzelne Elemente stärker betonen oder abschwächen, bestimmte Textmerkmale aus- und umgestalten, in der Perspektive und Intention verändern, den Text weiterschreiben, in den heutigen Horizont hinein erzählen, auf die eigene Lebenssituation hin transformieren oder auch spielerisch, pantomimisch, musikalisch, zeichnerisch usw. in unbefangen subjektiver Weise auf den Text reagieren und aus ihm einen neuen machen.

Der Leser verlässt dabei seine gewohnte rezeptive Haltung und wird zum Koproduzenten des literarischen Textes. Lesen als produktives Handeln bietet dabei die reizvolle Möglichkeit von »Problemlösungsspielen«. Dabei kommen auch die persönlichen Gefühle, Gedanken, Standpunkte, ja die ganze Lebensgeschichte der Lesenden/Schreibenden ins Spiel. Durch das Zusammenwirken von eigener Fantasie, kommunikativem Handeln und Austausch mit den Mitproduzenten erfolgt eine ungewöhnlich intensive »Sinnaktualisierung« und persönliche Auseinandersetzung mit dem Text und seiner Aussage.

Für den Unterricht bedeutet dies, dass die Schülerinnen und Schüler in Ergänzung der üblichen Erschließungsverfahren bei Texten und im Gegensatz zum gewohnten eher *Didaktische Konsequenzen* reproduktiven Umgang mit literarischen Werken (analysierend, erörternd, rational argumentierend, begründend redend usw.) in je individueller Weise auf Texte reagieren und handelnd und produktiv mit ihnen umgehen dürfen. Eine besondere affektive Wirkung besteht bei diesem kreativen Schreibansatz darin, dass auch die persönlichen Gefühle, Gedanken, Standpunkte der Schreibenden deutlich werden, ja ihre ganze Lebensgeschichte unwillkürlich mit ins Spiel gebracht wird. Durch das Zusammenspiel von eigener Fantasie, kommunikativem Handeln und Austausch mit den Mitproduzenten erfolgt eine ungewöhnlich intensive »Sinnaktualisierung« und persönliche Auseinandersetzung mit dem Text und seiner Aussage.

So werden z. B. die besonderen Gestaltungsmittel eines Textes in ihrer Wirkung genauer zugänglich und können bei den eigenen Gestaltungsversuchen erprobt, überarbeitet und verbessert werden. Mit solchen Reaktionen und Aktivitäten wird ein aktives, individualisierendes Lesen gefördert, bei dem sich der Einzelne auf seine Weise gestalterisch einbringen und dabei zugleich auch kognitive »Lernleistungen« erbringen kann, gerade wenn und weil diese nicht im Mittelpunkt stehen und ausdrücklich gefordert werden. Solche Schreibtätigkeiten eröffnen dem Einfallsreichtum der Schreiber eine große Freiheit, verlangen aber zugleich nach einer Vereinbarung von Spielregeln.

Solche produktiven Gestaltungsversuche können an verschiedenen Stellen der Texterschließung einsetzen: sie können der ersten Textbegegnung vorausgehen, einzelne Verstehensschritte vorbereitend vorwegnehmen, die Textanalyse begleiten oder die Interpretation abschließen, weiterführen und vertiefen.

Ein Vergleich der eigenen Gestaltung mit dem Bezugstext hilft dabei, die inhaltlichen und formalen Besonderheiten des Originaltextes und seine Aussage genauer zu erkennen und besser zu verstehen und aufmerksam zu werden für die Tatsache, dass sich die Produktion und Interpretation von Texten immer vor dem Hintergrund eines geschichtlich-gesellschaftlichen Kontextes ereignen und von persönlichen Lebenserfahrungen und -einstellungen geprägt sind, die sich auswirken, besonders wenn der Text schon Jahrzehnte oder gar Jahrhunderte alt ist.
Bei aller verständlichen Euphorie angesichts eines *handlungs- und produktionsorientierten Arbeitens* in der Schule gegenüber den üblichen analysierenden, interpretierenden, argumentierenden Verfahren der Texterschließung, so ist zu betonen: Solche Ansätze *ergänzen* die analytischen Verfahren, aber sie können sie *nicht ersetzen*. Die bei einem produktiven Umgang mit Literatur durch gestalterisches Schreiben neu entstandenen Texte oder sonstigen »Produkte« haben nicht denselben Rang wie der literarische, biblische u. a. Ausgangstext und können ihn nicht ersetzen.

Kontinuität mit Früherem

Die zentrale Aufgabe eines texterschließenden Unterrichts besteht immer noch darin, Prozesse des Verstehens bei Texten ins Bewusstsein zu heben und damit für alle Beteiligten diskutierbar zu machen. Auf diese Weise zeigt sich die Eigenart des subjektiven Zugangs des einzelnen Lesers zu diesem Text und lässt sich mit ersten Verstehenszugängen anderer Leser vergleichen und im Hinblick auf die Frage nach der »richtigen«

Interpretation diskutieren. Es wäre nicht sinnvoll, den analytischen Zugang zu Texten und den produktiv-gestalterischen gegeneinander auszuspielen und eines der beiden Verfahren zu verabsolutieren.

Aufs Ganze gesehen wäre es bei der Arbeit mit Texten wichtig, eine fruchtbare Balance zu halten zwischen zwei Bereichen von Methoden, die sich gegenseitig stützen und ergänzen:

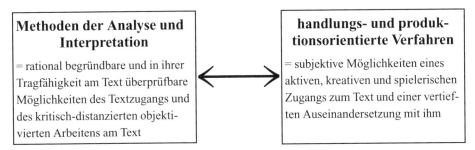

4.12.2 Anregungen für ein gestalterisches Schreiben

1 Texte vorbereiten

- Text-Antizipation: Festhalten, welche ersten Eindrücke, Ideen, Gedanken durch den Titel des Textes ausgelöst werden; von daher Erwartungen an den Text formulieren
- Zu einem vom Lehrer vorgegebenen Thema, Überschrift usw. selber einen Text derselben Sorte und Thematik verfassen wie der unbekannte, danach erst zu behandelnde Originaltext.

2 Texte weiterschreiben

- *Erzählabbruch*: eine unterbrochene/abgebrochene Geschichte selber weitererzählen/ weiterschreiben, z. B. den Erzählanfang, bestimmte Handlungsschritte, den Schluss; Vergleich dieser Lösung mit der Originalerfindung des Autors
- *Fortsetzung*: z. B. den offenen Schluss einer Kurzgeschichte weiter fantasieren
- *Titelsuche*: im Titel drückt sich das subjektive Verständnis des Textes aus; er kann eine hilfreiche Interpretationshypothese darstellen.
- *Brief*: eine Person der Erzählung (des dramatischen Geschehens ...) schreibt an eine andere Person (auch an eine fiktive)
- *Telefonat*: eine Figur führt mit einer vertrauten Person ein Telefonat zu einer schwierigen Situation der Handlung, einem besonderen Ereignis usw. Es lassen sich auch mehrere Versionen eines Telefonats durchspielen.
- *Tagebucheinträge*: Hauptpersonen verfassen am Abend einen Tagebucheintrag über die Ereignisse.

- *Rückerinnerung*: eine Person erinnert sich (z. B. nach 10 Jahren, im Alter usw.) und erzählt von den Folgen oder Auswirkungen einer Handlung
- *Figuren-Verpflanzung*: Personen der Geschichte in unsere gegenwärtige Umwelt/Lebenswelt versetzen und agieren lassen (als Freund/Freundin; Klassenkamerad, Mitglied der Familie ...)
- *Leser-Verpflanzung*: sich selbst als handelnde Figur in die Geschichte einbauen (in eine schwierige Situation, einen Konflikt usw.) oder selber das Geschehen als stiller Beobachter erzählen

3 Texte ausgestalten

- *Steckbrief* einer Person erstellen
- *Lebensbeschreibung*: auf der Grundlage des Textes sich eine genaue Vorstellung von einer zentralen Figur machen und ihre mögliche Biografie ausmalen (Lebenserfahrungen, Schlüsselszenen ihres Lebens usw., die ihr Verhalten prägen könnten)
- *Personenentwicklung*: die mögliche Weiterentwicklung von Personen darstellen
- *Texteinfügung*: neue Textteile einfügen, Handlungsschritte, Personen usw. dazuerfinden
- Erfinden einer Rahmenhandlung oder einer Vorgeschichte zu einem Text
- *Handlungsausbau*: einen Erzählkern/eine Textstelle zu einer Geschichte, einem Zeitungsartikel, einer Reportage u. a. ausgestalten
- *Dialogisierung*: eine Textstelle zu einem Dialog zwischen den Personen ausgestalten
- *Leerstellenfüllung*: Lücken oder Sprünge in der Handlung ausfüllen
- *Parallelepisode*: Schreiben einer anderen Geschichte nach demselben Muster mit anderen Figuren und Schauplätzen untere Beibehaltung der Erzählstruktur und Intention (z. B. Fabeln, Parabeln usw.)
- *Sprech- und Denkblasen*: mögliche Gedanken von Personen an wichtigen Stellen der Handlung

4 Texte umschreiben

- *Textzusammensetzung*: einen in Abschnitte zerschnittenen Text neu zusammensetzen
- *Textneuordnung*: vertauschte Textabschnitte (eines Gedichts, einer Erzählung) neu anordnen, um die Komposition des Originals wieder herzustellen und den Sinnzusammenhang des Textes zu entdecken
- *Textergänzung*: gestrichene Wörter, Sätze und Passagen eines Textes möglichst passend zum Textumfeld ergänzen, um so die inhaltliche Tendenz und sprachliche Eigenart zu erfassen
- *Handlungsänderung*: einzelne Textelemente (z. B. handlungsentscheidende Ereignisse; Textanfang, Schluss; Aussagen von Personen) so umschreiben, dass die Geschichte eine andere Wirkung und einen neuen Sinn erhält
- *Intentionswechsel*: die Intention und den Stil des Textes verändern (z. B. einen appel-

lativen Text kritisch-distanziert formulieren; aus der Darstellung eines Sachverhalts eine Rede gestalten; einen nüchternen theologischen Sachtext in eine anschauliche kindgemäße Form bringen; in die Sprache Jugendlicher fassen ...)
- *Textsorten-Wechsel*: den Erzähltext in eine andere Textsorte/Darstellungsform umformen (z. B. in eine Zeitungsmeldung, einen Polizeibericht, eine Politikerrede, eine Predigt, einen Brief, ein Hörspiel, Drehbuch, Comic usw.)
- *Textverfremdung*: Der (allzu) vertraute Text wird durch Deformation, grotesk wirkende Kontraste und Perspektiven (Personenwechsel, Schauplatzverlagerung u. a.) so verändert, dass er nicht sofort *wiedererkannt*, sondern mit neuen Augen wahrgenommen wird
- *Personenveränderung*: Figuren in ihrem Äußeren und/oder in ihrem Charakter verändern bzw. vertauschen (z. B. aus dem Freund einen Feind machen; Alter, Geschlecht und Beruf einer Figur ändern usw.)
- *Selbstvorstellung von Figuren*: Figuren stellen sich in der Ich-Form vor (»Ich bin ...«); die Schüler können Fragen an diese Figur stellen
- *Wechsel der Erzählsituation/Erzählform*: z. B. statt Er-Form Ich-Form wählen; einen inneren Monolog einer Figur schreiben (z. B. in Situationen einer Entscheidung); Schreibhilfe: »Nun stehe ich da und weiß nicht, wie es weitergehen soll ...«
- *Literarisches Rollenspiel*: sich in eine der Figuren hineinversetzen und einen Vorgang aus ihrer Sicht darstellen.
- *Perspektivenwechsel*: das Geschehen aus der Sicht einer der beteiligten Personen oder auch einer im Text nicht vorkommenden Figur erzählen (z. B. aus der Perspektive eines/einer Angehörigen des anderen Geschlechts).
- *Milieuwechsel*: das Geschehen in einem anderen Milieu ansiedeln
- *Traumerzählung*: ein Ereignis als Traum erfinden; dabei können besonders die Gefühle einer Figur (z. B. ihre Ängste) gestaltet werden.
- *Aktualisierung*: den Text einer vergangenen Epoche aktualisierend umschreiben
- *Historisierung*: eine Episode des Textes in eine frühere Zeit bzw. Vergangenheit verlagern

5 Texte nachgestalten

- *Fotogeschichte*: das Geschehen in Szenen zerlegen, in einzelne Motive gliedern, als Standbilder nachstellen und fotografieren (Totale, Halbtotale, Porträtaufnahme, Details usw.); Fotos ordnen, aushängen, beschriften.
- *Rollenspiel*: Entscheidungs- und Konfliktsituationen des Textes im Rollenspiel nachspielen (evtl. mit alternativen Lösungen) – z. B. als Gerichtsverhandlung, bei der eine Figur angeklagt und verteidigt wird, bevor ein Urteil ergeht
- *Hörspiel/Hörszene*: den Erzähltext in ein Hörspiel umgestalten oder szenisch zu einem Theaterstück ausgestalten und es vorführen
- *Brief*: als Leser an Figuren einen Brief verfassen, die darauf antworten
- *Literarische Form*: bestimmte literarische Form wählen (z. B. Kurzgeschichte, Sage, Fabel, Ballade) und dabei ihre typischen Merkmale verwirklichen
- *Parodie*: Text unter Beibehaltung der Form mit neuem Inhalt füllen (parodieren)

- *Standbild*: zu einem erzählenden Text ein Standbild mit den beteiligten Figuren bauen.
- *Interview*: anhand bestimmter Fragen wird eine Figur um Auskunft gebeten. Frage und Antwort können mit verteilten Rollen vorgetragen werden.
- *Nachruf*: auf eine Figur des Textes einen Nachruf verfassen
- *Rezension*: eine Besprechung des Werkes schreiben, eine Buchempfehlung für die Mitschüler verfassen, einen Werbetext zu dem Buch erstellen
- *Illustration*: ausgewählte Szenen des Textes illustrieren
- *Plakat*: zu wichtigen Personen werden Informationen aus dem Text gesammelt als mögliche Elemente des Plakats; es können auch bildliche Elemente zur Figur, zu typischen Gegenständen, Schauplätzen usw. hinzugefügt werden.

Ein Beispiel

Das Evangelium vom Vater und den zwei Söhnen
(Lk 15,11-32)

[11]*Er aber sprach: »Ein Mann hatte zwei Söhne.* [12]*Und zum Vater sprach der jüngere von ihnen: ›Vater! Gib mir den mir zukommenden Teil des Vermögens.‹ Und er machte ihnen auseinander, was er zum Leben hatte.* [13]*Wenige Tage danach, als er alles beisammen hatte, reiste der jüngere Sohn in ein fernes Land. Und dort verschleuderte er sein Vermögen in heillosem Lebenswandel.*

[14]*Nachdem er aber alles vergeudet hatte, kam eine schwere Hungersnot über jenes Land, und er begann zu darben.* [15]*Und er ging und hängte sich an einen der Mitbürger jenes Landes. Und der schickte ihn auf seine Felder zum Schweinehüten.* [16]*Und er gierte danach, sich den Bauch mit den Schoten zu stopfen, welche die Schweine fraßen – aber keiner gab sie ihm.*

[17]*Zu sich selbst gekommen sprach er: ›Wie viele Tagelöhner meines Vaters haben Brot in Hülle und Fülle – ich aber gehe hier vor Hunger zugrunde.*

[18]*Aufstehen will ich, zu meinem Vater gehen und ihm sagen: Vater! Ich habe gesündigt gegen den Himmel und vor dir.* [19]*Ich bin nicht mehr wert, dein Sohn zu heißen. Stell mich einem deiner Tagelöhner gleich.‹*

[20]*Und er stand auf und ging zu seinem Vater. Als er noch weit entfernt war, sah ihn sein Vater. Und es ward ihm weh ums Herz. Und er lief und fiel ihm um den Hals und liebkoste ihn.*

[21]*Der Sohn sprach zu ihm: ›Vater! Ich habe gesündigt gegen den Himmel und vor dir. Ich bin nicht mehr wert, dein Sohn zu heißen.‹*

[22]*Der Vater aber sprach zu seinen Knechten: ›Schnell! Holt einen Talar heraus, den vornehmsten; den zieht ihm an. Steckt ihm einen Ring an die Hand und Schuhe an die Füße.* [23]*Und bringt das Mastkalb; schlachtet es. Dann wollen wir essen und fröhlich sein.*

[24]*Denn dieser mein Sohn war tot und ist wieder aufgelebt; er war verloren und ist wieder gefunden.‹ Und so begannen sie fröhlich zu sein.*

²⁵Sein älterer Sohn aber war auf dem Feld. Und als er kam, dem Haus sich nahte, hörte er Musik und Reigenlieder. ²⁶Und er rief einen von den Burschen herbei und erkundigte sich, was das bedeute. ²⁷Der sprach zu ihm: ›Dein Bruder ist da! Und dein Vater hat das Mastkalb geschlachtet, weil er ihn gesund zurückbekommen hat.‹ ²⁸Und er wurde zornig und wollte nicht hineinkommen. Sein Vater aber kam heraus und ermutigte ihn. ²⁹Er antwortete dem Vater und sprach: ›Da! So viele Jahre mache ich dir den Knecht, und niemals habe ich eine Weisung von dir übertreten. Und du hast mir nie auch nur ein Böcklein geschenkt, damit ich mit meinen Freunden hätte fröhlich sein können. ³⁰Als aber der da kam – dein Sohn, der, was du zum Leben hattest, mit Huren aufgefressen hat – hast du ihm das Mastkalb geschlachtet.‹
³¹Er aber sprach zu ihm: ›Kind, du bist allezeit bei mir, und all das Meine ist dein. ³²Doch es gilt fröhlich zu sein und sich zu freuen, weil dieser, dein Bruder, tot war und wieder aufgelebt ist, verloren war und gefunden ist.‹

Deutung von Lk 15, 11-32
(*nach Hubertus Halbfas*)

Die Gleichnisse Jesu sind oft nichts anderes als die Erläuterung seines eigenen Verhaltens, mit dem er unter den Bedingungen menschlicher Existenz Gott vertritt. Dies trifft für den Zöllner zu, der in den engeren Jüngerkreis berufen wird und mit dem und dessen Kollegen Jesus ein großes Fest feiert (5,27-29). Es gilt auch für die Gleichnisse vom Verlorenen, die Antwort geben auf die Kritik 13,1, sich mit Sündern an einen Tisch zu setzen. Lukas versteht das ganze Wirken Jesu als einen Dienst (22,27), »das Verlorene zu suchen und zu retten« (19,10). Diesen Dienst vollbringt der lukanische Jesus vor allen in der Annahme der Sünder (7,35-50; 19,1-10). Indem er des Vaters Verhalten wie im Kapitel 15 deutet, offenbart Jesus zugleich, wie sich Gott zu den Menschen verhält. Anders gesagt: Er vermittelt die Gewissheit, dass Gott gnädig ist und verzeiht – nicht als dogmatisches Wissen, sondern als eine im Umgang mit Jesus zu machende Erfahrung. Kein anderes Evangelium betont so sehr die unverdiente Annahme des Sünders gegen entgegenstehendes Gerechtigkeits- und Selbstgerechtigkeitsdenken.

[Perspektive 1]
Die Geschichte des jüngeren Sohnes ist zunächst die Geschichte einer Emanzipation: seiner Lösung aus dem Elternhaus durch ökonomische und rechtliche Selbstständigkeit. Dabei ist ihm der Vater behilflich, indem er das Erbrecht des Jüngsten anerkennt und ihn auszahlt. Es entsteht kein Konflikt. Der Sohn verlässt die Heimat und zieht in ein fernes Land – um dort jedoch sein Erbe nicht in den Aufbau einer eigenen Existenz und Familie zu investieren, sondern es mit beiden Händen für ein schwelgerisches Leben zu vergeuden. Dass dieses Konsumverhalten irgendwann zum Ende aller Reserven führt, ist der gewohnte Gang der Dinge. Kommen dann noch belastende äußere Faktoren hinzu (V 14), beginnt die Not, die schließlich alle Kräfte und Möglichkeiten erschöpft. Da es nun nach außen hin nicht mehr weitergeht, geht er »in sich ...« (V 17) und erinnert sich des geord-

neten wie gesicherten Lebens im Vaterhaus. Zwar hat er die Rückkehr in die ausgeschlagene Position des Sohnes dort verspielt, aber denkbar bleibt, dass der Vater ihn als Tagelöhner übernimmt und damit sein Leben sichert, wenn er ihm seinen bisherigen Lebensweg als Irrweg eingesteht. »Besser ein lebendiger Hund als ein toter Löwe« (Koh 9,4) könnte seine Überlebensmaxime sein. Die mit der Rückkehr zu verbindende Herabsetzung nimmt er in seinen inneren Monolog hinein (V 17-19). Entscheidend für seinen Entschluss ist die ausweglose Existenz, nicht die Einsicht in das eigene Fehlverhalten. Sein »Vater, ich habe gesündigt ...« bleibt untergeordnet. »Und er machte sich auf und ging zu seinem Vater« (V 20a).

[Perspektive 2]
Nun erfolgt ein Schnitt mit Perspektivenwechsel: »Als er noch weit entfernt war, sah ihn sein Vater. Und es ward ihm weh ums Herz. Und er lief und fiel ihm um den Hals und liebkoste ihn« (V 20b). Vor jedem Wort, jeder Entschuldigung und jeder Bitte ist allein die Rückkehr des Sohnes für den Vater wichtig. Die auf dem Schweineacker geplante Rede bleibt unvollständig. Noch bevor er sagen kann: »Nimm mich als einen deiner Tagelöhner«, gibt der Vater Anweisung, den Heimgekehrten mit Ehren zu empfangen. Statt der erwarteten Degradierung erfolgt eine neue Investitur als Sohn und die Vorbereitung eines Freudenfestes. Statt zu reden, wird eine Situation der Freude geschaffen. Erst im Nachhinein begründet der Vater sein Handeln (V 24).

[Perspektive 3]
Erneut folgt ein Perspektivenwechsel. Der ältere Sohn (25-32) reagiert gegenüber dem Aufwand, der für den Nichtsnutz getrieben wird, angesichts der eigenen täglichen Rackerei mit Unwillen und Zorn. Er will das Fest der Heimkehr boykottieren. Doch kommt auch ihm der Vater entgegen und redet ihm gut zu. Der ältere Bruder urteilt nach Angemessenheit und Gerechtigkeit; er klagt den Vater an, sich ungerecht zu verhalten. Darauf antwortet der Vater mit einem Resümee der Geschichte beider Söhne: Meine Geschichte mit dir verstehe ich nicht im Verhältnis von Herr und Knecht, sondern als eine Gemeinsamkeit, in der du frei bist, dir alles zu nehmen, was das Haus bereit hält. Meine Geschichte mit deinem Bruder verstehe ich als eine Geschichte von Totenerweckung und Wiederfindung. Also müssen wir feiern und uns freuen. Während die zweite Erzählpassage endete: »Und sie begannen fröhlich zu feiern ...« (V 24) entspricht der Erzählung hier eine Leerstelle. Es wird nicht erzählt, wie der Angeredete reagiert.

Dem Leser werden somit drei Perspektiven zur eigenen Auseinandersetzung angeboten. Erst nachdem er diese kennen gelernt hat, gilt es, sie zur Deckung zu bringen. Es bleibt zu beachten, dass der ältere Sohn auf den Empfang seines Vaters nicht mehr reagiert, die Erzählung also auch hier einen offenen Ausgang bewahrt. Unangemessen wäre es, die Figur des älteren Bruders, wie es oft geschieht, zu ignorieren, da sie sich am Ende als entscheidende Herausforderung erweist.

Beispiele eines kreativen Umgangs
mit dem biblischen Text

(1) André Gide: Die Rückkehr des verlorenen Sohnes

In seiner die Jesus-Erzählung gegen den Strich gebürsteten Parabel führt André Gide noch einen dritten, jüngeren Sohn ein. Am Abend seiner Rückkehr geht der heimgekehrte Sohn in dessen Kammer, um im Auftrag der Mutter mit ihm zu reden. Die Mutter sorgt sich, dass der Jüngste eines Tages ebenfalls ausbricht:

»Mein Bruder, ich bin der, der du warst, als du weggingst. Oh, sag: War alles Trug auf deinen Wegen? Was war schuld, dass du umkehrtest?«
»Die Freiheit, die ich suchte, ging mir verloren; einmal in Gefangenschaft, musste ich dienen.«
»Ich bin hier in Gefangenschaft.«
»Ja, aber schlimmen Herren dienen. Hier dienst du deinen Eltern.«
»Ach, dienen ist dienen; hat man nicht wenigstens die Freiheit, sich seine Knechtschaft zu wählen?«
»Das hoffte ich. Soweit meine Füße mich trugen, wanderte ich auf der Suche nach meiner Sehnsucht wie Saul auf der Suche nach seinen Eselinnen. Aber dort, wo ein Königreich auf ihn wartete, dort habe ich das Elend gefunden …«
(…)

»Hör zu. Weißt du, warum ich dich heute Abend erwartete? Eh die Nacht um ist, geh ich. Diese Nacht; diese Nacht, sowie sie anfängt zu verblassen … Mein Gürtel ist geschnallt, ich habe die Sandalen anbehalten.«
»Was! Du willst tun, was ich nicht konnte?«
»Du hast mir den Weg aufgetan. Der Gedanke an dich wird mir beistehen.«
»Ich kann dich nur bewundern. Du dagegen musst mich vergessen. Was nimmst du mit?«
»Du weißt wohl, ich, als der Jüngere, habe keinen Anteil am Erbe. Ich gehe ohne alles.«
»Besser so.«
»Komm mit mir!«
»Lass mich, lass mich; ich will bleiben und unsere Mutter trösten. Ohne mich wirst du tapferer sein. Es ist Zeit jetzt. Der Himmel bleicht. Geh, ohne Lärm. Komm! Küss mich, mein junger Bruder. Du nimmst alle meine Hoffnungen mit dir. Sei stark. Vergiss uns, vergiss mich. Mögest du nicht wiederkommen … Steig leise hinab. Ich halte die Lampe.«

Aus: Die Bibel – erschlossen und kommentiert von Hubertus Halbfas. Düsseldorf: Patmos 2001, 485 f.

(2) Robert Walser: Die Geschichte vom verlorenen Sohn (1917)

Wenn ein Landedelmann nicht zwei Söhne gehabt hätte, die glücklicherweise vollständig voneinander abstachen, so würde eine lehrreiche Geschichte unmöglich haben zustande kommen können, nämlich die Geschichte vom verlorenen Sohn, die mitteilt, dass der eine von den beiden verschiedenartigen Söhnen sich durch Leichtlebigkeit auszeichnete,
5 während der andere durch denkbar soliden Lebenswandel hervorragte.
Wo der eine frühzeitig sozusagen die Offensive ergriff und in die Welt hinausmarschierte, blieb der andere säuberlich daheim und verharrte mithin so zäh wie möglich gewissermaßen im Zustand abwartender Verteidigung. Wo wieder ersterer gleichsam im Ausland herumvagabundierte, lungerte wieder letzterer scheinbar höchst ehrbar gleichsam ums
10 Haus herum.
Während der erste artig ausriss und hübsch eilig auf und davon rannte, hielt sich der zweite beständig erstaunlich brav an Ort und Stelle auf und erfüllte mit unglaublicher Regelmäßigkeit seine täglichen Obliegenheiten. Während wieder der eine weiter nichts Besseres zu tun hatte, als abzudampfen und fortzugondeln, wusste leider wieder der
15 andere weiter nichts Gescheiteres anzufangen, als mitunter vor lauter Tüchtigkeit, Ordentlichkeit, Artigkeit und Nützlichkeit schier umzukommen.
Als der entlaufene oder verlorene Sohn, dem die Geschichte ihren Titel verdankt, nach und nach merkte, dass es mit seinen Aktien in der Tat verhältnismäßig recht, sehr übel stehe, trat er den Rückzug an, was zweifellos ziemlich vernünftig von ihm war. Der
20 Daheimgebliebene würde auch ganz gerne einmal einen Rückzug angetreten haben, das Vergnügen war ihm aber durchaus nicht gegönnt, und zwar ganz einfach vermutlich deshalb nicht, weil er nicht fortgegangen, sondern zu Hause geblieben war, wie bereits bekannt ist.
Wenn vermutet werden darf, der Fortgelaufene habe das Fortlaufen ernstlich bereut, so
25 wird nicht weniger vermutet oder angenommen werden dürfen, dass der Daheimgebliebene sein Daheimbleiben tiefer bereute, als er dachte. Wenn der verlorene Sohn innig wünschte, dass er lieber nie verloren gegangen wäre, so wünschte seinerseits der andere, nämlich der, der niemals weggegangen war, durchaus nicht weniger innig oder vielleicht noch inniger, dass er doch lieber nicht beständig zu Hause geblieben, sondern lieber tüch-
30 tig fortgelaufen und verloren gegangen wäre, oder er sich auch ganz gern einmal gehörig würde haben heimfinden wollen.
Da der verlorene Sohn, nachdem er längst verloren geglaubt worden war, Abbild vollkommener Herabgekommenheit, zerlumpt und abgezehrt, eines Abends plötzlich frisch wieder auftauchte, stand gewissermaßen Totes wieder lebendig auf, weshalb ihm alle
35 Liebe naturgemäß wie wild entgegenstürzte. Der wackere Zuhausegebliebene hätte auch ganz gern einmal tüchtig tot und hernach wieder tüchtig lebendig sein mögen, um erleben zu dürfen, dass ihm alle Liebe naturgemäß wie wild entgegenkäme.
Die Freude über das unerwartete Wiederfinden und das Entzücken über ein so schönes und ernstes Ereignis zündeten und loderten hell und hoch wie eine Feuersbrunst im Haus
40 herum, dessen Bewohner, Knechte, Mägde sich fast wie in den Himmel hinaufgehoben fühlten. Der Heimgekehrte lag der Länge nach am Boden, von wo ihn der Vater aufgehoben haben würde, wenn er die Kraft dazu gehabt hätte. Der alte Mann weinte so sehr und

war so schwach, dass man ihn stützen musste. Selige Tränen. In allen Augen war ein Schimmer, in allen Stimmen ein Zittern. Von so mannigfaltigem Anteil, so aufrichtig liebendem Verstehen und Verzeihen umflossen, musste der Fehlbare beinahe wie heilig erklärt erscheinen. Schuldig sein hieß zu solch schöner Stunde nichts anderes als liebenswürdig sein. Alles redete, lächelte, winkte hier und dort dicht durcheinander, derart, dass nur glückliche, zugleich aber auch nur feuchte Augen zu sehen und nur gutherzige, zugleich aber auch nur ernste Worte zu hören sein konnten. Bei der fröhlichen Begebenheit blieb nicht das mindeste unbeleuchtet, da bis in das Hinterste geringer schwacher Abglanz vom allgemeinen Glänze und kleine Lichter vom großen Lichte drangen. Irgendwelchem Zweifel kann kaum unterliegen, dass ein gewisser anderer auch ganz gern einmal Gegenstand so großer Freude gewesen wäre: der sich sein Lebtag nie etwas hatte zuschulden kommen lassen, würde auch ganz gern einmal schuldig gewesen sein. Der immer einen anständigen Rock getragen hatte, würde auch ganz gern ausnahmsweise einmal recht zerlumpt und abgerissen ausgesehen haben. Sehr wahrscheinlich würde er auch ganz gern einmal der Länge nach im mitleiderregenden Fetzen am Boden gelegen sein, von wo ihn der Vater würde haben aufheben wollen. Der nie Fehler begangen hatte, würde vielleicht auch ganz gern einmal armer Sünder gewesen sein. Unter so holden Umständen verlorner Sohn zu sein, war ja geradezu ein Genuss, doch der Genuss blieb ihm ein für allemal versagt.
Inmitten allseitiger Zufriedenheit und Vergnügtheit blieb niemand missvergnügt und übelgelaunt als doch hoffentlich nicht er? Jawohl! Inmitten gemeinschaftlicher Fröhlichkeit und Geneigtheit blieb niemand ungefreut und abgeneigt als doch hoffentlich nicht er? Jawohl!
Was aus den übrigen Personen geworden ist, weiß ich nicht. Sehr wahrscheinlich sind sie sanft gestorben. Der wunderliche Unzufriedene hingegen lebt noch. Neulich war er nämlich bei mir, um sich mir murmelnd und brummelnd als ein Mensch vorzustellen, der verlegen sei, weil er mit der Geschichte vom verlornen Sohn zusammenhänge, von welcher er auf das Lebhafteste wünschen müsse, dass sie lieber nie geschrieben worden wäre. Auf die Frage, die ich an ihn richtete, wie man dies zu verstehen habe, antwortete er, dass er jener Daheimgebliebene sei.
Ich wunderte mich über des sonderbaren Kauzes Unbehagen keine Sekunde lang. Für seine Verdrießlichkeit besaß ich uneingeschränktes Verständnis. Dass die Geschichte vom verlornen Sohn, worin er eine offenbar wenig empfehlenswerte Rolle spielte, eine angenehme und erbauliche Geschichte wäre, hielt ich für unmöglich. Vielmehr war ich in jeder Hinsicht vom Gegenteil überzeugt.

Aus: Robert Walser: Das Gesamtwert, Bd. 8, Hg. v. J. Greven. Zürich/Frankfurt/M.: Suhrkamp 1978, 258-261.

> **Aufgaben:**
> 1 Welche Funktion kommt dem Schluss der Parabel zu? Welche Rolle spielt der Erzähler?
> 2 In einer Interpretation des Prosastücks wird darauf hingewiesen, dass Robert Walser keineswegs eine Charakterstudie verschiedenartiger Brüder gestaltet, sondern ein Modell der Gegensätze und Widersprüche menschlichen Lebens. Überprüfen Sie diesen Interpretationsansatz anhand des Textes. Untersuchen Sie die kontrastiven Elemente und rhetorischen Stilmittel des Textes.
> 3 Vergleichen Sie Robert Walsers Parabel mit dem Gleichnis vom verlorenen Sohn. Welche Erzählhaltung liegt in den Texten vor? Welche Rolle spielt die Vaterfigur? Lassen sich daraus Schlussfolgerungen im Hinblick auf die Wirkungsabsicht und das Welt- und Menschenbild Robert Walsers ziehen?

Das Prosastück erschien 1917 in der »Neuen Zürcher Zeitung«. Der Schweizer Lyriker und Erzähler Robert Walser (1878–1956) gilt als ein Vorläufer Franz Kafkas. Das tragische Leben des zu Lebzeiten kaum beachteten, nach der Einweisung in eine Heil- und Pflegeanstalt (1933) völlig vereinsamten und verstummten Dichters hat Jürg Amann in dem Essay »Robert Walser. Auf der Suche nach dem verlorenen Sohn« (1985) nacherzählt. Er charakterisiert das Werk Robert Walsers mit den Worten: »Schreiben, oder Stückliverfertigen, wie er es nennt, ist für ihn immer beides: sich offenbaren und sich verbergen. Sich verbergen natürlich in der kindlichen Hoffnung, wie beim Versteckspiel von den anderen gesucht und am Ende gefunden zu werden« (58).

Robert Walser: Die Geschichte vom verlorenen Sohn (1917)[14]

a) Zur Texterschließung evtl. vorbereitende Hausaufgabe
Beschreiben Sie den Aufbau des Textes, indem Sie eine passende Gliederung entwerfen.

Gliederung:
1. Einleitung: Die Geschichte vom verlorenen Sohn als Erzählung vom schlechten und guten Lebenswandel (Z. 1-5)
2. Kontrastive Darstellung der Ereignisse aus der Sicht der beiden Söhne
   2.1 Der Auszug (Z. 6-16)
   2.2 Der Rückzug (Z. 17-23)
   2.3 Die Reue (Z. 24-31)
   2.4 Die Heimkehr (Z. 32-65)
      2.4.1 Die Heimkehr (Z. 32-37)
      2.4.2 Die Heimkehr aus der Sicht des verlorenen Sohnes (Z. 38-51)
      2.4.3 Die Heimkehr aus der Sicht des Daheimgebliebenen (Z. 52-61)
      2.4.4 Erzählerkommentar (Z. 62-65)

---

14 Aus: KennWort 11. Literaturgeschichtliches Arbeitsbuch, Lehrerheft, Hannover: Schroedel 1993, 57-59

2.5 Die Begegnung des Erzählers mit dem daheimgebliebenen Sohn (Z. 66-72)
2.6 Bewertung der Geschichte durch den Erzähler: Der daheimgebliebene Sohn als die eigentlich tragische Gestalt, die das Mitgefühl des Lesers verdient (Z. 73-77)

Anhand der Gliederung kann die Frage diskutiert werden, wie R. Walser das Gleichnis vom verlorenen Sohn umdeutet.

b) Hinweise zu den Aufgaben

Aufgabe 1: *Welche Funktion kommt dem Schluss der Parabel zu? Welche Rolle spielt der Erzähler?*

Im Schlussteil wird von einer fiktiven Begegnung des Erzählers mit dem Daheimgebliebenen berichtet. Rückwirkend wird damit deutlich, dass der Erzähler die Geschichte vom verlorenen Sohn aus der Sicht seines Protagonisten kommentiert, indem er sich in seine Lage versetzt (vgl. z. B. Z. 20-23).

Aufgabe 2: *In einer Interpretation des Prosastücks wird darauf hingewiesen, dass Robert Walser keineswegs eine Charakterstudie verschiedenartiger Brüder gestaltet, sondern ein Modell der Gegensätze und Widersprüche menschlichen Lebens. Überprüfen Sie diesen Interpretationsansatz anhand des Textes. Untersuchen Sie die kontrastiven Elemente und rhetorischen Stilmittel des Textes.*

Der **Hauptteil** des Textes (Z. 6-61) ist streng antithetisch aufgebaut: Einer Darstellung der Ereignisse aus dem Blick des Sohnes, der seine Heimat verlassen hat, folgt stets die Sicht des Daheimgebliebenen. Die prinzipielle Gleichwertigkeit beider Lebensentwürfe wird durch den extensiven Gebrauch der Anapher und des Parallelismus betont. Vgl. Z. 6-9: »Wo der eine (…), blieb der andere (…)« »Wo wieder ersterer (…), lungerte wiederum letzterer (…)«; Z. 11-16: »Während der erste (…), hielt sich der zweite (…)«. Während wieder der eine (…), wusste leider wieder der andere (…).«; Z. 24-31: »Wenn vermutet werden darf, der Fortgelaufene (…). Wenn der verlorene Sohn innig wünschte (…).« Welcher von beiden Gestalten das Mitgefühl des Erzählers gilt, bleibt dabei aber niemals im Dunkeln. Stets wird die Sicht des Daheimgebliebenen als zweite genannt und ist damit rhetorisch wirkungsvoller.
Bei beiden Figuren handelt es sich nicht um individuelle Personen mit spezifischen Eigenschaften, sondern um Typen, die für zwei verschiedene Lebensentwürfe stehen.

Aufgabe 3: *Vergleichen Sie Robert Walsers Parabel mit dem Gleichnis vom verlorenen Sohn. Welche Erzählhaltung liegt in den Texten vor? Welche Rolle spielt die Vaterfigur? Lassen sich daraus Schlussfolgerungen mit Blick auf die Wirkungsabsicht und das Welt- und Menschenbild Robert Walsers ziehen?*

Im Gleichnis vom verlorenen Sohn lässt Lukas **Jesus** eine Geschichte erzählen, die einerseits das Verhalten Jesu gegenüber den Ausgestoßenen der Gesellschaft erläutert (vgl. Lk 15, 1-3) und die andererseits die frohe Botschaft von der Barmherzigkeit Gottes verkündet. In **Walsers Text** wird weder ein bestimmtes Verhalten gerechtfertigt, noch findet in irgendeiner Form Verkündigung statt. Dies ergibt sich bereits aus der innertextlichen Kommunikationssituation: Es fehlt eine Rahmenhandlung, aus der heraus das Gleichnis wiedergegeben wird. Auch der Vater spielt in Walsers Parabel keine tragende Rolle. In Lukas' Gleichnis tritt der Vater als jüdischer Patriarch auf, der die Geschicke seines Hauses souverän lenkt. Unmissverständlich kann der Leser oder Zuhörer in ihm Gottvater selbst sehen (vgl. Lk 15, 7: »Ich sage euch: so freut man sich im Himmel über jeden einzelnen Gottlosen, der zu Gott umkehrt […]«). Bei Walser erscheint der Vater als gebrechlicher, rührseliger alter Mann (vgl. Z. 41-43). Aus dem Einsatz des Erzählers für den Daheimgebliebenen darf nun aber sicherlich nicht geschlossen werden, dass Walser mit seiner Parabel einem konservativen Lebensentwurf das Wort redet. Wie in vielen seiner Parabeln lenkt er lediglich den Blick auf jene, die nicht im Licht der Gesellschaft stehen, und versucht für sie Verständnis zu wecken.

c) Mögliche Hausaufgabe

Versuchen Sie die Kriterien zur Unterscheidung von Gleichnis und Parabel auf Walsers Text und das lukanische Gleichnis anzuwenden.

(3) Gerd Heinz-Mohr: Das Gleichnis vom verlorenen Vater

Kennen Sie das Gleichnis vom verlorenen Vater? Folgende Geschichte erzählte mir einer in einem reichen Lande:
Ein Mann hatte zwei Söhne; und der jüngste sprach zu dem Vater: »Gib mir, Vater, das Teil deiner Zeit und deiner Aufmerksamkeit, das Teil deiner Freundschaft und deines Rates, das mir gehört.« Da teilte der Vater ihnen das Gut: er bezahlte die Rechnungen für seinen Sohn, gab ihn in ein teures Internat und versuchte sich einzureden, er habe die gebotene Pflicht seinem Sohn gegenüber völlig erfüllt.
Und nicht lange danach sammelte der Vater alle seine Interessen und Pläne und zog ferne über Land, in das Gebiet der Aktien und Sicherheiten und anderen Dinge, die einen Jungen nicht interessieren; und daselbst vergeudete er die kostbare Gelegenheit, ein Kamerad seines Sohnes zu sein. Als er aber die beste Zeit seines Lebens hingebracht und viel Geld verdient hatte und plötzlich merkte, dass er doch nicht zu rechter Zufriedenheit gekommen war, da erwachte ein gewaltiger Hunger in seinem Herzen; und es verlangte ihn nach Zuneigung und Freundschaft.
Und er ging hin und trat in einen Verband ein; der wählte ihn zum Vorsitzenden und ließ sich in der Öffentlichkeit durch ihn vertreten. Aber niemand brachte ihm wirkliche Freundschaft entgegen.
Da ging er in sich und sprach: »Wie viele von meinen Bekannten haben Söhne, die sie verstehen und von denen sie verstanden werden, sie sind richtig gute Kameraden miteinander; ich aber verderbe hier im Hunger des Herzens! Ich will mich aufmachen und zu meinem Sohn gehen und zu ihm sagen: ›Junge, ich habe gesündigt gegen den Himmel und vor dir und bin hinfort nicht mehr wert, dass ich dein Vater heiße; halte mich wie irgendeinen deiner Bekannten!‹«

Und er machte sich auf und kam zu seinem Sohn. Da er aber noch ferne von dannen war, sah ihn sein Sohn kommen, und er ward von Erstaunen ergriffen; doch anstatt ihm entgegenzulaufen und ihm um den Hals zu fallen, trat er voll Unbehagen ein paar Schritte zurück.

Der Vater aber sprach zu ihm: »Junge, ich habe gesündigt gegen den Himmel und vor dir. Ich bin hinfort nicht mehr wert, dass ich dein Vater heiße. Verzeih mir, und lass uns Freunde sein!«

Aber der Sohn sagte: »Nein! Ich wünschte, es wäre noch möglich. Aber es ist zu spät. Damals, als ich Freundschaft und guten Rat brauchte, hattest du keine Zeit. Die Ratschläge erhielt ich dann von anderen, und sie waren nicht gut. Was haben du und ich einander noch zu sagen?«

Diese Geschichte erzählte mir einer in einem reichen Lande. Und wie sie weiterging, konnte er noch nicht sagen.

Aus: Geschichten zum Weiterdenken. Ein Lesebuch für Schule, Gruppe und Familie. Herausgegeben von Lore Kraft, Ulrich Kabitz u. a., München: Kaiser/Mainz: Grünewald ²1980, 201.

5 | Lern- und Arbeitstechniken: Informationen suchen – verarbeiten – speichern

Inhaltsübersicht
5.1 Was sind »Lern- und Arbeitstechniken«?
5.2 Die Suche nach Informationen (Literaturrecherche)
5.3 Das rationelle Lesen (technische Tipps und Beispiele)
5.4 Exzerpte, Lesenotizen und Karteikarten
5.5 Die Verwendung von Zitaten
5.6 Das Anlegen eines Literaturverzeichnisses
5.7 Aufbauendes Trainingsprogramm

Zu lernen, wie man lernt – das wird als eine Aufgabe von wachsender Bedeutung für Schule, Universität und Beruf betrachtet. Das Erlernen von *Arbeitstechniken* tritt immer deutlicher als gleichberechtigt neben die Aneignung von *Wissensinhalten*, weil ohne Beherrschung grundlegender Lern- und Arbeitstechniken die Fülle der heute verfügbaren Informationen nicht mehr effektiv zu bewältigen ist.

In diesem Kapitel geht es jedoch nicht um irgendwelche elitären wissenschaftlichen Spezialkenntnisse, sondern um handfeste »handwerkliche« Verfahren und Arbeitsweisen, die z. B. Schülern dabei helfen sollen, neue Informationen selbstständig zu beschaffen (5.2), rationell zu verarbeiten (5.3) und effektiv für die Weiterarbeit zu nutzen (5.4) – Techniken also, die zeitsparend und zugleich sachangemessen sein wollen.

Am Ende steht ein aufbauendes Trainingsprogramm (5.7), das schrittweise anhand geeigneter Texte die einzelnen Elemente der vorgestellten Lern- und Arbeitstechniken anwendet und verdeutlicht, sodass am Ende ein selbstständiges Arbeiten bis hin zur Anfertigung von Klausuren möglich wird.

5.1 Was sind »Lern- und Arbeitstechniken«?

Eine Umfrage des Hochschulverbandes im Jahre 1984 (!) zur Studierfähigkeit von Abiturienten brachte unter 1270 Professoren die Erkenntnis zutage, dass die Studienanfänger zwar positive Fähigkeiten wie »Denkvermögen« und »Ausbildungsbereitschaft« mitbrächten, daneben aber auch erhebliche Mängel zeigten bezüglich der Kenntnis und Beherrschung »elementarer Arbeitstechniken«. An diesen Klagen hat sich bis heute nichts Grundlegendes geändert, wie auf einer Tagung des Philologen-Verbandes 1998 in Düsseldorf deutlich wurde:

Erfahrungen mit Abiturienten und Studenten

»Im Gymnasium muss mehr Wert auf das Lernen des Lernens gelegt werden. Abiturienten und Studienanfänger wissen zu wenig über die Anforderungen eines Hochschulstudiums ... Häufig mangelt es an der Beherrschung grundlegender Methoden und Techniken des Lernens, des geistigen Arbeitens und der argumentativen Auseinandersetzung. Die Lust, Lerninhalte selbstständig zu erschließen oder theoretische Fragestellungen zu vertiefen, ist nicht ausreichend geweckt und Ausdauer und Konzentrationsfähigkeit sind schlecht trainiert.« (Aus dem Referat des früheren Wissenschaftssenator in Berlin, Prof. Dr. Manfred Erhardt, abgedruckt in: Bildung aktuell, Ausgabe 3/1998, 9 f.)

Es gehört zur Eigenart eines jeden Faches, bestimmte Verfahren anzuwenden und einzuüben, die dabei helfen, möglichst selbstständig und systematisch arbeiten zu können. **»Lern- und Arbeitstechniken«** sind in diesem Kontext zu bestimmen als grundlegende »handwerkliche« Verfahrensweisen, mit deren Hilfe die Lösung komplexer Aufgaben vorbereitet, unterstützt, kontrolliert und erleichtert wird und neues Wissen selbstständig erworben und verfügbar gehalten werden kann.

Begriffserläuterung

Die Schülerinnen und Schüler müssen dazu die verschiedenen Verfahren und Operationen als ein überschaubares System kennen lernen, das aus einzelnen, praktikablen Handlungs- und Arbeitsschritten besteht, die sich einüben, auf ähnliche Fragestellungen und Aufgaben übertragen, erproben und anwenden lassen. Nötig sind dafür Elementarisierung und Training, das heißt: die Erarbeitung eines Themas, die Erschließung und Auswertung von Medien (Texte, Bilder, Statistiken u. a.), die Lösung eines Problems usw. muss jeweils in die einzelnen nötigen Teilschritte zerlegt werden, sodass die Komplexität der Sache und des Vorgehens transparent wird. Zugleich ist an neuen Aufgaben ähnlicher Art das Vorgehen in Einzelschritten so lange zu trainieren, bis es zunehmend leichter fällt, eigene Lösungswege zu finden und neue Aufgaben selbstständig zu bewältigen, bis schließlich die Arbeit rationell und effektiv verläuft, das heißt: zeitsparend und doch sachangemessen.

Schülerinnen und Schüler nehmen im Unterricht durchaus wahr, welche *Ergebnisse* die gemeinsame Arbeit z. B. an einem Text aufgrund des steuernden Lehrerarrangements erbracht hat; aber es wird ihnen dabei oft viel zu wenig bewusst gemacht, *auf welche Weise* und in welchen Arbeitsschritten diese Ergebnisse genau gewonnen wurden. Um selbstständig eine ähnliche Aufgabe (z. B. in einer Klausur) lösen zu können, müssen sie wissen, wie sie dabei vorgehen können, mit welchem »Handwerkszeug« die Arbeit effektiver verläuft und welche »Arbeitstechniken« sie dabei einsetzen können.

Gemeint sind hier nicht die »hohen« Methoden literaturwissenschaftlichen und/oder exegetischen Interpretierens, sondern unter anderem so simpel erscheinende und leicht transferierbare Operationen wie das Aufspüren, Speichern und Weiterverarbeiten von Informationen, das rationale Lesen und Durcharbeiten von Texten als notwendige Voraussetzung und Ausgangsbasis für ihre genauere Erschließung und Erörterung,. Aber gerade auch solche »elementaren Techniken« müssen so intensiv vermittelt und eingeübt werden, dass sie weitgehend automatisiert sind. Nur dann stehen sie auch als sicher beherrschtes »Handwerkszeug« zur Verfügung.

Systematisierungsvorschlag
Beim Versuch einer Systematisierung lassen sich Lern- und Arbeitstechniken z. B. nach ihrem Zweck folgendermaßen ordnen (U. Sandfuchs, Nachschlagen 39):
- *Arbeitstechniken zur Gewinnung und Sammlung von Informationen*
  (z. B. Literaturrecherche; Exzerpte; Speichern und Verwalten von Infos)
- *Arbeitstechniken zur Verarbeitung von Informationen*
  (z. B. rationelles Lesen, Unterstreichen usw.)
- *Arbeitstechniken zur Darstellung von Ergebnissen*
  (z. B. Referieren, Möglichkeiten der Veranschaulichung: Skizzen, Modelle usw.)

Solche Verfahrensweisen sind sowohl in verschiedenen Unterrichtsfächern von Nutzen als auch in der späteren außerschulischen Anwendung (Studium, Berufsleben) hilfreich.

5.2 Die Suche nach Informationen (Literaturrecherche)

»*Die wissenschaftliche Auseinandersetzung (...) sollte im Idealfall einen neuen Blickwinkel oder bestimmten Aspekt eines Textes herausarbeiten und in Verbindung zum jeweiligen Forschungsstand bringen. Um dieser Anforderung gerecht zu werden, ist es notwendig, sich mit der vorhandenen Sekundärliteratur vertraut zu machen. Es muss überprüft werden, welche Ergebnisse zu einem bestimmten Thema, Text oder Autor bereits veröffentlicht sind.*« (M. Klarer, Neuere Literaturwissenschaft 1999, 104)

Wissenschaftliches Arbeiten setzt also die Kenntnis des gegenwärtigen Wissensstandes zum Thema voraus und kann daher nicht auf das Studium der neueren Fachliteratur und die Erschließung und Bearbeitung der relevanten Literaturquellen verzichten. So unterschiedlich die Fächer und Fachgebiete sind, in der Regel hat jede Arbeit einen theoretischen Teil, der die aktuelle wissenschaftliche Diskussion widerspiegeln soll.

Bei der Suche und Bearbeitung von Fachliteratur ist eine grundsätzliche Unterscheidung wichtig:
- Primärliteratur (von lat. *primus* = erster): sie umfasst die originalen Werke von Autoren (Dichter, Philosophen u. a.), also die Quellen selbst.
- Sekundärliteratur (von lat. *secundus* = an zweiter Stelle) sind wissenschaftliche Veröffentlichungen »über« die Primärliteratur und setzt sich mit ihnen auseinander.

Die Suche nach Informationen, die möglichst genau auf das zu bearbeitende Thema zugeschnitten sind, ist in gedruckten Bibliografien ziemlich mühsam und zeitaufwendig, läßt sich aber wohl – besonders für Artikel in Fachzeitschriften – auf längere Zeit noch nicht ganz vermeiden. Es gibt jedoch inzwischen käuflich zu erwerbende Bücher-Datenbanken auf CD, wie z. B. das an Aktualität unübertroffene *Verzeichnis Lieferbarer Bücher (VLB)*, das für den Buchhandel monatlich alle Neuerscheinungen im europäischen Sprachraum erfasst und in überarbeiteten Versionen herausbringt (eine Erprobung beim Buchhändler lohnt sich). Die *Deutsche Bibliografie* (Frankfurt: Buchhändler Vereinigung) kommt wöchentlich als Amtsblatt der deutschen Bibliothek heraus, aber auch in Halbjahres- und Fünfjahresverzeichnissen (mit Register) und enthält die Bücher, die nach 1966 erschienen sind. Für die Suche nach älteren Werken steht das »*Gesamtverzeichnis des deutschsprachigen Schrifttums*« *(GV)* zur Verfügung, das die Zeit von 1700 bis 1910 in 160 Bänden abdeckt und die Zeit von 1911 bis 1965 in 150 Bänden erfasst.

Große deutsche Bibliografien

Auf internationaler Ebene sind ähnliche bibliografische Großunternehmen bekannt:

Internationale Bibliografien

USA: »National Union Catalogue«, hrsg. von der Library of Congress in Washington
International Bibliography, hrsg. von der Modern Language Association (MLA) seit 1921; davon gibt es eine CD-ROM-Ausgabe, die den Zeitraum ab 1963 abdeckt.
Großbritannien: »British National Bibliography«
Frankreich: »Bibliographie de la France«
Italien: »Bibliografia Nazionale Italiana«
Russland: »Jahresschrift der Bücher Russlands«

Manche Universitätsbibliotheken bieten zu ihren Bücherbeständen eine kostenlose Literaturrecherche per Computer an, was die Arbeit sehr erleichtert. Denn gesucht werden kann nach Autorennamen, Schlagwörtern und Themen. Die gefundenen Ergebnisse lassen sich ausdrucken oder auf Diskette speichern. Die Recherche wird umso erfolgreicher verlaufen, je intensiver die gedankliche Vorarbeit für die erfolgreiche »Stoff«sammlung geleistet ist und je konkreter es gelungen ist, diesbezügliche Wünsche in Such-Begriffe zu fassen.

Universitätsbibliotheken

Am schwierigsten gestaltet sich die Recherche in Fachzeitschriften, da deren Artikel nur selten in den Bibliothekskatalogen erfasst sind. Für einzelne Fachgebiete gibt es allerdings auch schon CDs, die thematisch geordnet Beiträge gängiger Zeitschriften verzeichnen. Insbesondere die Wirtschafts- und Sozialwissenschaften, die Medizin, Psychologie und vor allem der juristische Bereich sind reich mit Datenbanken bestückt.

Fachzeitschriften

Meist gestaltet sich die Literaturrecherche in der Anfangsphase des wissenschaftlichen Arbeitens sehr zeitaufwendig und nicht selten frustrierend, sei es wegen einer vergeblichen Suche (was bei den technischen Möglichkeiten kaum vorkommt) oder – im Gegenteil – wegen der Überfülle des gefundenen Materials.

Eine Suche nach Informationen sollte – wie jede Detektivarbeit – systematisch betrieben werden und nicht auf zufällige Funde bauen.

5.2.1 Informationsquellen aufspüren und speichern

Wurde eine Erstinformation zu einem Thema früher zumeist via Lexikonartikel (aus einer nicht virtuellen Buchreihe) bezogen, haben sich inzwischen Gewohnheiten geändert: Vorzugsweise wird das Internet als erste Informationsquelle genutzt. Aber auch vertiefende Texte können virtuell über die elektronischen Medien herangezogen werden. Ganze Bibliotheken sind sekundenschnell per Mausklick verfügbar. Je nach Thema oder Problemstellung und intendierter Vertiefung kann sich eine Recherche, die mit einem Gang zur Bibliothek verbunden ist, sogar ganz erübrigen.

Internet-recherche

Es haben sich inzwischen die verschiedensten Internet-Dienste etabliert, etwa Suchmaschinen, Online-Foren, Newsgroups, Verzeichnisse, Web-Quests usw. Je nach Thema und der gewünschten Informationsart stehen Suchdienste verschiedenen Typs zur Verfügung. Für die erste Recherche sind Suchmaschinen wie GOOGLE (www.google.de) oder YAHOO (www.yahoo.com) brauchbar.

Übersicht zu Suchmaschinen

Typen von Suchmaschinen	Erläuterung	Beispiele
Volltextsuchmaschinen	Jedes Wort einer Web-Site wird in den Index aufgenommen; es ergeben sich sehr lange Listen (Problem der Auswahl!)	www.altavista.de www.exite.de
Verzeichnisse/Kataloge	Aufbereitete Auswahl von Inhalten verschiedener Web-Sites, nach Themengebieten geordnet	www.dino-online.de www.web.de www.yahoo.de
Metasuchmaschinen	Mehrere Volltextsuchmaschinen und Verzeichnisse/Kataloge werden gleichzeitig aktiviert	www.meta.rrzn.uni-hannover.de www.nettz.de
Suchdienstverzeichnisse/ Suchmaschinenverzeichnisse	Für den jeweiligen Zweck geeignete Suchdienste werden gefunden	www.klug-suchen.de www.search.de

Außerdem sind folgende Dienste hilfreich:

Internet-Dienste	Erläuterung	Beispiele
Nachschlagewerke	Allgemeine Enzyklopädien	www.wissennetz.de www.wissen-unserer-zeit.de www.wikepedia.de
Datenbanken/Archive	Onlinearchive	www.onlinenews-paper.com www.hbz-nrw.de/hbz/toolbox/zssdata.htm
Besprechungsdienste	Prüfung der Zuverlässigkeit und Qualität von Internetadressen	www.clearing-house.com

Internet-Dienste	Erläuterung	Beispiele
Rezensionsforen	Rezensionen aus Zeitungen und Zeitschriften	www.literaturkritik.de www.perlentaucher.de
Wissenschaftliches Archiv	Spezialisierte Datenbank für wissenschaftliche Literatur in englischer Sprache	www.scholar.google.com

Zum Thema »Religion« hier einzelne konkrete Adressen in Auswahl, die mit Hilfe der genannten Links gefunden wurden:

Links »Religion«

Feste der Religionen:	www.feste-der-religionen.de
Forum Nahrung für Seele und Geist	www.geistigenahrung.org
Interreligiöses Forum	www.reliinfo.ch
Deutsche Buddhistische Union	www.dharma.de
Bibel in der Übersetzung Martin Luthers	www.bibel-online.net
Verschiedene Bibelübersetzungen	www.bibleserver.com
Evangelische Kirche in Deutschland (EKD)	www.ekd.de
Der heilige Stuhl	www.vatican.va
Offizielles Portal der Kath. Kirche	www.katholisch.de
Katholisches Deutschland	www.kath.de
Islam	www.islam.de
Judentum	www.juden.de

Praktische Tipps zum Internet im Religionsunterricht finden sich bei Andreas Mertin (2000), Wolfgang Nethöfel/Paul Tiedemann (1999) oder zu allen gängigen Fächern bei Günter W. Kienitz/Bettina Grabis (1999).

Schritte/Hilfsmittel/Verfahren	Erläuterung
1. Vorüberlegungen zum Thema (und gegebenenfalls erste Internetsuche)	
Fragen klären: • Um welches fachliche Problem geht es genau? • Wie lautet die zentrale Frage, auf die eine Antwort gegeben werden soll? • Welche Hauptbegriffe/Schwerpunkte/Sachaspekte enthält das Thema bzw. die Aufgabenstellung? • In welcher Relation und Gewichtigkeit stehen sie zueinander? Wie ist das Thema ausdrücklich eingegrenzt bzw. wie könnte es sinnvoll begrenzt werden?	Je klarer das Thema formuliert und der Untersuchungsgegenstand eingegrenzt ist, desto gezielter und wirkungsvoller kann die Literaturrecherche und Materialsuche erfolgen (etwa bei der Eingabe in die Maske einer Internet-Suchmaschine). Daher sollten die aufgelisteten Fragen im Vorfeld geklärt und auch bei der Weiterarbeit als Leitlinie und Kontrolle dienen.
2. Literaturrecherche	
a) mit **eigenen Büchern** anfangen bzw. mit Büchern, die man bereits kennt	Überprüfen: Welche Informationen passen zu meinem Thema? Welche weiterführende Literatur wird im Literaturverzeichnis genannt?

Schritte/Hilfsmittel/Verfahren	Erläuterung
b) mehrbändige **allgemeine Lexika** Meyers Enzyklopädisches Lexikon, 25 Bände, Ergänzungsbände, Mannheim 1971-1981 Brockhaus Enzyklopädie Bd. 1-24, Mannheim 1986-1994, Ergänzungsband 30, 1996; Neuauflage (20.) erscheint ab 1998	Sie finden sich in den Lesesälen der öffentlichen Bibliotheken und bieten zum Einstieg gute Erst-Informationen: * Sie definieren Begriffe aus der Sicht verschiedener Fachwissenschaften und weiten so den Blick. * Sie bieten schnellen Überblick zu größeren Sachgebieten und Problembereichen. * Sie verdeutlichen zentrale Schwerpunkte eines vielschichtigen Themas. * Sie erleichtern die Erkenntnis wichtiger Zusammenhänge. * Sie nennen eine Auswahl von weiterführender Fachliteratur.
c) allgemeine **Lexika auf CD** BERTELSMANN UNIVERSAL LEXIKON '99 DAS GROSSE DATA BECKER LEXIKON 1998 (auf 2 CDs, sehr preiswert) ENCARTA Enzyklopädie Plus 2000 (Microsoft) (gilt als beste digitale Enzyklopädie in deutscher Sprache)	Multimedia-Lexika mit tausenden Artikeln, Fotos, Bildern, Karten, Videos, Audios und 3-D-Animationen sowie Links zum Internet Sie sind nicht nur preiswerter als die gedruckten Lexika, sondern auch unübertroffen an Schnelligkeit und Komfort bei der Recherche, Speicherung und Weiterverarbeitung von Informationen. Zudem bieten sie den Vorteil, dass in der Regel jährlich aktualisierte Versionen erscheinen bzw. Ergänzungen über das INTERNET z. T. monatlich überarbeitet eingeholt werden können (Update).
d) **Fachlexika**, Fachzeitschriften, Fachbibliografien (= Verzeichnis aller Veröffentlichungen eines Fachgebietes)	Titel evtl. bei Fachlehrern, Buchhändlern, Bibliotekaren erfragen. Fachzeitschriften bieten den aktuellen Forschungsstand und weisen auf neuere Literatur hin (im Literaturverzeichnis bzw. in den Anmerkungen). In gebundenen Zeitschriftjahrgängen ist das Gesamtinhaltsverzeichnis u. das Stichwortregister hilfreich.
e) **Buchverzeichnisse** und Kataloge * *Taschenbuchverzeichnisse* der Verlage: dtv, Fischer, Hanser, Herder, Humboldt, Insel, Kindler, Luchterhand, Metzler, Niemeyer, Reclam, Rowohlt, Suhrkamp, Urban, Unitaschenbücher (UTB), Vandenhoeck u. a. * *Kataloge der Buchhändler* (bereits auf CD erhältlich): – »*Verzeichnis lieferbarer Bücher*« (VLB); Frankfurt 1971 ff.(Verlag der Buchhändler-Vereinigung) – »Barsortimentskataloge« * *Kataloge der öffentlichen Bibliotheken* in drei unterschiedlichen Typen: 1. der Verfasserkatalog	Sie erscheinen im Frühjahr und Herbst neu und sind kostenlos im Buchhandel erhältlich. Sie bieten preiswerte Fachliteratur unterschiedlicher Wissenschaftszweige und sogar mehrbändige Lexika verschiedener Fach- und Sachgebiete an. Diese Kataloge bieten einen Schlagwortindex mit alphabetischer Anordnung – nach Verfassernamen – nach Hauptstichworten der Titel (»Kurztitel«) – nach Sachbegriffen und Themen (hier mit der Suche beginnen) Sie stellen die wichtigsten Hilfsmittel der Bibliotheksbenutzung dar. Während sie früher meist in Form von Karteien (in Kästen aufbewahrt) vorlagen, machen heute die meisten Stadt- und Universitätsbibliotheken ihren Gesamtbestand zusätzlich auch in Datenbanken und auf CD vor Ort zugänglich. Er bietet eine alphabetische Auflistung des Gesamtbestands der Bibliothek nach Autorennamen bzw. Werktiteln (bei anonymen Werken) und nennt für jedes Buch eine »**Signatur**« (= eine Ordnungsnummer bzw. Buchstaben-Zahlen-Kombination, die in einer Präsenzbibliothek den Standort des Buches angibt bzw. auf dem Schein für die Ausleihe angegeben werden muss.) Hier nachschlagen, wenn der Autor oder Herausgeber namentlich bekannt ist.

Schritte/Hilfsmittel/Verfahren	Erläuterung
2. der Sachkatalog (sog. Stichwort- oder Schlagwortkatalog)	Er ist entweder systematisch gegliedert nach größeren Wissensbereichen bzw. Fachgebieten (z. B. Geschichte, Kunst, Literaturwissenschaft usw.) oder in alphabetischer Ordnung nach »Schlagwörtern« (= zentrale Stichworte, Begriffe, Sachaspekte) aufgeschlüsselt und nennt jeweils die Veröffentlichungen dazu. Hier sind für eine Literaturrecherche die zentralen Aspekte eines Themas nachzuschlagen bzw. wenn Literatur zu einem Sachgebiet und Problem gesucht wird, ohne dass schon die Namen bestimmter Autoren zur Verfügung stehen (siehe 1: Verfasserkatalog). Die Kartei enthält häufig auch Verweise auf verwandte Sachgebiete und Begriffe, die evtl. in Frage kommen.
3. Personenkatalog	Er enthält Literatur über Leben und Werk einzelner Personen.
4. Spezialkataloge	Spezialkataloge gibt es – nach Sachgebieten geordnet – für einzelne Fächer. Sie bieten Bibliografien mit allen Veröffentlichungen, die zu einem Thema in einem bestimmten Zeitraum erschienen sind. Oft liegen diese Angaben als eine Art Katalog in Buchform vor.
f) Neuerscheinungen 1. Lesesaal der Büchereien und Universitätsbibliothek 2. Buchhandlungen	Insbesondere Zeitschriftenaufsätze bieten neueste Literatur zur Forschungslage und enthalten Hinweise auf neuere Literatur zu einem Thema. Regelmäßiger Besuch im Lesesaal zur Durchsicht der neuen Zeitschriften lohnt sich. Wichtig sind darin auch die Rezensionen (Buchbesprechungen) von Neuerscheinungen. Besonders in Universitätsstädten haben sich die Buchhandlungen oft auf bestimmte fachliche Gebiete spezialisiert und halten die Neuveröffentlichungen zur Ansicht bereit.
g) Archive und Dokumentationsstellen * *Kritisches Lexikon zur deutschsprachigen Gegenwartsliteratur (KLG)*. Hrsg. von Heinz Ludwig Arnold. München (edition text + kritik) 1978ff * *Das KLG auf CD-ROM.* Hrsg. von Heinz Ludwig Arnold. München (edition text + kritik) 2000 * *Kritisches Lexikon zur fremdsprachigen Gegenwartsliteratur.* Hrsg. von Heinz Ludwig Arnold. München (edition text + kritik) 1983 ff. * »KLG TEXTDIENST« (Anschrift: edition text + kritik, Levelingstr. 6a, 81673 München)	Aktuellste Informationen über Schriftsteller unserer Zeit und zur Gegenwartsliteratur: Hierbei handelt es sich um eine Loseblatt-Sammlung, die mehrmals im Jahr ergänzt wird Das vollständige Material der Loseblatt-Ausgabe auf CD, mit 3 Ergänzungslieferungen pro Jahr. Auch hier handelt es sich um eine fortlaufend ergänzte Loseblatt-Sammlung desselben Verlages. Das »KLG-Archiv«, beruht auf dem »Kritischen Lexikon zur deutschsprachigen Gegenwartsliteratur« (siehe oben) und umfasst zurzeit (Mitte 1998) über 30.000 Artikel und Rezensionen aus Tages- und Wochenzeitungen, die gegen Bezahlung einer Gebühr als Fotokopien erhältlich sind. Das Archiv enthält jedoch keine Bücher, keine Aufsätze aus Sammelbänden oder Beiträge aus Nachlagewerken und keine sehr langen Zeitschriftenbeiträge. Für die Beschäftigung mit jungen oder gerade erst bekannt gewordenen Schriftstellern oder mit jüngsten Neuerscheinungen bekannter Autoren, ist der Rückgriff auf aktuelle Zeitungsbeiträge hilfreich, zumal so schnell noch keine ausführliche Sekundärliteratur vorliegen kann.

Schritte/Hilfsmittel/Verfahren	Erläuterung
* Autorendokumentation, Königswall 21, Harenberghaus, 44122 Dortmund Bibliothek des Deutschen Literaturarchivs Marbach/N.	Hier sind über die Möglichkeiten des KLG TEXTDIENSTES hinaus weitere Zeitungsbeiträge erhältlich. In den Katalogen und in der Dokumentationsstelle dieses Literaturarchivs wird weitere Literatur nachgewiesen.
h) Internet deutsch ideen. Text- und Arbeitsbuch S II – Ausgabe S (Schroedel 2003, 271-273)	Mit Suchprogrammen recherchieren (s. o.): Zuerst sollte **noch vor der eigentlichen Suche** ein geeigneter Suchdienst offline ausgesucht werden. Sodann sollten Sie überlegen, wie Sie durch geschickte Formulierungen, durch die Wahl von präzisen Stichwörtern die Suche eingrenzen können. Mit Hilfe eines Synonym-Lexikons/des Thesaurus können Suchbegriffe spezifiziert werden. Verwenden Sie Operatoren, die von den Suchdiensten bereit gestellt werden, um eine sinnvolle Kombination von Suchstichwörtern herzustellen. Erstellen Sie einen persönlichen RECHERCHEPLAN, um zeitaufwendiges Mehrfachsuchen zu vermeiden. Schriftliche Notizen in Tabellenform (s. u. unter Pkt. 3) sind zu empfehlen. **Während der Internetrecherche** sollten Sie bei zu vielen Suchergebnissen Ihre Anfrage durch weitere Suchbegriffe eingrenzen. Die aufgerufenen Dokumente sollten nur kursorisch überflogen werden, um einen Überblick über die inhaltliche Verwertbarkeit zu erhalten. Die als brauchbar identifizierten Seiten können genauer ausgewertet werden. Wichtig ist die **kritische Beurteilung** der gefundenen Materialien. Es gibt ja im Internet keinerlei Kontrollsystem über den Wahrheitsgehalt von Websites und Informationen. Das bedeutet näherhin: Quelle, Autor, Betreiber einer Seite sind zu überprüfen. Die Anzahl der Verweise auf eine Seite, die Häufigkeit von Links zu anderen Seiten und Dokumenten, Referenzen, letzte Updates, die Trennung der Informationsangebote von Werbung, die gezeigte Animationen, die Daten der Zählmaschinen, die Logos, der Vergleich mit anderen Sites, werkimmanente Kriterien wie Einstellung des Autors, inhaltliche Tendenzen, Übersichtlichkeit, Sprachstil usw., alles das kann jeweils als Indikator dienen, ob eine Site es wert ist, weiter beachtet und ausgewertet zu werden, oder nicht. Wichtige Web-Sites sollten abgespeichert oder ausgedruckt werden, um doppelte Recherchearbeit zu vermeiden. Selbstdisziplin ist gefordert, wenn durch Links auf neue Wege geführt wird, die vom eigentlichen Rechercheziel wegführen.
3. Speichern und Verwalten von Literaturangaben	
1. Karteikarten	Das traditionelle System zum Sammeln und Verwalten von Literaturangaben; hierbei ist darauf zu achten, dass für jeden Buchtitel eine eigene Karte angelegt wird. Das Karteikartensystem gilt heute jedoch als zu umständlich und zeitaufwendig für die Erstellung und Weiterverarbeitung der Informationen.
2. Datenbank-Programme z. B. Access (Microsoft); exakte bibliografische Angaben machen (vgl. zur genauen Durchführung: → 5.6)	Mit einem *Datenbank-Programm* Masken erstellen und dabei in abgekürzter Form die folgenden Angaben als Feldnamen benutzen:

Schritte/Hilfsmittel/Verfahren	Erläuterung
	Familienname und Vorname des Verfassers, Titel und evtl. Untertitel, evtl. Name der Reihe und Bandnummer, Erscheinungsort, Verlag, Erscheinungsjahr und Auflage, ISBN-Nummer (s. u.), Bemerkung So ist der Aufbau einer *kommentierten Bibliografie* möglich.
	Für eine Bestellung im Buchhandel notieren: * »ISBN« (seit 1973: **I**nternationale **S**tandard-**B**uch-**N**ummer; sie findet sich bei den Verlagsangaben): sie ist zehnstellig, identifiziert ein Buch eindeutig nach dem Land (1. Ziffer), dem Verlag (2. Zifferngruppe) und dem konkreten Titel einschließlich Auflage und Aufmachung (3. Zifferngruppe) und erleichtert so die Beschaffung in Bibliotheken und im Buchhandel. * »ISSN«: **I**nternational **S**tandard **S**eries **N**umber; sie besteht aus zwei Zifferngruppen zu je vier Ziffern und dient der Identifizierung von Zeitungen und Zeitschriften
	Für eine Ausleihe in der Bibliothek: die »Signatur« (= Standort-Nummer) des Buches aufschreiben (siehe oben unter 2e)
3. »Verlauf« und »Favoriten« etc. sowie Rechercheplänen nutzen	Nach einer Internet-Recherche: Es ist ratsam, die brauchbaren Texte/Materialien zu verwalten. Dazu kann die Funktion »Verlauf«, d. h. die angezeigte Liste von Links auf die zuletzt besuchten Seiten, nützlich sein. Sie können auch Lesezeichen setzen (etwa bei Netscape Navigator) oder die Adressen zu Ihren »Favoriten« hinzufügen. Zum schnellen Wiederfinden ist die Verwendung eines Ordnungssystems anzuraten, das eine Übersicht nach Kategorien ermöglicht. Die als wesentlich erachteten Seiten sollten im HTML-Format oder als Text-Datei zur späteren Bearbeitung gespeichert oder ausgedruckt werden. Wenn kommentierte Linklisten erstellt werden, kann der spätere Rückgriff auf bereits Erarbeitetes mit erheblich weniger Aufwand geleistet werden. Das Anfertigen von Erinnerungsstützen in der Form eines Rechercheplans dient dem besseren Auffinden bereits gewonnener Kenntnisse und Erkenntnisse.

Beispiel eines Rechercheplans:

Thema:				
Suchbegriffe:				
Recherche bei	Adresse	Ergebnis	Speicherort	Links
Nachschlagewerk Online-Zeitung Suchdienst Usw.				

5.2.2 Zur schnellen Einschätzung des Informationswerts von Büchern

Aus der Fülle der gefundenen und notierten Buchtitel, die eine Hilfe bei der Bearbeitung des Themas zu versprechen scheinen (vgl. 5.2.1), muss eine Auswahl getroffen werden entsprechend dem Informationswert (Umfang, Substanz und Sachdienlichkeit der Informationen) für die Weiterarbeit. Ist es in einer Bibliothek oder Buchhandlung möglich, Einblick in die Bücher zu nehmen, so kann mit Hilfe einiger Tricks relativ schnell und meist schon recht zuverlässig ein *erstes Bild von der je spezifischen Gesamtanlage und möglichen Eignung* für das Thema gewonnen werden kann.

Kursorisches Lesen Dazu genügt mit einiger Übung ein »kursorisches Lesen«, das heißt: ein im Buch »umherlaufendes«, grob orientierendes »Anlesen« (siehe 5.3.1), bei dem man noch nicht tiefer in die Problematik und inhaltliche Auseinandersetzung eindringen will, sondern nur **bestimmte Teile des Buches** genauer ins Auge fasst, die traditionell eine schnelle Orientierungshilfe bieten (vor allem in Sachbüchern und wissenschaftlicher Literatur):

Teile des Buches	zu entnehmende Informationen/Hilfen
1. Titel und Untertitel	Das Thema und seine Eingrenzung wird deutlich. Mit der Schwerpunktsetzung des Themas der eigenen Arbeit vergleichen.
2. Klappentext	Auf dem »Schutzumschlag« stehen Werbetexte des Verlags, die einen ersten Eindruck vermitteln vom Verfasser, Thema, Inhalt und von der Darstellungsform.
3. Inhaltsverzeichnis	Verdeutlicht die äußere Gliederung/Anordnung des Stoffes, die innere Sachlogik sowie die Gewichtung des Inhalts und seiner Schwerpunkte. Eventuell eine Anregung für den Aufbau der eigenen Arbeit und die Formulierung wichtiger Inhaltsaspekte als Überschriften von Kapiteln und Abschnitten.
4. Vorwort bzw. Einleitung	Neben persönlichen Bemerkungen finden sich hier Hinweise auf Zweck und Absicht des Buches, die Eingrenzung des Themas und seine inhaltlichen Schwerpunkte, den Aufbau und das methodische Vorgehen usw. Insgesamt eine beachtenswerte Lesehilfe
5. Kapitelanfänge	Oft wird zu Beginn der einzelnen Kapitel (z. B. im 1. Abschnitt schon) etwas über die Zielsetzung, die Untersuchungsaspekte und das Vorgehen gesagt, sodass eine erste Vorstellung vom ganzen Kapitel zu gewinnen ist.
6. Zwischenergebnisse/ Zusammenfassungen	Eine geraffte Darstellung von Ergebnissen der Untersuchung findet sich häufig – am Ende längerer Einzelkapitel – im Schlusskapitel des Buches – in einem Nachwort – nicht selten sogar schon knapp im Vorwort Hieran lässt sich relativ schnell der Informationsgehalt des Buches erkennen und sein Wert für das eigene Thema beurteilen.
7. Quellen- und Literaturverzeichnis	Es findet sich meist am Ende, seltener am Anfang des Buches. Eine Fundgrube für weitere Literatur zu unserem Thema, die wir bisher evtl. noch nicht gekannt haben. Stoßen wir in verschiedenen Veröffentlichungen mehrfach auf dieselben Titel, so handelt es sich offensichtlich um »Standardwerke«, die grundlegend für das Thema sind (ausleihen!).

Teile des Buches	zu entnehmende Informationen/Hilfen
8. Illustrationen und Schaubilder	Bilder, Tabellen, Statistiken, Skizzen usw. fallen schon beim schnellen Durchblättern auf. Sie veranschaulichen abstrakte Sachverhalte, machen komplexe Zusammenhänge überschaubar und erlauben es, Informationen schneller aufzunehmen und sich einzuprägen. Sie stellen gute Anregungen dar für unsere eigenen Versuche, das Thema zu veranschaulichen und übersichtlich zu gestalten.
9. Register	Als alphabetisches Verzeichnis der behandelten Sachaspekte und Personen ermöglicht es den gezielten inhaltlichen Zugriff auf das Buch und die schnellste Auskunft über die Brauchbarkeit der Informationen. Der Umfang der Ausführungen ist an den Seitenzahlangaben ablesbar: »f« (= plus folgende Seite) und »ff« (= plus mehrere Seiten).

Aus diesen Beobachtungen zu einzelnen Teilen des Buches ergibt sich ein schon recht genauer **Gesamteindruck von seinem Informationswert** und von der Eignung für das Thema.

Es wäre ein Glücksfall, könnten die grundlegenden neueren Veröffentlichungen, die für die Arbeit das meiste Material bieten, gekauft werden, weil damit ein intensives Lesen und Durcharbeiten mit dem Bleistift (vgl. 5.3.2) möglich ist: Wichtige Informationen können dabei hervorgehoben, Zusammenhänge sichtbar gemacht und Querverweise angebracht werden; auf dem Blattrand können schwierige Sachverhalte erläutert, Fremdwörter erklärt und zusätzliche Hilfen gegeben werden. Auf Dauer lohnt es sich, eine **kleine »Handbibliothek«** aufzubauen, z. B. mit Lexika verschiedener Fachgebiete in preiswerter Taschenbuchausgaben (vgl. die oben genannten Verlage), deren Nutzen weit über das gegenwärtige Interesse an einem Thema hinausreicht.

Bei der Auswahl der zu verwendenden Literatur dürfen auch **Kriterien** eine Rolle spielen wie

- *übersichtliche Gestaltung:* abwechslungsreiches Druckbild durch unterschiedliche Drucktypen, prägnante Überschriften und gliedernde Zwischenüberschriften oder Stichworte auf den Außenrändern, alphabetisches Register, Literaturverzeichnis u. a.
- *verständliche Sprache:* Fachsprache ohne unnötige »Verklausulierung«

Ist geeignetes Material für die Bearbeitung des Themas gefunden, so stellt sich die Frage, auf welche Weise diese Informationen genutzt, das heißt: gelesen, gespeichert, geordnet und weiterverwendet werden sollen. (Dies wird in den folgenden Abschnitten 5.3 bis 5.6 dargestellt.)

5.3 Das rationelle Lesen (technische Tipps und Beispiele)

5.3.1 Arten des Lesens

Viele kennen das entspannende, unterhaltsame Lesen z. B. von Kriminalromanen, historischen Romanen, Zukunftsromanen u. a. und genießen es in ihrer Freizeit. Daneben steht für viele die Notwendigkeit, in Schule oder Beruf anhand von Sachtexten eine Fülle komplexer Informationen in verdichteter Sprache aufnehmen und weiterverwenden zu müssen. Dabei können zwei Lesemaßnahmen helfen, den Überblick besser zu wahren und Informationsquellen systematisch auszuwerten:
- die **überlegte Auswahl des Materials** anhand einer schnellen und doch ausreichend sicheren Beurteilung seines Informationswertes (siehe 5.2.2)
- die **Technik des rationellen Lesens** und Durcharbeitens ausgewählter Texte, um die es im Folgenden gehen soll

Die folgende Übersicht stellt vier weit verbreitete Arten des Lesens vor und nennt einige dazugehörende Techniken und Hilfsmaßnahmen.

Wissenschaftsorientierte Leseweisen	Techniken/Maßnahmen
1. Kursorisches Lesen: grob orientierend (lat. *cursare* = umherlaufen) ein *erstes Überfliegen* des Buches oder Aufsatzes zur Groborientierung, um einen schnellen Gesamtüberblick über den Verfasser, die Themen, den Hauptinhalt, den Aufbau, die Zielsetzung und die Aufmachung der Veröffentlichung zu gewinnen und dementsprechend über seinen Informationsgehalt und Gebrauchswert für die Weiterarbeit (Themenrelevanz) entscheiden zu können. Orientierungshilfen bieten bei diesem diagonalen Lesen insbesondere der Klappentext, das Vorwort, das Inhaltsverzeichnis und das Literaturverzeichnis.	Vgl. zu den Maßnahmen im Einzelnen: 5.2.1
2. Selektives Lesen: interessegeleitet (lat. *seligere* = auswählen) ein *gezieltes Lesen* ausgewählter Teile einer Veröffentlichung nach dem Informationsbedarf unter Auslassung der übrigen Textteile und Aussagen. Dieses bewusste »Ausschlachten« eines Buches für ein Thema erfolgt unter zuvor festgelegten Aspekten und setzt bereits Klarheit über die inhaltlichen Schwerpunkte und Eingrenzung des Themas voraus.	Textzusammenfassung (siehe unten) Anfertigung von Exzerpten: 5.4
3. Intensives Lesen: textverarbeitend (lat. *intendere* = anspannen) ein *konzentriertes Lesen* als behutsam fortschreitendes, detailliertes, auf der Sprache und dem Sinnzusammenhang verweilendes Lesen eines Textes – mit gründlicher Verarbeitung der Informationen durch Markieren wichtiger Textstellen und Notieren der wichtigsten Informationen. Dient der leichteren und schnelleren Orientierung beim wiederholenden Lesen (siehe 4.). (Dies wird im Folgenden näher erläutert.)	Optische Textaufbereitung: • Textzeilen nummerieren • Haupt-/Schlüsselbegriffe unterstreichen • Sinnabschnitte verdeutlichen (Inhalt mit Zwischenüberschriften kennzeichnen) • Randzeichen/-notizen anbringen

Wissenschaftsorientiere Leseweisen	Techniken/Maßnahmen
	Inhaltliche Texterfassung: • unbekannte Begriffe klären • Text strukturieren; Funktion der Abschnitte verdeutlichen, Sinnzusammenhänge erkennen • Informationen festhalten (knapp zusammenfassen, zitieren)
4. Repetierendes Lesen: einübend (lat. *repetere* = wiederholen) Den Informationsgehalt einübendes Lesen (z. B. für eine Prüfung), bei dem der Wissensstoff und das erarbeitete Verständnis durch erneutes Lesen der Grundlagen (siehe 3.) kontrolliert und vertieft angeeignet wird.	Anhand der im 3. Schritt gewonnenen Unterlagen, aufgearbeiteten Materialien und angewandten Techniken

5.3.2 Das intensive textverarbeitende Lesen

Der Grad des Verstehens eines Textes (siehe 1.4) ist u. a. abhängig von der Sprachkompetenz und vom Erfahrungs- und Erkenntnishorizont (Sachkompetenz) des Lesers, von seiner Konzentrationsfähigkeit und seinem Abstraktionsvermögen (also von langfristig zu übenden Fähigkeiten), kann aber andererseits auch gefördert werden durch gezielte »Lesestrategien«, mit deren Hilfe die Erarbeitung z. B. von wissenschaftlichen Informationen in Sachtexten in ihren komplexen inhaltlichen und formalen Strukturen erleichtert werden kann.

Dabei handelt es sich um verschiedene Lesetechniken, um mnemotechnische Methoden sowie um Verfahren der gedanklichen Verarbeitung von Informationen. Es geht um

- **technische Mittel zur optischen Textaufbereitung (= Vorarbeiten am Text):**
  Zeilen nummerieren; Begriffe/Kurzaussagen unterstreichen, einkreisen, umranden; Sinnabschnitte sichtbar machen; beschreibende bzw. wertende Randzeichen und -notizen anbringen
- **Maßnahmen zur inhaltlichen Texterfassung:**
  Begriffe klären; Text strukturieren; Sinnabschnitte in Überschriftenform bringen; Hauptinformationen festhalten

Schülerinnen und Schüler der Sekundarstufe II benötigen im schulischen Alltag ein gut funktionierendes **Markierungssystem**, das sich für die Erarbeitung von Texten verschiedener Fächer eignet und das sie mit der nötigen Routine anwenden können.

Der einfach scheinende Arbeitsauftrag: »Unterstreichen Sie die wichtigsten Aussagen im Text!« zeigt jedoch schnell, dass viele Schüler auch in der Sekundarstufe II noch kein sinnvolles System des Unterstreichens gefunden haben. Während in Hausaufgaben oder Klausuren zu bearbeitende Textblätter bei einigen in einem so »sauberen« Zustand sind, dass sie keinerlei optische Hilfe bieten für einen schnellen »Textüberblick«, ist bei anderen der Text in wilden Farben fast lückenlos Zeile für Zeile unterstrichen, sodass der eigentliche Zweck (siehe unten) ebenfalls verfehlt wird.

Für manche ist es sinnvoll, in einem ersten Schritt den zu bearbeitenden Text zunächst nur langsam und konzentriert zu lesen, um einen ersten Überblick über seinen Inhalt zu gewinnen. Danach kann in einem zweiten Textdurchgang durch Unterstreichungen (siehe 4.2.2.1) und das Anbringen von Randzeichen der Text genauer erfasst, strukturiert und systematisch bearbeitet werden. In Klausuren sind die Schüler allerdings oft gezwungen, aus Zeitgründen längere Texte bereits beim ersten Lesen mit Unterstreichungen, Markierungen und Randnotizen zu versehen. Dies muss nicht von Nachteil sein. Es zwingt die Schüler dazu, von Anfang an konzentriert zu lesen, mitzudenken und ein zutreffendes Verständnis des Textes zu gewinnen.

1 Auch das Unterstreichen will gelernt sein

Durch den Vergleich verschiedener Schülerlösungen zum selben Text kann verdeutlicht werden, dass es nicht »egal« ist, was wie unterstrichen wird, sondern dass im »sinnvollen« Unterstreichen bereits das Textverständnis zum Ausdruck kommt. Regelmäßige eigene Versuche und Vergleiche unterschiedlicher Lösungen des Unterstreichens sind nötig, um den Blick zu öffnen für die »Kunst des Unterstreichens« und die positiven Funktionen, die damit verbunden sind:
- Der formale Aufbau wird sichtbar.
- Die inhaltliche Gedanken- bzw. Handlungsabfolge wird deutlich.
- Zusammenhänge zwischen Textteilen und Aussagen treten klarer hervor.
- Das Einprägen wichtiger Informationen wird erleichtert.
- Eine zeitsparende Wiederholung des »Stoffes« wird möglich.
- Insgesamt: Das »richtige« Unterstreichen erfordert und sichert ein gründliches Lesen des Textes.

Es empfiehlt sich, die folgenden Grundsätze auszuprobieren und daraus ein eigenes System zu entwickeln:
- Sehr sparsam unterstreichen! Häufig wird eher zu viel als zu wenig unterstrichen. Daher gilt die Hauptregel: Nur das unverzichtbare »Gerippe« an sinntragenden Hauptbegriffen und zentralen Kurzaussagen des Textes ist zu unterstreichen, sonst gehen die wichtigen Textstellen in der Fülle des Unterstrichenen unter.
- Nie ganze Sätze oder gar Abschnitte unterstreichen (nötigenfalls eher am Rand die Zeilen mit zentralen Aussagen mit einer senkrechten Linie versehen und mit einem inhaltserläuternden Stichwort kennzeichnen).
- Das Unterstrichene und die Randstichworte müssen in Auswahl, Gewichtung und Abfolge die tatsächlichen inhaltlichen Schwerpunkte und gedanklichen Zusammenhänge des Textes widerspiegeln.

- Immer das gleiche System verwenden, das erprobt ist und sich bisher bewährt hat; so bekommt man die nötige Routine.

Mit den folgenden technischen Hilfsmitteln kann der Textinhalt näher aufgeschlüsselt werden.

2 Farben und Formen des Unterstreichens

Farben	Bleistift
ROT: Hauptbegriffe, Schlüsselwörter (stehen oft am Anfang oder Ende eines Abschnitts)	Umranden: Hauptbegriffe und Schlüsselwörter
BLAU: Erläuterungen, Konkretisierungen, Bestätigungen usw. des mit ROT Unterstrichenen	doppelte Unterstreichung
SCHWARZ: konkrete Stichworte, genauere Belege, inhaltliche Entfaltungen usw. des mit BLAU Unterstrichenen	einfache Linie
GRÜN: für anschauliche Beispiele, einprägsame Zitate – als Unterstreichung von Kurzaussagen oder als senkrechte Linie am Textrand bei längeren Aussagen	Gestrichelte Linie: betreffende Aussagen im Text oder am Rand mit senkrechter Linie anstreichen

Zum Unterstreichen sind **einfache Farbholzstifte** wesentlich besser geeignet als die dick auftragenden Filzstifte und »Marker«, bei deren Anwendung keine nachträgliche Korrektur mehr möglich ist. Am einfachsten ist der Gebrauch des Bleistifts mit den oben aufgezeigten Markierungsmöglichkeiten.

3 Beschreibende Randzeichen und -bemerkungen

Als Beispiele für **Beschreibungen** am Rand können genannt werden: »Definition«, »Argument«, »These«, oder etwa »Einleitung«, »Hauptteil«, »Schluss« bzw. »Zusammenfassung« (vgl. Bremerich-Vos: 1989, 119). Diese Randmarkierungen sind natürlich auch in Form von Abkürzungen möglich: T = These/Behauptung; *Arg* = Argument; *Erl* = Erläuterung; *Bsp* = Beispiel; *Zit* = unterstützendes Zitat; *Def* = wichtige Definition; ↓ und ↑ = widersprüchliche Aussagen (Markierungen an zwei Textstellen; die Pfeile sind aufeinander gerichtet); *rh* = Besonderheit der Aussageweise/rhetorische Figur (Biermann/Schurf 1999, 489).

4 Wertende Randzeichen zur Verdeutlichung der eigenen Leseerfahrung

Schon beim ersten Lesen können wichtige Textteile, Anfragen und spontane vorläufige **Wertungen** durch bestimmte Zeichen am Blattrand verdeutlicht werden. Solche »Lesezeichen« sind beim genaueren Erarbeiten des Textes hilfreich: So können z. B. die eigenen anfänglichen Verstehensschwierigkeiten sichtbar gemacht werden, um sie später systematisch zu klären. Oder wichtige Textaussagen sind für die Diskussion und Auseinandersetzung mit dem Text schneller aufzufinden.

|	**Senkrechter Strich**: »Das ist eine inhaltlich wichtige Textaussage!«
?	**Fragezeichen**: »Was bedeutet das?« – »Das verstehe ich nicht!« (z. B. Fremdwörter, Fachbegriffe, vorläufige Verständnisschwierigkeiten)
+	**Pluszeichen**: »Dem stimme ich inhaltlich zu.« – »Guter Gedanke!« – »Brauchbare Anregung!«
!	**Ausrufezeichen**: »Gelungene Formulierung!« – »Merken!« – »Herausschreiben!«
~	**Wellenlinie**: »Das finde ich nicht so gut.« – »Das bezweifle ich.« – »Genauer überprüfen!« Die Wellenlinie kann unter den betreffenden Textaussagen angebracht werden oder auf dem Blattrand als senkrecht verlaufende Linie.

5 Ein Beispiel für das »Lesen mit dem Bleistift«

In der Regel haben wir immer mehrere Möglichkeiten, *uns dem zu nähern,* was Wirklichkeit heißt. *Nehmen wir zum* Beispiel *den »Figaro« von Wolfgang Amadeus Mozart: Wo diese Oper erklingt, kann man das Geschehen schlicht* physikalisch *untersuchen im Sinne einer Feststellung der Luftschwingungen, oder man kann rein* physiologisch *die Vorgänge analysieren, die beim Hören* im Gehirn *ablaufen. Und man kann weiter noch in ganz andere Richtungen fragen –* psychologisch *oder soziologisch oder ökonomisch – und wird vermutlich jeweils auch auf interessante Zusammenhänge stoßen. Bloß weiß auch jeder, dass das Ereignis solch herrlicher* Musik *jenseits von all dem noch ganz* anderes bedeutet *und dass in diesem anderen der wahre Grund liegt dafür, dass wir Mozarts »Figaro« lieben.*

So aber wie mit dem »Figaro« ist es eigentlich mit allem, was uns begegnet und was von Bedeutung *werden kann* für uns. *So ist es mit einer Rose ebenso wie mit dem Wald, mit Sonne, Mond und Sternen und nicht zuletzt mit dem Menschen.* Das heißt, *mit der Art und Weise, wie wir nach etwas fragen, befinden wir auch schon darüber, was uns von der betreffenden Sache aufgehen kann.*

So beobachtet ja zum Beispiel *die moderne Naturwissenschaft nicht einfach das, was die Natur zur Wahrnehmung darbietet, sie zwingt die Natur vielmehr, auf ganz bestimmte Fragen zu*

antworten. Was in den Naturwissenschaften also <u>Natur</u> heißt, ist nicht das, was wir sonst gern als Natur bezeichnen, sondern nur der Inbegriff dessen, was sich dazu eignet, <u>Objekt exakten Wissens</u> zu werden.
Es ist unbestreitbar, dass die Macht und die Stärke der modernen Wissenschaft auf solcher Beschränkung beruhen, die sie sich in der <u>Art der Befragung der Wirklichkeit</u> auferlegt. Diese <u>Wissenschaft abstrahiert</u> ganz bewusst von dem konkreten Verhältnis des Menschen zur Welt sowie von der Fülle dieser Welt selbst. Sie <u>konzentriert sich</u> auf das, was im strengsten Sinne <u>rational fassbar</u> ist und worüber sich <u>technisch verfügen</u> lässt. Der Erfolg gibt der modernen Wissenschaft recht. Die große Frage ist nur, was mit dem geschieht, wovon man absieht, wenn man sich derart auf das im engeren Sinn rational fassbare und technisch Verfügbare konzentriert.
Denn dass man unendlich vieles naturwissenschaftlich-technisch in den Griff bekommen kann, <u>dies heißt doch nicht,</u> dass man sich zu allem auf diese Weise verhalten muss oder auch nur verhalten darf. Und wenn auch Naturwissenschaft für ihren eigenen Bereich nichts anderes gelten lassen kann als das, was zu messen und zu zählen ist, dann <u>bedeutet dies noch lange nicht</u>, dass alles das, <u>was nicht zu messen ist</u> und was nicht messbar gemacht werden kann, deshalb nicht Wirklichkeit heißen dürfte und nicht als Wirklichkeit zu erfahren und zu erkennen ist in einem ganz eigenen Anspruch uns gegenüber.

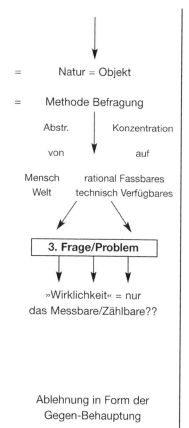

Aus: Ulrich Hommes, Wie frei ist der Mensch? In: Kindlers Enzyklopädie Der Mensch Bd. VII, Zürich 1984, 163 f.

6 Zum Wert der Vorarbeiten am Text

Die Vorteile dieser optischen Textaufbereitung im Rahmen eines intensiven textverarbeitenden Lesens wirken sich erst dann effektiv aus, wenn der Leser ein bestimmtes System erprobt und sich angeeignet hat und dann auch routinemäßig beibehält. Im Unterricht haben sich folgende Vorteile des Verfahrens gezeigt:

a) Das Unterstreichen der leitenden Begriffe ermöglicht und erleichtert das Auffinden der wesentlichen Aussagen eines Textes.
b) Die Symbolzeichen machen dem Leser das Unklare und noch Unverstandene sichtbar.
c) Die Zeichen vermitteln dem Leser (Schüler) einen Überblick über seinen eigenen vorläufigen Standpunkt und erinnern ihn daran, worauf er bei der unterrichtlichen Besprechung besonders zu achten hat.
d) Der Schüler ist beim Lesen gezwungen, sich stark auf den Text zu konzentrieren.

e) Bei der Diskussion über die Thesen des Textes hat jeder Schüler genug »Material« über seine persönliche Einstellung gesammelt und kann leicht die betreffende Textstelle zitieren.
f) Durch eine Befragung der Klasse nach der Setzung bestimmter Zeichen (etwa: »Wo habt ihr Fragezeichen angebracht?« – »Wo habt ihr ein Minuszeichen gesetzt?«) kann der Lehrer leicht feststellen, wo und in welcher Breite die Besprechung anzusetzen hat.
g) Rückblickend ist es für den Schüler aufschlussreich zu sehen: »Welche Zeichen über die eigene Einstellung zum Text sind am Schluss der Besprechung noch beizubehalten? Welche sind zu korrigieren? Warum?«

5.3.3 Zusammenfassung: Gesamtprogramm eines rationellen Lesens und Durcharbeitens von Sachtexten

Vollzieht man alle im Folgenden skizzierten Schritte mit Sorgfalt, so wird die Basis gelegt, um den Sinn und den geistigen Zusammenhang der Textaussagen deutlicher zu erfassen und sich mit ihnen fundierter auseinandersetzen zu können.

Schülern der Sekundarstufe II kann eine solche Zusammenfassung als »Arbeitsblatt« in die Hand gegeben werden:

> **Sachtexte:**
> lesen, optisch aufbereiten, inhaltlich erfassen

> Erster Lesedurchgang: Optische Aufbereitung des Textes

1. Textzeilen durchnummerieren

Ermöglicht genaue Verweise auf Textstellen und ihr schnelles Auffinden im Unterrichtsgespräch. Bei einer schriftlichen Bearbeitung des Textes sollte nach wörtlichen Zitaten (evtl. auch nach Umschreibungen wichtiger Textstellen mit eigenen Worten) eine genaue Zeilenangabe in Klammern beigefügt werden.

2. Unverstandene Begriffe hervorheben

Das Textverständnis erschwerende Wörter (Fremdwörter, Fachbegriffe) für die anschließende Klärung optisch kennzeichnen: z. B. mit einer gestrichelten Linie darunter oder mit fortlaufend durchnummerierten hochgestellten Ziffern 1. Auf dem Blattrand oder einem gesonderten Zettel können die Begriffe auch herausgeschrieben werden – mit entsprechendem Platz für ihre Klärung (vgl. 4).

3. Die Sinnabschnitte des Textes sichtbar machen

Schon beim ersten Lesen kann versucht werden, durch einen »Haken« ⌐ mit dem Bleistift zu verdeutlichen, wo im Text abgrenzbare »Sinn-Abschnitte« vorliegen, d. h. wo inhaltlich etwas Neues beginnt, eine neue Gedankenkette aufgebaut wird, ein neuer thematischer Aspekt erscheint, ein Handlungsschritt neu einsetzt usw. Anhand dieser abgegrenzten Sinneinheiten entsteht ein erster (noch vorläufiger) Einblick in den Gesamtaufbau des Textes (der in den folgenden Schritten noch differenziert und konkretisiert werden muss: vgl unten 5). Zu beachten ist, dass im Druckbild vorgegebene Absätze nicht immer identisch sind mit »Sinn-Abschnitten«: größere Druckabschnitte können evtl. in mehrere Sinnabschnitte untergegliedert, mehrere Absätze auch zu einem größeren Sinnabschnitt mit thematischem und inhaltlichem Zusammenhang vereinigt werden.

> Wiederholtes Lesen: Den Textinhalt genauer erfassen

4. Definition/Erläuterung der unklaren Begriffe

Zu den unklaren Begriffen (vgl. 2) mit Hilfe von Nachschlagewerken (z. B. Allgemeines Konversationslexikon, Fremdwörterlexikon, Etymologisches Wörterbuch) die Wortbedeutung feststellen (sprachliche Herkunft/Etymologie; ursprüngliche wörtliche Bedeutung) und die Sachbedeutung klären (das heutige inhaltliche Verständnis der »Sache«). Häufig gelingt es auch, den Sinngehalt eines Begriffs aus dem Zusammenhang des Satzes, des Abschnitts bzw. des gesamten Textes zu erschließen.

5. Strukturierung des Textes

»Strukturierung«, meint die Anwendung von Maßnahmen, die den Text in seiner »Struktur« offen legen, d. h. die Eigenart der Verbindung und der Abhängigkeitsverhältnisse seiner Einzelelemente (inhaltlicher, formaler und sprachlich-stilistischer Art) aufzeigen, die sich zur Ganzheit des Textes fügen, seinen »Aufbau« ausmachen und seine unverwechselbare »Faktur« (Eigenart als bewusst »Gemachtes«) verdeutlichen. Neben sprachlichen Mitteln können auch grafische Möglichkeiten (Pfeile, Verbindungslinien u. a.) eingesetzt und »Struktur-Skizzen« angefertigt werden.

Die folgenden Schritte und Unteraspekte können in ihrer Reihenfolge nicht mehr durchgängig festgeschrieben werden, sondern sind der Eigenart des Textes und dem leitenden Interesse der Leser und Bearbeiter entsprechend zu variieren. Im Ganzen handelt es sich um eine fortschreitende (auch optische) Differenzierung des Textzugriffs als Grundlage für das im Unterricht genauer zu erarbeitende Textverstehen und die Texterörterung.

5.1 Die zentralen Begriffe und Kerninformationen hervorheben

Es geht um die Sichtbarmachung der Hauptbegriffe und sinntragenden Wörter (sog. »Leitwörter«, »Schlüsselwörter«) durch eine **Umrahmung** sowie der wichtigen Kurzformulierungen, die solche Begriffe erläutern und konkretisieren, durch eine Unterstreichung. Diese optisch hervorgehobenen Zentralbegriffe und Kurzaussagen »leiten« das Verstehen und helfen dabei, den Text in seinem inneren Zusammenhang und Sinn »aufzuschließen«. Es entsteht ein stichwortartiger, aber schon recht konkreter Überblick über die wesentlichen Schritte der Thema-Entfaltung (vgl. auch 4.2), das gedankliche Gerippe und den Grob-Aufbau des Textes.

Zur optischen Hervorhebung von Textelementen durch Umrahmung und Unterstreichung bewährt sich wegen seiner leichten Korrigierbarkeit der einfache Bleistift. Für farbige Markierungen sind Farbholzstifte den penetranten Textmarkern, Kugelschreibern oder Filzstiften vorzuziehen. Regel für die Markierungen: Begriffe und Aussagen derselben Kategorie und Abstraktionsebene sollten mit der gleichen Art der Markierung versehen werden. Hervorhebungen sparsam verwenden und keine längeren Textpassagen im Text unterstreichen, da der angezielte Effekt der Überschaubarkeit wieder verloren ginge.

5.2 Die Sinnabschnitte durch knappe Überschriften in ihrem Inhalt kennzeichnen und zusammenfassen

Die beim ersten Lesen mit einem »Haken« sichtbar gemachten Sinnabschnitte (vgl. 3) werden mit einer Überschrift versehen (auf dem Blattrand oder auf einem Sonderzettel), die den Inhalt und die Thematik der Sinneinheit möglichst exakt kennzeichnet und zusammenfasst. Dabei sollten die umrandeten bzw. unterstrichenen zentralen Begriffe und Kerninformationen (vgl. Nr. 5.1) in die Formulierung mit einfließen. In Überschriften werden die inhaltlichen Schwerpunkte des Textes deutlich, es zeigt sich sein gedanklicher Aufbau (die Gliederung). Eventuell wird es dabei nötig sein, die beim ersten Lesen vorgenommene Sinn-Abschnitt-Einteilung abzuändern, stärker zu differenzieren u. ä. Die Abschnitt-Überschriften bieten einen für die Weiterarbeit (genauere Analyse und Erörterung) brauchbaren Textüberblick.

5.3 Die Argumentationsweise und -struktur verdeutlichen

Die Sinnabschnitte (vgl. oben Nr. 3) und Kernaussagen (vgl. 5.1) lassen sich über ihre inhaltliche Zusammenfassung durch Überschriften (vgl. 5.2) hinaus noch genauer in ihrer **Funktion und Bedeutung** für das Textganze und die Entfaltung des Themas kennzeichnen, z. B. als: Einleitung, Überleitung, Hauptteil, Höhepunkt, Schlussteil, Einschub, Problemnennung, Fragestellung usw.

Bei Sachtexten können die besonderen **Elemente der Argumentation** genauer bestimmt werden, z. B. als These (Th.), Argument (Arg.), Beispiel (Bsp.), Fakten als Belege (Bel.), Schlussfolgerung (Schlussf.), Zusammenfassung (Zus.), Definition (Def.), Voraussetzung (Vorauss.), Auswertung (Auswert.)

Solche Kennzeichnungen können auf dem Blattrand in Abkürzungen erfolgen oder ggf. auch in die Formulierung der Überschriften zu den Sinnabschnitten aufgenommen werden. Mit Hilfe solcher Maßnahmen zeigt sich noch differenzierter als in den bisherigen Schritten 1. – 5.2 die Gedankenbewegung in ihren Einzelelementen und die besondere Art, wie diese aufeinander folgen, sich aufeinander beziehen und die spezifische »**Argumentationsstruktur**« gerade dieses Textes ausmachen. Aus der Eigenart und Wirkung des Textaufbaus und der Vorgehensweise des Autors lassen sich auch erste Erkenntnisse ableiten bezüglich der Intention (die in einer genauen Textanalyse näher bestimmt und nachgewiesen werden müsste).

6. Eigenständige Wiedergabe des Inhalts und der Struktur des Textes

Nach dem intensiven Textdurchgang in den vorausgegangenen Schritten kann versucht werden, das eigene Textverstehen zu sichern, indem anhand der Ergebnisse aus den Schritten 1.–5.3 der Inhalt und Gedankengang mit eigenen Worten (mündlich oder schriftlich) wiedergegeben und der Text in einigen Besonderheiten seiner Struktur beschrieben wird.

> Die Sicherung der Materialien und Informationen

Die bearbeiteten Textblätter, angefertigten Gliederungen, Exzerpte, Lesenotizen, Zusammenfassungen und Skizzen sollten zusammen mit den im Unterricht erarbeiteten Ergebnissen der Analyse und Erörterung gesammelt und für die weitere Arbeit genutzt werden (z. B. zur Wiederholung vor Klausuren oder vor dem Abitur).

5.4 Exzerpte, Lesenotizen und Karteikarten

Für die Erarbeitung eines Sachgebiets bzw. zur Information über ein spezielles Thema ist auf der Stufe der Materialsammlung das **Exzerpieren** unverzichtbar. Es dient dazu, aus der Primärliteratur (Quellen) und/oder Sekundärliteratur (wissenschaftliche Darstellungen) bestimmte Textstellen mit wichtigen Informationen, Fakten und Details nach bestimmten Gesichtspunkten, Fragestellungen und Interessen auszuwählen und festzuhalten, um sie in der eigenen Arbeit zur Lösung eines Problems bzw. einer gestellten Aufgabe zu verwenden.

Unter einem **Exzerpt** (lat. *excerptum* = das Herausgenommene, Ausgewählte) ist die knapp zusammenfassende Wiedergabe des Inhalts einer Veröffentlichung (Abhandlung) bzw. einzelner Textstellen daraus unter einem bestimmten Thema, einer vorgegebenen bzw. selbstgewählten Fragestellung, einem bestimmten Leserinteresse zu verstehen. Dabei wird auf dem Weg eines »informierenden Lesens« der Text der Vorlage in der Regel mit eigenen Worten präzise zusammengefasst. Kurze Auszüge können aber auch ihrem Wortlaut nach mit den entscheidenden Formulierungen exakt abgeschrieben (zitiert) werden.

Was sind Exzerpte?

Die Auswahl der Textübernahmen sollte sparsam sein. Exzerpiert werden könnte:
- was besonders prägnante, treffende Aussagen sind
- was man mit eigenen Worten nicht besser und knapper formulieren könnte
- was wörtlich exakt so benötigt wird und nicht verändert werden darf (z. B. Statistiken)
- was sprachlich typisch ist für einen Autor usw.

Für jede exzerpierte Information sollte eine eigene **Karteikarte** (DIN A5) verwendet bzw. per Computer ein »Datensatz« angelegt werden. Das Exzerpt sollte formal einheitlich gestaltet sein und konsequent folgende Informationen enthalten:

- zentrales Stichwort zur Kennzeichnung des Sachverhalts und des Problems, um das es geht
- genaue Angaben zur Textquelle (Verfasser, Titel, Erscheinungsort, -jahr, Seitenzahl)
- Hilfreich für eine spätere Verwendung ist auch eine stichwortartige Angabe, in welchem Kontext und gedanklichen Zusammenhang sich die exzerpierte Textstelle befindet.

Das gewonnene Material ist anschließend zu gliedern, indem die Karten bzw. Datensätze nach Inhaltsaspekten und Teilbereichen angeordnet und gruppiert werden.

Trotz des großen Zeitaufwands lohnt sich das Verfahren des Exzerpierens, weil dabei die Fragestellung stets vor Augen steht und das Material weit eigenständiger und einprägsamer durchdrungen wird als etwa mit Hilfe des bloßen Kopierens und Unterstreichens.

5.5 Die Verwendung von Zitaten

Definition von Zitat

Zitate (von lat. *citare* = herbeirufen, namentlich anführen) sind Formulierungen, Gedanken, Ideen, Argumente und Informationen, die wir aus schriftlichen Werken oder auch aus mündlichen Äußerungen anderer wörtlich oder sinngemäß übernehmen und bewusst in unseren eigenen Reden, Diskussionen und schriftlichen Texten einsetzen.

Leistung von Zitaten

Anhand von Zitaten in einer wissenschaftlichen Arbeit kann der Umfang und die Qualität der Eigenleistung eines Verfassers abgelesen werden. Im Rahmen eines Referats der Oberstufe oder in einer Arbeit in den ersten Semestern kann der Schüler bzw. Student zeigen, dass er in der Lage ist, themenbezogen Fachliteratur und Quellenmaterial aufzusuchen, gezielt auszuwählen und in Zitatform in seine eigene Argumentation zu integrieren.

Anforderungen

Dabei erfordert es die Ehrlichkeit und wissenschaftliche Redlichkeit, alle Ausführungen und Meinungsäußerungen eines Dritten kenntlich zu machen und den Fundort (Quelle) exakt mitzuteilen. Diese Quellennachweise geschehen nach strengen Regeln und bewährten Verfahrensweisen (siehe 5.6 und 5.7).

5.5.1 Arten des Zitats

Wortzitat	Satzzitat
Übernahme besonderer Einzelworte, zentraler Begriffe, außergewöhnlicher Wortbildungen usw.	Übernahme vollständiger Sätze selbstständig überlieferter Art (z. B. Sprichwörter) oder aus einem größeren Textzusammenhang

direktes Zitat	indirektes Zitat
wortwörtliche Wiedergabe einer fremden Textstelle unter Beibehaltung von Druckbild, Rechtschreibung und Zeichensetzung, wobei der übernommene Text zwischen Anführungszeichen steht. Regelungen für direkte Zitate: siehe 5.5.4	sinngemäße Übernahme einer fremden Textstelle durch Zusammenfassung ihres Inhalts mit eigenen Worten (sog. Resümee); die Übernahme fremder Gedanken als Argumentationshilfe; keine Verwendung von Anführungsstrichen Regelungen für indirekte Zitate: siehe 5.5.5

5.5.2 Funktion von Zitaten in verschiedenen Verwendungssituationen

Zitate können je nach ihrem Gebrauch in bestimmten Situationen und Zusammenhängen eine unterschiedliche Funktion und Wirkung haben. Am häufigsten dienen sie als Belege und Impulse.

Verwendungssituation	Funktion
1. Rede/Gedankengang	Brillant formulierte Zitate dienen der Auflockerung und Ausschmückung des eigenen Textes, z. B. als wirkungsvoller Höhepunkt und Gedankenabschluss. Zu häufiger Gebrauch kann aber die Wirkung abschwächen.
2. Beweisführung	Das Wort eines anderen Menschen soll durch die Autorität des Autors und die Qualität seiner Aussage der eigenen Argumentation mehr Gewicht und Überzeugungskraft geben bzw. die Richtigkeit des eigenen Standpunkts untermauern. **Bedingungen** dafür sind: – Das Zitat muss der Sache nach auf den zu beweisenden Tatbestand zutreffen – Der Autor muss ein anerkannter Fachmann für das Sachgebiet und Problem sein.
3. schriftliche Erörterung	Das Zitat kann als Beispiel für eine bestimmte Auffassung dienen, mit der man sich im Folgenden auseinander setzen will. Damit ist es Anstoß für die Entwicklung eigener Gedanken, Argumentationen und Kritik.
4. schriftliche Textinterpretation	Textzitate zwingen dazu, nahe am Text zu arbeiten, und dienen als Belege der Absicherung unserer eigenen Argumentation. Sie können die eigene Sicht bekräftigen und die Argumentation wirkungsvoll unterstützen: – als Ausgangspunkt und Grundlage für eine genauere Deutung – als Abschluss und Beleg für die Angemessenheit und Richtigkeit unserer Textdeutung Zitate aus literarischen Werken beeindrucken eher durch ihre sprachliche Form und ihren symbolischen Gehalt; sie sind weniger geeignet als rationales Argument in einer »Beweisführung« (siehe oben 2)

5.5.3 Grundsätze für die Auswahl und Verwendung von Zitaten

Folgende Leitsätze sind hilfreich, wenn es um den angemessenen Umgang mit Zitaten geht:

(1) Zitate müssen **sparsam eingesetzt** werden (z. B. in einer schriftlichen Arbeit oder in einer Rede),
 – um die Lesbarkeit unseres fortlaufenden Textes nicht zu stören
 – um den gedanklichen Zusammenhang nicht unklar werden zu lassen
 – um den Grad unserer selbstständigen geistigen Leistung nicht zu mindern durch die gehäufte Ansammlung von übernommenen Formulierungen
 – damit der Text nicht als Sammlung von Zitaten unterschiedlicher Autoren stilistisch uneinheitlich wirkt

(2) Zitate müssen **zweckentsprechend** sein, das heißt
 – ihrer Funktion in bestimmter Verwendungssituation gerecht werden (vgl. 5.5.2)
 – den richtigen und notwendigen Umfang haben (längere Zitate nur, wenn eine ausführliche Deutung und Auseinandersetzung erfolgt bzw. dem Leser ein selbstständiges Urteil über das Zitat und seine Deutung ermöglicht werden soll
 – nach ihrer Art als direktes oder indirektes Zitat (vgl. 5.5.4 und 5.5.5) begründet eingesetzt werden.

(3) Zitate müssen in den eigenen Text **logisch-syntaktisch eingefügt** werden, sodass
 – eine formale Einheit, inhaltliche Geschlossenheit, grammatikalisch korrekte Einbindung entsteht
 – ein fortlaufend lesbarer Gesamttext vorliegt

Hilfsmittel dabei sind:
 – Hinführung zum Zitat (Vorbereitung, Ankündigung)
 – Überleitung zwischen Zitaten
 – sorgfältige Auswertung der Zitate

(4) Zitate sind **notwendig**,
 – um zu belegen, dass die entsprechende Fachliteratur benutzt worden ist
 – um die kritische Auseinandersetzung mit verschiedenen Standpunkten zu verdeutlichen
 – um in der Diskussion den eigenen Standpunkt abzusichern
 – um in einer Textanalyse unsere Ergebnisse als vom Text her begründet plausibel zu machen.

5.5.4 Forderungen und technische Hinweise für »direkte« Zitate

Die korrekte Verwendung direkter Zitate unterliegt einer Reihe von strengen Bedingungen und Regeln:

* Das Zitat muss **unmittelbar** dem Originaltext entnommen bzw. an ihm überprüft werden. Die genaue Quelle ist durch eine vollständige bibliografische Angabe mit Nennung der betreffenden Seite(n) nachzuweisen (zum Verfahren: 5.6). Stammt das Zitat aus zweiter Hand, weil die Originalquelle unzugänglich ist (im Buchhandel vergriffen, in der Bibliothek nicht vorhanden oder ausgeliehen usw.), so muss zusätzlich zur Primärquelle der Hinweis erfolgen: »hier zitiert nach ...« mit genauer Angabe des tatsächlichen Fundorts der sog. Sekundärquelle.
* Das Zitat muss **genau** sein, d. h. inhaltlich und formal (buchstaben- und zeichengetreu) vollständig mit dem Original übereinstimmen – selbst im Druckbild. Werden drucktechnische Besonderheiten (wie z. B. Sperr-, Kursiv-, Fettdruck) nicht übernommen, so wird direkt hinter die abweichende Stelle der Hinweis in eckiger Klammer gesetzt: »[im Original gesperrt/kursiv/fett usw. gedruckt]«. Sogar offensichtliche inhaltliche oder orthografische Fehler des zitierten Textes sind beizubehalten! Durch ein beigefügtes »[!]« kann darauf hingewiesen werden, dass es sich um einen Fehler in der Vorlage handelt (und nicht um ein unbemerktes Versehen beim Abschreiben).
* Alle **Auslassungen und Kürzungen** des Originaltextes müssen mit Punkten kenntlich gemacht werden: zwei Punkte .. für ein ausgelassenes Einzelwort, drei Punkte ... für mehrere Worte und ganze Sätze. Es ist auch möglich, diese Punkte in eckige Klammern zu setzen [...].
* Eigene **Hervorhebungen** (z. B. durch Unterstreichungen, Sperrdruck usw.) sind unmittelbar, d. h. im laufenden Text-Zitat durch den Hinweis zu kennzeichnen: »[Hervorhebung vom Verfasser]«.
* Ebenso sind eigene Zusätze, die als Verständnishilfe oder bei Teilzitierung zur Vervollständigung des Satzbaus wichtig sind, in eckige Klammern [ ] zu setzen.
* Das Zitat muss in dem **gedanklichen Zusammenhang** wiedergegeben werden, in dem es im Originaltext steht. Durch einen zusammenfassenden Einleitungssatz vor dem Zitat kann dieser ursprüngliche Sinnzusammenhang angedeutet werden.
* Anfang und Ende des Zitats sind durch doppelte Anführungsstriche kenntlich zu machen: »...«
* Wird innerhalb eines Zitates wiederum ein weiterer Text zitiert, so ist dieses sog. Binnenzitat in einfache Anführungszeichen zu setzen » ... ... ›...‹ ... ...«
* Gebrauch der Satzzeichen:
  Stellt das Zitat einen vollständigen Satz dar, so steht am Ende zunächst der Punkt und danach erst das Schlussanführungszeichen. Zusätze (wie z. B. Seitenverweise, Zeilenangaben) stehen nach dem Schlussanführungszeichen (am besten in runden Klammern).
* Im Rahmen einer Arbeit können längere Zitate zur besseren Lesbarkeit etwa 5 Anschläge eingerückt und engzeiliger als der Haupttext geschrieben werden. Auf

Anführungsstrichen kann verzichtet werden, wenn dieses Verfahren angekündigt und durchgängig angewandt wird.

5.5.5 Regelungen für »indirekte« Zitate

Auch jede Art einer **textlichen Anlehnung oder sinngemäßen Verwendung** fremder Gedanken und Aussagen für die eigenen Ausführungen z. B. zur Darstellung eines Sachverhalts oder zur Stützung der eigenen Argumentation ist in Form eines indirekten Zitates nachzuweisen. Selbst wenn der eigene Text noch so selbstständig formuliert wird, muss die Herkunft aller Informationen, der geistige Urheber unserer Ausführungen und Überlegungen vollständig offengelegt werden. Diese »intellektuelle Redlichkeit«, bedeutet keineswegs eine Wertminderung der eigenen Darlegungen; denn es geht in einem Referat, in einer Fach- oder Seminararbeit gerade *auch* darum zu zeigen, dass man die Fähigkeit besitzt, mit Sekundärliteratur und Quellenmaterial sinnvoll und wissenschaftlich verantwortlich umzugehen.

Es haben sich für den Umgang mit indirekten Zitaten eine Reihe von **Regeln** herausgebildet:
(1) Auch das mit eigenen Worten formulierte indirekte Zitat muss unmittelbar aus dem Originaltext gewonnen und erarbeitet werden – mit genauer Angabe der Quelle.
(2) Genaues Lesen und Durcharbeiten des Originaltextes ist nötig (vgl. 1.4.1; 5.3.1) und Beachtung des Sinnzusammenhangs, um die Gefahr einer ungenauen Wiedergabe bei der Zusammenfassung des Textes zu vermeiden. Der Standpunkt des Autors darf nicht abgeschwächt werden.
(3) Bei der Verwendung von indirekten Zitaten in unserem eigenen, fortlaufenden Text (z. B. in einer Facharbeit, einem Referat usw.) können zur besseren Unterscheidung diese von anderen übernommenen fremden Gedanken im Konjunktiv wiedergegeben werden. Eindeutigkeit wird auch hergestellt durch Hinweise wie:
   – »in Anlehnung an ...« (mit Namen des Verfassers)
   – »nach ...« (mit Namen des Verfassers).

Diese Wendungen können als Einleitungsformulierungen vor den indirekten Zitaten stehen. Am Ende sollte (evtl. in Klammer) eine Quellenangabe gemacht werden: »vgl. hierzu S. ...« (des Originaltextes).
(4) Es ist denkbar, im Rahmen von indirekten Zitaten auch knappe Wort- oder Satzzitate (diese in Anführungsstrichen) zu bringen.

5.5.6 Beispiel für das Zitieren

Der Dichter und Pfarrer Kurt Marti schreibt: »Wenn Gott, nach Paul Tillich, in dem ist, ›was uns unbedingt angeht‹, dann ist ›reel‹ einzig das, was unsere Einstellung und Motivation tatsächlich verändert (so umschreibe ich das biblische Wort ›Umkehr‹), zum Beispiel so: ›Solange Christus lebt und seiner gedacht wird, werden seine Freunde bei den Leidenden sein. Dort, wo keine Hilfe möglich ist, erscheint er nicht als der überlegene Helfer, nur als der, der mit ihnen geht. Dass einer des anderen Last trage, ist der simple und deutliche Ruf, der aus allem Leiden kommt.‹ (Dorothee Sölle).«

(Kurt Marti, 8. Brief: »Wo Gott ist? – bei den Leidenden!«, in: Kurt Marti/Robert Mächler: Woher eine Ethik nehmen? Streitgespräch über Vernunft und Glauben, München – Wien 2002, 61, hier zitiert nach: Heribert Fischer: Zentralabitur in Religion [NRW], Düsseldorf 2005, 43)

5.6 Das Anlegen eines Literaturverzeichnisses

Im engeren Sinne wird unter einer Bibliografie das sog. Literaturverzeichnis verstanden, das alle Veröffentlichungen (Bücher, Zeitschriftenartikel, Sammelwerke u. a.) alphabetisch aufführt, die der Verfasser eines wissenschaftlichen Beitrags für die Bearbeitung seines Themas benutzt hat. So ist es möglich, zum Beispiel Fundorte von Zitaten genau nachzuweisen, diese Werke in einer Bibliothek auszuleihen oder im Buchhandel zu bestellen. Dieses Verzeichnis der verwendeten Fachliteratur befindet sich meist am Ende der Arbeit.

»Bibliografische Angaben« sind nach strengen Regeln und einem festem Muster gestaltet. In der Anwendungspraxis können sich trotzdem Abweichungen zeigen: so kann etwa die Auflage des Buches kurz durch eine hochgestellte Ziffer vor dem Erscheinungsjahr verdeutlicht oder auch in Worten ausformuliert werden. Kleine Unterschiede bestehen auch zwischen den Angaben zu Büchern und zu Zeitschriftenartikeln (s. u.). Ein internationaler Vergleich zeigt zudem, dass es auch länderspezifische Besonderheiten des Bibliografierens gibt. Auf jeden Fall sollten die bibliografischen Angaben in sich einheitlich gestaltet sein.

Bibliografische Angaben zu Büchern
(in dieser Reihenfolge und Zeichensetzung!)
- Familienname, Vorname(n) des Autors:
- Haupttitel (»Sachtitel«) des Buches.
- Untertitel. [evtl.] Herausgeber. Auflage. [evtl.] Bandnummer.
- Erscheinungsort: Verlagsnachname Erscheinungsjahr.
- (Reihentitel. Bd.-Nr.)
- Internationale Standard-Buchnummer (ISBN)

Beispiel:
Schutte, Jürgen: Einführung in die Literaturinterpretation. 3. überarbeitete und erweiterte Auflage. Stuttgart: Metzler 1993 (Sammlung Metzler. Bd. 217) ISBN 3-476-13217-X

Bibliografische Angaben zu Sammelwerken
(in dieser Reihenfolge und Zeichensetzung!)
- Familienname, Vorname(n) des Autors:
- Haupttitel (»Sachtitel«) des Beitrags
- Untertitel. In: Familienname, Vorname(n) (Hrsg.), Haupttitel. Untertitel.
- Erscheinungsort: Verlagsnachname Erscheinungsjahr.
- (Reihentitel. Bd.-Nr.), Seite.
- Internationale Standard-Buchnummer (ISBN)

Beispiel:
Dostojewski, Fjodor M.: Die Brüder Karamasow. Der Großinquisitor. Aus dem Russischen von: Ruoff, Hans/Hoffmann, Richard. In: Bubolz, Georg/Röckel, Gerhard (Hrsg.), Fjodor M. Dostojewski, Die Brüder Karamasow, 5. Buch, Kapitel 4 und 5. Düsseldorf: Patmos Verlag 2001. (Lektüren für den Religionsunterricht), 27-52. ISBN 3-491-75713-4

Bibliografische Angaben zu Artikeln in Zeitschriften
- Familienname, Vorname(n) des Autors:
- Aufsatztitel. Untertitel.
- In: Zeitschriftentitel
- (Ort) Jahrgang, evtl. Band, (Jahr) Heft. Seite.

Beispiel:
Zwergel, Herbert A.: Bildungsstandards – eine Orientierung. In: rhs Religionsunterricht an höheren Schulen (Düsseldorf) 48. Jg., (2005) 4. 206-215.

Bei der wissenschaftlichen Arbeit sind zwei Arten von Literatur zu unterscheiden:
- *Primärliteratur*: das sog. Originalschrifttum, d. h. die unmittelbaren Texte eines Autors, die historischen Dokumente und Quellen usw., die direkt zum Gegenstand einer wissenschaftlichen Untersuchung gemacht werden.
- *Sekundärliteratur*: das wissenschaftliche, kritische Schrifttum **über** die Primärliteratur, zum Beispiel über einen Autor, ein Werk, eine Epoche, eine Fragestellung usw. Als sog. Fachliteratur informiert sie über den Forschungsstand und dient als Hilfsmittel für eine wissenschaftliche Untersuchung.

5.7 Aufbauendes Trainingsprogramm

Zum Umgang mit Texten und im Bereich der sprachlichen Arbeit in der Sekundarstufe II empfiehlt es sich, die fachspezifischen und fächerverbindend relevanten Methoden Schritt für Schritt aufzubauen.

Im Folgenden geht es um die Einübung von Fertigkeiten im Hinblick auf die Texterschließung. Einzelne Verfahrensschritte werden in einer exemplarischen Auswahl vorgestellt, die zunehmend komplexere Zugriffsweisen auf Texte bedeuten. Am Ende steht schließlich die selbstständige Erschließung von Texten in Klausuren. Welche Beispiele in Religion/Deutsch gewählt werden, mag die Leserin/der Leser selbst entscheiden:

Methodische Fertigkeiten (in exemplarischer Auswahl)	Beispiele
• zentrale Begriffe und Kernaussagen unterstreichen • Textaussagen optisch bearbeiten und mit eigenen Worten wiedergeben • Begriffe nachschlagen • tabellarische Übersicht anfertigen • Sinnabschnitte einteilen; Text gliedern und Überschriften formulieren • Thesen bilden • Sachfragen beantworten • Schaubild, Strukturskizze anfertigen • Aussagen/Standpunkte vergleichen • Text deuten auf der Basis von Vorwissen • Untersuchung appellativer Texte der Bibel • Strukturanalyse biblisch-erzählender Texte • Strukturanalyse einfach • Strukturanalyse komplexer • Hinweise zur Anfertigung einer Klausur (siehe unten!) • Texte lesen und durcharbeiten	

Im Rahmen der gegliederten Aufgabenstellung in Klausuren, die Texterschließungsverfahren beinhalten, wird zunehmend – auch unter dem Druck der Orientierung an zentralen Vorgaben bei Abschlussprüfungen – die Verwendung von **Operatoren**formulierungen empfohlen, die beschreiben, welche Tätigkeit ausgeübt werden soll, um eine Teilaufgabe zu lösen.

Die – hier an den Gebrauch in NRW angelehnten – Definitionen von Operatoren orientieren sich an den von der KMK gesetzten Anforderungsbereichen, sind diesen allerdings nicht immer ganz trennscharf zuzuordnen:

Anforderungsbereiche

Anforderungsbereich I
In diesem Anforderungsbereich werden die für die Lösung einer gestellten Aufgabe notwendigen **Grundlagen an Wissen/Kenntnis** der konkreten Einzelheiten, der für die Lösung notwendigen Arbeitstechniken und Methoden, aber auch der übergeordneten Theorien und Strukturen erfasst.

Anforderungsbereich II

Im Zentrum dieses Anforderungsbereichs steht die **Organisation des Arbeitsprozesses** der Analyse/Interpretation/Erörterung/Gestaltung auf der Grundlage der Aufgabenstellung. Die Lösung der Aufgabe muss in einer miteinander verbundenen Darstellung formaler, sprachlicher und inhaltlicher Aspekte erfolgen. Sie setzt die Übertragung von Gelerntem auf neue Zusammenhänge voraus.

Anforderungsbereich III

Im Mittelpunkt dieses Anforderungsbereichs steht die **Fähigkeit zur eigenständigen Urteilsbildung**, aber auch der Bewertung von Fragestellungen, die in der Aufgabenstellung gefordert wird oder aber sich aus der Analyse/Interpretation Erörterung/Gestaltung des vorgegebenen Materials ergibt. Voraussetzung dafür ist zwingend die methodisch wie inhaltlich eigenständige Entfaltung und Gestaltung einer Aufgabe.

Operatoren zum Bereich »Religion«

Operatoren, die vornehmlich dem Anforderungsbereich I zugeordnet werden ...

Operatoren	Definitionen
Nennen *Benennen*	ausgewählte Elemente, Aspekte, Merkmale, Begriffe, Personen etc. unkommentiert aufzählen
Skizzieren	einen bekannten oder erkannten Sachverhalt oder Gedankengang in seinen Grundzügen ausdrücken
Formulieren *Darstellen*	den Gedankengang oder die Hauptaussage eines Textes mit eigenen Worten darlegen
Wiedergeben	einen bekannten oder erkannten Sachverhalt oder den Inhalt eines Textes unter Verwendung der Fachsprache mit eigenen Worten ausdrücken
Beschreiben	die Merkmale eines Bildes oder anderen Materials mit Worten in Einzelheiten schildern
Herausarbeiten	aus Aussagen eines wenig komplexen Textes einen Sachverhalt oder eine Position ermitteln und darstellen
Zusammenfassen	die Kernaussagen eines Textes komprimiert und strukturiert darlegen

Operatoren, die vornehmlich dem Anforderungsbereich II zugeordnet werden ...

Operatoren	Definitionen
Einordnen *Zuordnen* *Anwenden*	einen bekannten oder erkannten Sachverhalt in einen neuen oder anderen Zusammenhang stellen oder die Position eines Verfassers bezüglich einer bestimmten Religion, Konfession, Denkrichtung etc. unter Verweis auf Textstellen und in Verbindung mit Vorwissen bestimmen
Belegen *Nachweisen*	Behauptungen durch Textstellen oder bekannte Sachverhalte fundieren
Konkretisieren	Beispiele für einen Sachverhalt finden und ihn verdeutlichen

Operatoren	Definitionen
Erläutern *Erklären* *Entfalten*	einen Sachverhalt, eine These etc. ggf. mit zusätzlichen Informationen und Beispielen nachvollziehbar veranschaulichen
Vergleichen	nach vorgegebenen oder selbst gewählten Gesichtspunkten Gemeinsamkeiten, Ähnlichkeiten und Unterschiede ermitteln und darstellen
Analysieren *Untersuchen*	unter gezielter Fragestellung Elemente, Strukturmerkmale und Zusammenhänge systematisch erschließen und darstellen
In Beziehung setzen	Zusammenhänge unter vorgegebenen oder selbst gewählten Gesichtspunkten begründet herstellen
Befragen	Eine Position aus einer anderen Perspektive beleuchten

Operatoren, die vornehmlich dem Anforderungsbereich III zugeordnet werden ...

Operatoren	Definitionen
Begründen	eigene Aussagen durch Argumente stützen und nachvollziehbare Zusammenhänge herstellen
Sich auseinander setzen mit	ein begründetes eigenes Urteil zu einer Position oder einem dargestellten Sachverhalt entwickeln
Beurteilen *Bewerten* *Stellung nehmen* *einen begründeten* *Standpunkt einnehmen* *die eigene Überzeugung argumentativ vorstellen*	zu einem Sachverhalt unter Verwendung von Fachwissen und Fachmethoden sich begründet positionieren (Sach- bzw. Werturteil)
Erörtern	die Vielschichtigkeit eines Beurteilungsproblems erkennen und darstellen, dazu Thesen erfassen bzw. aufstellen, Argumente formulieren und dabei eine begründete Schlussfolgerung erarbeiten (dialektische Erörterung)
Prüfen *Überprüfen*	eine Meinung, Aussage, These, Argumentation nachvollziehen, kritisch hinterfragen und auf der Grundlage erworbener Fachkenntnisse begründet beurteilen
Interpretieren	einen Text oder ein anderes Material (Bild, Karikatur, Tondokument, Film etc.) sachgemäß analysieren und auf der Basis methodisch reflektierten Deutens zu einer schlüssigen Gesamtauslegung gelangen
Gestalten *Entwerfen*	sich kreativ (z. B. fiktives Gespräch oder Visualisierung) mit einer Fragestellung auseinander setzen
Stellung nehmen aus der Sicht von ... *eine Erwiderung formulieren aus der Sicht von ...*	eine unbekannte Position, Argumentation oder Theorie aus der Sicht einer bekannten Position kritisieren oder in Frage stellen und ein begründetes Urteil abgeben
Konsequenzen ziehen *Perspektiven entwerfen*	aus einer Position Schlussfolgerungen ziehen

Hinweise zur Anfertigung einer Klausurarbeit

1. Zur Arbeitsweise

- *Vorarbeit*:
Die Teilaufgaben genau lesen und beachten, welche Sachaspekte bearbeitet werden sollen und welche Vorgehensweise (Methode) gefordert wird (ausdrücklich oder auch selbstverständlich aufgrund des im Unterricht Eingeübten). Zu Letzterem gehört auch die Beachtung der geforderten Operatoren.

- *Mögliches Vorgehen:*
a) zunächst Sammeln von Stichpunkten zu den Teilaufgaben
b) Ordnen der Stichpunkte, d. h. eine geeignete Reihenfolge für die Ausführung der Gedanken überlegen
c) Ausformulierung der Stichpunkte – aus Zeitgründen nicht selten sofort als »Endfassung«

- *Abzugeben sind* alle Arbeitsunterlagen; also:
a) das Textblatt mit der Aufgabenstellung,
b) das Konzeptpapier mit dem »Entwurf« (wird nicht bewertet, kann aber u. U. helfen, Missverständliches in den Ausführungen zu klären),
c) die schriftliche Aufgabenlösung (= Klausur).

- *Bei der Textarbeit ist zu beachten:*
Die Ausführungen (meist zu Teilaufgabe 1) sind genau am Text zu überprüfen und zu belegen; wörtliche Textübernahmen (nur kurze!) sind in Anführungsstriche zu setzen, mit Zeilenangaben zu versehen und auszuwerten.

2. Zur formalen Gestaltung der Ausführungen

- Bei der Aufgabenlösung sind die einzelnen **Seiten *durchzunummerieren***, um Missverständnisse in der Abfolge und Zuordnung zu vermeiden.

- Die Ausführungen müssen eindeutig erkennen lassen, auf welche Teilaufgabe sie sich beziehen. Um diese *Zuordnung zu den Teilaufgaben* sicherzustellen, sollte zum Beispiel ***für jede Teilaufgabe ein neuer Absatz*** begonnen werden, vor dem die Nummer der Teilaufgabe steht, und/oder der Wortlaut der Aufgabenstellung wiederholt wird.

- Insgesamt:
Die Ausführungen sollten *optisch gegliedert* und »strukturiert« sein nach Sinnabschnitten, d. h. wo die Aussagen einen neuen Aspekt und/oder Gedanken behandeln, sollte auch ein neuer Abschnitt/Absatz begonnen werden.

Verwendete Literatur

Abi Guide Deutsch. Grund- und Leistungskurs. Tipps, Basiswissen, Übungen mit Lösungen, Freising: Stark Verlag 1997.
Abitur-Prüfungsaufgaben Gymnasium – Bayern. Grundkurs katholische Religion, Stark Verlag Nr. 96990 (= fortlaufend ergänzte Loseblattsammlung)
Anz, Thomas: Art. Literarische Wertung. In: *Killy, Walter*: Literatur Lexikon. Begriffe, Realien, Methoden, hrsg. von Volker Meid, Bd. 14: Les-Z, Gütersloh/München (Bertelsmann Lexikon Verlag) 1993, 21-26.
Arnold, Heinz/Detering, Heinrich (Hrsg.): Grundzüge der Literaturwissenschaft, München ³1999 (dtv 30171) [ISBN 3-423-30171-6].
Arnold, Heinz Ludwig/Sinemus, Volker (Hrsg.): Grundzüge der Literatur- und Sprachwissenschaft, Bd. 1: Literaturwissenschaft, München 1973, 101992 (dtv 4226).
Asmuth, Bernhard: Stil, Stilistik. In: *Killy, Walter*: Literatur Lexikon. Begriffe, Realien, Methoden, hrsg. von Volker Meid, Bd. 14: Les-Z, Gütersloh/München: Bertelsmann Lexikon Verlag 1993, 403-406.

Bark, Karin: Die Inhaltsangabe. Analyse und Kritik normativer Unterrichtspraxis. In: Diskussion Deutsch 46 (1979), 135-144.
Baur, Uwe: Trivialliteratur. In: *Killy, Walter*: Literatur Lexikon. Begriffe, Realien, Methoden, hrsg. von Volker Meid, Bd. 14: Les-Z, Gütersloh/München (Bertelsmann Lexikon Verlag) 1993, 445-449.
Behrmann, Alfred: Einführung in die Analyse von Prosatexten (Sammlung Metzler, M 59), Stuttgart ⁵1982.
Bekes, Peter (Hrsg.): Formen der Lyrik. Für die Sekundarstufe II herausgegeben von P. Bekes, Reihe: Arbeitstexte für den Unterricht. Stuttgart (Reclam) 2000 (UB 15046).
Bense, Max: Einführung in die informationstheoretische Ästhetik. Grundlegung und Anwendung in der Texttheorie. Reinbek bei Hamburg 1969 (rde 320).
Bertschi-Kaufmann, Andrea: Lesen, Gestalten, Verarbeiten. Produktive Wege im Literaturunterricht. In: Der Deutschunterricht, Jg. 48, H. 6, 26-33.
Best, Otto F.: Handbuch literarischer Fachbegriffe. Definitionen und Beispiele, Frankfurt a. M. (Fischer Taschenbuch Verlag) 1994, überarbeitete und erweiterte Ausgabe, (Fischer Taschenbuch 11958)
Biermann, Heinrich/Schurf, Bernd (Hrsg.): Vom Literaturverständnis zur Interpretation. Trainingsprogramm Deutsch Oberstufe Heft 2, Berlin (Cornelsen) 1997 [ISBN 3-464-12188-7].
Billen, Josef: Literaturdidaktische Konzeptionen der Nachkriegszeit. Grundlinien – Schwerpunkte – Tendenzen. In: RAAbits Deutsch/Literatur, November 1993.
Blickfeld Deutsch Oberstufe. Hrsg. von Peter Mettenleiter und Stephan Knöbl, Paderborn: Schöningh 2003.
Boehncke, Heiner/Kuhne, Bernd/Ockenfuß, Solveig: Jugendlexikon Literatur. Epochen, Gattungen, Grundbegriffe, Reinbek bei Hamburg 1989 (rororo Handbuch 6318).
Bogdal, Klaus-Michael: Problematisierung der Hermeneutik im Zeichen des Poststrukturalismus. In: *Arnold, Heinz/Detering, Heinrich (Hrsg.)*: Grundzüge der Literaturwissenschaft, München ³1999, 137-156.
Bolz, Norbert: Art. Strukturalismus, Poststrukturalismus. In: *Killy, Walter*: Literatur Lexikon. Begriffe, Realien, Methoden, hrsg. von Volker Meid, Bd. 14: Les-Z, Gütersloh/München (Bertelsmann Lexikon Verlag) 1993, 408-410.
Braak, Ivo: Poetik in Stichworten. Literaturwissenschaftliche Grundbegriffe. Eine Einführung. 7. überarbeitete und erweiterte Auflage von Martin Neubauer, Unterägeri (Verlag Hirt) 1990.
Brackert, Helmut/Stückrath, Jörn (Hrsg.): Literaturwissenschaft. Ein Grundkurs, Reinbek ⁵1997, Rowohlts Enzyklopädie 55523 (ISBN 3-499-55523-9).
Brauneck, Peter/Urbanek, Rüdiger/Zimmermann, Ferdinand: Methodensammlung. Anregungen und Beispiele für die Moderation. Reihe: Lehrerfortbildung in Nordrhein-Westfalen, Landesinstitut für Schule und Weiterbildung, DruckVerlag Kettler ³1997.
Bremerich-Vos, Albert: Textanalyse. Arbeitsbuch für den Deutschunterricht in der Sekundarstufe II, Frankfurt am Main (Diesterweg) 1989.
Brenner, Gerd/Hußing-Weitz, Renate: Besser in Deutsch. Texte verfassen: Oberstufe. Frankfurt am Main 1992 [ISBN 3-589-20925-9].
Brinker, Klaus: Aufgaben und Methoden der Textlinguistik. Kritischer Überblick über den Forschungsstand einer neuen linguistischen Teildisziplin. In: Wirkendes Wort, 21. Jahrgang, 1971, Heft 4, 217-237.
Bubolz, Georg/Tietz, Ursula (Hrsg.): Akzente Religion: Methodenhandbuch. Grundlagen – Sequenzen – Klausuren, Düsseldorf (Patmos) 1999.

Bubolz, Georg: Spuren Gottes. Vom Unbedingten reden, Düsseldorf (Patmos) 1995 (Akzente Religion Band 4)
Brückner, R./Höffer, U./Weber, U.: Training Aufsatz, Analyse und Interpretation literarischer Texte, 9./10. Schuljahr (Beilage: Lösungsheft), Stuttgart 1997 (Klett LernTraining, 922099)
Bühler, Karl: Sprachtheorie. Die Darstellungsform der Sprache, Stuttgart/New York 1982 (UTB 1159).

Crystal, David: Die Cambridge Enzyklopädie der Sprache. Übersetzung und Bearbeitung der deutschen Ausgabe von Stefan Röhrich, Ariane Böckler und Manfred Jansen, Frankfurt/Main 1993.

Dahl, Erhard: Überlegungen zu einem ›wissenschaftsorientierten‹ Literaturunterricht. In: Wirkendes Wort, 37. Jahrgang, 1987, Heft 4, 224-233.
Deutsch Ideen. Text- und Arbeitsbuch S II, erarbeitet von Winfried Bauer u. a., Hannover (Schroedel) 2000.
Deutsch Ideen. Text- und Arbeitsbuch S II, Ausgabe S, erarbeitet von Martina Dahmen u. a., Hannover (Schroedel) 2003.
Deutsch. Orientierungswissen, hrsg. von Bernd Schurf, Berlin (Cornelsen) 2001.
Die Literatur. Wissen im Überblick. Wege zum Verständnis der Literatur. Der Neue Herder, 13. Band, Freiburg i. Br. (Herder) 1973.
Duden. Basiswissen Schule Literatur. Hrsg. Detlef Langermann, Berlin: paetec Gesellschaft für Bildung und Technik 2002 und Mannheim: Bibliographisches Institut & F.A. Brockhaus AG 2002.

Eco, Umberto: Nachschrift zum ›Namen der Rose‹, München/Wien (Hanser) ^{4}1984.
Egger, Wilhelm: Methodenlehre zum Neuen Testament. Einführung in linguistische und historisch-kritische Methoden. Freiburg 1996 (3. Aufl.).
Eichler, Wolfgang/Henze, Walter: Sprachwissenschaft und Sprachdidaktik. In: *Taschenbuch des Deutschunterrichts.* Grundfragen und Praxis der Sprach- und Literaturdidaktik, hrsg. von Günter Lange u. a., Bd. 1: Grundlagen – Sprachdidaktik – Mediendidaktik, Baltmannsweiler 1998, 101-123.
Empfehlungen zur Arbeit in der gymnasialen Oberstufe gemäß Vereinbarung zur Neugestaltung der gymnasialen Oberstufe in der Sekundarstufe II – Beschluß der Kultusministerkonferenz vom 7. Juli 1972. Beschluß der Kultusministerkonferenz vom 2. Dezember 1977, Neuwied 1978.

Facetten. Lese- und Arbeitsbuch Deutsch für die Oberstufe, erarb. von B.Bialkowski, G.Einecke, J.U.Meyer-Bothling u. a., Leipzig (Klett) 2001.
Feiks, Dietger/Krauß, Ella: Training Erörterung und Interpretation für das 10. Schuljahr. Beilage: Lösungsheft. Stuttgart (Klett) ^{5}1992.
Fingerhut, Karlheinz: Intelligenter Eklektizismus. Über die fachdidaktische Anwendung literaturwissenschaftlicher Methoden. In: Der Deutschunterricht, Jahrgang 46, 1994, Heft 5, 32-47.
Fischer Lexikon Literatur 2/1 und 2/2, hrsg. v. W.H. Friedrich und W. Killy (Fischer Lexikon Bd. 35/1 und 35/2)
Formen religiöser Texte. Textauswahl besorgt von Paul Droll, Reihe: Textbücher Deutsch, Freiburg (Herder) 1979 (mit Lehrerbegleitheft).
Förster, Jürgen: Literatur und Lesen im Wandel. Möglichkeiten einer anderen Literaturrezeption in der Schule. In: Der Deutschunterricht, Jahrgang 47, 1995, Heft 6, 3-8.
Fritzsche, Joachim: Zur Didaktik und Methodik des Deutschunterrichts. Band 1: Grundlagen, Band 2: Schriftliches Arbeiten, Band 3: Umgang mit Literatur. Stuttgart (Klett) 1994.

Gabriel, Gottfried: Was sind Behauptungen? Ein Beitrag zur Argumentationslehre, in: Der Deutschunterricht, Jg. 28, 1976, H. 4, 5-11.
Gadamer, Hans-Georg: Wahrheit und Methode, Tübingen ^{2}1965.
Gelfert, Hans-Dieter: Einführung in die Verslehre. Reihe: Arbeitstexte für den Unterricht, Stuttgart 1998 (Reclam: Universalbibliothek Nr. 15037).
Gelfert, Hans-Dieter: Wie interpretiert man eine Novelle und eine Kurzgeschichte? Reihe: Arbeitstexte für den Unterricht, Stuttgart 1993 (Reclam: Universalbibliothek Nr. 15030).
Gerwing, Manfred: Dass Gott gesprochen hat. Formen religiösen Sprechens, von der Theologie angewandte Methoden und hermeneutische Reflexionen – eine Einführung. In: *Verweyen-Hackmann, Edith/Weber, Bernd (Hrsg.)*: Methodenkompetenz im Religionsunterricht. Unterrichtspraktische Konkretionen von Fach- und Arbeitsmethoden, Kevelaer (Butzon & Bercker) 1999, 13-25.
Gigl, Claus: AbiWissen kompakt. Deutsch. Prosa – Drama – Lyrik. Stuttgart (Klett) 2002.
Glinz, Hans (I): Linguistische Grundbegriffe und Methodenüberblick, Frankfurt ^{3}1971 (Reihe: Studienbücher zur Linguistik und Literaturwissenschaft 1)
Glinz, Hans (II): Sprachwissenschaft heute. Aufgaben und Möglichkeiten, Stuttgart ^{2}1970 (Reihe: Texte Metzler 4).
Glinz, Hans (III): Textanalyse und Verstehenstheorie. 2 Bände, Frankfurt 1973 (I) und Wiesbaden 1978 (II).

Griesheimer, F./Prinz, A. (Hrsg.): Wozu Literaturwissenschaft? Kritik und Perspektiven, Tübingen: Uni Taschenbücher Nr. 1640, 1991.
Grübel, Rainer/Grüttemeier, Ralf/Lethen, Helmut: Orientierung Literaturwissenschaft. Was sie kann, was sie will. rowohlts enzyklopädie 55606, Reinbek bei Hamburg 2001.
Gugel, Günther: Manual. Handlungsmodelle und Methoden für politisch-soziales Lernen in Schule und Lehrerfortbildung. Hrsg. vom Landesinstitut für Schule und Weiterbildung NRW, Soest ³1995.

Hackenbroch-Krafft, Ida/Parey, Evelore: Training Umgang mit Texten: Fachtexte erschließen, verstehen, auswerten, Sekundarstufe II, Beilage: Arbeitsblätter und Lösungen, Stuttgart (Klett) 1996 [ISBN 3-12-892040-0]
Hassenstein, Friedrich: Gedichte im Unterricht. In: *Taschenbuch des Deutschunterrichts*. Grundfragen und Praxis der Sprach- und Literaturdidaktik, hrsg. von Günter Lange u. a., Bd. 2: Literaturdidaktik: Klassische Form, Trivialliteratur, Gebrauchstexte, Baltmannsweiler 1998, 621-646.
Hein, Miriam: Deutsch 9./10. Klasse. Aufsatz: Sachtexte und erzählende Prosa interpretieren. Mit heraustrennbarem Lösungsteil und Beispielaufsätzen. Reihe: mentor Übungsbuch, München (Mentor Verlag) 2002.
Hellberg, Wolf Dieter/Megow, Wolfgang: Abi-Training Deutsch: methodische Arbeitsschritte und Übungsklausuren, Stuttgart (Klett) 1996 [ISBN 3-12-929235-7]
Herder Lexikon Literatur, Sachwörterbuch, Freiburg (Herder) ²1974.
Hermes, Eberhard: Abiturwissen Drama, Stuttgart (Klett) ⁶1997 [ISBN 3-12-929526-7].
Hermes, Eberhard: Training Analyse und Interpretation erzählender Prosa: Sekundarstufe II. Beilage: Lösungsheft. Stuttgart (Klett) 1995 [ISBN 3-12-922078-X]
Hermes, Eberhard: Abiturwissen Grundbegriffe der Literatur von A – Z. Definitionen, Beispiele, Erläuterungen, Stuttgart (Klett) ²1999.
Historisches Wörterbuch der Philosophie, hrsg. von J. Ritter, Basel 1971 ff. [HWP]
Historisches Wörterbuch der Rhetorik, hrsg. von Gert Ueding, Tübingen (Niemeyer) 1992 ff. [HWR]
Hoffmann, Helmut: Die Inhaltsangabe, auch eine Schreibübung. Ein paar methodische Hinweise. In: Der Deutschunterricht, Jg. 38, 1986, H. 6, 29-39.
Höing, Andreas: Jesu Predigt in Gleichnissen – Fenster zu Gottes neuer Welt. Hinweise zu einer handlungsorientierten Planung (Jahrgangsstufe 5/6). In: Verweyem-Hackmann, E./Weber, B. (Hrsg.), Methodenkompetenz im Religionsunterricht. Unterrichtspraktische Konkretionen von Fach- und Arbeitsmethoden, Kevelaer (Butzon & Bercker) 1999, 47-55.
Horst, Uwe/Ohly, Karl Peter (Hrsg.): Lernbox. Lernmethoden – Arbeitstechniken, Seelze/Velber (Friedrich) 2000, [ISBN 3-617-92190-6]
Hross, Helmut: Denkerziehung und Leistungsbegriff im Unterricht des Gymnasiums. In: Die Höhere Schule 11/1971, 269-274.
Hurrelmann, Bettina: Unterhaltungsliteratur. In: praxis deutsch Nr. 150 (Juli 1998), 15-22.

Iser, Wolfgang (I): Überlegungen zu einem literaturwissenschaftlichen Studienmodell. In: Ansichten einer künftigen Germanistik, hrsg. von Jürgen Kolbe, München 51971 (Reihe Hanser 29), 193-207.
Iser, Wolfgang (II): Die Appellstruktur des Textes. Unbestimmtheit als Wirkungsbedingung literarischer Prosa, Konstanz 1971.

Jäger, Georg: Art. Autor. In: *Killy, Walter*: Literatur Lexikon. Begriffe, Realien, Methoden, hrsg. von Volker Meid, Bd. 13: A-Lei, Gütersloh/München (Bertelsmann Lexikon Verlag) 1992, 66-72.
Jäger, Georg: Art. Leser, Lesen. In: *Killy, Walter*: Literatur Lexikon. Begriffe, Realien, Methoden, hrsg. von Volker Meid, Bd. 14: Les-Z, Gütersloh/München (Bertelsmann Lexikon Verlag) 1993, 5-12.
Jauß, Hans Robert: Rezeption, Rezeptionsästhetik, in: Historisches Wörterbuch der Philosophie, hrsg. von J. Ritter (†) und K. Gründer, Band 8, Basel (Schwabe) 1992, Sp. 996-1004.
Jens, W./Küng, H./Kuschel, K.-J. (Hrsg.): Theologie und Literatur. Zum Stand des Dialogs, München (Piper) 1986.
Jentzsch, Peter: Erfahrungsmodelle menschlicher Grundsituationen? Thematische und methodische Differenzierung beim Umgang mit Barocklyrik, in: Der Deutschunterricht, Jg. 45, 1993, Heft 2, 44-64.
Jentzsch, Peter: Training Aufsatz. Textbeschreibung, Charakteristik, Gedichtinterpretation, 7./8. Schuljahr, Beilage: Lösungsheft, Stuttgart 1997 (KlettLerntraining 922095).

Kabisch, Eva-Maria: Aufsatz 7/8 kurzgefaßt. Stuttgart (Klett) 1990.
Kabisch, Eva-Maria: Aufsatz 9/10 kurzgefaßt. Stuttgart (Klett).
Kabisch, Eva-Maria: Standorte. Umgang mit Texten im Deutschunterricht der Oberstufe, Stuttgart (Klett) 1991 [ISBN 3-12-350330-5].

Kanzog, Klaus: Text. In: *Killy, Walter*: Literatur Lexikon. Begriffe, Realien, Methoden, hrsg. von Volker Meid, Bd. 14: Les-Z, Gütersloh/München (Bertelsmann Lexikon Verlag) 1993, 422-424.
Kelle, Antje: Deutsch. Texte erschließen. Textanalyse in der Sekundarstufe II. München 1984 (Mentor-Lernhilfe Bd. 21).
Kelle, Antje: Deutsch. Texte interpretieren. Literarische Texte in der Sekundarstufe II. München 1984 (Mentor-Lernhilfen Bd. 22).
KennWort. Ein literaturgeschichtliches Arbeitsbuch. 11/12/13 – Grundkurs, hrsg. von D. Krywalski, A. Markgraf, Chr. Roedig, Hannover (Schroedel) 1992-1994.
Kerkhoff, Emmy L.: Kleine deutsche Stilistik. Bern 1962 (Dalp Taschenbücher 364).
Ketelsen, Uwe-K.: Art. Interpretation. In: *Killy, Walter*: Literatur Lexikon. Begriffe, Realien, Methoden, hrsg. von Volker Meid, Bd. 13: A-Lei, Gütersloh/München (Bertelsmann Lexikon Verlag) 1992, 438-440.
Khoury, A.T./Muth, L. (Hrsg.): Glauben durch Lesen? Für eine christliche Lesekultur, Reihe: Quaestiones Disputatae Bd. 128, Freiburg/Basel/Wien (Herder) 1990.
Killy, Walter: Literatur Lexikon. Begriffe, Realien, Methoden, hrsg. von Volker Meid. Bd. 13: A-Lei, Gütersloh/München (Bertelsmann Lexikon Verlag) 1992; Bd. 14: Les-Z, Gütersloh/München (Bertelsmann Lexikon Verlag) 1993.
Kienitz, Günter W./Grabis, Bettina: Internet-Guide für Schüler. Das Wissen der Welt und wo du es findest, Kempen (moses Kinderbuchverlag) 1999.
Klarer, Mario: Einführung in die neuere Literaturwissenschaft, Darmstadt (Wiss. Buchgesellschaft) 1999.
Klein, Albert: Unterhaltungs- und Trivialliteratur. In: *Arnold, Heinz Ludwig/Sinemus, Volker (Hrsg.)*: Grundzüge der Literatur- und Sprachwissenschaft, Bd. 1: Literaturwissenschaft, München 1973, ^{10}1992, 431-444.
Kleines literarisches Lexikon, 3. Bd.: Sachbegriffe, hrsg. v. W. Kayser/H. Rüdiger/E. Koppen, Bern (Francke) ^{4}1966.
Kleinschmidt, Erich: Art. Autor. In: Reallexikon der deutschen Literaturwissenschaft. Neubearbeitung des Reallexikons der deutschen Literaturgeschichte, hrsg. von Klaus Weimar, Band I: A-G, Berlin (de Gruyter) 1997, 176-180.
Kleinschmidt, Erich: Art. Dichter. In: Reallexikon der deutschen Literaturwissenschaft. Neubearbeitung des Reallexikons der deutschen Literaturgeschichte, hrsg. von Klaus Weimar, Band I: A-G, Berlin (de Gruyter) 1997, 357-360.
Klute, Wilfried: Warum eine Abhandlung keine Story ist. In: Deutsch. Unterrichtsmaterialien für Lehrkräfte Sekundarstufe II, Freising (Verlag Stark) 1997, Rubrik K 10.2.8.
Koch, Johann S./Schmitz, Walter: Art. Rezeption. In: Killy, Walter: Literatur Lexikon. Begriffe, Realien, Methoden, hrsg. von Volker Meid, Bd. 14: Les-Z, Gütersloh/München (Bertelsmann Lexikon Verlag) 1993, 288-293.
Kohrs, Peter (Hrsg.): Deutsch in der Oberstufe. Unter Mitarbeit von G. Dreismann, P. Indiesteln u. a., Paderborn (Schöningh) 1998.
Krauss, Werner: Grundprobleme der Literaturwissenschaft. Zur Interpretation literarischer Weke, mit einem Textanhang, Reinbek bei Hamburg 1968 (rde 290/91).
Krejci, Michael/Schmitt, Rudolf: Texte – erfassen, beschreiben, erklären, erörtern. Arbeitsbuch zur Texterschließung mit nichtpoetischem Textmaterial. Bamberg 1977.
Krywalski, Diether (Hrsg.): Handlexikon zur Literaturwissenschaft. Band 1: Ästhetik – Literaturwissenschaft, Band 2: Liturgie – Zeitung. Reinbek bei Hamburg 1978 (rororo 6221 und 6222).
Kügler, Hans: Literatur und Kommunikation. Ein Beitrag zur didaktischen Theorie und methodischen Praxis, Stuttgart 1971.
Kuhn, Hugo: Methodenlehre. In: *Krywalski, Diether*: Handlexikon zur Literaturwissenschaft, Reinbek bei Hamburg 1978, Band 2, 306-310 (rororo 6222).

Lamping, Dieter: Art. Literatur. In: *Killy, Walter*: Literatur Lexikon. Begriffe, Realien, Methoden, hrsg. von Volker Meid, Bd. 14: Les-Z, Gütersloh/München (Bertelsmann Lexikon Verlag) 1993, 26-30.
Landwehr, Jürgen: Fiktion oder Nichtfiktion. Zum zweifelhaften Ort der Literatur zwischen Lüge, Schein und Wahrheit. In: *Brackert, Helmut/Stückrath, Jörn (Hrsg.)*: Literaturwissenschaft. Ein Grundkurs, Reinbek ^{5}1997, 491-504.
Lange, Günter/Marquardt, Doris/Petzold, Leander/Ziesenis, Werner: Textarten – didaktisch. Eine Hilfe für den Literaturunterricht. Hohengehren (Schneider Verlag) ^{2}1998.
Langenhorst, Georg: Literarische Texte im Religionsunterricht? Grenzziehungen, Orientierungshilfen und Verdeutlichungen. In: Katechetische Blätter 119 (1994), 318-324.
Langenhorst, Georg: Bibel und moderne Literatur: Perspektiven für Religionsunterricht und Religionspädagogik. In: Religionsunterricht an höheren Schulen (rhs), 39. Jahrgang, 1996, Heft 5, 288-300.

Leitfaden zur Erstellung und Bewertung von Abituraufgaben in Baden-Württemberg – Fach Katholische Religionslehre. Herausgegeben vom Institut für Religionspädagogik der Erzdiözese Freiburg, ²1989.

Lenhard, Hartmut (Hrsg.): Arbeitsbuch Religionsunterricht. Überblicke – Impulse – Beispiele, Gütersloh (Gütersloher Verlagshaus Gerd Mohn) 1996 (3., neubearbeitete und erweiterte Auflage).

Lerchner, Gotthard: Art. Linguistische Methoden. In: *Killy, Walter*: Literatur Lexikon. Begriffe, Realien, Methoden, hrsg. von Volker Meid, Bd. 14: Les-Z, Gütersloh/München (Bertelsmann Lexikon Verlag) 1993, 18-21.

Lieberum, Rolf: Gebrauchstexte im Unterricht. In: *Taschenbuch des Deutschunterrichts*. Grundfragen und Praxis der Sprach- und Literaturdidaktik, hrsg. von Günter Lange u. a., Bd. 2: Literaturdidaktik: Klassische Form, Trivialliteratur, Gebrauchstexte, Baltmannsweiler 1998, 853-864.

Lindemann, Andreas: Art. Herrschaft Gottes/Reich Gottes, IV. Neues Testament und spätantikes Judentum, in: *Theologische Realenzyklopädie (TRE)*, hrsg. von Gerhard Müller, Band 15, Berlin, New York (de Gruyter) 1986, 196-218.

Stadler, Hermann/Dickopf, Karl: Fischer Kolleg Das Abiturwissen: Literatur, Frankfurt (Fischer) ⁷1983 (Fischer Taschenbuch Bd. 4547).

Literatur und Religion. In: Theologische Realenzyklopädie [TRE], Bd. 21, Berlin 1991, 233-306.

Literaturwissenschaft und Literaturkritik im 20. Jahrhundert, hrsg. von Felix Philipp Ingold, Berlin 1970 (Reihe: Edition Materialien, 1).

Lübke, Diethard: Der deutsche Aufsatz (12./13. Schuljahr), Reihe: Duden-Abiturhilfen, Mannheim 1991.

Malsch, Gabriele: Schwierigkeiten bei der Vermittlung von Lyrik (Sekundarstufe II). In: Der Deutschunterricht, Jg. 39, 1987, Heft 3, 23-32.

Maren-Grisebach, Manon: Methoden der Literaturwissenschaft, Tübingen ¹⁰1992 (Uni-Taschenbücher, Nr. 121).

Marquaß, Reinhard: Erzählende Prosatexte analysieren: Training für Klausuren und Abitur (12. und 13. Schuljahr), Reihe: Duden-Abiturhilfen, Mannheim 1997.

Marquaß, Reinhard: Dramentexte analysieren: Grundbegriffe – Verfahren – Beispiele – Übungen (12. und 13. Schuljahr), Reihe: Duden-Abiturhilfen, Mannheim 1998.

Martens, Gunter: Was ist ein Text? Ansätze zur Bestimmung eines Leitbegriffs der Textphilologie. In: Poetica 21 (1989), 1-25.

Martyn, David: Dekonstruktion. In: Brackert, Helmut/Stückrath, Jörn (Hrsg.): Literaturwissenschaft. Ein Grundkurs, Reinbek bei Hamburg ⁵1997, 664-677 (Rowohlts Enzyklopädie 55523).

Meid, Volker: Sachwörterbuch zur deutschen Literatur, Stuttgart (Reclam) 1999.

Mertin, Andreas: Internet im Religionsunterricht, Göttingen (Vandenhoeck & Ruprecht) 2000.

Metscher, Thomas: Art. Materialistische Literaturwissenschaft. In: *Killy, Walter*: Literatur Lexikon. Begriffe, Realien, Methoden, hrsg. von Volker Meid. Bd. 14: Les-Z, Gütersloh/München (Bertelsmann Lexikon Verlag) 1993, 68-71.

Metzler Literatur Lexikon. Begriffe und Definitionen. Hrsg. von Günther u. Irmgard Schweikle, Stuttgart (Metzler) 1990.

Metzler Lexikon Sprache, Stuttgart 2000 (CD ROM).

Müller, Hartmut: Training Gedichtinterpretation Sekundarstufe II, Beilage: Lösungsheft. Stuttgart (Klett) 1995 ⁴ [ISBN 3-12-922071-2]

Mudrak, Andreas: Deutsch 9./10. Klasse. Aufsatz: Gedichte und Dramen interpretieren. Mit heraustrennbarem Lösungsteil und Beispielaufsätzen. Reihe: mentor Übungsbuch 818, München (Mentor Verlag) 2002.

Müller, Jan-Dirk: Art. Sozialgeschichtliche Methode. In: *Killy, Walter*: Literatur Lexikon. Begriffe, Realien, Methoden, hrsg. von Volker Meid. Bd. 14: Les-Z, Gütersloh/München (Bertelsmann Lexikon Verlag) 1993, 386 f.

Müller, Peter: »Verstehst du auch, was du liest?« Lesen und Verstehen im Neuen Testament. Darmstadt (Wissenschaftliche Buchgesellschaft) 1994.

Müller, Udo: Zugang zur Literatur, Freiburg i. Br. (Herder) 1978.

Müller-Dyes, Klaus: Gattungsfragen. In: Arnold, Heinz/Detering, Heinrich (Hrsg.): Grundzüge der Literaturwissenschaft, München (dtv) ³1999, 323-348.

Nemec, F./Solms, W. (Hrsg.): Literaturwissenschaft heute, München 1979 (Uni Taschenbücher Nr. 741).

Nethöfel, Wolfgang/Tiedemann, Paul: Internet für Theologen. Eine praxisorientierte Einführung, Darmstadt (Primus Verlag) 1999.

Nusser, Peter: Entwurf einer Theorie der Unterhaltungsliteratur. In: Sprache im technischen Zeitalter Heft 81, 1982, 28-58.

Nusser, Peter: Art. Trivialliteratur. In: Wörterbuch des Christentums, 1283 f.

Nusser, Peter: Art. Unterhaltungsliteratur. In: Wörterbuch des Christentums, 1299.

Passagen. Text- und Arbeitsbuch Deutsch Oberstufe. Herausgegeben von Thomas Kopfermann und Dietrich Steinbach, Leipzig (Klett) 2000.

Pfau, Dieter: Art. Literatursoziologie. In: *Killy, Walter*: Literatur Lexikon. Begriffe, Realien, Methoden, hrsg. von Volker Meid. Bd. 14: Les-Z, Gütersloh/München (Bertelsmann Lexikon Verlag) 1993, 41-45.

Pietzcker, Carl: Art. Psychoanalyse und Literaturwissenschaft. In: *Killy, Walter*: Literatur Lexikon. Begriffe, Realien, Methoden, hrsg. von Volker Meid. Bd. 14: Les-Z, Gütersloh/München (Bertelsmann Lexikon Verlag) 1993, 236-240.

Plett, Heinrich F.: Textwissenschaft und Textanalyse, Heidelberg 1975 (Uni-Taschenbücher, Nr. 328).

Pollei, Ralf: Kritischer und produktionsorientierter Deutschunterricht. In: RAAbits Deutsch/Literatur, November 1992

Praktisches Bibellexikon, hrsg. von Anton Grabner-Haider, Freiburg (Herder) ²1982.

Pross, Caroline/Wildgruber, Gerald: Dekonstruktion. In: *Arnold, Heinz/Detering, Heinrich (Hrsg.)*: Grundzüge der Literaturwissenschaft, München ³1999, 409-429 (dtv 30171).

Religionsunterricht an höheren Schulen (rhs) 39 (1996), Heft 5: Religion in Literatur.

Ragotzky, Hedda: Literatursoziologie. In: Krywalski, Diether (Hrsg.): Handlexikon zur Literaturwissenschaft. Band 1, 266-271.

Reallexikon der deutschen Literaturwissenschaft. Neubearbeitung des Reallexikons der deutschen Literaturgeschichte, hrsg. von Klaus Weimar, Band I: A-G, Berlin (de Gruyter) 1997 [ISBN 3-11-010896-8], Bd. II: H-O, Berlin 2000 [ISBN 3-11-015663-6].

Richter, Matthias: Wirkungsästhetik. In: *Arnold, Heinz/Detering, Heinrich (Hrsg.)*: Grundzüge der Literaturwissenschaft, München ³1999 (dtv 30171) [ISBN 3-423-30171-6].

Riedel, Werner/Wiese, Lothar: Klausur- und Abiturtraining Deutsch 1: Einführung in den Roman, Köln (Aulis Verlag Deubner) 1995.

Riedel, Werner/Wiese, Lothar: Klausur- und Abiturtraining Deutsch 2: Einführung in das Drama, Köln (Aulis Verlag Deubner) 1995.

Riedel, Werner/Wiese, Lothar: Klausur- und Abiturtraining Deutsch 3: Einführung in die Kurzprosa, Köln (Aulis Verlag Deubner) 1995.

Riedel, Werner/Wiese, Lothar: Klausur- und Abiturtraining Deutsch 4: Einführung in die Lyrik, Köln (Aulis Verlag Deubner) 1995.

Riedel, Wolfgang: Art. Mimesis, in: *Killy, Walter*: Literatur Lexikon. Begriffe, Realien, Methoden, hrsg. von Volker Meid. Bd. 14: Les-Z, Gütersloh/München (Bertelsmann Lexikon Verlag) 1993, 91-94.

Richtlinien für die gymnasiale Oberstufe in Nordrhein-Westfalen. Deutsch. Hrsg. Kultusministerium des Landes Nordrhein-Westfalen, Düsseldorf, Frechen (Ritterbach) 1982 [ISBN 3-89314-316-5] – zit. RL NW Deutsch 1982

Richtlinien und Lehrpläne für die Sekundarstufe II – Gymnasium/Gesamtschule in Nordrhein-Westfalen. Deutsch. Hrsg. vom Ministerium für Schule und Weiterbildung, Wissenschaft und Forschung des Landes Nordrhein-Westfalen, Düsseldorf. Frechen (Ritterbach) 1999, Heft 4701.

Richtlinien und Lehrpläne für die Sekundarstufe II – Gymnasium/Gesamtschule in Nordrhein-Westfalen. Katholische Religionslehre. Hrsg. vom Ministerium für Schule und Weiterbildung, Wissenschaft und Forschung des Landes Nordrhein-Westfalen, Düsseldorf. Frechen (Ritterbach) 1999, Heft 4728

Ritt, Hubert: Jesu Botschaft vom Reich Gottes. In: Max Müller (Hrsg.), Senfkorn. Handbuch für den Katholischen Religionsunterricht Klassen 5-10, Band II/1: Klassen 7 und 8, Stuttgart (Katholisches Bibelwerk) 1986, 215-237.

Röckel, Gerhard: »Laßt euch nicht verführen!« Zur Auseinandersetzung mit einem frühen Gedicht von Brecht in der Sekundarstufe II. In: Religionsunterricht an höheren Schulen, 41. Jahrgang, 1998, Heft 5, 323-331.

Röckel, Gerhard: Die Arbeit mit Texten im Religionsunterricht. Grundlagen – Arbeitsmodelle – Beispiele. Reihe: Religionspädagogische Praxis, Band 10, München/Stuttgart (Kösel/Calwer) 1973.

Röckel, Gerhard: Erzählungen (auch der Bibel) besser verstehen. Hinweise für die Orientierungsstufe. In: Arbeitsbuch Religionsunterricht. Überblicke – Impulse – Beispiele. Hrsg. von Hartmut Lenhard, in Verbindung mit Theodor Ahrens u. a., Gütersloh (Gütersloher Verlagshaus Gerd Mohn) ³1996, 142.

Röckel, Gerhard: Umgang mit dem Medium »Text«. Elementare Arbeitstechniken im Religionsunterricht der Sekundarstufe II. In: Religionsunterricht an höheren Schulen, 34. Jahrgang, 1991, Heft 5, 306-311. Abdruck auch in: Lenhard, Hartmut (Hrsg.), Arbeitsbuch Religionsunterricht. Überblicke – Impulse – Beispiele. Gütersloh (Gütersloher Verlagshaus Gerd Mohn) ³1996, 139-141.

Röckel, Gerhard: Zur Analyse von Psalmen mit Hilfe des »Kommunikationsmodells«. Ein Versuch zu Psalm 8 in der Jahrgangsstufe 11. In: Religionsunterricht an höheren Schulen, 36. Jahrgang, 1993, Heft 3, 178-185.

Röckel, Gerhard: Grundschritte der Texterschließung. Textaufnahme – Textwiedergabe – Textbeschreibung – Textdeutung – Textbewertung – Textanwendung. In: Verweyen-Hackmann, E./Weber, B. (Hrsg.), Methodenkompetenz im Religionsunterricht. Unterrichtspraktische Konkretionen von Fach- und Arbeitsmethoden, Kevelaer (Butzon & Bercker) 1999, 71-89.

Roloff, Jürgen: Einführung in das Neue Testament, Stuttgart (Reclam UB 9413) 1995.

Rothmann, Kurt: Anleitung zur Abfassung literaturwissenschaftlicher Arbeiten. Für die Sekundarstufe zusammengestellt und herausgegeben von Kurt Rothmann. Reihe: Arbeitstexte für den Unterricht, neu bearbeitete Ausgabe 1991, Stuttgart (Reclam) 1997 (UB Nr. 9504).

Rühling, Lutz: Fiktionalität und Poetizität. In: Arnold, Heinz/Detering, Heinrich (Hrsg.): Grundzüge der Literaturwissenschaft, München [3]1999, 25-51.

Rudloff, Holger: Über rezeptions- und produktionsästhetische Konzeptionen von Literaturunterricht. In: Wirkendes Wort, 34. Jahrgang, 1984, Heft 3, 216-227.

Rusterholz, Peter: Zum Verhältnis von Hermeneutik und neueren antihermeneutischen Strömungen. In: Arnold, Heinz/Detering, Heinrich (Hrsg.): Grundzüge der Literaturwissenschaft, München [3]1999, 157-177 (bes. 162-167).

Rusterholz, Peter: Verfahrensweisen der Werkinterpretation. In: Grundzüge der Literatur- und Sprachwissenschaft, hrsg. von Heinz Ludwig Arnold und Volker Sinemus, Band 1: Literaturwissenschaft, München 1973 (dtv 4226), 341-357.

Rusterholz, Peter: Formen ›textimmanenter‹ Analyse. In: Arnold, Heinz/Detering, Heinrich (Hrsg.): Grundzüge der Literaturwissenschaft, München [3]1999 (dtv 30171), 365-385.

Sandfuchs, Uwe: Das Nachschlagen üben. Selbstständiges Lernen durch Einüben in Lern- und Arbeitstechniken. In: Üben und wiederholen. Sinn schaffen – Können entwickeln. Friedrich Jahresheft XVIII 2000, 38-40.

Sartre, Jean-Paul: Was ist Literatur? Ein Essay, Hamburg (Rowohlt) 1958 (rde 65).

Schank, Gerd/Schoenthal, Gisela: Zur Analyse von Prämissen in der Alltagsargumentation. Hinweise für erfolgreiches Streiten. In: Der Deutschunterricht, Jg. 28, 1976, H. 4, 12-36.

Scherer, Robert: Wirklichkeit – Erfahrung – Sprache. In: Christlicher Glaube in moderner Gesellschaft, Bd. 1, Freiburg (Herder) 1981, 8-59.

Schildberg-Schroth, Gerhard/Viebrock, Hans Heinrich: Zur Wissenschaftlichkeit des Deutschunterrichts. Überlegungen am Beispiel der Inhaltsangabe. In: Der Deutschunterricht 1981 (33. Jg.), Heft 5, 4-24.

Schiwy, Günther (I): Der französische Strukturalismus. Mode, Methode, Ideologie, Reinbek [4]1970 (rde 310/11)

– (II): Strukturalismus. In: sacramentum mundi 4, 743-747, Freiburg/Basel/Wien 1969

– (III): Zur deutschen Rezeption des französischen Strukturalismus. In: Stimmen der Zeit 12/1970, 406-421.

Schlingmann, Carsten (Hrsg.): Methoden der Interpretation. Reihe: Arbeitstexte für den Unterricht. Stuttgart (Reclam) 1995 (UB Nr. 9586).

Schlosser, Horst Dieter: dtv-Atlas zur deutschen Literatur. Tafeln und Texte. Mit 116 farbigen Abbildungsseiten. Grafiker: Uwe Goede, München 1983 (dtv 3219).

Schlutz, Erhard: Grundwissen Deutsch. Klausuren schreiben auf der Oberstufe, Stuttgart (Klett) 1998 [ISBN 3-12-337600-1]

Schmidt, Siegfried J.: Texte als Forschungsobjekt der Texttheorie. In: Der Deutschunterricht 4/1972, 7-28.

Schmitt, Rudolf: Auf einen Blick: Grundwissen Deutsch. Bamberg (C.C. Buchners Verlag) 1996.

Schmoldt, Hans: Das Alte Testament. Eine Einführung, Stuttgart (Reclam 1993 (UB 8940).

Schober, Otto (Hrsg.): Text und Leser. Zur Rezeption von Literatur. Reihe: Arbeitstexte für den Unterricht, Stuttgart (Reclam) 1993 (UB 9549) [ISBN 3-15-009549-2].

Schöttker, Detlev: Theorien der literarischen Rezeption. Rezeptionsästhetik, Rezeptionsforschung, Empirische Literaturwissenschaft. In: Arnold, Heinz/Detering, Heinrich (Hrsg.): Grundzüge der Literaturwissenschaft, München (dtv) [3]1999, 537-554.

Schreibweisen. Ein Arbeitsbuch für den Deutschunterricht der Sekundarstufe II, hrsg. von Albrecht Diem u. a., Stuttgart (Klett) 1983. Dazu Lehrerband.

Schroedel, Joachim H.: Text, Leser und Methode. Zu Grund- und Arbeitsfragen der Schriftauslegung. In: Bibel und Kirche 3/1986, 125-135.

Schülein, Frieder/Stückrath, Jörn: Erzählen. In: *Brackert, Helmut/Stückrath, Jörn (Hrsg.)*: Literaturwissenschaft. Ein Grundkurs, Reinbek (Rowohlt) [5]1997, 54-71.

Schülerduden Literatur. Ein Lexikon zum Deutschunterricht, Mannheim (Bibliographisches Institut) 2000.

Schulz, Gerhard: Art. Fragment. In: *Walter Killy*, Literatur Lexikon. Begriffe, Realien, Methoden, hrsg. von Volker Meid, Bd. 13: A-Lei, Gütersloh/München (Bertelsmann Lexikon Verlag) 1992, 313 f.

Schutte, Jürgen: Einführung in die Literaturinterpretation. Stuttgart/Weimar (Metzler) [3]1993.

Seckler, Max/Petuchowski, Jakob J./Ricœr, Paul/Brinkmann, Richard: Literarische und religiöse Sprache. In: Christlicher Glaube in moderner Gesellschaft, Band 2, Freiburg (Herder) 1981, 71-130.

Siekmann, Andreas: Training Drameninterpretation: Sekundarstufe II. Beilage: Lösungsheft. Stuttgart (Klett) ²1998 [ISBN 3-12-922082-8].
Simon, Ralf: Art. Erzähltheorie, Narrativik. In: *Walter Killy*, Literatur Lexikon. Begriffe, Realien, Methoden, hrsg. von Volker Meid, Bd. 13: A-Lei, Gütersloh/München (Bertelsmann Lexikon Verlag) 1992, 239-269.
Söring, Jürgen: Literaturwissenschaft. In: Krywalski, Diether (Hrsg.): Handlexikon zur Literaturwissenschaft. Band 1, 271-281.
Sowinski, Bernhard: Deutsche Stilistik. Beobachtungen zur Sprachverwendung und Sprachgestaltung im Deutschen. Frankfurt: Fischer Taschenbuch Verlag, Nr. 6147, 1973.
Spinner, Kaspar H.: Poststrukturalistische Lektüre im Unterricht – am Beispiel der Grimmschen Märchen. In: Der Deutschunterricht Jg. 47, 1995, Heft 6, 9-18
Stadler, Hermann/Dickopf, Karl: Fischer Kolleg Das Abiturwissen: Literatur, Frankfurt ⁷1983 (Fischer Taschenbuch Bd. 4547).
Stadler, Hermann (Hrsg.): Fischer Kolleg Das Abiturwissen: Deutsch. Verstehen – Sprechen – Schreiben, Frankfurt ⁷1983 (Fischer Taschenbuch Bd. 4545).
Steinmetz, Horst: Sinnfestlegung und Auslegungsvielfalt. In: Brackert, Helmut/Stückrath, Jörn (Hrsg.): Literaturwissenschaft. Ein Grundkurs, Reinbek ⁵1997 (Rowohlts Enzyklopädie 55523), 475-490.
Stock, Alex: Umgang mit theologischen Texten. Methoden, Analysen, Vorschläge. Zürich/Einsiedeln/Köln (Benziger) 1974.
Storz, Gerhard: Interpretation dichterischer Texte und Sprachwissenschaft. In: Der Deutschunterricht 3/1969, 41-50.

Taschenbuch des Deutschunterrichts. Grundfragen und Praxis der Sprach- und Literaturdidaktik, hrsg. von Günter Lange u. a., Bd. 1: Grundlagen – Sprachdidaktik – Mediendidaktik; Bd. 2: Literaturdidaktik: Klassische Form, Trivialliteratur, Gebrauchstexte, Baltmannsweiler 1998 (6. vollst. überarbeitete Auflage).
Texte, Themen und Strukturen (1990). Grundband Deutsch für die Oberstufe, hrsg. von Heinrich Biermann und Bernd Schurf, Düsseldorf (Cornelsen) 1990 (ISBN 3-590-12110-6). Dazu: Unterrichtspraktische Hilfen mit Klausurvorschlägen und Tafelbildern, Düsseldorf (Cornelsen) 1993 (ISBN 3-590-12190-4).
Texte, Themen und Strukturen (1999). Deutschbuch für die Oberstufe, hrsg. von Heinrich Biermann und Bernd Schurf unter Beratung von Karlheinz Fingerhut, Berlin (Cornelsen) 1999 (ISBN 3-464-41004-8). Dazu: Handbuch für den Unterricht, Berlin (Cornelsen) 2000 (ISBN 3-464-12198-4).
Texte und Methoden 1. Lehr- und Arbeitsbuch Oberstufe. Mündliches und schriftliches Arbeiten. Reflexion über Sprache. Medien. Hrsg. von Hermann Stadler, erarbeitet von Ingrid Haaser, Klaus Jung u. a., Berlin (Cornelsen) 1995. Dazu: Lehrerhandbuch, Berlin 1996.
Theologische Realenzyklopädie (TRE), hrsg. von Gerhard Krause und Gerhard Müller, Berlin, New York (de Gruyter) 1974 ff.
Tschupp, Räto: Deutung und Wiedergabe von Kunst. In: Kindlers Enzyklopädie Der Mensch, hrsg. von Herbert Wendt und Norbert Loacker. Band VI: Sprache, Kunst und Religion, Zürich 1983, 477-495.

Ulonska, Herbert/Dormeyer, Detlev (Hrsg.): Die Bibel: Erleben, Verstehen, Weitersagen. Elementare und neue Zugänge zur Bibel. Mit einem Vorwort von Werner H. Schmidt, Rheinbach-Merzbach (CMZ-Verlag) 1994.

Verstehen und Gestalten 12/13. Deutsches Sprachbuch für Gymnasien. Sprache und Literatur, Band 12/13 (12./13. Schuljahr), hrsg. von Dieter Mayer u. a., München (R. Oldenbourg) 1989.
Verweyen-Hackmann, Edith/Weber, Bernd (Hrsg.): Methodenkompetenz im Religionsunterricht. Unterrichtspraktische Konkretionen von Fach- und Arbeitsmethoden, Kevelaer (Butzon & Bercker) 1999.
Vogt, Jochen: Art. Hermeneutik. In: *Killy, Walter*: Literatur Lexikon. Begriffe, Realien, Methoden, hrsg. von Volker Meid, Bd. 13: A-Lei, Gütersloh/München (Bertelsmann Lexikon Verlag) 1992, 398-401.
Völker, Ludwig: Art. Lyriktheorie, in: *Killy, Walter*: Literatur Lexikon. Begriffe, Realien, Methoden, hrsg. von Volker Meid, Bd. 14: Les-Z, Gütersloh/München (Bertelsmann Lexikon Verlag) 1993, 57-59.
Von Wort zu Wort. Neue Ausgabe. Schülerhandbuch Deutsch. Berlin (Cornelsen) 2001.

Waldmann, Günter: Grundzüge von Theorie und Praxis eines produktionsorientierten Literaturunterrichts. In: Norbert Hopster (Hrsg.): Handbuch »Deutsch« für Schule und Hochschule. Sekundarstufe I (UTB Große Reihe), Paderborn (Schöningh) 1984, 98-141.
Waldmann, Günter: Produktive literarische Differenzerfahrung. Skizze eines literaturtheoretischen Konzepts – am Beispiel Lyrik. In: Wirkendes Wort, 37. Jahrgang, 1987, Heft 1, 32-45.
Walser, Martin: Leseerfahrungen mit Marcel Proust. In: Erfahrungen und Leseerfahrungen. Frankfurt/M.: Suhrkamp, edition suhrkamp 109, S. 124. Hier zitiert nach: Lektüre, Lesebuch für Gymnasien, 10. Schuljahr, hrsg. von Harro Müller-Michaels, Hannover (Schroedel) 1993, 224.

Warning, R. (Hrsg.): Rezeptionsästhetik. Theorie und Praxis. München ³1988 (Uni Taschenbücher Nr. 303).
Weder, Hans: Die Gleichnisse Jesu als Metaphern. Traditions- und redaktionsgeschichtliche Analysen und Interpretationen, Göttingen (Vandenhoeck & Ruprecht) ³1984.
Wehrli, Max (I): Deutsche Literaturwissenschaft. In: *Literaturwissenschaft und Literaturkritik* im 20. Jahrhundert, 9-34.
– (II): Allgemeine Literaturwissenschaft, Bern/München ²1969 (Reihe: Wissenschaftliche Forschungsberichte. Geisteswissenschaftliche Reihe, Bd. 3)
Wellek, René/Warren, Austin: Theorie der Literatur, Frankfurt 1971.
Werkstatt Sprache. Lehrgänge im Deutschunterricht der Sekundarstufe II, hrsg. von Wilhelm Dehn in Zusammenarbeit mit Mechthild Dehn u. a., Frankfurt (Diesterweg) 1980; dazu: Lehrerhandbuch, hrsg. von Wilhelm Dehn, Frankfurt 1982.
Werner, Johannes: Kunst im sozialen Gefüge. In: Kindlers Enzyklopädie Der Mensch, hrsg. von Herbert Wendt und Norbert Loacker. Band VI: Sprache, Kunst und Religion, Zürich 1983, 409-429.
Wernicke, Uta: Lese- und Schreibweisen. Band 1: Sprachliches Handeln in Theorie und Praxis, Band 2: Umgang mit literarischen Texten, Hamburg (Verlag Handwerk und Technik) 1983.
Wiegmann, H.: Art. Dichter, in: Historisches Wörterbuch der Rhetorik, hrsg. von Gert Ueding, Band 2, Tübingen (Niemeyer) 1994, 633-643.
Willberg, Hans-Joachim: Deutsche Gegenwartslyrik. Eine poetologische Einführung. Für die Sekundarstufe herausgegeben von J.-J. Willberg, Reihe: Arbeitstexte für den Unterricht. Stuttgart (Reclam) 1989, UB 15010.
Windmann, Horst: Das Erschließen von Sachtexten als schriftliche Arbeitsform. Ein Spiral-Modell. In: Der Deutschunterricht, Jg. 33 (1981), Heft 5, 85-110.
Winkler, Werner: Deutsch 1. Grundwissen Oberstufe. Leistungs- und Grundkurs. Freising (Stark) ²1993 [ISBN 3-89449-119-1].
Wintterlin, Dietrich: Die Aufgabenstellung bei textbezogenen schriftlichen Aufgaben. In: Der Deutschunterricht, Jg. 33 (1981), Heft 5, S. 48-74.
Wörterbuch des Christentums, hrsg. von Volker Drehsen u. a. in Zusammenarbeit mit Manfred Baumotte, Düsseldorf 1988 (Sonderausgabe: München 1995, Orbis-Verlag) [ISBN 3-572-00691-0].
Wort und Sinn. Arbeitsbücher: Deutsch – Sekundarstufe II. Literatur – Struktur und Geschichte, bearb. von J. Billen und F. Hassel, Paderborn: Schöningh 1980.
Wurz, Peter: Lerntechniken fürs Studium. In: abi Berufswahl-Magazin 3/1999, 15-26.

Zehn Thesen zum theologischen und religionsunterrichtlichen Interesse an Literatur. In: Religionsunterricht an höheren Schulen, 39. Jahrgang, 1996, Heft 5, 278 f.
Ziesenis, Werner: Textlinguistik und Didaktik, in: *Taschenbuch des Deutschunterrichts*. Grundfragen und Praxis der Sprach- und Literaturdidaktik, hrsg. von Günter Lange u. a., Bd. 1, Baltmannsweiler 1998, 3-38.
Ziesenis, Werner: Fabel und Parabel im Unterricht, in: *Taschenbuch des Deutschunterrichts*. Grundfragen und Praxis der Sprach- und Literaturdidaktik, hrsg. von Günter Lange u. a., Bd. 2, Baltmannsweiler 1998, 554-578.
Zimmermann, Hans Dieter: Vom Nutzen der Literatur. Vorbereitende Bemerkungen zu einer Theorie der literarischen Kommunikation. Frankfurt 1977 (Edition Suhrkamp 885).
Zimmermann, Hans Dieter: Das Vorurteil über die Trivialliteratur, das ein Vorurteil über die Literatur ist. In: Akzente 19, Heft 5, Oktober 1972, München (Hanser), 386-408.
Zirbs, Roland (Hrsg.): Literaturlexikon. Daten, Fakten und Zusammenhänge, Berlin (Cornelsen) 1998.

Register

Hinter das Suchwort wurde der Gliederungspunkt des Fundorts in Klammern gesetzt.

Anti-hermeneutische Ansätze der Literaturwissenschaft (2.3.10)
Anwendung von Texten (3.; bes.: 3.4)
Appellative Texte (4.5)
Arbeitstechniken (5.)
Aspektorientierte Texterschließung (3.5)
Ästhetik literarischer Texte (1.2.3)
Aufnahme von Texten (3.; bes.: 3.4)
Autor (1.3)

Bedeutung und Sinn eines Textes (1.4.2)
Begriffsdefinierende und -erläuternde Texte (4.3)
Beschreibung von Texten (3.; bes.: 3.4)
Bewertung von Texten (3.; bes.: 3.4)
Bibelauslegung (4.9)
Biblische Texte (4.9)
Biografische Methode in der Literaturwissenschaft (2.3.1)

Dekonstruktion (2.3.10)
Deutung von Texten (1.4.3)
Dramatische Texte (4.8)
Dynamische Sicht von Texten (1.1.4)

Einflüsse auf die Textherstellung (1.3.4)
Entstehung von Texten (1.3)
Epik (4.6)
Erzählende Texte (4.6)
Exzerpte (5.4)

Fiktionale Texte (1.2.3)
Formale Gestaltung von Texten (1.3.3)

Gebrauchstexte (1.2.3)
Gedichte (4.7)
Geistesgeschichtliche Literaturbetrachtung (2.3.4)

Geschichte des Lesens und Schreibens (1.1.1)
Geschichtlichkeit: Das Selbstverständnis des Autors im Wandel der Zeiten (1.3.5)
Gleichnisse (4.9.4)

Handlungsorientierter Umgang mit Texten (4.12)
Hermeneutik: Grundfragen (1.4; bes.: 1.4.2; 1.4.3)
Hermeneutischer Zirkel (1.4.2)
Hermetisch-statische Sicht von Texten als Strukturgebilden (1.1.3)
Herstellung von Texten in Phasen (1.3.2)
Historische Quellentexte (4.4)
Historisch-kritische Methode der Bibelauslegung (4.9.2)

Ideengeschichtliche Literaturbetrachtung (2.3.4)
Informationssuche (5.2)
Inhaltliche Gestaltung von Texten (1.3.3)
Intention (1.3.3)
Interpretation: Grundfragen (1.4; bes.: 1.4.3)

Karteikarten (5.4)
Kommunikationsmodell (2.2.2; 4.9.5)
Kommunikativer Zusammenhang von Verfasser, Text und Leser (1.1.4)
Kritisch-hermeneutische Methode (2.3.9)
Kurzprosa (4.6)

Lern- und Arbeitstechniken (5)
Lesearten (5.3)
Leser und seine Rolle beim Textverstehen (1.4)

Lesenotizen (5.4)
Lesetechniken (5.3)
Lineare Texterschließung (3.5)
Linguistische Sicht von Texten (1.1.4)
Literarische Texte (1.2.3)
Literaturrecherche (5.2)
Literatursoziologie (2.3.7)
Literaturverzeichnis anlegen (5.6)
Literaturwissenschaft (1.1.2)
Literaturwissenschaftliche Methoden (2.3; 2.4)
Lyrik (4.7)

Massenmedien (1.2.3)
Methoden der Bibelauslegung (4.9.2)
Methoden der Literaturwissenschaft (2)

Objektivität des Verstehens von Texten (1.4.4)

Parabeln (4.9.4)
Poetische Texte (1.2.3)
Positivistische Literaturbetrachtung (2.3.2)
Praxismodelle zur Auslegung biblischer Texte (4.9)
Problemerörternde Texte (4.2)
Produktionsorientierter Umgang mit Texten (4.12)
Produktion von Texten (1.3.1)
Psalmen (4.9.5)
Psychologische/psychoanalytische Literaturanalyse (2.3.3)

Quellentexte (4.4)

Randzeichen (5.3.2)
Rhetorische Mittel (4.11)
Rhetorische Texte (4.5)
Rezeptionsästhetische Analyse (2.3.8)
Rezeptionsorientierter Umgang mit Texten (4.12)

Rezeption von Texten (1.3.1; 1.5)
Sach- und Fachtexte (1.2.3; 4.1; 5.3.3)
Sinn und Bedeutung eines Textes (1.4.2)
Sprachlich-stilistische Analyse (4.11)
Stilistische Analyse (4.11)
Strukturale Textanalyse (2.3.6; 4.9.3)
Strukturalismus (2.3.6)
Subjektivität des Verstehens von Texten (1.4.4)
Szenische Texte (4.8)

Textarbeit außerhalb des Deutschunterrichts (3.2)
Textanwendung (3; bes.: 3.4)
Textauffassung und Textdeutung (2.2.1)
Textaufnahme (3; bes.: 3.4)
Textbeschreibung (3; bes.: 3.4)
Textbewertung (3; bes.: 3.4)
Textdeutung (3; bes.: 3.4)
Textdeutung und Textauffassung (2.2.1)
Texterschließung in Schritten (3)
Textsorten (1.2.1)
Textvergleich (4.10)
Textwiedergabe (3; bes.: 3.4; 4.1.2)
Trainingsprogramm (5.7)
Trivialliteratur (1.2.3)
Typologie von Texten (1.2.2)

Unterhaltungsliteratur (1.2.3)
Unterstreichen (5.3.2)

Vergleich von Texten (4.10)
Verstehen von Texten (1.4; 1.4.2; 1.5)

Werkimmanente Methode (2.3.5)
Wiedergabe von Texten (3; bes.: 3.4; 4.1.2)
Wirkungsorientierte Analyse (2.3.8)
Wundererzählungen (4.9.3)

Zitieren (5.5)

Lektüren für den Religionsunterricht in der Sekundarstufe II
Herausgegeben von Georg Bubolz und Gerhard Röckel

Durch die Lektüre größerer zusammenhängender Schriften erfährt der Religionsunterricht eine wichtige Bereicherung. In neueren Richtlinien wird der Einsatz von Ganzschriften gefordert, die eine vertiefte Beschäftigung mit zentralen Themen erlauben.

Die im Umfang überschaubaren Erzählungen von Singer und Gaarder sowie von Dostojewski und Grass sind passend zur Thematik von Kurshalbjahren (Anthropologie, Christologie, Theologie, Eschatologie) ausgewählt. Als literarische Texte motivieren sie stärker und bieten neue Zugänge. Sie können leicht in den Unterricht einbezogen werden und seine Thematik intensivieren. Einleitungen, Erläuterungen und Arbeitsanregungen komplettieren die Edition. Die Lektüren ergänzen insbesondere die Reihe »Akzente Religion«, können aber auch völlig unabhängig davon eingesetzt werden.

Isaac Bashevis Singer
Der Golem
64 Seiten. Best.-Nr. 3-491-75710-X

Jostein Gaarder
Die Diagnose
88 Seiten. Best.-Nr. 3-491-75711-8

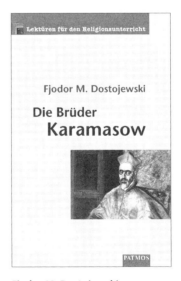

Günter Grass
Die Rättin
128 Seiten. Best.-Nr. 3-491-75712-6

Fjodor M. Dostojewski
Die Brüder Karamasow
72 Seiten. Best.-Nr. 3-491-75713-4